Das große Biogarten-Handbuch

Claudia und Reinold Fischer

Das große Biogarten Handbuch

Alles über Anlage, Nutzung und Pflege

Südwest Verlag München

Für unsere Kinder Annemarie und Florian

Fachliche Beratung: Kurt Walter Lau
Lektorat: Robert Fischer, Kurt Walter Lau

Grafische Illustrationen:
Hannes Limmer

13.–24. Tausend
Zweite, durchgesehene Auflage, 1989

ISBN 3-517-01075-8

Schutzumschlaggestaltung:
Kaselow-Design, München (Zeichnungen: H. Jankovics)
Gesamtherstellung: Mohn-Druck, Gütersloh

Inhaltsverzeichnis

Vorwort

Für Millionen Menschen ist der Garten ein kleines Paradies. Entspannung und Erholung, Leben mit der Natur und den Jahreszeiten, frisches, gesundes Obst und Gemüse von den eigenen Beeten, ein Platz zum Gärtnern, Spielen, miteinander Reden, Träumen – all das kann ein Garten bieten. In seinen schützenden Grenzen ist Raum für alle Generationen, für Neunjährige wie für Neunzigjährige. Immer mehr Menschen, die das Glück haben, solch ein Fleckchen Erde ihr eigen zu nennen, gehen mit ihm besonders pfleglich und behutsam um: Sie verzichten ganz auf chemisch-synthetische Gifte, auf Kunstdünger und Monokulturen. Sie bearbeiten ihre Gärten biologisch, den Grundgesetzen des Lebens folgend. Die Natur respektieren, aus Achtung vor der Schöpfung handeln, ihre Spielregeln anerkennen – das ist die Grundlage des biologischen Gärtnerns.

Um ein Problem kommt aber auch ein biologisch arbeitender Gärtner nicht herum: Sein Garten kann für ihn ein Paradies sein – eine Insel ist er nicht. Mit Saurem Regen, verschmutzter Luft und kontaminierten Böden hat es heute jeder Gartenbesitzer zu tun – der eine mehr, der andere weniger. Mit Umweltgiften müssen wir leben. Widerstandslos hinnehmen müssen wir sie nicht.

»Das große Biogarten-Handbuch« möchte Antwort geben auch auf diese Fragen. Es schildert detailliert, was man zum biologischen Gärtnern wissen muß, und es zeigt Wege auf, wie Gartenbesitzer mit der Umweltbelastung fertig werden können.

Die Fläche aller Gärten in der Bundesrepublik Deutschland ist doppelt so groß wie die der Naturschutzgebiete. Biologischer Gartenbau ist eine gewaltige Chance, aus diesen Gärten ein immer dichteres Netz ökologischer Nischen zu knüpfen – Lebensraum für Menschen, Tiere und Pflanzen.

Im März 1988 Claudia und Reinold Fischer

Der biologische Gartenbau und seine Bedeutung

Ihre ersten Gärten legten Menschen vor Tausenden von Jahren an. Ein kleines Stück Land, umfriedet von einem einfachen Zaun zum Schutz vor wilden Tieren: In seinen schützenden Grenzen kultivierte der Mensch Nahrungspflanzen, Blumen wohl auch. Gewächse jedenfalls, die größer, schöner, ertragreicher waren als in freier Natur Gediehenes. Diese Garten-Kultur blühte, fruchtete, verging im Rhythmus der Jahreszeiten, nach den klaren Gesetzen der Natur, umsorgt, gefördert, gepflegt von Menschen.
Seit rund 40 Jahren herrscht ein anderer Ton in vielen Gärten. Zeit ist knapp, Bücken mühsam, Unkräuter sind lästig, Ungräser noch lästiger, Schädlinge eine Pest.
Eine merkwürdige Ästhetik hat sich in den Köpfen breit gemacht. Gärten, so aufgeräumt wie die gute Stube, so anheimelnd wie ein Wartesaal; kein Blättchen angebohrt von einer Laus, keine Blüte von einer Raupe angefressen; Gemüse, über das nie eine Schnecke lief, dafür von staunenswerter Größe. Solche Ästhetik wird bequem gemacht durch moderne chemische Produkte: synthetische Gifte gegen alles, was stört, Kunstdünger für den Ertrag, gekörnt, staubfrei, geruchlos.
Die Fläche aller Gärten in der Bundesrepublik ist mehr als doppelt so groß wie die der Naturschutzgebiete. Nicht in allen sieht es aus wie in einem Hochglanzprospekt der chemischen Industrie. Es gab und gibt gottlob Menschen, die diesen »Fortschritt« nicht mitmachen. Die erkannt haben, daß die Überzeugung, alles sei machbar, in eine Sackgasse führt. Die den anderen Weg im Gartenbau suchen: die Natur zu respektieren, ihre Spielregeln anzuerkennen, aus Achtung vor der Schöpfung zu handeln. Dieser andere Weg ist der biologische Gartenbau.

Ein Traum von Blüten und Grün. Liebevoll und aufmerksam gepflegt, wird aus jedem Garten ein kleines Paradies. Biologisches Gärtnern schafft gesundes Gemüse, üppige Blumenpracht und eine ökologische Nische für Pflanzen und Tiere (links).

Biologisch, ökologisch, naturgemäß – mehr als Modeworte

»Biologisch« heißt, wörtlich übersetzt, so viel wie »lebensfolgerichtig« oder »lebensgesetzlich«. Den Grundgesetzen des Lebens folgend also, und das beschreibt schon sehr gut die Haltung dieser Gärtnerinnen und Gärtner zu Natur und Umwelt. Moderner biologischer Gartenbau, das heißt nicht einfach im Garten zu werkeln »wie man es früher/schon immer gemacht hat«. Moderner biologischer Gartenbau beruht nicht nur auf jahrhundertelanger Erfahrung, er hat als Basis auch die Erkenntnisse einer verhältnismäßig jungen Wissenschaft, der Ökologie. Ernst Haeckel, Naturphilosoph und Professor der Zoologie in Jena, setzte 1866 diesen Begriff in die Welt. Ökologie kommt aus dem Griechischen und heißt so viel wie Haushaltskunde – die Lehre vom Haushalt der Natur, von den Beziehungen der Lebewesen untereinander und zu ihrer Umwelt.
Es sollte noch sehr lange dauern, von der Zeit des Jenaer Naturphilosophen bis in die letzten Jahrzehnte des 20. Jahrhunderts, bis sich die wichtigste Botschaft der Ökologie in den Köpfen festzusetzen begann: Daß der Mensch nicht über seiner Umwelt steht, sondern Bestandteil eines Gesamtorganismus ist, daß er in Abhängigkeiten lebt, die er nicht ungestraft verändern kann, daß schon kleine Eingriffe in das komplizierte Gefüge der Natur genügen, damit einzelne Nahrungsnetze zusammenbrechen oder Populationen ausgerottet werden. Und daß sich der Mensch durch solche Ein- und Übergriffe extrem selbst gefährdet.
Ein deutliches Beispiel dafür sind die DDT-Prä-

parate, die ersten synthetischen Pestizide, die in den 50er Jahren Landwirtschaft und Gartenbau zur Verfügung standen. Von der Blattlaus bis zum Kartoffelkäfer ließen sich Schädlinge so bequem bekämpfen wie noch nie. Eine Zeit lang. Bis neue Läusegenerationen auf den Blättern hockten, die gegen die bislang gespritzte Kombination chlorierter Kohlenwasserstoffe resistent waren. Die Schäden, die diese »neuen« Insektengenerationen anrichteten, waren in der Tat verheerend, denn ihre natürlichen Feinde, wie Marienkäfer oder Florfliegen, waren verschwunden: den DDT-Spritzungen zum Opfer gefallen...

Aber nicht nur um Läuse und Marienkäfer geht es. DDT ist heute verboten, weil es eine akute Bedrohung der menschlichen Gesundheit darstellt. Die chlorierten Kohlenwasserstoffe reichern sich im menschlichen und tierischen Fettgewebe an und werden noch heute weltweit nachgewiesen – in der Luft, im Boden, in der Muttermilch, sogar bei Eskimos, obwohl dort niemals DDT gespritzt wurde.

Diese sehr schwer abbaubaren Pestizide der 50er Jahre haben einen verheerenden Teufelskreis in Gang gesetzt: Wo Schädlinge unempfindlich gegen die Giftspritze werden, müssen neue Mittel entwickelt werden, mit anderen Wirkstoffen, mit unberechenbaren Risiken, niemals ausgetesteter Langzeitwirkung. Nicht nur die Landwirtschaft, die von ihren Produkten lebt, verwendet solche Pestizide. Das Institut für Ökologie der Universität Hannover stellte bei einer Umfrage in diesem Raum fest, daß in erschreckend vielen Gärten pro Quadratmeter so viele Pestizide gesprüht, gestäubt, gegossen werden, wie sonst nur in speziellen Intensivkulturen – beispielsweise im Hopfenbau oder in Weinbergen.

Ökotoxikologie: Die Dosis macht nicht mehr das Gift

Agrochemikalien und Pestizide, die für den Hausgarten angeboten werden, fallen unter die Höchstmengenverordnungen und müssen geprüft werden – von Toxikologen. Denn die Dosis macht das Gift, das wußte schon Paracelsus, und wer sich an die vorgeschriebenen Höchstmengen hält, der kann nicht viel anrichten. Solch guten Glaubens sind immer noch viele Menschen. Neue Untersuchungen aber haben dieses Wissenschaftsge-

Ohne ihn läuft gar nichts: Der Regenwurm ist blind und taub und leistet Unersetzliches. Er belüftet den Boden, frißt abgestorbene Pflanzenteile und verarbeitet sie zusammen mit Gartenerde zu Ton-Humus-Komplexen. Der Kot des Regenwurms ist wertvollster Naturdünger und technisch nicht nachzuahmen (rechte Seite).

Der Boden ist Lebensraum für Millionen von Lebewesen. Algen und Springschwänze, Strahlenpilze und Asseln, Fadenwürmer und Milben sind die unterirdischen Helfer des Gärtners. Nur ein aktives Bodenleben garantiert gesundes Pflanzenwachstum und gärtnerischen Erfolg (unten).

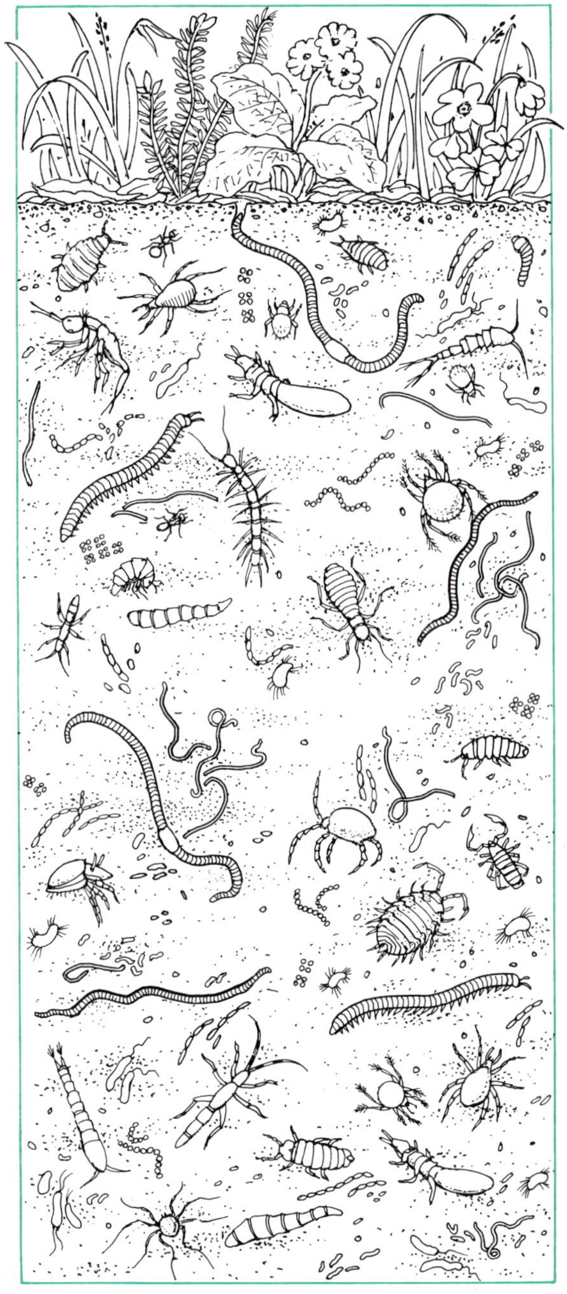

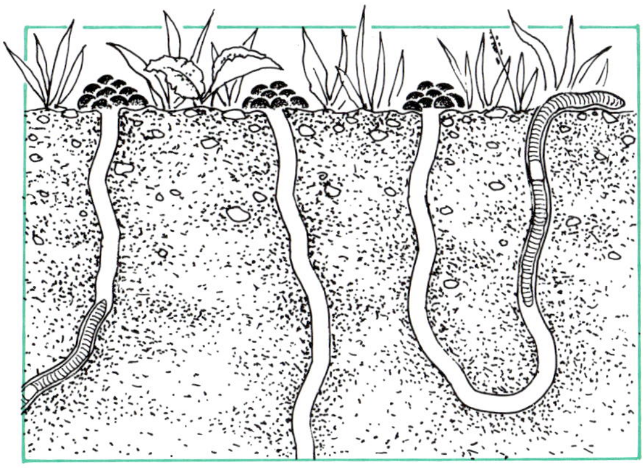

bäude gründlich erschüttert. Höchstmengen festzusetzen ist an sich schon eine fragwürdige Sache, weil die Langzeitwirkung nie über Jahrzehnte getestet werden kann, weil die Gefahr für Kinder, Schwangere, alte Menschen, chronisch Kranke durch Pestizidrückstände doch unerwartet hoch sein kann. Jetzt aber haben Forschungsergebnisse einer verhältnismäßig jungen Wissenschaft, der Ökotoxikologie, die Höchstmengenverordnungen vollends lächerlich gemacht und die Gefahren bei der Anwendung von Giften überdeutlich dargestellt. Was einer anrichtet, der in seinem Garten mit chemisch-synthetischen Giften hantiert, mag das Beispiel von Professor Kickuths Bachflohkrebsen verdeutlichen:

Der Kasseler Chemiker Professor Dr. Reinhold Kickuth setzte diese Tierchen der Spezies Rivulogammarus pulex in ein Aquarium und kippte ein Pflanzengift ins Wasser, in einer Konzentration, die um das 10000fache unter der Unbedenklichkeitsgrenze lag. Das Herbizid brachte die Bachflohkrebse auch nicht um. Aber nach wenigen Stunden stellten Kickuth und sein Team fest: Die Tierchen würden in kürzester Zeit aussterben. Sie vermehrten sich nämlich kaum mehr, die Kopulationsrate ging drastisch zurück. Wie ist das zu erklären?

Lebewesen kommunizieren miteinander – mit Worten, mit Gesten, mit Gerüchen. Niedere Lebewesen tauschen Nachrichten auf chemischem Wege aus. Die unvorstellbar niedrige Pflanzengift-Konzentration hatte dieses Kommunikationssystem der Bachflohkrebse nachhaltig gestört.

Was in dem Kasseler Aquarium demonstriert wurde, passiert tausendfach auf Äckern und in Gärten: Selbst wenn Gifte in unvorstellbar niedriger Konzentration angewandt werden, können sie indirekt ganze Arten ausrotten. Und wenn ein Glied in der Nahrungskette ausfällt, kann das zum Zusammenbrechen des ganzen Systems führen.

Im Garten ökologisch Denken und Handeln

Jeder Garten ist ein Ökosystem; Lebensraum und Lebensgemeinschaft unzähliger Wesen, die sich alle gegenseitig beeinflussen. Wer brutal eine Art ausrottet, bringt das ganze System ins Wanken.

Das heißt nicht, daß der Gärtner – super-ökologisch sozusagen – die Gartentür hinter sich zusperren und der Natur ihren Lauf lassen soll. Gärten sind von Menschen geschaffene Lebensräume, in denen Natur geprägt wird von den Neigungen und den ästhetischen Prinzipien des Gärtners. Gute Gärtner haben es schon vor Hunderten von Jahren geschafft, in dieser kleinen Welt ein neues Gleichgewicht entstehen zu lassen, sich nicht als absolute Herrscher aufzuspielen, sondern behutsam zu hegen und zu pflegen.

Im Garten ökologisch zu denken, nach ökologischen Prinzipien zu handeln ist heute so wichtig wie nie zuvor. Und es ist unendlich wichtig, daß viele Gärtnerinnen und Gärtner ein Gefühl für das Leben auch ganz unscheinbarer Wesen, für das Zusammenspiel im komplizierten Wirkungsgefüge eines Gartens entwickeln und bewahren. Wer ökologisch denkt, wird es niemals fertigbringen, die Pflanzen in Kräuter und Unkräuter, Gräser und Ungräser aufzuteilen, die Welt der Tiere in Nützlinge und Schädlinge zu spalten. Und er wird es auch nicht fertigbringen, sich dem weitverbreiteten Killer-Szenario anzuschließen, bei dem die tierischen oder pflanzlichen Opfer oft so klein sind, so unscheinbar und mit Sicherheit so leise, daß man ihr Sterben nicht sieht und nicht hört.

Biologischer Gartenbau besteht nicht nur aus Weglassen

Biologischer Gartenbau besteht nicht nur aus dem Weglassen von Kunstdüngern und chemischen Giften. Wer statt Blaukorn Mist im Garten einarbeitet, wer statt Lindan-Puder unkritisch pflanzliches Gift versprüht, der betreibt noch lange keinen naturgemäßen Gartenbau.

Mit Tips, Rezepten, Gebrauchsanleitungen ist es nicht getan: Der Gärtner muß nicht nur wissen, *wie* etwas funktioniert, sondern *warum*. Das Kapitel über den Boden nimmt deshalb in unserem Buch einen besonders breiten Raum ein, denn der Boden und die Bodenlebewesen sind das Allerwichtigste für einen Biogärtner. Nur wenn der Boden mit Humus und Wasser optimal versorgt ist, wenn ausreichend Bodenlebewesen von der Amöbe bis zum Regenwurm, vom Springschwanz bis zum Pilz vorhanden sind, und nur wenn er immer schonend bearbeitet und nie grob

Bunte Vielfalt herrscht im Biogarten: Eine Blumenwiese ist Lebensraum für Wildpflanzen, Insekten, Vögel und Schmetterlinge (links oben). Im Nutzgarten sorgt die Mischkultur von Gemüse, Kräutern und Blumen für gesundes Pflanzenwachstum (links unten). Der Kompost, das Herzstück des Biogartens, versorgt Boden und Pflanzen mit Nährstoffen (rechts oben). Spezielle Kulturmethoden wie das Hügelbeet bringen einen hohen Ertrag auf engstem Raum (rechts unten).

in seiner Struktur zerstört wird, können gesunde Pflanzen wachsen. Der biologische Gartenbau ernährt nicht die Pflanze, sondern das Bodenleben: Aus dem reichen Angebot an Nährstoffen im Boden kann die Pflanze auswählen, was sie für ein gesundes Wachstum braucht. Kunstdünger dagegen zwingt die Pflanze zur Aufnahme von Nährstoffen – auch wenn es viel zu viele sind. Die Folge: sie speichert viel mehr Wasser im Gewebe als normal, was bei Obst und Gemüse dem Aroma erheblich schadet. Das schwammige Gewebe ist ein willkommenes Fressen für jeden Schädling, Krankheiten können leichter angreifen. Was den Griff zur Giftspritze direkt herausfordert...

Kompost und Mulch – Nährstoffschätze aus der Natur

Der biologisch arbeitende Gärtner denkt beim Düngen nicht nur an Mengen, er rechnet nicht nur nach, wie hoch der Stickstoffentzug pro Quadratmeter bei einer Pflanzenart ist, er bezieht in seine Überlegungen auch die Qualität, die biologische Wertigkeit ein. Deshalb ist der Kompost das Zentrum jedes Biogartens, und sei er noch so klein: Hier entsteht unter kundigen Händen der wertvollste aller Dünger, hierher kommen alle organischen Abfälle des Gartens, um zu verrotten und Grundlage für neues Leben zu werden.

Wer mit der Natur gärtnert, ihre Gesetze abschaut, der versteht auch, weshalb er mulchen muß. Der fruchtbarste, humusreichste, gare Boden findet sich in der Natur immer unter einer Wiese: Unter der schützenden Grasdecke herrscht Bodenruhe, die Mikroorganismen können ungestört arbeiten und Humus aufbauen. Der biologische Gärtner ahmt dieses Prinzip nach, wenn er seine offenen Beete mit einer schützenden Schicht aus Laub, Stroh, Grashäcksel oder organischen Abfällen überzieht: Der Boden ist dann vor Schlagregen, Wind und ausdörrender Sonne geschützt, die Mikroorganismen können unter dieser Decke bis an die Oberfläche kommen, und Nahrungsnachschub für den Humusaufbau bietet die Mulchauflage auch.

Mischkultur und abwechslungsreiche Lebensräume

Schädlingsinvasionen sind immer das Ergebnis widernatürlicher Monokulturen. Im naturgemäßen Gartenbau ist Abwechslung angesagt: Pflanzen werden reihen-, beet- oder gruppenweise gemischt. Das macht beißenden und saugenden Insekten die Wege weit und das Leben schwer. Pflanzen werden außerdem so angeordnet, daß sie nur mit Nachbarn in Berührung kommen, mit denen sie sich auch vertragen, daß sie sich womöglich gegenseitig günstig beeinflussen. Welche Pflanzen gerne nebeneinander stehen und welche sich buchstäblich »nicht riechen« können, das haben Biogärtner in jahrzehntelangen Beobachtungen festgestellt.

Und weil im biologischen Gartenbau die Natur nicht auf den Kopf gestellt, sondern sanft gelenkt wird, ist es selbstverständlich, daß jede Pflanze auf den passenden Standort kommt. Nur wenn Boden-, Licht-, Wärme- und Windverhältnisse stimmen, kann sie robust und schön heranwachsen.

Mit Mischkultur und Mulch sieht ein Biogarten nie so gewohnt-ordentlich aus wie ein chemiegestützter Garten. Der Gartenfreund wird noch ein übriges tun, und so außerordentlich unordentliche Dinge wie Laub unter der Hecke, Steine und Reisighaufen in einer Ecke dulden. Er schafft damit Lebensraum für viele winzige Helfer: Nützliche Insekten nisten hier, der Igel überwintert, Eidechsen und Kröten finden ein Zuhause, Vögel eine wichtige Lebensgrundlage. Je größer die Artenvielfalt, die durch alle Pflegemaßnahmen zusammengenommen geschaffen wird, desto weniger störanfällig ist das Ökosystem Garten. Denn das ökologische Gleichgewicht stabilisiert sich in dem Maße, in dem die Artenvielfalt wächst. In einem Garten im biologischen Gleichgewicht werden Insekten nicht in einer solchen Zahl auftreten, daß sie zu Schädlingen werden, und Krankheitserreger finden widerstandsfähige Pflanzen vor, die sie nicht so leicht angreifen können.

Nicht von heute auf morgen: Der Biogarten im Gleichgewicht

Wer seinen Garten umstellen möchte auf naturgemäße Anbaumethoden, der kann das nicht von heute auf morgen schaffen. Was im einzelnen zu tun ist, wie die Umstellung für den Gärtner und den Garten am schmerzlosesten vor sich geht, das haben wir in einem eigenen Kapitel ausführlich erläutert. Ein biologisches Gleichgewicht stellt sich nicht schlagartig ein, sobald synthetische Gifte und Kunstdünger weggelassen werden. Das dauert zwei bis drei Jahre im Durchschnitt. Das braucht Geduld vom Gärtner, und die Stärke, wirklich konsequent den einmal eingeschlagenen

Verschiedene Richtungen im biologischen Gartenbau

Die älteste Schule naturgemäßen Gartenbaus begründete Rudolf Steiner 1924 mit einer Reihe von Vorträgen, die als »Landwirtschaftlicher Kurs« die Grundlage für die biologisch-dynamische Anbauweise bildeten.
Der deutsche Arzt Hans Peter Rusch und der Schweizer Hans Müller entwickelten gemeinsam die organisch-biologische Methode. Parallel zu diesen Pionieren des Bio-Land- und Gartenbaus arbeiteten noch zahlreiche Frauen und Männer und veröffentlichten Schriften, die Tausende von Gärtnerinnen und Gärtnern von den Vorzügen biologischen Anbaus überzeugten (vgl. Anhang).
Alle Methoden haben ein gemeinsames Ziel, eine ökologische Denkweise und auch viele praktische Maßnahmen gemein. Die Unterschiede sind nicht unüberwindlich groß. Das mag auch die Tatsache belegen, daß die Profi-Gärtner und -Landwirte unter Schirmherrschaft der Stiftung Ökologischer Landbau 1982/83 Rahmenrichtlinien erarbeitet haben, an die sich alle großen Erzeugerverbände – ANOG, Bioland, Demeter, Biokreis Ostbayern, Naturland – halten. Die wesentlichen Ziele dieser Richtlinien des *biologischen Landbaus* sind:

Erhaltung und möglichst Steigerung der Bodenfruchtbarkeit.
Erzeugung gesunder Pflanzen und Tierbestände, möglichst ohne Pflanzenschutz-, Futterzusatz- und Tierarzneimittel.
Erzeugung ernährungsphysiologisch vollwertiger Lebensmittel.
Verantwortungsbewußte Nutzung und gezielte Förderung der natürlichen Lebensgrundlagen und die bewußte Vermeidung jeglicher Belastungen.
Geringstmöglicher Verbrauch nicht erneuerbarer Energie- und Rohstoffvorräte.

Bei der *biologisch-dynamischen* Anbau- und Wirtschaftsweise kommen noch einige Besonderheiten hinzu:
Frischmist wird nie verwendet, sondern ausschließlich Mistkompost. Bei der Aussaat werden Sternenkonstellationen und Mondphasen beachtet. Kompost und Beete werden mit speziellen Präparaten behandelt, mit Kräuterauszügen und Mineralien, Hornmist und Hornkiesel, die in aufwendigen Verfahren und nach bestimmten Vorschriften hergestellt werden. Sie sollen helfen, kosmische Kräfte zu aktivieren, dem Menschen verlorengegangene Naturkräfte wieder nutzbar zu machen.
Wir wollen versuchen, in unserem Buch die Grundlagen des *biologischen Gartenbaus* zu vermitteln – der Anliegen und Maßnahmen also, die *alle* biologischen Anbauweisen gemeinsam haben.
Mehr über die Geschichte des biologischen Gartenbaus und seiner Väter haben wir in einem der letzten Kapitel zusammengefaßt.

anderen Weg weiter zu gehen. Wer seinen Garten liebt, wer das intensive Naturerlebnis genießt, das der enge Kontakt mit Erde, mit Pflanzen und Tieren bietet, der wird auch diese Geduld aufbringen können. Wer gelernt hat, bewußt zu sehen, Ursache und Wirkungen im Gefüge des Naturhaushalts zu verstehen, der wird sich neu und anders freuen können an dem Stückchen Erde, das er pflegen darf.

Biologischer Gartenbau und Naturschutz

13 Millionen Haus- und Kleingärten gibt es in der Bundesrepublik Deutschland, im Durchschnitt zwischen 350 und 600 Quadratmeter groß. Das ist eine gewaltige Fläche, das wäre ein großartiges Reservat für bedrohte Tier- und Pflanzenarten, wenn möglichst viele Gartenbesitzer naturgemäß arbeiten würden. Wenn sie ihren Garten als wichtigen Knoten in einem Gitternetz ökologischer Zellen begriffen, der den ganzen europäischen Raum überziehen muß. 60% der Tagschmetterlingsarten, 50% der Libellen- und 45% der Brutvogelarten sind in der Bundesrepublik ausgestorben oder vom Aussterben bedroht. Aktiven Naturschutz im eigenen Garten zu betreiben, das beugt unsichtbar der weiteren Schädigung des Ökosystems vor. Oder es schafft ein neues, intaktes System statt der verarmten Kultursteppe chemiegestützter Gartenanlagen.

Gefahrenpotential Umwelt

Umweltverschmutzung – Bedrohung für Luft, Wasser, Boden

Saubere Luft gibt es auf der ganzen Welt nirgends mehr. Mit dieser lakonischen Feststellung packten jüngst Experten des Umweltbundesamts erschreckende Forschungsergebnisse in eine griffige Formel: In der gesamten Lufthülle der Erde, so Fachleute der Meßstelle Deuselbach im Hunsrück, gäbe es »keine sauberen Bereiche« mehr. Der giftige Atem der Industriegesellschaft im ausgehenden 20. Jahrhundert hat nicht einmal vier Jahrzehnte gebraucht, um die Lebensgrundlagen der Menschheit abzuwirtschaften. Luft, Wasser, Boden – was wir atmen, trinken, essen, alles trägt die schmutzigen Spuren unserer Zivilisation.

Der dreckige Schleier aus Ruß, Staub und Gasen macht leider auch vor unseren Gärten nicht halt. So ein Garten ist für seinen Inhaber ein kleines Paradies – eine Insel ist er nicht. Mit schmutziger Luft, Saurem Regen, belastetem Grundwasser, kontaminierten Böden muß heute jeder Gartenbesitzer leben, je nach dem Landstrich, der seine Heimat ist, mit etwas mehr Giften oder mit sehr viel weniger.

Umweltgifte haben Folgen. Direkte und solche, die viel später kommen, unmerklich, die sich nur schlecht beweisen lassen. Das reicht von der leichten Allergie bis zu schwerem Asthma, von Vergiftungserscheinungen bis zu Krebs. Und was nicht mit dem Wind herweht, mit dem Regen, dem Schnee vom Himmel kommt, das verteilen Menschen noch eigenhändig in ihrem Garten: Insektizide, Fungizide, Herbizide; schwermetallbefrachtete Kunstdünger oder Klärschlamm, den stinkenden Extrakt aus Haushaltschemie und Abwässern. Das setzt sich auf Blätter, das wandert in

Ein Garten kann ein kleines Paradies sein – eine Insel ist er nicht: Saurer Regen, Abgase, Radioaktivität sind Belastungen, mit denen jeder Gärtner heute zu rechnen hat (links).

Industrie und Kraftwerke sind die größten Verursacher von Schadstoffbelastungen, gefolgt von Autos und Privathaushalten.

Wurzeln, das landet mit der Petersilie und dem Kopfsalat auf dem Mittagstisch des Gärtners.

Wer seit Jahren biologisch arbeitete, all diese modernen Sünden vermied, der erlebte im Mai 1986 den Schock seines Lebens: Mit der Reaktorkatastrophe von Tschernobyl, mit dem GAU, bekam die Bedrohung eine neue, entsetzliche Dimension. Schlagartig wurde klar, was Umweltverschmutzung in ihrer letzten Konsequenz bedeutet: Verseuchte Nahrung, vergiftetes Wasser, radioaktive Böden – zerstörte Lebensgrundlagen. Die Atomwolke aus der Ukraine ist verweht – auch aus dem Gedächtnis vieler Menschen. Was nicht so schnell zerfällt – verschwindet wie radioaktives Jod –, das sind all die anderen selbstgemachten Schadstoffe. Seit einigen Jahren zeigen Statistiken mit sanft geschwungenen, hoffnungsfroh stimmenden Kurven: Es wird besser, die Emissionen gehen zurück. Beim einen oder anderen Schadstoff stimmt das sogar. Andere dagegen nehmen Jahr für Jahr zu.

So stieg trotz EG-Normen, Katalysator und bleifreiem Benzin der Ausstoß an Schadstoffen, vor allem an Stickoxiden, nach Aussagen des Heidelberger Instituts für Energie- und Umweltforschung (IFEU) 1986 erneut an. Immer mehr Autos fahren auf den Straßen, die alten werden schlecht oder gar nicht umgerüstet, LKWs müssen nur ziemlich lächerliche Beschränkungen ihrer Rauchwolken in Kauf nehmen, und der Flugverkehr gar keine. Die Bundesrepublik Deutschland hat das dichteste Flugnetz der Welt. Und Flugzeuge sind das energieaufwendigste aller Transportmittel. Um eine Tonne einen Kilometer weit zu transportieren, braucht ein Flieger 320mal so viel Energie wie die Bahn.

Was Statistiken nicht zeigen: Die Bedrohung insgesamt nimmt nicht ab. Denn die Gesamtmenge aller chemischen Substanzen, die uns die Luft zum Atmen nehmen, die als Zeitbomben in Wasser und Gartenerde ticken, ist nach wie vor viel zu hoch. Die Luft kann diese Menge längst nicht mehr ausreichend verdünnen, der Boden, unser großartiges natürliches Filtersystem, verliert nach und nach seine Pufferfunktion, das Wasser wird nicht einmal durch dicke Gesteinsschichten geschützt.

Was mit Gärten passieren kann, die dem Gifthauch der Industriegesellschaft ein wenig zu nahe kommen, zeigen Fälle aus der ganzen Republik. Zwei Kleingartenanlagen bei Hamburg bekamen Gemüseverbot, weil ihre Böden weit überhöhte HCH-Werte auswiesen. Das giftige Hexachlorcyclohexan war vermutlich über Jahre aus einem Chemieunternehmen entwichen, das für eben solche Hobbygärtner ein Allround-Insektizid gegen Läuse, Mücken, Weiße Fliege – und was da sonst noch alles kreucht, fleucht und lästig wird – produzierte: Lindan.

In einigen Gebieten der Hamburger Vier- und Marschlande legte Hamburgs Gesundheitssenatorin den Gärtnern ans Herz, doch besser keine Wurzelgemüse anzubauen. In der fruchtbarbraunen Gartenerde waren unmäßige Konzentrationen von Cadmium und Arsen entdeckt worden, mit den Abgasen von Müllverbrennungs- und Industrieanlagen hergeweht, in den Boden gewaschen, von wo aus sie sich fortan in Karotten und Kartoffeln festsetzten.

Kurz davor rückten in Gärten im Norden Münchens die Bagger an. Erde mußte ausgetauscht werden: gefährlich hoher Schwermetallgehalt. Das Gift stammte aus jahrelangen liebevollen Düngeaktionen mit Klärschlamm, den die Gärtner aus den nahegelegenen Deponien und Kläranlagen gratis bekommen hatten. So wurden die Kohlköpfe riesig und der Boden zerstört.

Saubere Luft gibt es nicht mehr, absolut unbelastete Gartengrundstücke auch nicht. Aber Umweltverschmutzung ist kein unabänderliches Schicksal, kein Grund zur Resignation. Der Gärtner, die Gärtnerin können lernen damit umzugehen, können sich schützen. 13 Millionen Gartenbesitzer haben die einmalige Chance, ihrem Stückchen Erde unnötige Belastungen zu ersparen, mit vielen Schutzmaßnahmen ihren Garten so gut es geht abzuschirmen. Und da geht viel – auf der Grundlage des naturgemäßen Gartenbaus.

Jeder Garten liegt anders, hat eine spezifische Art der Belastung zu tragen. Die Kenntnis der wichtigsten Umweltgifte – ihrer Wirkung auf Luft, Wasser, Boden und Pflanzen, auf die menschliche Gesundheit – gehört zum Handwerkszeug eines bewußten Gärtners.

Luftverschmutzung hat viele Ursachen, und die Schadstoffe können sich gegenseitig in ihrer Wirkung verstärken. So wurden für das Waldsterben lange Zeit überwiegend Abgase aus Autos und Industrieschloten verantwortlich gemacht. Nach neuesten wissenschaftlichen Untersuchungen müssen vermutlich auch Kernkraftwerke zu den Verursachern gezählt werden. Schadstoffe gelangen auch durch den Hausbrand in die Atemluft. Schwefeldioxid und Schwermetalle, Stickoxide, Kohlenwasserstoffe und radioaktive Substanzen wirken nicht nur am Ort der Emission: Die Schadensbereiche liegen zwischen 20 und mehreren hundert Kilometern darüber hinaus (rechts).

Cadmium

– ist ein toxisches Schwermetall, das in einer durchschnittlichen Konzentration von 0,118 ppm überall in der Erdkruste vorkommt. In dieser minimalen Konzentration kann es kaum Schaden anrichten. Gefährlich sind die Mengen, die in der Industrie verwendet werden: 2000 Tonnen des zinkähnlichen Metalls werden dort pro Jahr in der Bundesrepublik verarbeitet. Bei der Eisen- und Stahlproduktion, bei der Herstellung von Lacken und Kunststoffen wird es für besonders leicht schmelzbare Legierungen oder in Form von Cadmiumsulfid als gelbes Farbpigment eingesetzt. Durch Industrieemissionen, bei der Verbrennung von Kohle und Müll und durch Abrieb von Autoreifen gelangt das chemische Element in die Atemluft, den Boden und in die Nahrungskette. Kunstdünger sind ebenfalls mit Cadmium verunreinigt: 65 Tonnen des Schwermetalls, das für den Menschen zehnmal giftiger ist als Blei, wandern jährlich allein durch Phosphatdünger in landwirtschaftliche Böden. Der Sachverständigenrat für Umweltfragen warnte 1985 die Bundesregierung, die Böden enthielten bereits 40 Prozent der

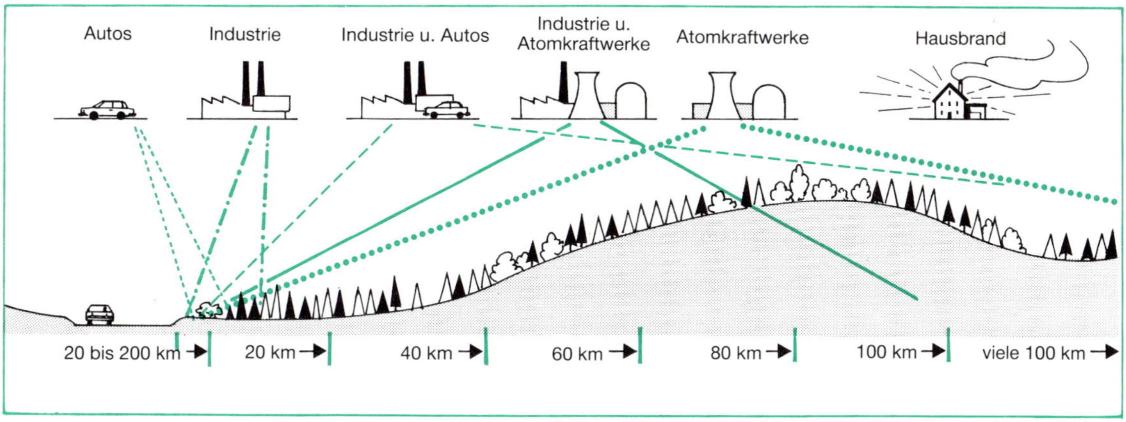

von der Weltgesundheitsorganisation tolerierten Menge an Cadmium. Und der Gehalt steige weiter, vor allem im Umkreis von Industrieanlagen und Städten. In vielen tausend Hektar landwirtschaftlichem Gebiet ist die duldbare Höchstmenge von 3 Milligramm pro Kilo bereits überschritten. 3,6 Millionen Hektar werden diese Werte in absehbarer Zeit erreicht haben – sie gelten als gefährdetes Cadmium-Belastungsgebiet. Die Zahlen sind alarmierend, weil Cadmium als Leitelement für die Schwermetallbelastung gilt.
Cadmium wird hauptsächlich über die Wurzeln in die Pflanze aufgenommen, und bevorzugt in den Blattgelenken abgelagert. Durch Waschen läßt es sich also nicht entfernen. Wurzel- und Knollenpflanzen wie Rettich, Karotte und Kartoffel speichern das Schwermetall besonders gut. Wenn Cadmium mit der Nahrung in den menschlichen Körper gelangt, wird es in der Leber, den Nieren und Knochen gespeichert. Cadmium wird vom Körper nur sehr langsam wieder ausgeschieden. Die biologische Halbwertszeit – die Zeit, in der die Hälfte einer aufgenommenen Substanz wieder ausgeschieden wird – ist mit 10 bis 30 Jahren so lang, daß die neuerliche Aufnahme immer die Ausscheidung übertrifft. Das Schwermetall reichert sich im Organismus an, kann Stoffwechselvorgänge stören, Knochen entmineralisieren und die Nieren schädigen.

Blei

Dieses Schwermetall ist durch das Bleitetraäthyl seit Erfindung des Autos tonnenweise in die Atemluft und auf den Boden gelangt. In der Bundesrepublik Deutschland, in Österreich und in der Schweiz ist die Belastung dank verschiedener Benzin-Blei-Gesetze gesunken. Verschwunden ist sie nicht. Rund um Erz und Blei verarbeitende Betriebe und an stark befahrenen Straßen sind die Bleikonzentrationen im Boden am höchsten. Autobahnen schleppen ein »Bleiband« von 200 Metern Breite neben sich her.
Blei am Gemüse ist für den Gärtner weniger problematisch als Cadmium. Zum einen deshalb, weil sich Blei aus Abgasen überwiegend auf die Oberfläche der Pflanze setzt. Durch Schälen oder gründliches Waschen und Abreiben kann ein Großteil des Gifts entfernt werden. Zum anderen wird mitgegessenes Blei aus dem Magen- und Darmtrakt nur zu 5 bis 15 Prozent resorbiert. Bleihaltige Abgase direkt einzuatmen ist viel gefährlicher: Hier nimmt der Körper das Blei zu 100 Prozent auf. Akute Bleivergiftungen sind selten, chronische machen sich durch unerklärliche Müdigkeit, Kopfschmerzen und Appetitlosigkeit bemerkbar. Aggressivität und Konzentrationsschwäche können ebenfalls auf das Konto des Schwermetalls gehen.

Quecksilber

Das silberweiße Metall ist bei gewöhnlichen Temperaturen flüssig und oxidiert nicht an der Luft. Aus den Kaminen von Müllverbrennungsanlagen, Kohlekraftwerken und Industriebetrieben gelangt das hochgiftige Element in die Luft und mit dem Sauren Regen in die Böden. Der zweite Schadenspfad: Saatbeizmittel und Fungizide enthalten manchmal Quecksilberverbindungen, die später über die Wurzeln in die Pflanzen aufgenommen werden. Das Schwermetall zerstört Nierengewebe und schädigt Gehirn und Zentralnervensystem.

Schwefeldioxid und Stickoxide

Schwefeldioxid wird freigesetzt durch Autoabgase, die Verbrennung fossiler Brennstoffe in Privathäusern wie Industrieanlagen und bei der Erdöl-

Blaumeise, Parus caeruleus

Star, Sturnus vulgaris

raffination. Die Sauerstoffverbindungen des Stickstoffs, die Stickoxide, haben dieselben Emissionsquellen, wobei Kraftfahrzeuge die bedeutendsten Verunreiniger sind. 6,5 Millionen Tonnen Schwefeldioxid und Stickoxide gelangen jährlich in die Luft über der Bundesrepublik.

Pflanzen sind sehr empfindlich gegenüber Schwefeldioxid: Schon bei 0,2 bis 0,4 Milligramm pro Kubikmeter Luft erleiden sie Schaden. Für einen gesunden Erwachsenen ist eine Konzentration von einem Milligramm pro Kubikmeter Luft bedrohlich.

Probleme machen Schwefeldioxid und Stickoxide nicht nur in Gasform, sondern auch in Verbindung mit Wasser: Regen Tau, Nebel, Schnee verwandeln die Gase in Schwefel- und Salpetersäure, einen Hauptbestandteil des Sauren Regens. Die Säuren schädigen die Bodenlebewesen, zerstören die feinen Haarwurzeln der Pflanzen und richten von außen Schaden an.

Sie vernichten die Wachsschicht auf Nadeln und Blättern, die Pflanzen normalerweise vor überhöhten Wasserverlusten schützt. Durch die Spaltöffnungen an Nadeln und Blättern dringt die Säure direkt in die Zellen ein und schädigt dort das Plasma. Solche Attacken sind möglich, weil die Schließzellen durch die ständigen Säureduschen nicht mehr richtig arbeiten. Der Austausch von

Gurke, Cucumis sativus, Cucurbitaceae

Tomate, Lycopersicum esculentum, Solanaceae

Igel, Erinaceus europaeus

Tagpfauenauge, Inachis io

Kohlendioxid und Sauerstoff wird nicht mehr reguliert, die Photosynthese kann nicht mehr klappen. Je stärker eine Pflanze durch Schadstoffe vorgeschädigt ist, desto leichter können Krankheitserreger über die angegriffenen Feinwurzeln eindringen, desto leichteres Spiel haben Schadinsekten.

Der Saure Regen läßt die Böden in einem nie dagewesenen Tempo versauern. Gärtner und Landwirte geben für Kalk, mit dem sie die Bodensäure vorübergehend neutralisieren, heute doppelt so viel Geld aus wie vor zehn Jahren. Mit Kalk läßt sich der pH-Wert des Bodens für eine Vegetationsperiode wieder ins Gleichgewicht rücken. Mit Folgen allerdings: Durch hohe Kalkgaben wird der Humusabbau rapide beschleunigt, die Böden verarmen rasch, wenn nicht entsprechend große Mengen organischer Masse – am besten Kompost – wieder zugeführt wird.

Abbauprodukte, neue Verbindungen

Jede Art von Luftverschmutzung birgt neben der direkten Wirkung auf Pflanze und Boden noch eine indirekte Bedrohung: Die Abbauprodukte der Schadgase und neue Verbindungen, die sie untereinander und mit anderen Substanzen eingehen können, sind teilweise weit schädlicher als die

Eissalat, Lactuca sativa, Compositae

Kürbis, Cucurbita maxima, Cucurbitaceae

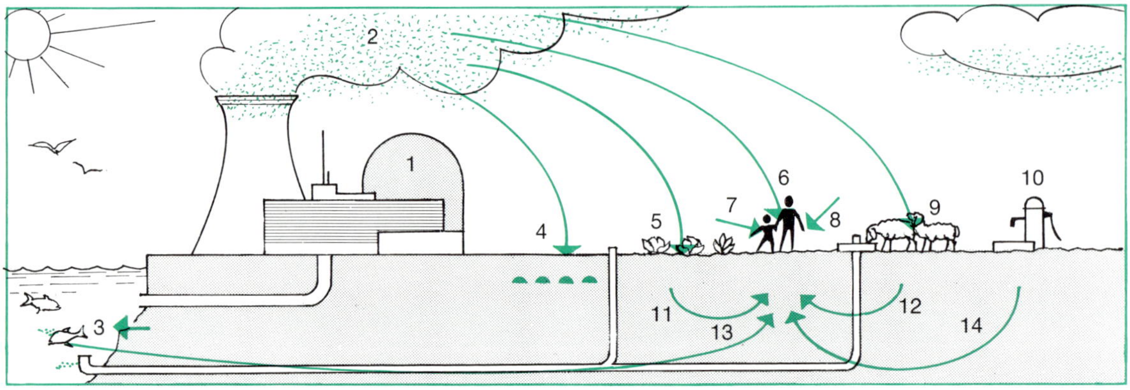

Gase selbst. Symptomatisch für diese Art der Bedrohung sind die Ursachen des Bergwaldsterbens. In den Reinluftgebieten der Alpen, fernab von jeglicher Industrie, hielten Forstleute das Waldsterben für gänzlich ausgeschlossen. 1982 warnte Garmisch-Partenkirchen als erste Gemeinde davor. 1987/88 ist erstmals sogar ein Sterben der besonders zähen Latschen zu beobachten. Der Bergwald stirbt in manchen Gebieten in schnellerem Tempo als der Wald im Tal. Massive direkte Schadstoffbelastung ist nicht der Grund. Der Bergwald wird nicht durch Schwefeldioxid und Stickoxide geschädigt, die in den Alpenregionen nur in kaum meßbarer Menge vorhanden sind. Tödlich für Fichten, Kiefern, Buchen sind die Photooxydantien, die in großer Höhe unter dem Einfluß des Sonnenlichts aus Stickoxiden gebildet werden. So kann durch eine neue Verbindung ein ganzes Ökosystem in Gefahr geraten.

Radioaktivität

Radioaktiver Bestrahlung natürlichen Ursprungs ist der Mensch laufend ausgesetzt. Radionuklide kommen aus der Erdkruste, aus dem Weltraum und von der Sonne. Wie hoch die Belastung ist, hängt bei der terrestrischen Strahlung von der Zusammensetzung des Gesteins ab. Die Belastung durch die kosmische Strahlung steigt mit der Höhenlage über dem Meeresspiegel. Kalium 40, Uranium 238 und Thorium 232 sind die gefährlichsten natürlich auftretenden Radionuklide.
Mit künstlich erzeugter radioaktiver Strahlung haben wir es seit knapp 50 Jahren zu tun. Von Juli 1945 bis November 1962 haben die USA Atombombenversuche in der Atmosphäre unternommen. Auch die Sowjetunion und Frankreich unternahmen oberirdische Atomtests. Unterirdische Versuche lassen die Radioaktivität in der Atmosphäre langsamer, aber ebenfalls meßbar ansteigen. Atomkraftwerke sind eine dauernde Quelle künstlicher Radioaktivität. Die radioaktiven Abgaberaten eines Atomkraftwerks sind in ihrer Auswirkung auf die menschliche Gesundheit, auf die Vegetation und Bodenlebewesen längst nicht ausreichend erforscht. Was radioaktive Gase anrichten, die mit behördlicher Genehmigung aus Schornsteinen entweichen; wie strahlende Flüssigkeiten wirken, die in Flüsse und Seen gespült werden; was die radioaktiven Kleinstpartikel anstellen, die bei den vielen kleinen Störfällen an die Umwelt abgegeben werden, ist heute noch nicht abschließend zu sagen. Krebs in allen Formen hat eine Latenzzeit von bis zu 30 Jahren; sein Auslöser ist in vielen Fällen schwer auszumachen. Die Problematik künstlich erzeugter Radioaktivität wurde vielen Menschen erstmals nach dem 26. April 1986 bewußt. Die Explosion eines Kernreaktors im russischen Tschernobyl überzog Mitteleuropa mit einer Atomwolke, die den Eintrag an Radionukliden schlagartig gefährlich erhöhte. Jod 131, das in besonders großer Menge austrat, ist dank seiner kurzen Halbwertszeit praktisch verschwunden. Was bleibt, sind Cäsium 134, Cäsium 137 und Strontium 90, langlebige Nuklide, die seit dem GAU von Tschernobyl in den Böden stecken. Von dort wandern sie über die Wurzeln in die Pflanzen, werden von Tieren und Menschen mitgegessen und angereichert.
Cäsium 134 und Cäsium 137 werden von Pflanzen anstelle von Kalium aufgenommen. Strontium 90 »verwechseln« sie mit Calcium und bauen es in ihre Zellen ein. Einige Pflanzen speichern viele, andere weniger Radionuklide. Waldpilze beispielsweise scheinen prädestiniert zu sein als Radioaktivitätsschlucker. Vor allem die Maronenröhrlinge sind Jahre nach dem GAU immer noch praktisch ungenießbar durch eine Belastung von mehreren tausend Becquerel. Wieviel Kopfsalat und Rote Rüben, Tomaten und Grünkohl speichern, wurde nach der Reaktorkatastrophe in der Ukraine erstmals ausführlicher untersucht. Wis-

Radioaktivität und die Folgen (links):

1 Kernkraftwerk
2 Gasförmige Emissionen
3 Abwasser
4 Strahlende Ablagerungen
5 Ablagerungen auf Gemüse
6 Inhalation
7 Bestrahlung aus Ablagerungen
8 Bestrahlung von außen
9 Ablagerung auf Weidegras
10 Trinkwasser
11 Ingestion über Feldfrüchte
12 Ingestion über Fleisch und Milch
13 Ingestion über Fisch
14 Aufnahme über Trinkwasser

Saurer Regen und die Folgen: Saure Sulfate und Schwefeldioxid aus Industrie und Autoabgasen verbinden sich mit Tau und Wasserdampf zu Schwefelsäure. Diese Säuren im Regen lassen den pH-Wert im Boden rapide absinken, lösen Schwermetalle, machen sie pflanzenverfügbar und greifen Bäume und Kulturpflanzen direkt an (unten).

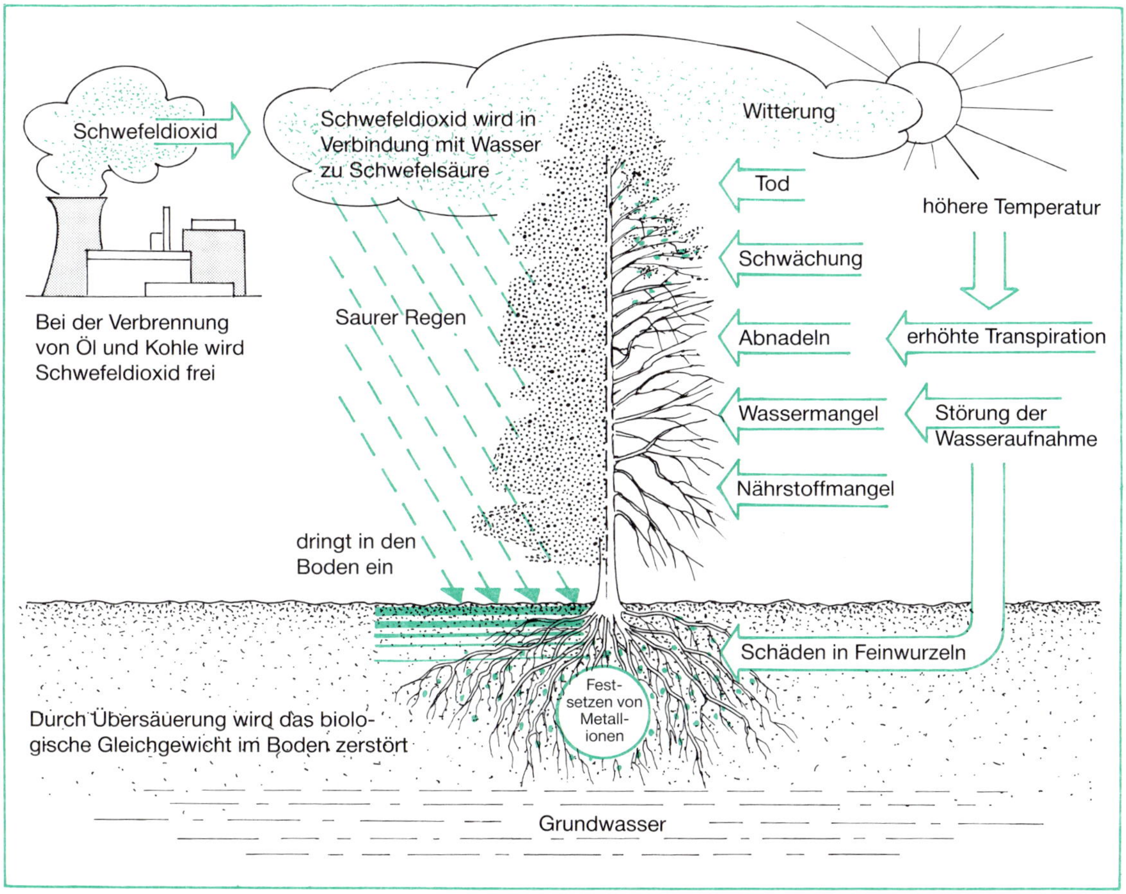

senschaftler versuchten, die Transferfaktoren zu bestimmen. Das sind die Werte, die angeben, in welchem Ausmaß eine Pflanze Radionuklide aus dem Boden holt und speichert. Transferfaktor 0,5 bedeutet beispielsweise: In der Pflanze reichern sich nur halb so viele Radionuklide an, wie im Boden vorhanden sind. Transferfaktor 5 bedeutet, daß die Pflanze fünfmal so viel Radioaktivität speichert wie der Boden. Als Anhaltspunkt einige Zahlen aus einem Forschungsbericht über die Belastung der Bevölkerung rund um das Kernkraftwerk Gundremmingen. Die erste Zahl gibt den Transferfaktor für Cäsium 137 an, die zweite den für Strontium 90:

Kartoffeln: 15 und 0,75
Klee: 8,5 und 7,2
Getreidekörner: 0,16 und 1,67
Blattgemüse: 0,07 und 15
Wurzelgemüse: 0,0025 und 0,055.

Untersuchungen nach dem GAU ergaben zum Teil Werte, die um Zehnerpotenzen von diesen Transferfaktoren abwichen. Wie sind solche gewaltigen Unterschiede zu erklären?
Wie hoch Obst und Gemüse exakt in den nächsten Jahren belastet sein werden, kann niemand sicher vorhersagen – es gibt höchstens Faustregeln. Denn *den* Transferfaktor für eine bestimmte Pflanze gibt es nicht. Es können höchstens Trends festgestellt werden. Wieviel eine Pflanze genau speichert, hängt vor allem vom Boden ab, auf dem sie steht – von seiner Zusammensetzung, seiner Körnung, seinem Nährstoff- und Humusgehalt. Ob der Boden sandig ist oder einen hohen Lehmanteil hat, ist von Bedeutung; ebenso der Gehalt an organischer Masse und Humusstoffen. Cäsium setzt sich an Tonmineralien fest, zum Beispiel an Zwischenschichten des Tonminerals Illit. Auch von Huminsäuren wird es adsorbiert – angebunden, zur Unbeweglichkeit verdammt.
Die Art der Bearbeitung – umgraben, hacken, fräsen, ruhen lassen – hat Einfluß auf die Körnung. Der Nährstoffgehalt ist besonders wichtig: Wo ausreichend Kalium vorhanden ist, nehmen die Pflanzen weniger Cäsium auf. Wo Kalium fehlt, speichert die Pflanze das Nuklid gierig. Wo ausreichend Calcium im Boden steckt, wird weniger Strontium aufgenommen. Herrscht Calciummangel, baut die Pflanze Strontium statt Calcium in ihre Zellen ein.
Weiter ist wichtig, wie lebhaft das Bodenleben ist – je lebendiger, desto besser. Und in welcher Tiefe die Nuklide überhaupt schon angekommen sind: Auf einer Streuobstwiese zum Beispiel, die nicht umgepflügt wird, sind die Radionuklide seit dem GAU erst wenige Zentimeter tief eingedrungen. Pro Jahr rechnet man mit einer Tiefenwanderung von einem bis drei Zentimetern. Es kann also noch eine Zeit dauern, bis die strahlenden Teilchen im wurzelverfügbaren Raum der Obstbäume ankommen.
Der Transferfaktor, der von so vielen Bedingungen abhängt, kann sich innerhalb eines Gartens von Quadratmeter zu Quadratmeter ändern. Als Trend zeichnet sich ab, daß Blattgemüse mehr radioaktive Teilchen speichern als Wurzelgemüse. Insgesamt gesehen speichern alle Gemüsepflanzen relativ wenig radioaktive Stoffe. Über den Schadenspfad Weidegras–Kuh–Rinderbraten reichert sich mit Sicherheit mehr Cäsium und Strontium an als in der Petersilie und dem Kopfsalat im Garten. Dennoch sollte der Gartenbesitzer alles tun, um die Aufnahme strahlender Stoffe in seine Nahrungspflanzen zu verhindern. Denn eine ungefährliche Strahlendosis gibt es nicht: Ob natürliche oder künstlich erzeugte Radioaktivität – der Mensch ist nicht dazu gebaut, sie unbeschadet zu verdauen. Was Niedrigststrahlung anrichtet, ist in der wissenschaftlichen Forschung erst ansatzweise untersucht. Direkte Schädigung menschlicher Zellen wurde festgestellt, aber auch Schäden am Erbgut, die sich vielleicht erst Generationen später bemerkbar machen werden. Ebenfalls nicht ausreichend erforscht sind die verhängnisvollen Querverbindungen, die zwischen radioaktiven Materialien und anderen Umweltgiften entstehen können. Bei der Radioaktivität wie bei anderen Umweltgiften gibt es auf der ganzen Erde keine vollkommen unbelasteten Gebiete mehr. Desto wichtiger, daß die Menge der Schadstoffe, die wir über den engsten Kontakt mit der Umwelt aufnehmen – über Essen, Trinken, Atmen – so weit als irgend möglich reduziert wird.

Saurer Regen – Wasser zum Gießen?

»Schwarzer Schnee – es schneit Ruß, Cadmium und Säure«: Mit solchen Schlagzeilen wurden die Münchner im Winter 1987 vor schmutzigen Niederschlägen gewarnt. Saurer Regen, schwarzer Schnee – unsere Gärten müssen das aushalten, die Regentonnen füllen sich mit diesem Wasser. Das Wasser aus der Leitung macht auch Schlagzeilen: Die Beschaffung wird immer schwieriger, die Qualität läßt mancherorts reichlich zu wünschen übrig. Wasser ist ein bedrohtes Gut.
145 Liter pro Kopf und Tag verbrauchen die Bundesbürger, das macht runde 5 Milliarden Kubikmeter im Jahr. 145 Liter Trinkwasser – zum Trinken und Kochen werden aber nur drei statistische Liter verwendet. Der Rest geht drauf für Baden, Autowaschen, Wäsche und Geschirr reinigen und für die Toilettenspülung. Ein Teil des Trinkwasser wird aus dem Oberflächenwasser von Flüssen, Seen, Talsperren gewonnen. Laufende Messungen belegen, daß sich in so mancher Talsperre der pH-Wert vom neutralen pH 7 herunter ins saure Milieu bewegt. Der absinkende pH-Wert – ein Maß für die freie Wasserstoffionenkonzentration (s. Glossar) ist ein Alarmsignal dafür, daß viele Böden durch die permanente saure Dusche langsam ihre Pufferfunktion verlieren, ihren hydrochemischen Charakter verändern und Schwermetalle weiterreichen, die im sauren Milieu leichter in Lösung gehen. Die geologische Beschaffenheit der Untergrundsteine, vor allem Kalkstein, wird diesen Prozeß in vielen Gebieten lange hinauszögern. Noch ist es in der Bundesrepublik Deutschland nicht so schlimm wie in Skandinavien und Kanada, wo Gewässer durch den Sauren Regen

Eine dichte Hecke schützt den Garten vor vielen Belastungen. Sie filtert Schadstoffe aus der Luft, und der Wildpflanzensaum unten am Boden wirkt als natürliche Sperre gegen Auftausalze. In stark belasteten Gebieten sollten Heckenpflanzen gewählt werden, die gegen Sauren Regen weniger empfindlich sind.

großflächig versäuert sind. Unmittelbar bedrohte Regionen gibt es aber auch hierzulande: Nach Untersuchungen der Universität Göttingen sind das vor allem die ostbayerischen Mittelgebirge, der Schwarzwald, der Taunus und der Harz.

Wo Trinkwasser aus Grundwasserbrunnen geholt wird, macht die Nitratbelastung zunehmend Probleme. Drei Millionen Menschen, so schätzt der Bund Naturschutz in Bayern, trinken ständig oder zeitweilig Wasser, dessen Nitratgehalt den Grenzwert von 50 Milligramm pro Liter überschreitet. Besonders gefährdet sind Gebiete mit intensivem Weinbau, Gartenbau und Landwirtschaft. Nitrat behindert die Sauerstoffaufnahme im Blut, was für Säuglinge tödlich sein kann. Nitrat wird im Magen-Darm-Trakt zu Nitrit und krebserregenden Nitrosaminen umgebaut. Nitrate, die Salze der Salpetersäure, brauchen Pflanzen für ihr Wachstum – aber in Maßen. Sind zu viele Nitrate im Boden, das Stickstoffangebot zu groß, schießt die Pflanze in die Höhe, wird schwammig und speichert überschüssige Nitrate. Gülle und überreichliche Kunstdüngergaben sind die Hauptquellen der Nitratbelastung.

Natriumchlorid – Kochsalz – ist in der Umgebung von Städten und Straßen ein Problem. Das Streusalz der Wintermonate zerstört Pflanzen direkt, sorgt aber auch für versalzenes Wasser.

1,5 Millionen Tonnen Tausalze werden in der Bundesrepublik jährlich auf Straßen, Wege und öffentliche Plätze gestreut.

Auftausalze, die zu 90 bis 98 Prozent aus Natriumchlorid bestehen, gelangen entlang von Straßen mit dem Spritzwasser und dem ablaufenden Schmelzwasser in den Boden. Zwischen 30 und 100 Meter breit ist das schädliche Kochsalzband, das Straßen im Winter begleitet. Kommen die Salze in den Bereich von Pflanzenwurzeln, so ziehen sie Wasser aus den feinen Haarwurzeln. Durch den Wasserverlust sinkt der Spannungszustand in den einzelnen Zellen. Das Wachstum verlangsamt sich, die Pflanze wird anfällig gegenüber Schädlingen und Krankheiten. Einzelne Pflanzenteile können absterben. Bei hohen Salz-

konzentrationen kommt es zu Blattverbrennungen: Der Blattrand wird braun und zerbröselt, allmählich stirbt das ganze Blatt ab. Oder die Blätter zeigen schon im Juni/Juli ihre Herbstfärbung und fallen rasch ab.
Natriumchlorid verändert auch die physikalischen Eigenschaften des Bodens. Humusreiche und sandige sind weniger betroffen, schluffige Böden aber verkrusten und verschlämmen rasch. Bodendurchlüftung und Wasseraufnahme nehmen ab, denn Bodenlebewesen werden durch das Salz geschädigt. Durch Ionenaustauschvorgänge im Boden werden Nährstoffe in tiefere Bodenschichten ausgewaschen. Sie stehen den Pflanzen nicht mehr zur Verfügung – sie hungern, dürsten, bekommen zu wenig Luft.
Selbst sehr tiefe Brunnen bleiben von der Umweltproblematik nicht verschont. Bei Untersuchungen in Münchner Tiefbrunnen entdeckte das Münchner Umweltschutzreferat an 15 Stellen so schwerwiegende Verunreinigungen mit Halogenkohlenwasserstoffen, daß Böden und Brunnen sofort saniert werden mußten. Halogenkohlenwasserstoffe werden als Reinigungs-, Löse- und Entfettungsmittel verwendet und waren in diesem Fall aus einer Großwäscherei, chemischen Betrieben und einer Maschinenfabrik gekommen.
In Teilbereichen waren sie schon bis in die tertiären Grundwasserstockwerke, 80 bis 100 Meter unter dem Erdboden, vorgedrungen. Bislang galten diese Schichten durch schwerdurchlässige Tonmergelschichten als optimal geschützt. Doch die chemischen Abfälle der Zivilisation dringen eben doch viel weiter vor als berechnet.
Pestizide aus Landwirtschaft und Gartenbau sind im Trinkwasser ebenfalls schon nachzuweisen. Im Industrieverband Pflanzenschutz zusammengeschlossene Hersteller haben aus 200 Brunnen 12000 Wirkstoffanalysen vorgenommen. Das im Juli 1987 veröffentlichte Ergebnis: 15 von 35 handelsüblichen Pestiziden wurden nachgewiesen. Auf flächendeckende Pestiziduntersuchungen müssen die Bundesbürger aber noch warten: bis 1989. Erst dann treten die Grenzwerte der Trinkwasserverordnung für Pestizide in Kraft.
Bis dahin wird einfach nicht überall kontrolliert – obwohl diese Stoffe schon jetzt in reichem Maße vorhanden sind.

Bedrohtes Wasser – die Konsequenzen für Gartenfreunde

Sauberes Trinkwasser wird zunehmend knapper und sollte so sparsam wie möglich verwendet werden. Das gilt auch für den Garten. Der biologische Gartenbau mit seinen der Natur abgeschauten Methoden – dem Mulchen zum Beispiel – bietet dafür die besten Voraussetzungen. Ob Regenwasser zum Gießen verwendet werden sollte oder nicht, läßt sich nicht pauschal mit ja beantworten. In den weitaus meisten Gebieten der Bundesrepublik wird es möglich sein, mit dem Inhalt der Regentonne zu wässern. In belasteten Gebieten sind Wasseruntersuchungen unerläßlich (vgl. »Schutzmaßnahmen vor Umweltbelastungen«). Regenwasser zu verwenden – da, wo es möglich ist – ist auch deshalb sinnvoll, weil dadurch Trinkwasservorräte geschont werden.

Chemische Pflanzenbehandlungsmittel wirken vielfältig auf Boden, Bodenleben und Pflanzen. Ein Teil verflüchtigt sich und wird fotochemisch ab- und umgebaut. Die Abbauprodukte kommen mit dem Regen in den Boden – oft weit entfernt von dem Ort, an dem die Pflanzenbehandlungsmittel ausgebracht wurden. Die Mittel werden durch Pflanzen aufgenommen oder im Boden chemisch oder mikrobiell abgebaut. Die Abbau-Endprodukte werden an Bodenbestandteile gebunden und können zu einem späteren Zeitpunkt von Pflanzen aufgenommen werden. Ein Teil der Pflanzenbehandlungsmittel wird aus dem Boden ausgewaschen und gelangt ins Grundwasser. Auf diese Weise belasten Pestizide und ihre Abbauprodukte schon viele Grundwasservorkommen. Im Boden können chemische Pflanzenbehandlungsmittel beachtliche Schäden an den Bodenlebewesen anrichten. Die Folgen: der Boden wird nicht mehr richtig belüftet, organische Abfälle werden nur noch mangelhaft zersetzt. Der Humusgehalt sinkt, der Boden verschlämmt (rechte Seite).

Bodensterben – die neue Bedrohung

Der Saure Regen, die Dauer-Dusche mit Chemieprodukten bleibt auf den Boden nicht ohne Folgen. 1984 löste der langjährige Leiter des Max-Planck-Instituts für Landarbeit und Landtechnik, Professor Gerhardt Preuschen, erstmals Alarm aus. Böden in Bayern, die der Agrarforscher jahrelang systematisch überwacht hatte, waren bereits so schwer geschädigt, daß beispielsweise Braugerste in Kürze dort nicht mehr angebaut werden kann. Bodensterben – ein neuer Begriff, eine neue Bedrohung. Das Bodensterben ist die ernsteste aller Auswirkungen der Umweltvergiftung.
Wasser läßt sich reinigen, auch wenn das sehr aufwendig sein kann. Luft läßt sich ebenfalls säubern. Boden aber sei »nach dem Stande der Technik nicht zu reinigen«, so der Bodenkundler Pro-

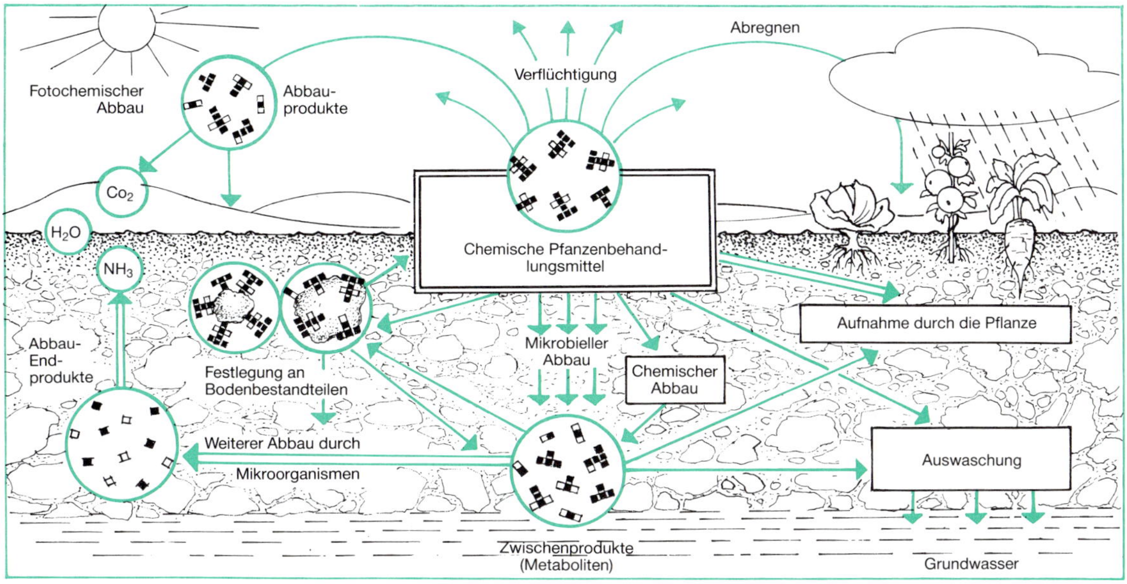

fessor Adolf Kloke von der Biologischen Bundesanstalt. In der Erdkrume sorgen Milliarden von Lebewesen zwar dafür, daß organische Masse zersetzt und umgebaut wird. An Cadmium, Blei und Quecksilber beißen sie sich jedoch die Zähne aus. Schwermetalle sind chemische Elemente und daher unzerstörbar. Steigt der Säuregehalt des Bodens durch den Sauren Regen an, gehen Schwermetalle leichter in Lösung und werden bequemer von Pflanzen aufgenommen. Direkt über Nahrungspflanzen oder indirekt über andere Schadenspfade wie Futterpflanze–Tier–Fleisch gelangen sie in den menschlichen Körper. Und der Mensch hat nun mal keinen eingebauten Regulationsmechanismus, um mit dieser Belastung fertig zu werden.

Was an Schwermetallen durch Stäube oder Niederschläge in den Boden gelangt, das bleibt drin – bis es ins Grundwasser gewandert ist. Wie rasch dieser Prozeß vor sich geht, das hängt von der Zusammensetzung der Erdkrume ab, vom Untergestein, von Niederschlägen und ähnlichen Faktoren. Beschleunigen läßt er sich nicht, auch nicht mit technischen Tricks. Kloke: »Der Schaden ist irreparabel.«

Bereits zu 30 Prozent geschädigt sei in vielen Gebieten das Bodenleben, warnte Agrarexperte Preuschen. Giftige Schwermetallionen töten Myriaden von Mikroorganismen. Je saurer der Boden bereits ist, desto beweglicher sind die Schwermetalle, desto größeren Schaden können sie anrichten. Mikroorganismen, Einzeller, Springschwänze, Regenwürmer können ihre wichtigste Aufgabe nicht mehr erfüllen: den Boden zu durchlüften, organische Abfälle zu zersetzen und in pflanzenverfügbare Nährstoffe umzuwandeln. Regenwürmer, die unersetzlichen Bodenwühler, brauchen nicht einmal eine Schwermetallattacke. Sie sterben massenweise schon allein durch die unnatürliche Säure des Bodens.

Diese Eingriffe in das komplizierte Wirkungsgefüge des Bodenlebens sind schwerwiegend. Wenn plötzlich ein Drittel weniger Bodenlebewesen da sind, macht das den Pflanzen zunächst nichts aus. Aber die Folgen bringen sie um: Wo die Erdkrume nicht mehr locker und feucht gehalten wird, da verhärten die Böden, da können sie kein Wasser mehr aufnehmen. Wo organische Masse nicht mehr zersetzt wird in den harten, sterbenden Böden, da bilden sich Faulgase, hochgiftig für feine Pflanzenwurzeln. Sauerstoffmangel, Wassernot, Vergiftung durch Schwermetalle, Faulgase und Säuren – ein ganzes Paket von Ursachen führt dazu, daß Pflanzen verkümmern und absterben. Das geht nicht von heute auf morgen. Samen keimen unregelmäßig, gehen schlecht auf. Die Pflänzchen mickern, weil sie in hartem, saurem Boden nur wenig Wurzelwerk bilden können. Sie verhungern und verdursten schließlich. Wintergerste als besonders empfindliches Getreide ist als erstes dran, der Brotweizen ist laut Gerhardt Preuschen auf Dauer ebensowenig gefeit wie Kartoffeln und Gemüse. Den Boden lebendig zu halten, ihn widerstandsfähig zu machen gegen Umweltgifte; wo immer es geht diese Giftduschen abzuwehren und selbst keinerlei Gift im Garten auszubringen – das ist der einzige Weg, Gartenböden auf Dauer fruchtbar zu erhalten.

Schutzmaßnahmen vor Umweltbelastungen

Standortanalyse für den Garten

Belastungen aus der Umwelt sind alle Gärten ausgesetzt. Einige haben mehr auszuhalten als andere: Kleingartenanlagen an der Autobahn, Hausgärten in der Einflugschneise, Bauerngärten neben dem Maisacker. Aber schon was ein nicht exponiert gelegener Stadtgarten, oder einer am Stadtrand, an einer Wohnstraße gelegen, an Gasen und Stäuben mitbekommt, macht es nötig, ihn abzuschirmen gegen allzu viele Umweltgifte. Was zu tun ist, läßt sich nach einer Standortanalyse entscheiden, die der Gartenfreund unter ökologischen Gesichtspunkten vornehmen sollte.

- *Lage an einer Straße:* Je stärker befahren sie ist, desto größer ist die Belastung durch Abgase, Dieselruß, Reifenabrieb.
- *Lage in einer Einflugschneise:* Zwischen 3500 und 20000 Liter Treibstoff verbraucht ein Flugzeug pro Stunde. Rund 5 Prozent davon läßt es als Schadgase hinter sich, die Hälfte davon sind Stickoxide. Fliegt es in größerer Höhe über den Garten, so bekommt das Grundstück den Abgasteppich nicht direkt mit: Die Stäube und Verbrennungsgase wirken als Kondensationskerne für den Wasserdampf, kommen also irgendwann und irgendwo in Form von Niederschlägen herunter. Startende und landende Flieger dagegen laden einen Teil ihrer Abgase direkt in der Einflugschneise ab.
- *Lage im Stadtgebiet:* Neben Autos, Lastkraftwagen, Motorrädern und ihren Abgasen sind es hier die Heizungen, die für Schwermetall- und Kohlenmonoxidbelastung sorgen. Auch die Staubbelastung in der Stadt ist höher als auf dem Land.
- *Lage in der Nähe einer Industrieanlage:* Spezifische Stäube und Schadgase, je nach Produktionszweig und Ausstattung mit Rauch- und Abgasfiltern in unterschiedlichen Mengen und von verschiedener Gefährlichkeit.
- *Lage in landwirtschaftlichem Gebiet:* Verschiedene chemisch-synthetische Spritzmittel wie Insektizide, Herbizide, Fungizide, Halmverkürzer können von einem konventionell bewirtschafteten Acker herüberwehen, solange gespritzt wird. Liegt der Garten am Hang unterhalb konventionell bewirtschafteten Ackerlands, können derartige Chemikalien sowie Saatgutbeizmittel ausgewaschen und mit Wasser oder Erde auf das Gartengrundstück transportiert werden.

Heckenrosen sind ein duftender, blühender Schutz vor Umweltbelastungen. In einer Mischhecke darf diese robuste Pflanze nicht fehlen. Sie ist besonders widerstandsfähig gegen Autoabgase. Ihre Blüten ziehen Bienen an, und ihre Früchte sind ein begehrtes Winterfutter für Vögel (links).

Seit dem 5. 8. 1976 sind die Bundesländer dazu ermächtigt, bei Smog in bestimmten Sperrgebieten den Kraftfahrzeugverkehr zeitweise einzuschränken.

Hausgemachte Schadstoffbelastung

Die hausgemachte Schadstoffbelastung ist verhältnismäßig leicht zu vermeiden, was aber aus

Gedankenlosigkeit oft nicht geschieht. So entsteht sie und so wird sie vermieden:

- *Die Heizanlage eines Hauses* gibt ihre Schadstoffe in die unmittelbare Umgebung ab. Da die Hauskamine nicht besonders hoch sind, schlagen sich Schwermetalle und Kohlenstoffverbindungen nah am Haus nieder. Dieses Problem existiert nicht für Wohnungen, die mit Erdgas, Strom oder per Fernheizung geheizt werden. Erdgas gibt extrem wenig Schadstoffe ab. Strom und Fernwärme sind indirekte Belastungen. Wenn bei der Produktion von Strom und Fernwärme Schadstoffe anfallen, so geschieht das zumeist in großer Entfernung vom Garten. Kohle-, Holz- und Heizölbrenner geben die größte Schadgasmenge von allen Brennmaterialien ab. Sie müssen regelmäßig gewartet, richtig eingestellt und der Brenner alle 10 bis 15 Jahre ausgetauscht werden, damit die Belastung niedrig gehalten wird. Bei Einzelofenfeuerung ist darauf zu achten, daß nur hochwertige Kohle verbrannt wird. Holz muß mindestens zwei Jahre unter einem Dach getrocknet sein und darf höchstens eine Restfeuchte von 20 Prozent enthalten, sonst ist die Abgabe von Cadmium und anderen Schadstoffen gewaltig.
Beim Heizölkauf empfiehlt sich eine entschwefelte Qualität – sie gibt viel weniger Schwefeldioxid ab.
- *Der offene Grillkamin im Garten* ist in Ordnung, solange trockenes Hartholz oder Holzkohle gefeuert wird. Papierbriketts, Altpapier, nasses Holz, Abfälle vom Autoreifen bis zum Altöl geben große Schadstoffmengen an die Luft ab, die sich sofort im Garten niederschlagen.
- *Ein Motorrasenmäher älterer Bauart* kann nicht nur eine große Lärmbelästigung, sondern auch eine samstägliche Quelle hausgemachter Schadstoffe sein. Ein Handrasenmäher ist leise und verursacht keinerlei Abgase. Wenn es trotzdem ein Motorrasenmäher sein soll: Es gibt Modelle mit Katalysator, die mit bleifreiem Sprit gefahren werden können und wenig giftige Abgase erzeugen. Strombetriebene Rasenmäher eignen sich nur für kleinere Flächen und können oft durch einen guten Handrasenmäher ersetzt werden. Sie erzeugen im Garten keine direkten Schadstoffe, wohl aber am Ort der Stromerzeugung.
- *Abgase aus dem Auspuff des eigenen Autos* können den Garten verpesten, wenn der Wagen im Stand läuft. Niemals das Fahrzeug im Stand warm laufen lassen, auch wenn das in der vegetationsfreien Winterszeit passiert: Was sich auf dem gefrorenen Boden oder auf dem Schnee niederschlägt, wird im Frühjahr mit dem Schmelzwasser in den Boden geschwemmt.

Schutz durch eine Hecke

Eine sechs Meter breite Mischhecke reduziert die Belastung durch Blei in zehn Meter Abstand von einer Straße auf ein Sechstel. Das ist ein gewaltiges Rückhalte- und Reinigungspotential, das sich ausnützen läßt, auch wenn kein Platz da ist, um eine sechs Meter breite Hecke zu pflanzen. Eine ein oder zwei Meter breite Anpflanzung hat ebenfalls bereits schadgasbremsende Wirkung. Wichtig ist, beispielsweise nicht die beliebte Thujenhecke zu setzen. Sie filtert längst nicht so gut wie eine gemischte Hecke aus heimischen Gehölzen (vgl. »Biotope im Garten«). Laubabwerfende Sträucher befreien sich im Herbst selbst von einem Großteil der gespeicherten Schadstoffe. Das Laub dieser Pflanzen darf deshalb nicht auf den Kompost, sondern sollte unter der Hecke liegenbleiben oder gesondert kompostiert und wieder der Hekke zugeführt werden.
Je höher die Hecke ist, desto wirkungsvoller ist der Filtereffekt. Nicht überall sind allerdings hohe Hecken erlaubt oder den Nachbarn zuzumuten. Örtliche Vorschriften müssen deshalb berücksichtigt werden.

Schutz durch Bäume

Bäume lassen nur rund die Hälfte der Schadstoffe aus Luft und Regen auf den Boden durch. Die anderen 50 Prozent werden von Nadeln und Laub abgefangen. Staub, Ruß und andere Schadstoffe werden teils vom Regen nach und nach auf den Boden in den Bereich der Kronentraufe (Wurzelraum) gewaschen, teils in den Blättern gespeichert und im Herbst abgeworfen. Dieses Laub muß in stärker belasteten Gebieten gesondert kompostiert werden, und der Kompost darf nur für Zierpflanzen verwendet werden.
Nadelbäume in Monokultur zu pflanzen, ist in den meisten Gärten nicht sinnvoll. Nadelbäume brauchen das spezielle Kleinklima des Waldes, die Luftfeuchtigkeit, die Lichtverhältnisse, die sie nur im Verbund mit anderen Bäumen bekommen können. Und sie werfen nicht – mit Ausnahme der Lärche – ihre Nadeln im jährlichen Rhythmus ab. Als Schadstoff-Filter ist ein Laubbaum wesentlich wirkungsvoller. Bei der Pflanzung müssen örtliche Vorschriften beachtet werden. Manche Kleingartenordnungen erlauben beispielsweise nur Bäume bis höchstens zehn Meter Höhe. Eine Esche zu setzen, die es ausgewachsen auf stattliche 40 Meter bringt, ist in diesem Fall also unmöglich. Ein Baum in einem kleinen Garten, mehrere in mittleren und großen Gärten bieten wirkungsvol-

Ein Gewächshaus paßt in jeden Garten. Schon die kleinen Modelle mit rund 4 Quadratmeter Grundfläche erlauben die Versorgung mit Salat und Küchenkräutern. Wenn das Gewächshaus geschickt bepflanzt wird, kann es noch bis weit in den Winter hinein frisches Gemüse und Feldsalat liefern. Im Frühjahr zieht man dort Jungpflanzen heran.

Außerdem bieten Gewächshäuser einen wirksamen Schutz vor Staub, Ruß und Schwermetallen. In stark belasteten Gebieten macht es den Anbau von Speicherpflanzen möglich, z. B. Grünkohl, der im Winter Schadstoffe sammelt, krause Petersilie mit ihrer großen Blattoberfläche und Schwermetalle speichernde Gelbe Rüben.

Krause Petersilie, Petroselinum crispum, Umbelliferae

Grünkohl, Brassica oleracea, Cruciferae

len Schutz und lassen dennoch genug Licht für alle anderen Gartenpflanzen.

Schutz durch Glas und Folie

Gewächshäuser und Folientunnel schützen vor direkten Niederschlägen, vor Staub und Ruß. Feinstaub und gasförmige Schadstoffe gelangen jedoch mit der Atemluft auch in das Gewächshaus. Mit Regner- oder Sprühbewässerungsanlagen werden sie aus der Luft ausgewaschen und in den Gewächshausboden gebracht. Gewächshäuser und Folientunnel dienen nicht nur zur Ernteverfrühung, dem Schutz und der Pflege besonders wärmebedürftiger Gewächse, sondern sind in stark belasteten Gebieten auch ein Schutz vor gröberen Partikeln und in Wasser (Regen, Schnee) gelösten Schadstoffen. Um die Belastung durch die Bewässerung auszuschalten, ist eine Tröpfchenbewässerung sinnvoll, die das Wasser nicht erst durch die Luft schleudert, sondern direkt über dem Boden abgibt (vgl. »Gartengeräte und Zubehör«). Ein guter und unverzichtbarer Schutz sind Folientunnel und Gewächshäuser auch für Gartengrundstücke, die Äcker in der Nachbarschaft haben. Wenn auf den Feldern der Hafer oder der Mais gespritzt wird, ist in den Gärten schon Erntezeit für Radieschen und Kopfsalat. Glas und Folie schützen vor herübergewehten chemisch-synthetischen Giften. Häuser und Tunnels sollten rechtzeitig verschlossen oder zugebunden werden.

Schutz vor Auftausalzen

30 Meter breit ist der Spritzwasserbereich einer Straße. Wenn der Garten näher an einer Straße liegt, die im Winter gesalzen wird, kann eine Mischhecke Spritzwasser abfangen. Eine Kunststoff-Folie, innen am Gartenzaun befestigt, sieht zwar nicht besonders dekorativ aus, schützt aber vor salzigen Spritzern. Wenn der Schneeräumer Salzschnee von der Straße auf das Grundstück schiebt, hilft nur, den Schnee wegzuräumen – falls ein Plätzchen vorhanden ist, wo das Salz nicht so viel schadet wie direkt am Gartenzaun. Eigene Wege und Zufahrten sollten Haus- und Gartenbesitzer niemals salzen. Das Salz schadet nicht nur den Gartenpflanzen, es nagt auch an Steinen und Mauern, erleichtert Wasser und Frost das Eindringen und Absprengen von Putz und Steinen.
Auftaumittel, die hauptsächlich Harnsäure enthalten, sind nicht zu empfehlen, denn sie führen zu einer Überdüngung des Bodens, wenn sie beim nächsten Tauwetter in den Gartenboden gespült werden. Der Nitratgehalt von Pflanzen, die dieses Konzentrat erwischen, kann gefährlich ansteigen. Wer Sand und Rollsplit streut, geht diesen Gefahren aus dem Wege.

Schutz vor belastetem Gießwasser

Ob das Regenwasser stark belastet ist oder nicht und wie sauer es ist, wird zunächst ein Test klären müssen (siehe unten). Regenwasser kann mit einigen Vorsichtsmaßnahmen zum Gießen verwendet werden.
Wo Regentonnen das Wasser vom Dach eines Hauses, Gewächs- oder Gartenhauses abfangen, sollte die Möglichkeit vorgesehen sein, den Wasserzufluß zu stoppen. Das geht schon mit ganz einfachen Regenwassersammlern aus dem Baumarkt. Wenn es anfängt zu regnen, sollte man erst zehn Minuten kräftigen Niederschlags abwarten, bevor der Regenwassersammler geöffnet wird. Bis dahin sind Schmutz, Staub, Ruß, Schadstoffe, die sich angesammelt haben, vom Dach abgewaschen, und das Regenwasser ist sehr viel sauberer.
Der biologische Neutralpunkt von Regenwasser – der Säuregrad, den es von Natur aus hat – liegt bei pH 5,6. Wenn der Regen wesentlich saurer ist (pH 4 und darunter), kann das Regenwasser durch ein mit groben Kalksteinen gefülltes Rohr geleitet oder durch ein mit Kalkgrus gefülltes Becken geschickt werden, bevor es zum Gießen verwendet wird. Der Kalk neutralisiert einen Teil der Säuren. Vorsicht bei Rhododendron und Farnen – sie mögen saures Gießwasser, dürfen also kein neutralisiertes bekommen.
Gießwasser spart man am einfachsten mit einer Mulchdecke auf allen unbewachsenen Fleckchen Gartenerde. Der Mulch hält den Boden viel länger feucht (vgl. »Mulchen und Bodenbedeckung«).

Schutz vor Radioaktivität

Nach der Reaktorkatastrophe von Tschernobyl rieten Experten dazu, den Gartenboden in stark betroffenen Gebieten fünf Zentimeter hoch abzutragen. Der Rat war richtig, wirksam allerdings nur in den ersten Wochen nach dem GAU. Wer das Abtragen bisher unterließ, und den Boden nur gelockert, nie umgegraben hat, der soll ein einziges Mal die Grundsätze des biologischen Gartenbaus vergessen: Einmal tief umgraben (»holländern«, vgl. »Bodenbearbeitung«) – wirklich nur einmal – ist eine wirkungsvolle Schutzmaßnahme. Die Radionuklide werden dadurch zwar nicht

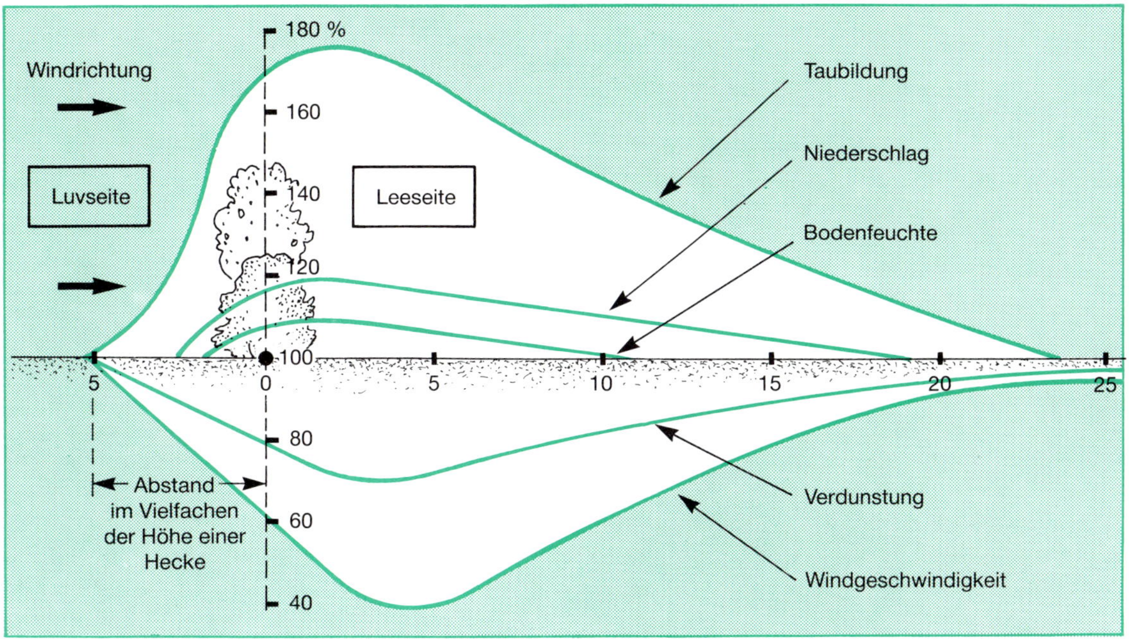

entfernt, die Belastung wird aber gewissermaßen verdünnt.

Ein humoser, lebendiger, mit allen Nährstoffen optimal versorgter Boden ist die zweite wichtige Schutzmaßnahme. Biologische Bodenpflege bietet die besten Voraussetzungen dazu, solchen Gartenboden zu bekommen. Die dritte Maßnahme bietet sich für alle Böden an, besonders wichtig ist sie aber für sandhaltigen Grund mit geringen Tonanteilen: die Einarbeitung von Bentonit, einem Tonmehl. Bentonit wird mit Erfolg auch in der Tierfütterung eingesetzt. Es bindet im Magen von Kühen und Schweinen Cäsium 134 und 137, und beide Radionuklide werden gemeinsam mit dem Bentonit wieder ausgeschieden.

Bentonit enthält verschiedene Tonmineralien. 50 Prozent sind Montmorillonite, von Regenwürmern besonders geliebt; runde 10 Prozent sind Kaolonit, und 20 Prozent schließlich bestehen aus dem Tonmineral Illit, an dessen Zwischenschichten sich Cäsium 134 und 137 bevorzugt festsetzt. Bentonit, das es im Gartenfachhandel und in landwirtschaftlichen Lagerhäusern gibt, muß aber mindestens in der doppelten Menge wie auf den Säcken aufgedruckt ausgebracht werden – sonst wirkt es nicht. Bentonit bewirkt, daß die radioaktiven Teilchen organisch gebunden werden: zur Unbeweglichkeit verdammt. Ein zu hoher Säuregehalt könnte sie wieder mobil machen. Deshalb sind regelmäßige Bodenuntersuchungen auf den pH-Wert in Belastungsgebieten besonders wichtig. Ist der Boden zu sauer, muß mit Kalk, kalkhaltigem Gesteinsmehl oder Algenkalk gegengesteuert werden.

Je höher die Hecke ist, desto weiter reicht ihre Schutzwirkung. Der Wind wird abgebremst, der Boden trocknet weniger aus, die Temperaturen sind gleichmäßiger. Für das Kleinklima im Garten sind das positive Effekte. Sie machen den Schattenwurf der Hecke und ihren Platzbedarf reichlich wieder wett.

Schutz durch richtige Düngung

Mineralische Düngemittel, vor allem die Phosphatdünger, können mit Schwermetallen verunreinigt sein. Kunstdünger werden im biologischen Gartenbau nicht verwendet, diese Art der Belastung fällt also weg. Aber auch die organischen Handelsdünger wie Hornmehl können nicht ohne weiteres verwendet werden: Untersuchungen haben bei Billigangeboten starke Verunreinigungen mit Chrom ergeben, denn es waren chromhaltige Leder- und Hautmehle verwendet worden. Gute biologische Markenfirmen garantieren, daß sie derartig belastende Grundmaterialien nicht verwenden.

Der eigene Kompost, sorgfältig zusammengesetzt und gepflegt, ist der beste Dünger, wenn keinerlei belastende Materialien wie buntbedrucktes Hochglanzpapier verwendet werden (vgl. auch »Der Kompost«).

Einmachgläser, ein Kaffeefilter und wenige Zutaten aus der Apotheke genügen, um den eigenen Gartenboden zu testen. Zur regelmäßigen Kontrolle von pH-Wert und Nitratbelastung reichen die einfachen Testmethoden aus. Besonders für »Umsteiger-Gärten« sind ständige Bodenkontrollen wichtig (oben).

Regenwasser, das zum Gießen von Obst, Kräutern und Gemüse verwendet wird, sollte regelmäßig auf seinen Säuregehalt untersucht werden. Stimmt der pH-Wert, vertragen alle Pflanzen das Regenwasser bestens. Es ist weicher als Leitungswasser und nicht so kalt wie der Guß aus dem Schlauch (unten).

Klärschlämme sind für viele Hobbygärtner eine beliebte kostenlose Düngerquelle. Selbst wenn die Kommunen wegen zu hoher Schwermetallbelastung dieses stinkende Konzentrat nicht mehr herausgeben, gibt es noch Leute, die sich einfach selbst an den Trockenbeeten bedienen. Eine äußerst gefährliche Angewohnheit! Klärschlamm ist überall belastet und sollte nicht verwendet werden, auch wenn die Grenzwerte angeblich eine Ausbringung im Garten erlauben. Es gibt genügend andere Düngemittel.
Mit Torf haben schon viele Gartenfreunde ihren Boden ruiniert. Torf ist ein saures Material und läßt den Boden mit der Zeit vollkommen versauern – im Zeitalter des Sauren Regens schneller denn je zuvor. Der braune Mull hat auf Gartenbeeten nichts verloren. Torf gehört ins Moor. Für Gartenböden gibt es andere Bodenverbesserer, die nicht die unangenehme Eigenschaft haben, durch das von ihnen geschaffene saure Klima Schwermetalle zu mobilisieren.

Schutz vor Nitrat- und Schwermetallbelastung

Blumen kann jeder Gartenfreund anbauen, so viel sein Herz begehrt. Bei Gemüse sollte die Auswahl sorgfältig sein, falls der Garten in einem Belastungsgebiet liegt.

- *Direkt neben vielbefahrenen Straßen* ist die Gefahr einer übermäßigen Konzentration von Blei hoch. Keine Pflanzen anbauen, die eine große Oberfläche haben und entsprechend viel Blei aufnehmen können, wie Petersilie (vor allem die krause), Kopf- und Feldsalat. Durch Schälen und Waschen lassen sich 30 bis 70 Prozent des Bleis wieder entfernen. Waschen ist schwierig bei großen Oberflächen, noch schwieriger bei rauhem Äußeren und zarter Frucht: Himbeeren kommen deshalb auch nicht in Frage. Solche Obst- und Gemüsearten lassen sich in einem gefährdeten Garten am besten unter Glas oder Folie anbauen.
- *An vielbefahrenen Straßen und in Industrieimissionsgebieten* sollten zur Verringerung der Schwermetallbelastung keine Wurzelgemüse angebaut werden, auch keine schwermetallsammelnden Pflanzen wie Rettich, Sellerie, Spinat, Karotten, Radieschen, Salat, Kresse, Küchenkräuter. Fast unbedenklich sind dagegen Fruchtgemüse wie Bohnen, Erbsen, Tomaten, Gurken, Kohl, Zucchini und alle Obstarten.
- Dieselben Anbauempfehlungen gelten für *radioaktiv belastete Gebiete.* Blattgemüse speichern mehr als Fruchtgemüse.

Mit einem Indikatorstäbchen läßt sich der pH-Wert von Regenwasser oder Erde rasch und unkompliziert messen. Der pH-Wert von Regenwasser liegt normalerweise zwischen 5 und 6,5.
Gartenerde sollte pH 6,5 bis 7 haben.

Auch fertiger Kompost kann mit einem Chemikalienset untersucht werden. Besonders für Neulinge im biologischen Gartenbau sind Tests auf pH-Wert, Nitratbelastung und Schwermetallgehalt hilfreich. Die Werte zeigen an, ob der Kompost richtig aufgesetzt wurde.

Steinmehl hilft bei Boden- und Kompostproblemen. Wenn der pH- oder Schadstofftest bedenkliche Werte anzeigt, kann es vielseitig eingesetzt werden: Bentonit wirkt gegen radioaktive Belastung, kalkhaltiges Steinmehl erhöht den pH-Wert.

● *Wo im Boden noch große Nitratvorräte stekken, auf frisch mit Mist gedüngten Beeten oder auf neu angelegten Hügelbeeten* sollten niemals nitratsammelnde Pflanzen stehen. Das sind nach einer Untersuchung von Professor Klaus Ranfft von der Technischen Universität München: Rettiche, Rote Rüben, Lauch, Mangold, Kopf-, Feld- und Endiviensalat, Sellerie, Spinat, Chinakohl. Weniger anfällig für Nitratbelastung sind Zwiebeln, Blumenkohl, Blaukraut, Bohnen, Schwarzwurzeln. Nitratarme Pflanzen sind Tomaten, Erbsen, Rosenkohl, Kartoffeln, Gurken. Nitratsammelnde Pflanzen speichern besonders viel, wenn sie in der kühlen Jahreszeit unter Glas oder Folie angebaut werden, mit Wärme, aber wenig Licht. Diese Gemüsearten sollten auch immer am Abend geerntet werden. Der Nitratgehalt verringert sich im Laufe des Tages, um in der Nacht wieder anzusteigen. Morgens haben Pflanzen rund 40 Prozent mehr Nitratgehalt als am Abend. Die Photosynthese – sie ist abhängig vom Sonnenlicht – ist eng gekoppelt mit der Proteinsynthese, mit der Eiweißproduktion also, und Stickstoff ist ein Eiweißbaustein. Je mehr Licht, desto geringer ist der Nitratgehalt. Während der Nacht nimmt die Pflanze weiter Nitrat auf. Da aber kein Licht mehr da ist, um die Photo- beziehungsweise Proteinsynthese fortzusetzen, wird das Nitrat sozusagen ungenutzt gespeichert – bis zum nächsten Morgen.

Schutz durch Wasser- und Bodentests

Gartenfreunde in Belastungsgebieten sollten mehrmals während der Vegetationsperiode Wasser- und Bodentests machen. Aber auch in Gärten, die in kaum belasteten Gegenden liegen, ist einmal pro Jahr eine Bodenuntersuchung und ein Test des Regenwassers zum Gießen unerläßlich. Dazu gibt es verschiedene Möglichkeiten.
Wer den Boden selbst untersuchen möchte, bekommt im Handel Meßsonden, Testflüssigkeiten und Teststreifen. Die Meßsonden, besonders einfach in der Anwendung, bestehen aus einem Metallstab, der in den Boden gesteckt wird, und einem Meßgerät, das den pH-Wert anzeigt. Die Geräte arbeiten ohne Batterie und sind nicht teuer. Aber sie haben einen gravierenden Nachteil: sie sind ungenau. Die Stiftung Warentest prüfte im April 1986 dreizehn Meßsonden zur Ermittlung des pH-Werts und beurteilte sie alle mit »mangelhaft«. Schon bei leicht sauren Böden zeigten die Geräte Abweichungen um zwei bis drei pH-Stufen. Aufgrund der logarithmischen pH-Skala bedeutet das nicht nur eine oder zwei Stufen Meßungenauigkeit, sondern Konzentrationsunterschiede um das 100- bis 1000fache. Im neutralen Bereich, so stellten die Warentester fest, arbeiten die Sonden einigermaßen genau. Das ist allerdings kaum verwunderlich, denn die Geräte haben ihre Nullstellung normalerweise bei pH 7. Sie zeigen also in Ruhestellung sowieso den Neutralpunkt an. Bei Chemikaliensets mit Testflüssigkeiten und Teststreifen zur Bestimmung von pH-Wert, Stickstoff-, Phosphor- und Kaligehalt der Gartenerde gibt es erhebliche Qualitäts- und Preisunterschiede. Einige können nur den Gehalt an gelösten Salzen pauschal anzeigen – unbrauchbar für den Gärtner, der Mängel oder überhöhte Konzentrationen einzelner Nährstoffe genau feststellen möchte. Solche Indikatoren reagieren zum Beispiel auch auf das Auftausalz vom letzten Winter. Ein brauchbares Set muß keine Unsummen kosten. Es sollte einzeln den pH-Wert bestimmen können, den Gehalt an Stickstoff für die Eiweißproduktion der Pflanze, von Phosphor für Blüten- und Fruchtbildung, und von Kalium für Saftzirkulation und Festigkeit des Gewebes. Mit den beigefügten Teststäbchen muß sich auch das Regenwasser untersuchen lassen. Solche Stäbchen kann man auch einzeln nachkaufen. Einige dieser Sets kommen aus dem Ausland und enthalten so schlecht übersetzte Anleitungen, daß sie für den Laien kaum brauchbar sind.
Ganz interessante Untersuchungen lassen sich mit dem Bodenuntersuchungskasten eines Experimentierkästen-Herstellers machen (Kosmos). Unter anderem läßt sich damit das Säurebindungsvermögen des Bodens und sein Gehalt an Aluminium messen. Für eine gründliche Untersuchung der Gartenerde ist der Kasten aber nicht geeignet.
Richtige Kleinlabors bieten bereits mehrere Hersteller an. Sie lohnen sich, wenn sich mehrere Gartenbesitzer zusammentun. Mit einem Schadstofftester lassen sich nicht nur pH-Wert und Phosphorgehalt von Wasser und Boden feststellen, sondern auch Formaldehyd, Blei, Cyanid, PVC, Nitrat, Nitrit, Ammonium, Aluminium, Kupfer, Nickel, Sulfid, Sulfit, Chlor und die Wasserhärte. Untersucht werden können Wasser, Erde, aber auch Holz und Lebensmittel. Für Selber-Tester bietet sich eine Kombination aus einem solchen Schadstofftester und einem preiswerten, guten Chemikalienset an. Damit läßt sich jederzeit mit befriedigenden Ergebnissen untersuchen, in welcher Verfassung Regenwasser und Gartenerde sind.
Einen Nachteil haben die selbstgemachten Proben: Sie zeigen zwar an, wo etwas fehlt oder ein Schadstoff überhandzunehmen droht, aber sie

bieten keine Abhilfe. Der Gärtner muß schon gut rechnen können, um herauszufinden, wieviel Kalk er nun beispielsweise pro Quadratmeter übermäßig sauren Gartenbodens ausbringen muß. Wer in dieser Beziehung unsicher ist, sollte seine Proben lieber bei einer staatlichen oder einer guten privaten Untersuchungsanstalt machen lassen (Adressen siehe Anhang). Die Meßgenauigkeit dieser Profilabors ist wesentlich besser, und sie liefern auch gleich Düngungs- und Bodenverbesserungsvorschläge dazu. Wenn es um Untersuchungen auf radioaktive Belastung geht, bleibt sowieso kein anderer Weg als der zum Labor. Meßgeräte – wie Geigerzähler für den Hausgebrauch – zu einigermaßen erschwinglichen Preisen taugen nichts für diesen Zweck; sie sind längst nicht genau genug. Und ein Gammaspektrometer, wie es die Profis benutzen, ist für den Privatmann kaum erschwinglich.

Einfach eine Bodenprobe einzuschicken, empfiehlt sich nicht. Zu viele Fehler können schon bei der Probeentnahme gemacht werden – beispielsweise wenn die Erde aus der Nähe des Kompostplatzes stammt, von einer alten Mistlagerstelle, aus dem Randbereich des Gartens, von einem Brandfleck oder dem Platz, an dem die Kartoffeln und Karotten im letzten Winter eingemietet waren. Damit kein verzerrtes Bild entsteht, sollten Bodenproben von fünf bis zehn oder mehr Stellen im Garten genommen werden, aus Beeten und Rasen getrennt; Grünland muß extra untersucht werden. Die einzelnen spatentief ausgehobenen Erdbrocken werden in einem Gefäß gründlich gemischt, rund ein Pfund davon fest eingepackt und an die Untersuchungsanstalt geschickt. Besonders wichtig ist der Begleittext dazu: Angaben darüber, was zuletzt auf den Beeten gepflanzt wurde, wie gedüngt wird und – ausdrücklich – daß es sich um eine biologische Gartenbearbeitung handelt. Sonst bekommt der Gartenfreund die Empfehlung, Kunstdünger zu streuen! Menge und Trockenheitsgrad der Probe sowie die Fragen zum Grundstück sind je nach Institut unterschiedlich. Es empfiehlt sich deshalb, vorher die Unterlagen anzufordern und sich unbedingt nach dem Preis zu erkundigen. Eine Basisuntersuchung auf pH-Wert und die drei Hauptnährstoffe kostet ungefähr so viel wie ein Chemikalienset. Tests auf Schadstoffe und Radioaktivität werden jeweils extra berechnet.

Es dauert ungefähr zwei Wochen, bis das Ergebnis von der landwirtschaftlichen Untersuchungs- und Forschungsanstalt kommt; private Institute brauchen kaum länger. Frühherbst und die ersten Frühlingstage sind die richtigen Jahreszeiten für eine Bodenuntersuchung. Mangelzustände können dann noch leicht ausgeglichen werden. Und Maßnahmen zur Abwehr von Schadstoffbelastungen sind in diesen Jahreszeiten ebenfalls am einfachsten durchzuführen.

Der Boden

Die Entstehung des lebendigen Bodens

Jahrmillionen hat es gedauert, bis lebendiger Boden entstanden ist. Diese oberste dünne Haut der Erde ist kaum mehr als dreißig Zentimeter stark – und doch ist sie die Existenzgrundlage der Menschheit. Pflanzen, die wir essen oder die als Viehfutter dienen, können nur auf einer relativ geringen Fläche – 2,5% der gesamten Erdoberfläche – angebaut werden. Auf diesem Boden – fruchtbares Gartenland und Ackererde –, etwa halb so groß wie der afrikanische Kontinent, wächst alles, was über fünf Milliarden Menschen am Leben erhält. Der Boden, so stellt der Europarat in der europäischen Bodencharta fest, zählt »zu den wertvollsten begrenzten Gütern der Menschheit«. Er wächst auf natürliche Weise nur um 1/10 Millimeter pro Jahr, eine hauchdünne Verwitterungshaut aus zu Staub zermahlenen Steinen, Humus und Milliarden von Lebewesen. Die Muttererde – die Krume, diese zwei Handbreit Fruchtbarkeit – ist das wertvollste Gut im Garten. Erde, das ist mehr als irgendein Dreck, der bei feuchtem Wetter lästig an den Stiefeln klebt, gerade dazu gut, daß die Pflanzen nicht umfallen. In einer Handvoll Gartenerde stecken mehr Lebewesen, als Menschen auf dem ganzen Erdball vorhanden sind. Bakterien und Pilze, Algen und Würmer, Käfer und Asseln – alle haben sie ihren Platz in diesem komplexen Gefüge aus Stein und Leben. Wenn manche Menschen wüßten, welchen Mikrokosmos sie da mit Füßen treten, sie würden ehrfurchtsvoller und behutsamer mit dem lebendigen Boden umgehen. Diese Erde hält zwar eine Menge aus – ihre Bedrohung haben wir in dem Kapitel »Gefahrenpotential Umwelt« geschildert –, aber sie ist verletzlich, ja sogar zerstörbar. Das wird verständlich, wenn wir um das wissen, was wir mit bloßem Auge nicht sehen können: Jenes kunstvolle Gebilde, das Milliarden von Lebewesen aus Mineralien und Pflanzenresten, aus Luft und Wasser ständig neu bauen, umgestalten, erneuern. Wer einen Spaten voll Erde wegschaufelt, zerstört eine kleine Welt. Was nicht heißen soll, daß der biologisch arbeitende Gärtner seinen Gartenboden nie anrühren darf – auch er kommt um die Bodenbearbeitung (vgl. »Bodenbearbeitung«) nicht herum. Aber er sollte wissen, was er tut, damit er stets so behutsam wie möglich vorgeht und nur so weit eingreift, wie unbedingt nötig ist, damit es in seinem Garten wächst und blüht.

Fruchtbare, humusreiche Erde ist das kostbarste Gut im Garten. Der biologisch arbeitende Gärtner geht besonders sorgsam mit dem Boden um: So unbedeckt wie hier liegt er nur im Frühjahr da. Die Mulchdecke wurde entfernt, damit sich die Erde rascher erwärmt. In wenigen Wochen wird eine schützende Pflanzendecke oder eine Mulchschicht jedes Stückchen Boden bedecken (links).

Fruchtbare Erde besteht aus drei Komponenten: Aus zerkleinerten Steinen und Mineralstoffen, aus organischer Masse und Humus, und aus den Lebewesen im Boden.

Die »fruchtbare Rindenschicht« der Erde ist ein Verwitterungsprodukt. Urgewalten haben an massivem Gestein geschliffen, gesägt, gesprengt. Meeresbrandung mahlte Steine, Gletscher schliffen sie rund; Flüsse und Bäche, Wind und Sturm, Erdbeben und Vulkanausbrüche verwandelten feste Masse in Sand, Staub und Steinbrocken. Feine Stäube und Mehle wurden von den Winden rund um den Erdball verteilt, gemischt, wieder zusammengesetzt und zu neuen Gesteinsarten gepreßt. Unter gewaltiger Hitze und unvorstellbarem Druck wurden Minerale verflüssigt und erneut gehärtet, gepreßt und verschoben. Und schließlich bauten Milliarden von Lebewesen wie Schnecken und Korallen ganze Gebirge aus Kalk – dem ausgelösten Bestandteil anderer Gesteinsarten.

Eine unvorstellbare Menge an Lebewesen bevölkert die obersten 30 Zentimeter einer guten Gartenerde. Jede Art hat ihren eigenen Lebensbereich und erfüllt spezielle Aufgaben. Der Regenwurm ist in allen Schichten zu Hause. Er bohrt seine Gänge bis in den Unterboden. In diesem geordneten Mikrokosmos laufen Prozesse ab, die das Pflanzenleben erst möglich machen. Das Fressen und Gefressenwerden, das Umwandeln organischer Masse zu pflanzenverdaulichen Nährstoffen und die Aufbereitung mineralischer Substanzen bilden den Kreislauf des Lebens im Boden.

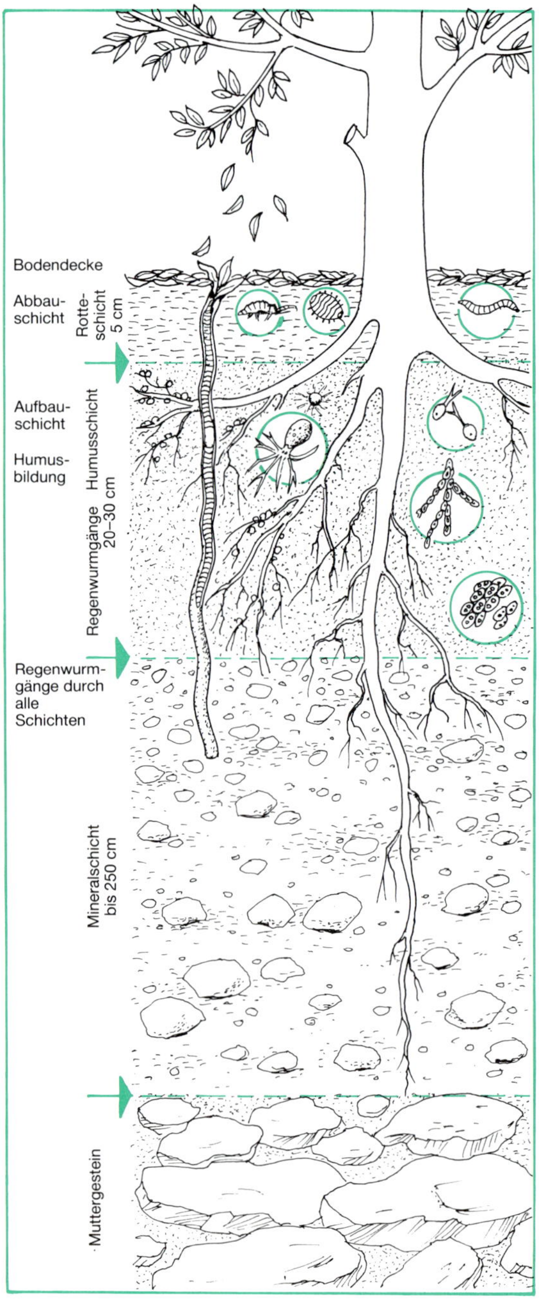

Jeder Boden ist etwas anders zusammengesetzt:

- *Die Urgesteine oder Magmatite* – beispielsweise Granit, Basalt, Diabas oder Porphyr – entstanden durch Vulkanausbrüche vor Jahrmilliarden. Fein gemahlen sind sie dank ihrer spezifischen Zusammensetzung wichtig für den biologischen Gartenbau: Steinmehle bestehen vor allem aus Diabas oder Basalt. Sie wirken als Bodenverbesserer, als Reservoir langsam umsetzbarer mineralischer Substanzen, die die Pflanze zu ihrem Aufbau braucht.
- *Sedimentgesteine* – zum Beispiel Sandstein, Tonstein, Kies, Moränengestein – entstanden aus mehr oder weniger fein zerkleinerten Gesteinsarten, die in Jahrmillionen abgelagert oder zusammengebacken wurden.
- *Die Metamorphite* – u. a. Schiefer, Gneis, Phyllit und Tonschiefer – entstanden durch große Umwälzungen, bei Gebirgsbildungen unter hohen Temperaturen und gewaltigem Druck.
- *Kalkgesteine* – Jura, Kreide, Marmor oder Dolomit – entstanden entweder direkt durch Ausfällung von Kalk aus dem Wasser, oder aus den Skeletten und Kalkschalen von Muscheln, Korallen, Schnecken.

Im Ernährungskreislauf der Pflanze werden diejenigen Elemente am häufigsten verwendet, die bei der Verwitterung von Urgestein am meisten anfallen; seltene Elemente werden dagegen nur in Spuren gebraucht. An der Bildung der Unterböden beteiligen sich alle vier Gesteinsarten. Die einen sind wichtig als Wasserspeicher, andere als Drainage, als Sieb oder Filter.

Die Bodenarten

Jeder Gartenboden hat andere Eigenschaften. Der eine kühlt schnell aus, der andere neigt zu Staunässe; einer ist besonders schwer, ein weiterer rieselt durch die Finger. Jeder braucht eine unterschiedliche Pflege, Bodenverbesserung und Düngung. Jeder Gartenbesitzer sollte wissen, woraus sein Boden eigentlich besteht, damit er dessen besondere Bedürfnisse berücksichtigen kann.

- *Sandboden* erwärmt sich rasch und kühlt ebenso schnell wieder aus. Dabei läßt er sich mühelos bearbeiten, und zwar bei jedem Wetter. Steinhart wird Sandboden nie. Wasser verschwindet schnell zwischen den runden Sandkörnern – leider auch Gießwasser, was häufigeres Wässern nötig macht. Die Wasserspeicherfähigkeit des Sandbodens ist gering. Organische Dünger verrotten bald in diesem Boden, Nährstoffe werden schlecht gespeichert und schnell in den Untergrund gewaschen. Der Humusanteil ist niedrig.

Wer einen solchen Gartenboden hat, muß also vor allem den Humusanteil erhöhen, am zweckmäßigsten durch Kompostgaben. Um die Wasserspeicherfähigkeit zu verbessern und Nährstoffe länger im Oberboden zu halten, eignen sich Steinmehle wie Betonit durch ihren hohen Anteil an Tonmineralien. Ständige Bodenbedeckung durch eine Mulchdecke verhindert rasches Austrocknen und hält die Erde da, wo sie hingehört: im Garten. Feiner Sandboden wird dagegen leicht vom Wind aufs Nachbargrundstück verfrachtet.

- *Lehmboden* ist ideal für den Garten. Er speichert Wasser und Nährstoffe hervorragend, die Durchlüftung ist gut. Lehmboden – ein fetter Boden – braucht regelmäßig Nachschub an organischer Masse, am besten in Form von Kompost, damit der Humusanteil erhalten bleibt. Wird er konsequent biologisch gepflegt, gibt es mit diesem Boden wenig Probleme.
- *Tonboden* ist schwer, naß und klebrig. Er erwärmt sich im Frühjahr nur langsam und muß oft gehackt werden, wenn er nicht zu einer steinharten Fläche zusammenbacken soll, die bei Trokkenheit reißt. Tonboden speichert Nährstoffe gut, aber die Durchlüftung läßt sehr zu wünschen übrig. Ein solcher Boden muß gelockert werden, am besten mit Sand. Damit dieser Sand nicht trockene Nester im Ton bildet, ist es sinnvoll, Kompost mit Sandbeigaben aufzusetzen und diesen Spezial-Kompost einzuarbeiten. Tiefwurzelnde Pflanzen lockern Tonboden auf, eine Mulchdecke verhindert die Austrocknung und die Bildung von Rissen.

Diese drei Bodenarten kommen nicht nur in reiner Form vor, es gibt auch zahlreiche Mischformen: Sandiger Lehm, lehmiger Sand, toniger Lehm und so fort. Alle Muttererden sind Mischungen aus verwittertem Unterboden und mineralischen Teilchen von Sand- bis Staubkorngröße, die Wind und Wetter zum Teil über große Entfernungen in den Garten transportiert haben. Chemische und physikalische Eigenschaften eines Bodens – ob er sauer oder alkalisch reagiert, schwer am Spaten klebt oder leicht von der Hacke krümelt – hängen von den Gesteinsarten ab, aus denen er zusammengesetzt ist. Damit aus dem mineralischen Boden fruchtbare Muttererde wird, braucht man Humus.

Humus – Wasserspeicher und Nährstoffnachschub

Kein anderes Wort im Gartenbau führt zu solchen Begriffsverwirrungen wie »Humus«. Die einen bezeichnen damit Kompost, andere nennen gleich

Regenwürmer reagieren empfindlich auf Kunstdünger-Gaben. Am wohlsten fühlen sie sich in einem Boden, der nur mit organischer Masse wie Mist oder Kompost »gefüttert« wird. Sensibel reagieren sie auch auf plötzliche Änderungen des Säuregrads des Bodens. Aus zu saurem Boden verschwinden Regenwürmer ganz, aber auch Kalkgaben nehmen sie übel. Deswegen ist es sinnvoll, bei Bedarf im Herbst zu kalken, wenn sich die Regenwürmer in tiefere Bodenschichten zurückgezogen haben. Im biologisch gepflegten Garten, in dem auf Kunstdüngergaben völlig verzichtet wird, ist der Regenwurmbesatz pro Quadratmeter besonders hoch.

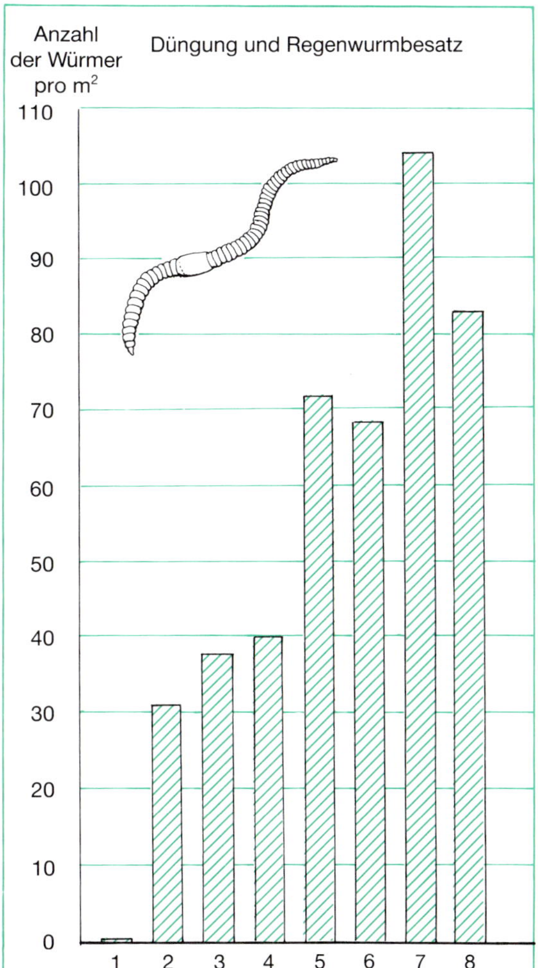

1 = Ammoniumsulfat und andere Mineraldünger
2 = wie 1 plus Kalkstein
3 = Natriumnitrat und andere Mineraldünger
4 = wie 3 plus Kalkstein
5 = keine Düngung
6 = wie 5 plus Kalkstein
7 = Düngung mit Mist
8 = wie 7 plus Kalkstein

die ganze Muttererde-Schicht so. Wieder andere meinen Torf, wenn sie »Humus« sagen – vermutlich, weil er so dunkel ist. Halten wir uns besser an die nüchterne Definition der Wissenschaft: »Humus nennt man alle Zwischen- und Endprodukte des Ab- und Umbauvorganges aller abgestorbenen Pflanzen- und Tierreste, die auf und in den Boden gelangen.
Die Stoffe werden von den Bodenlebewesen als Nährhumus zersetzt. Nachdem der größte Teil des Kohlenstoffs (C) als Kohlendioxid (CO_2) freigesetzt wird, schließt sich der Kreislauf.
Unter der Mitwirkung der Bodenorganismen wird die kleinere Menge der organischen Substanz in dauerhafte dunkelgefärbte Huminstoffe überführt. Dieser schwer zersetzbare Dauerhumus besitzt bodenverbessernde Eigenschaften und hat eine überragende Bedeutung für die Stabilität der vom Gärtner gewünschten Krümelstruktur« (Günter Trolldenier).
Humus ist das Bindeglied zwischen Leben und Tod, zwischen Lebewesen und mineralisierten Nährstoffen.
Ohne ihn gäbe es kein Leben im Boden: Milliarden Bodenlebewesen ernähren sich von organischer Substanz, wandeln sie um, sterben ab und dienen selbst wieder als organische Nährstoffquelle für andere Minitierchen. Der Humusgehalt eines Bodens ändert sich ständig – je nachdem, wieviel Wurzeln, Blätter, Mist oder Grobkompost der Gärtner einarbeitet. Es kommt auch darauf an, wieviel organische Masse dieser – aus unendlich vielen Bakterien, Algen, Pilzen und Tieren zusammengesetzte – Organismus Bodenleben verdauen kann. Nur wenn alle Faktoren zusammen stimmen, wenn das Bodenleben genügend Futternachschub bekommt und weder durch zu viele Säuren noch durch falsche Bearbeitung gestört oder vernichtet wird, kann sich das entwickeln, was Wissenschaftler einen »humosen Zustand« nennen. Das ist eine vorsichtige Formulierung, weil der Humusgehalt der Gartenerde eben nie gleich ist. Huminstoff und gröbere organische Teile wie Pflanzenstengel und -fasern werden laufend zerbissen, auseinandergenommen, umgebaut und organisch gebunden, bei Bedarf von der Pflanze aufgenommen und als Baustein benutzt. Das Resultat ist Fruchtbarkeit – die Summe aller Faktoren, der Traum jedes Gärtners.
Leicht meßbar – und damit bewertbar – wird organisches Material erst, wenn es vollständig abgebaut, wenn es mineralisiert ist. Ein Beispiel: Stickstoff, der in Ernterückständen oder Mist in organisch gebundener Form vorhanden ist, wird von Mikroorganismen zu Ammonium, beziehungsweise Nitrationen umgebaut. Der Stickstoff wird so wasserlöslich und kann in dieser Form von der Pflanze aufgenommen werden.
Im Durchschnitt enthalten Ackerböden zwei Prozent Humus, ein jämmerlich schlechter Wert, der für Gartenböden völlig unzureichend ist. Wo jedes Blättchen vom Beet gefegt wird, fehlt der Nachschub an organischer Masse. Guter, biologisch gepflegter Gartenboden enthält zwischen vier und zehn Prozent Humus.
Den Humusgehalt bis in tiefere Schichten des Bodens zu erhöhen, ist ein Ziel des Biogärtners. Durch konsequente Bodenpflege sind bis zu 15 Prozent Humusgehalt zu errreichen, mehr ist nicht nötig, denn allzuviel organische Masse verdaut das Bodenleben auch nicht.
Ein humusreicher Boden speichert Wasser besser, was auf seine optimale Hohlraumverteilung zurückzuführen ist. Er ist durch seinen Gehalt an Huminsäuren dunkler und erwärmt sich im Frühjahr schneller als humusarmer Boden. Humusreicher Boden ist auch leichter zu bearbeiten.
Nur organisches Material zuzuführen, würde alleine nichts bewirken. Es muß umgesetzt, aufgefressen, verdaut, mit mineralischen Bestandteilen verklebt werden.
Jeder Gärtner sollte eine Ahnung davon bekommen, was in den obersten 20 oder 30 Zentimetern seiner Gartenerde los ist, was hier lebt und wirkt. Nur so erkennt er, warum grobes Umschoren für den Gartenboden eine Katastrophe ist, und weshalb Kunstdünger Schaden anrichten. Nur so entwickelt er ein Gespür für die vielseitigen Lebensvorgänge in der Erde, die in einem ständigen Kreislauf der Erneuerung, für das Menschenauge unsichtbar, die Grundlagen dafür schaffen, daß Pflanzen wachsen – und Menschen leben können.

Das geheimnisvolle Leben im Boden

Die Aktivität des Bodens, die Gesamtheit der in ihm existierenden Lebewesen ist verantwortlich für seinen Humusgehalt, den Garezustand und die Krümelstruktur – lauter heikle Eigenschaften also, an deren Verbesserung jeder Gartenbesitzer ständig arbeiten sollte. Es ist eine unvorstellbare Menge an Lebewesen, die im Dunklen existiert. In den obersten 15 Zentimetern eines für den Pflanzenbau genutzten Bodens leben auf einem Hektar rund 10000 Kilo Bakterien, 10000 Kilo Pilze, 4000 Kilo Regenwürmer, 370 Kilo Urtierchen, 140 Kilo Algen, 17 Kilo Insekten und 6 Kilo Springschwänze. Eine Handvoll guten Gartenbodens, nur 30 Gramm Erde, enthält mehr Lebewesen, als auf der ganzen Welt Menschen leben.

Boden ohne Leben: Unter starkem Regen verschlämmt, in der prallen Sonne ausgetrocknet und aufgerissen – hier wachsen nicht einmal mehr Wildkräuter. Eine schützende Bodendecke fehlt völlig (unten). Regenwürmer sind Bio-Indikatoren für die Lebendigkeit eines Bodens. Je mehr von diesen »Recycling-Spezialisten« im Boden vorhanden sind, desto lebendiger ist er. Regenwürmer brauchen viel organische Masse, die sie in ihrem Verdauungstrakt zusammen mit Ton zu Ton-Humus-Komplexen verarbeiten. Die begehrten Kothäufchen der Regenwürmer sind ein hochwertiger, nährstoffreicher Dünger (ganz unten).

Das Recycling-System der Natur – die Rotte – beginnt bei den größeren Tierchen. Asseln, Drahtwürmer, Tausendfüßler, Ohrwürmer zerbeißen die abgestorbenen Pflanzenteile; die nur millimetergroßen, zarten Springschwänze und viele Milben zerlegen sie; Regenwürmer ziehen sie in ihre Röhren. Für harte Materialien wie das Lignin des Holzes, Chitin aus Insektenpanzern und Horn gibt es Spezialisten – wie die Strahlenpilze und Mikroben –, die dieses schwierige Material vorverdauen und aufweichen. Luft brauchen sie dazu, Wasser und Wärme. Ist der Boden durch eine lange Trockenphase verhärtet, durch falsche Bodenbearbeitung kaputtgeschlagen, oder wurden die Kleinstlebewesen samt der Rotteschicht spatentief begraben – was bei der üblichen Herbstbearbeitung im konventionellen Gartenbau leider passiert –, dann können sie nicht mehr arbeiten, fehlen ihnen die Voraussetzungen für ihr segensreiches Wirken. Dann verrottet organisches Material nicht, sondern es fault – ein anaerober, d.h. ohne Sauerstoff ablaufender Prozeß. Dabei werden stinkende Faulgase und pflanzengiftige Substanzen produziert.

Die Gesamtheit des Bodenlebens nannte der Biologe und Schriftsteller Raoul Heinrich Francé »Edaphon«. Das sind die wichtigsten Bodenlebewesen (die häufigsten zuerst, die seltensten zuletzt):

- *Strahlenpilze* zersetzen härteste Materialien wie Holz und Chitin. In ausgereiftem Kompost und in Walderde sind sie besonders häufig anzutreffen, erkennbar an dem typischen Geruch nach Erde.
- *Algen* enthalten Chlorophyll (Blattgrün), obwohl sie in der Mehrzahl im Dunkeln leben. In der Nähe der Erdoberfläche allerdings bilden sie mit Hilfe des Chlorophylls – wie Spinat oder Kopfsalat – aus dem Sonnenlicht durch Photosynthese Kohlenhydrate. Besonders wichtig sind die Blaualgen: Manche können das – für das Pflanzenwachstum so wichtige Element – Stickstoff aus der Luft an sich binden.
- *Pilze* durchziehen die Böden mit einem feinen Fadengeflecht. Sie umspinnen auch Pflanzenwurzeln, werden teilweise von lebenden Pflanzen ernährt und versorgen diese wiederum mit lebenswichtigen Substanzen.
- *Protozoen* sind winzige Tierchen: Einzeller wie Geißeltierchen, Amöben, Wimpertierchen, die auf dem Feuchtigkeitsfilm schwimmen, mit dem viele Bodenporen ausgekleidet sind. Sie fressen Bakterien oder ernähren sich von abgestorbenen Bodenlebewesen. Bis zu 1000 Milliarden Protozoen leben in einem Quadratmeter Kulturboden.

● *Fadenwürmer oder Nematoden* sieht der Gartenbesitzer nicht immer gerne: Einige aus den vielen tausend Arten sind für Kulturpflanzen schädlich. Mit Hilfe des ausgeklügelten Kommunikationssystems im Boden sind sie aber leicht zu vertreiben: Die Wurzelausscheidungen der Tagetes – auch Studentenblume genannt – signalisieren: Nematoden unerwünscht. Deshalb verschwindet diese spezifische Art der Fadenwürmer schnell und restlos aus einem mit Tagetes bepflanzten Beet.

Algen und Amöben, Wimpertierchen und Fadenwürmer, Pilze und Rädertierchen fressen vorverdaute organische Abfälle, sich gegenseitig; auch Stärke und Zucker, die ihnen von lebenden Pflanzen geliefert werden, und machen daraus Nährstoffe für Pflanzen. Der größte Teil davon wird organisch gebunden. Stickstoff und Kali, Phosphor und Spurenelemente werden in Humus- oder Ton-Humus-Komplexen festgelegt, bis sie gebraucht werden – unterirdische Vorratskammern, aus denen die Nährstoffe nicht verdunsten und nur schwer ausgewaschen werden können. Beim Stickstoff zum Beispiel liegen 95 Prozent auf diese Weise fest, nur ganze fünf Prozent sind pflanzenverfügbar als Nährlösung. Die Umwandlung von organisch gebundenen in wasserlösliche Nährstoffe besorgen wiederum die Mikroorganismen.

● *Spinnentiere* wie Milben und Raubmilben sind wichtig für die Humusproduktion und ungefähr ebenso häufig im Boden anzutreffen wie die Springschwänze mit ihrem gegabelten Schwanz, mit dessen Hilfe sich die Tierchen beachtlich hoch und weit schleudern können. Ein paar Hunderttausend solcher Lebewesen sind pro Quadratmeter eines 15 Zentimeter starken Kulturbodens zu finden. Ungefähr genauso häufig sind die Borsten- oder Ringelwürmer. Zu dieser Kategorie, genauer gesagt zu den Wenigborstern, gehört eine Spezies, die genauer geschildert werden soll: die Regenwürmer.

Der Regenwurm, eine Humusfabrik

Er ist ein besonders fleißiger »Fabrikant« von Ton-Humus-Komplexen. Etwas über ihn und seine Lebensweise zu wissen, ist für den Biogärtner besonders wichtig. Denn den weitaus größten Teil der Aktivitäten im Boden kann der Gartenfreund höchstens indirekt, am Zustand des Bodens und der Pflanzen ablesen. Anders beim Regenwurm: Die Arbeit dieses Tierchens ist auch ohne Mikroskop zu verfolgen und gibt wichtige Aufschlüsse über Garezustand und Fruchtbarkeit. Charles Darwin interessierte sich als erster Forscher für den unscheinbaren Wurm, der nur bei Regen aus dem Boden kommt, wenn Wasser sein ausgedehntes Röhrensystem überschwemmt. Weil Regenwürmer sich sehr tief in den Boden graben, bis hinab in die Mineralschicht, sind sie in der Lage, von dort verwittertes Gestein und damit Nachschub einiger Pflanzennährstoffe heraufzuholen. Dreißig Tonnen Erde schaffen die Würmer pro Jahr auf einem Hektar Weideland aus den unteren Schichten nach oben. Die Tiere baggern den Boden im Laufe der Zeit förmlich um und sorgen durch ihre metertiefen Röhren gleichzeitig für Belüftung. Regenwürmer sind Geophagen, Erdfresser. Sie schlucken die Erde, durch die sie sich hindurchwühlen, und fressen abgestorbene Pflanzenteile, Blätter, Stengel oder die Schalen von Steckzwiebeln. Im Darmtrakt des Wurmes werden organische und mineralische Massen verdaut und zusammengekittet. Aus Tonmineralien und Pflanzenresten entstehen die Kothäufchen des Regenwurms: Ton-Humus-Komplexe mit einer unglaublichen Konzentration an Nährstoffen. Solche Regenwurmhäufchen enthalten siebenmal so viel Stickstoff, sechsmal so viel Magnesium, dreimal so viel Kali, doppelt so viel Phosphor und Kalk wie feste Gartenerde. Die Nährstoffe sind eisern festgebunden in den kleinen schwarzen Krümeln: Nur Pflanzenwurzeln können mit Hilfe von Mikroorganismen oder Säuren diese Vorratskammern anzapfen. Rund 100 verschiedene Arten von Regenwürmern leben in Europa. Der dünne, rötliche Kompostwurm sieht anders aus als sein dicker, heller Vetter, der im Gartenboden werkt. Sie alle aber sind unfehlbare Bioindikatoren für Fruchtbarkeit: Je mehr Regenwürmer ein Beet besiedeln, desto besser ist der Boden. Fehlt der Nachschub an Pflanzenresten, haben die Tierchen nichts mehr zu fressen und wandern aus. Empfindlich reagieren sie auch auf ein Absinken des pH-Werts: In saurem Boden lebt kein Regenwurm mehr.

Die Lebendverbauung des Bodens

Ein guter Gartenboden hat so viele Hohlräume wie ein Schwamm. Sie sind entweder mit Wasser oder mit Luft gefüllt. So ein Gartenboden fällt auch nicht bei der ersten Beanspruchung – durch Schlagregen zum Beispiel – in sich zusammen, sondern bleibt krümelig. Ton-Humus-Komplexe sind in einer solchen Erde mit Zuckern, Eiweißen, Schleimstoffen, Enzymen verklebt. Es entsteht eine Art stabiler Schwamm, der locker das doppelte seines Eigengewichts an Wasser speichern

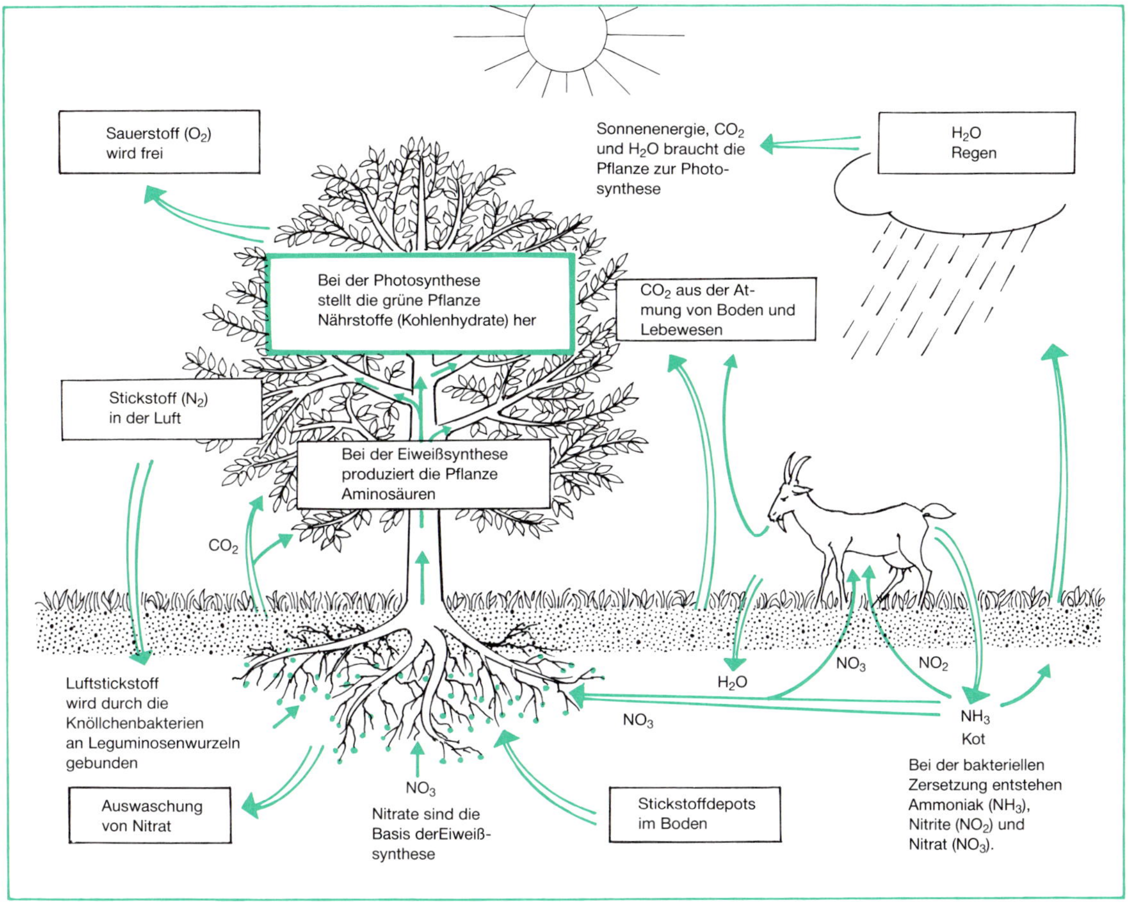

Grüne Pflanzen stehen am Anfang jeder Nahrungskette. Sie sind die einzigen Lebewesen, die aus Sauerstoff, Stickstoff, Kohlen- und Wasserstoff mit Hilfe der Sonnenenergie Eiweiß bilden können. Pflanzen sind die Quelle aller Nahrung für Menschen und Tiere.

kann – also zwei Liter Wasser auf ein Kilo Gartenerde. Wenn Mikroorganismen den Boden auf diese Weise verkleben und stabilisieren, spricht man von »Lebendverbauung«. Eine solche Gartenerde hat ein hohes Maß an Bodengare: der Idealzustand einer Kulturerde. »Gare« kommt von gären – wie ein lockerer Hefeteig mit hohem Porenvolumen muß die Erde aussehen. Quarzsand oder unverwitterte Mineralteile bilden das Skelett, Tonteile, Humusstoffe und Mikororganismen, Schleim und Pilzfäden ergänzen das Krümelgefüge. Lebendverbaute Krümel umschließen verschieden große Hohlräume: Die Grobporen sind mit Luft gefüllt und führen Wasser, die wertvollen Mittelporen können Wasser führen und halten, Feinporen halten Wasser, und Feinstporen adsorbieren es – das Wasser wird so fest gebunden, daß es nicht von Pflanzenwurzeln aufgenommen werden kann: Ein Speicher für Notzeiten.

Wenn im Herbst ein Gartenfreund mit viel Schweiß und Muskelkraft seine Beete umgräbt, dann tut er das vermutlich, weil er auf die Frostgare hofft: Wasser dringt zwischen die Schollen und in Spalten ein, gefriert im Winter und sprengt die groben Erdbrocken. Diese Frostgare zu erzeugen, ist in Einzelfällen sinnvoll – bei einem sehr schweren Tonboden zum Beispiel, oder auf einem von Baumaschinen festgewalzten Neubaugrundstück. Bei allen anderen Böden, die biologisch gepflegt werden, kann darauf leicht verzichtet werden. Denn sie ist kein Ersatz für die Bodengare, die durch Bodenlebewesen, Mulchen und schonende Bodenbearbeitung erreicht wird. Im Gegenteil: Frostgare zerstört Leben. Viele Mikroorganismen halten den Frost an der Oberfläche nicht aus, sterben ab oder wandern in tiefere Schichten, wo sie nicht immer überleben können.

Ein hohes Maß an Bodengare, einer gesunden und

stabilen Krümelstruktur, kann also nicht mit irgendwelchen technischen Tricks erreicht werden. Nur die vielen Milliarden Bodenlebewesen sind in der Lage, diesen Idealzustand in unendlicher Kleinarbeit zu schaffen – die Voraussetzung für die Gesundheit unserer Gartenpflanzen.

Pflanzen, Lebewesen zwischen Himmel und Erde

Pflanzen sind die Mittler zwischen Sonnenschein, Licht und Luft – woraus sie ihre Lebensbausteine beziehen – und der dunklen Welt im Boden.
Ihre Wurzeln leben und vergehen in der Erde. Sie durchforschen die Hohlräume auf der Suche nach Nahrung, pumpen Wasser und Nährstoffe nach oben und versorgen Bakterien und Pilze, die das Wurzelwerk umhüllen, mit Nahrung. Wurzeln ordern Essensnachschub bei den Bodenlebewesen und können richtig unwillig reagieren, wenn ihnen die Nachbarpflanze oder irgendwelche Lebensumstände nicht passen.
Grüne Pflanzen sind die einzigen Lebewesen, die aus Sonnenenergie, Kohlendioxid und Wasser *Zucker und Sauerstoff* machen können – Voraussetzung für alles höhere Leben auf der Erde. Vereinfacht gesagt, nimmt die Pflanze Kohlendioxid aus der Luft – bevorzugt durch die Spaltenöffnungen an der Blattunterseite – auf und pumpt durch osmotischen oder kapillaren Druck über die Wurzeln Wasser aus dem Boden nach oben. In den grünen Pflanzenteilen, mit dem Chlorophyll als Katalysator, läuft jetzt ein einzigartiger Verwandlungsprozeß ab: Wasser (H_2O) wird in Wasserstoff (H_2) und Sauerstoff (O) zerlegt. Kohlendioxid (CO_2) wird in Kohlenstoff (C) und Sauerstoff (O_2) zerteilt. Aus Kohlenstoff und Wasserstoff »baut« die Pflanze etwas Neues: Kohlenhydrate, also Traubenzucker, der nachts in Stärke verwandelt wird. Sauerstoff wird frei für Mensch, Tier und Pflanze, die ihn zum Atmen und Leben brauchen, die ohne dieses Element nicht existieren könnten. Diese chemische Umwandlung braucht große Mengen an Energie, und die wiederum holt sich die Pflanze aus dem Sonnenlicht. Manche sind dabei anspruchsvoller als andere und gedeihen nur in vollem Sonnenschein, andere sind auch mit Halbschatten oder gar mit schattigen Lagen zufrieden. Einige brauchen viele Stunden am Tag helles Licht, um zu blühen und zu fruchten, andere werden erst durch lange Nächte zur Blütenbildung angeregt. Die Umwandlung von Lichtenergie in Pflanzenbausteine nennt man Photosynthese: sie funktioniert nur mit dem grünen Chlorophyll als Vermittler. Die Umwandlung von Kohlendioxid und Wasser mit Hilfe des Lichts in Kohlenhydrate wird Assimilation genannt. Parallel dazu läuft ein Prozeß ab, der keinen Sauerstoff erzeugt, sondern verbraucht: die Dissimilation. Das heißt: die Pflanze atmet. Mit der Produktion von Zucker ist es ja nicht getan. Pflanzen brauchen außer Kohlenhydraten auch Wasser, Mineralstoffe und Spurenelemente zum Leben. Für den Gärtner ist es von Bedeutung, daß seine Pflanzen luftig und mit ausreichenden Abständen auf dem Beet stehen sollten. Sie brauchen Licht, je nach Pflanze weniger oder sehr viel mehr. Wärme benötigen sie auch. Zum Keimen und Wachsen, je nach Art und Sorte verschieden. Und natürlich Wasser: 80 Prozent des Pflanzenkörpers bestehen aus Wasser. Es ist lebenswichtig für die Pflanze: Wasser reguliert den Wärmehaushalt, indem es verdunstet. Bis zu 98 Prozent des aufgenommenen Wassers kann die Pflanze wieder an die Umgebungsluft abgeben. In Wasser sind Mineralstoffe gelöst, es reguliert den Zelldruck und hält den Kreislauf in Schwung; es wird für den Aufbau der Pflanze gebraucht und für die Photosynthese. Die Wurzeln sind mindestens ebenso wichtig – und von erstaunlicher Leistungsfähigkeit – wie das Blattwerk mit seinen »Sonnenmotoren« (Francé).
Das Wurzelwerk der Pflanze ist nichts, was sich einmal bildet und dann so bleibt, bis der Gartenbesitzer beispielsweise den Rettich mitsamt den Haarwurzeln herauszieht oder den Salat abschneidet und die Wurzeln der Rotte überläßt. Wurzeln entstehen und vergehen ständig. Sie sind keine blinde Wasser- und Nährstoff-Pipeline, sondern, wie schon Darwin erkannte, eine Art Gehirn der Pflanze. Besonders sensibel sind die Wurzelspitzen: tastende Fühler in der Erde, umgeben von einer feinen Schleimhülle, dem Mucigel, das vor Verletzungen schützt und wichtig ist für die Aufnahme von Nährstoffen. Auch die Mykorrhiza – die Symbiose zwischen höheren Pflanzen und Pilzen – ist so eine ausgeklügelte Einrichtung, die der Pflanze bei ihrer Ernährung hilft. 80 Prozent der Pflanzen haben eine solche »Lebensgemeinschaft mit Pilzen«, die ihre Wurzeln eng umhüllen oder sogar in sie eindringen. Die Pflanze versorgt diese Pilze mit Traubenzukker und Stärke, die Pilze ihrerseits geben Enzyme und andere wichtige Substanzen an die Pflanze ab. Wurzeln suchen das Wasser. Finden sie oben keines, gehen sie tiefer, bis sie auf das begehrte Naß stoßen. Pflanzen, die oft und nur oberflächlich gegossen werden, entwickeln deshalb auch nur dicht unter der Oberfläche ein Wurzelgeflecht. Eine Trockenperiode halten sie nicht aus,

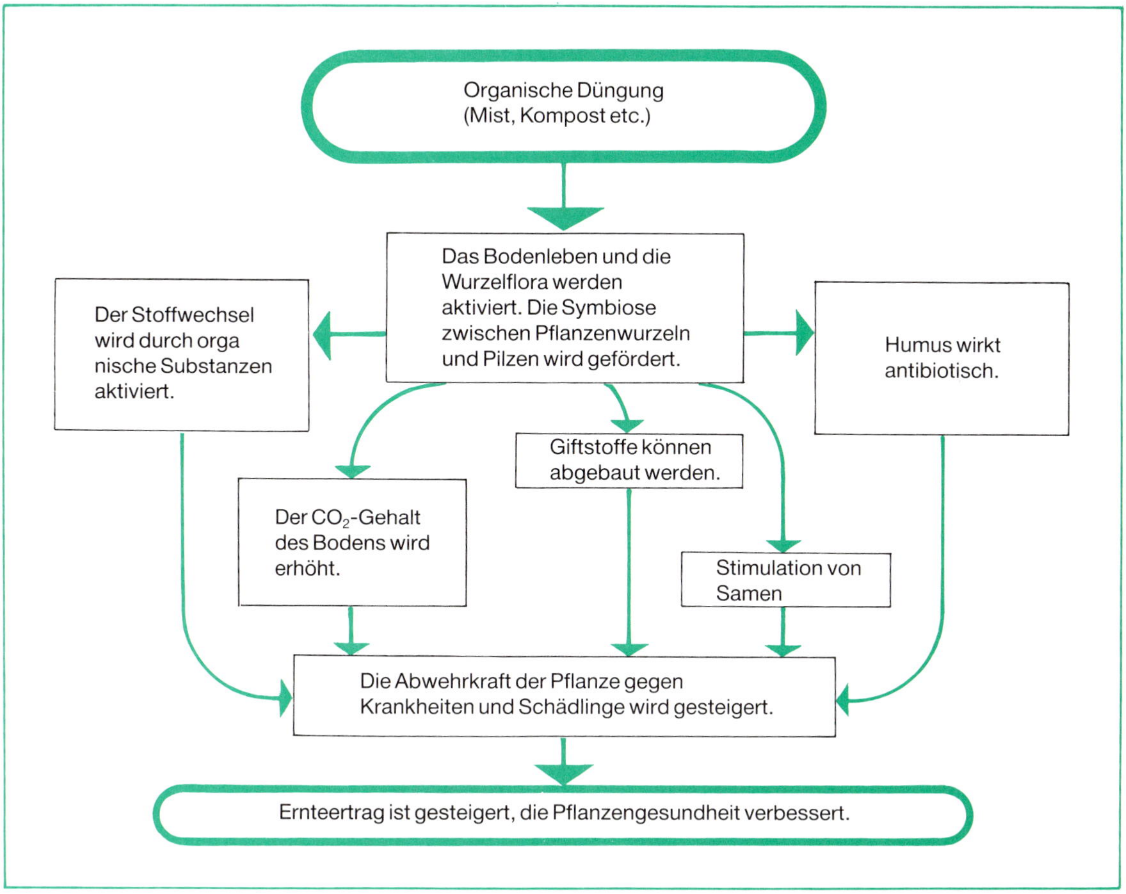

Organische Düngemittel fördern die Pflanzengesundheit und steigern den Ertrag. Sie ernähren das Bodenleben, helfen Giftstoffe abzubauen, steigern die Abwehrkräfte der Pflanze gegen Krankheiten und Schädlinge und sorgen für Nachschub an Nährstoffen.

denn sie haben nicht rechtzeitig vorgebaut für die Versorgung aus tieferen Schichten. Auch für Nährstoffe, die im Bodenwasser gelöst sind, haben die Wurzelspitzen ein feines Gefühl. Besonders gern folgen sie den Gängen des Regenwurms, der seine Röhren mit den enorm nährstoffreichen Kothäufchen förmlich auskleidet. Stößt eine Wurzel auf Widerstand, auf eine verdichtete Bodenschicht oder einen Stein zum Beispiel, dann knickt sie ab und versucht, um das Hindernis herumzulaufen. Solche Verhaltensweisen zu kennen, ist wichtig für die Ausdeutung der Spatendiagnose, die gegen Ende des Kapitels beschrieben wird und die dem erfahrenen Gärtner Einblick in den Zustand seines Bodens gewährt.
Stößt die Pflanze auf Wasser und die darin gelösten Nährstoffe, so saugt sie diese Nährlösung wie eine kleine Pumpe auf, angetrieben vom Druckgefälle zwischen Zellinnerem und Bodenlösung. Braucht die Pflanze bestimmte Mineralstoffe, kann sie Kohlensäure und organische Säuren, zum Beispiel Apfelsäure, ausscheiden, die die Mineralien aus dem Boden herauslösen. Durch Ionenaustausch werden die benötigten Stoffe über die Wurzelzellen aufgenommen, und zwar genau in der Menge, die die Pflanze gerade benötigt. Bekommt sie Mineralstoffe in Form von wasserlöslichen Mineralsalzen vorgesetzt – und Kunstdünger sind nichts anderes –, dann kann die Pflanze nicht mehr wählen, die Menge der aufgenommenen Mineralien nicht mehr bestimmen. Sie muß nehmen, was sie kriegt – und das bekommt ihr oft nicht. Denn für ein wirklich gesundes Wachstum darf keine Pflanze mehr von einem Stoff aufnehmen, als sie wirklich benötigt – wie es bei der Zwangsernährung durch Kunstdünger geschieht. »Nur die Wurzel«, sagt Gerhardt Preuschen, »weiß genau, was die Pflanze gerade braucht.«

Und sie weiß ebenso exakt, was ihr schadet. Wurzelausscheidungen einer Nachbarpflanze zum Beispiel, die sie »nicht riechen« kann: Von solch unerwünschten Nachbarn wenden sich die Wurzeln ab, und ist die Bedrängnis durch den Nebenmann zu groß, dann kümmert die Pflanze und stirbt ab. Viele Beispiele solcher Pflanzennachbarschaften gibt es, gute wie schlechte. Blumen und Gemüsepflanzen, Bäume und Sträucher, die sich gegenseitig in ihrem Wachstum fördern und sich Schädlinge vom Leib halten, und solche, die nebeneinander einfach nicht gedeihen wollen. Es ist eine Art chemischer Kommunikation, die Pflanzen betreiben, und als »Telefonapparat«, als Sender und Empfänger, dienen die Wurzeln.

Der Gartenboden, ein labiles Halbökosystem

Gartenerde ist eine Wunderwelt für sich. Chemische und physikalische, biologische und biochemische Vorgänge weben ein unendlich vielfältiges Beziehungsgeflecht zwischen totem Stein und lebender Materie, zwischen winzigen Urweltgeschöpfen, höheren Tieren und Kulturpflanzen. Für den Boden-Biochemiker Fritz Pauli ist der durchwurzelte Boden »das komplizierteste Medium unseres Planeten überhaupt«. Und er ist verletzlich: Boden ist zerstörbar. Jeder Eingriff bringt diese komplizierte Welt aus dem Gleichgewicht. Gartenerde wird kultiviert, bebaut, bearbeitet. Da wird gepflanzt und geerntet, gehackt und gejätet, und jede dieser Gärtnerarbeiten bringt das Bodenleben wenigstens stellenweise und vorübergehend ins Wanken. Gartenboden ist kein stabiles Ökosystem wie etwa Waldboden oder die Erde unter einer Dauerwiese. Dort schützt die dauerhafte Pflanzendecke den Boden vor Austrocknung und Verschlämmung, vor den negativen Einflüssen von Sonne, Wind und Niederschlägen. Dort kann das Bodenleben weitgehend ungestört die Bodengare aufrechterhalten. Im Garten ist das völlig anders. Gerhardt Preuschen hat federführend für die Stiftung Ökologischer Landbau Vorschläge für ein Bodenschutzkonzept erarbeitet. Darin nennt er den Kulturboden ein »labiles Halbökosystem«, das nur mit großer Sorgfalt und einer sehr vielseitigen Bepflanzung aufrechterhalten werden kann. Denn dieses Halbökosystem »ist nicht stabil, sondern labil und braucht deswegen die ständige Mithilfe des Menschen. In erster Linie bedeutet dies wiederholte Bodenlockerungen, weil das Bodenleben nicht mehr in der Lage ist, die originale Schwammstruktur aufrechtzuerhalten und an zunehmender Bodenverdichtung eingehen würde. Zweitens muß artenreiche Durchwurzelung durch vielartigen Anbau und vielartige Beikräuter innerhalb der Nutzpflanzen oder in der Fruchtfolge (Brache) gesichert sein. Die Monokultur führt in jedem Fall zu einem Zusammenbruch des Bodenlebens.«

Die großen Bedrohungen für das Bodenleben sind eine falsche Bodenbearbeitung und eine einseitige Bepflanzung, Themen, die in folgenden Kapiteln ausführlich behandelt werden. Kunstdünger und chemisch-synthetische Gifte sind es außerdem, die seit einigen Jahrzehnten vielen Böden vollends den Garaus zu machen drohen. Wer um die vielfältig vernetzten Beziehungen im Boden weiß, kann das verstehen.

Wasserlösliche Mineraldünger schädigen das Bodenleben indirekt, was lange Zeit nicht erkannt worden ist. Von den Auswirkungen auf die Pflanze durch die »Zwangsernährung« per Düngerguß haben wir schon gesprochen. Die unverhofft von oben hereinbrechenden Mengen an Stickstoff und Phosphorsäure bringen aber auch die Milliarden Mikroben und anderen Bodenlebewesen aus dem Gleichgewicht. Preuschen: »Eine der verbreitetsten Steuerungsformen der Aufgaben in der Lebensgemeinschaft ›Bodenleben‹ beruht auf der Kontrolle der umgewandelten Stoffmengen. Seit langem ist die Regelung des Wachsens oder Absterbens von Hefepilzen in gärfähigen Substraten, je nach erreichtem Alkoholgehalt, bekannt. In gleicher Art steuert das Vorkommen von stickstoffhaltigen Verbindungen im Boden, soweit diese nicht in lebenden oder gerade abgestorbenen Lebewesen enthalten sind, das Leben und damit die Produktion der N-Binder.« Als augenfälligstes Beispiel nennt Preuschen den Zusammenhang zwischen der Knöllchenbildung an Leguminosenwurzeln und der Stickstoffdüngung. Das funktioniert so: Leguminosen – Bohnen und Erbsen beispielsweise, Lupinen, Wicken oder Klee – bilden zunächst ganz normale Wurzeln aus. Im Boden lebende spezielle Mikroben, Rhizobium leguminarosum, stürzen sich auf diese Wurzeln und infizieren sie regelrecht. Auf dieses »Anbeißen«

Rechte Seite: Monokulturen gibt es nirgends in der freien Natur: Sie sind – wie dieses Maisfeld (oben) – eine Erfindung des Menschen. In Monokulturen haben Schädlinge leichtes Spiel. Ihre spezifische Nahrung gibt es hier im Überfluß, und die Entwicklung ihrer natürlichen Freßfeinde hinkt immer hinter der explosionsartigen Vermehrung der Schädlinge her. Eine Mischkultur (unten) macht Schädlingen das Leben schwer. Sie müssen lange Wege zurücklegen und stoßen auf viele natürliche Feinde.

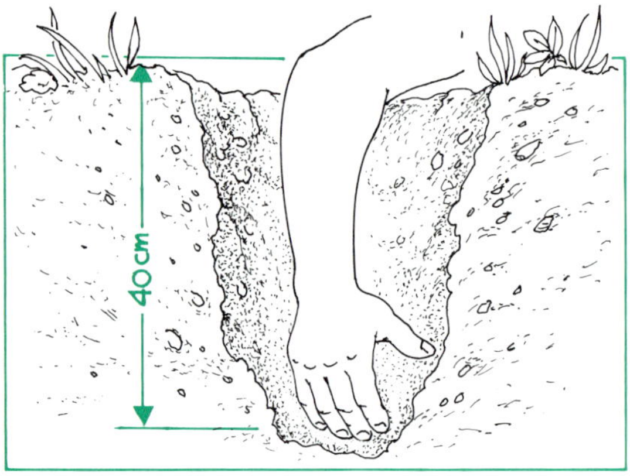

Der ideale Gartenboden ist bis in 40 Zentimeter Tiefe locker, krümelig und humusreich (links). Leguminosen sorgen für den Stickstoffnachschub im Boden (rechte Seite). Die Stickstoffknöllchen an den Wurzeln von Erbsen, Bohnen, Lupinen und anderen haben die einzigartige Eigenschaft, Stickstoff im Boden zu verankern. Der Anbau von Leguminosen wirkt wie eine Düngung auf das Gartenbeet – vorausgesetzt, die Wurzeln mit den stickstoffhaltigen Knöllchen bleiben nach der Ernte im Boden. Wer Leguminosen sinnvoll in die Fruchtfolge einbaut, kann sich manche Düngergabe sparen.

reagieren die Wurzeln mit der Bildung von Knöllchen, in denen die Mikroben fortan gemütlich leben und einer einzigartigen Beschäftigung nachgehen: Sie sammeln Luftstickstoff, binden ihn, und nach ihrem Absterben ist er für die Pflanze verfügbar. Diese Knöllchenbildung klappt aber nur, wenn im Boden ein natürliches Maß an Stickstoff vorhanden ist. Preuschen: »Der Landwirt (und der erfahrene Gartenfreund, Anm. d. Verf.) weiß, daß bei mineralischer N-Düngung die Knöllchen an den Leguminosen-Wurzeln ausbleiben, die ihm als Sitz der N-bindenden Symbionten geläufig sind. Dies gilt aber für alle Lebewesen, die Luftstickstoff aufnehmen und in organische Verbindungen überführen können. Da die N-Bindung im Boden für das Bodenleben wie für die Pflanzenwurzel von ganz besonderer Bedeutung ist, wird es verständlich, daß hier nicht nur viele Arten beteiligt sind, sondern daß gerade diese Arten innerhalb des gesamten Systems eine große Rolle spielen. Das gleiche gilt auch für die Phosphate aufbereitenden Wurzelpilze, wahrscheinlich für die ganze Nährstoffaufbereitung durch das Bodenleben. Ihr Ausfall durch Zufügung von mineralischen Düngern bedeutet auf die Dauer eine schwere Schädigung des Bodenlebens.« Ebenso stark bedroht ist das Bodenleben durch den Einsatz von chemisch-synthetischen Giften, von Herbiziden, Fungiziden, Insektiziden. Daß Gifte, mit denen tierischen Schädlingen, unerwünschten Wildkräutern und Schadpilzen der Garaus gemacht werden soll, hin und wieder auch Nützlinge mit hinwegraffen, ist längst bekannt. Aus diesem Grund werden diese Stoffe von staatlichen Institutionen – zum Beispiel von der Biologischen Bundesanstalt – ausgiebig geprüft, bevor sie mit genauer Gebrauchsanweisung in den Handel kommen. Zwei Bedrohungen sind aber weitreichender als direktes Artensterben – und lange, teilweise bis heute unterschätzt worden: Zum einen die Langzeitschäden, wenn sich ein Gift beispielsweise im Grundwasser anreichert und ganze Wasserspeicher vergiftet. Zum zweiten: Chemisch-synthetische Gifte stören das hochentwickelte Kommunikationssystem im Boden, wie Reinhold Kickuth das in einem eindrucksvollen Versuch demonstriert hat (vgl. »Der biologische Gartenbau und seine Bedeutung«).

Tests auf gesunden Boden und Fruchtbarkeit

Für den Gärtner, der nun mehr über die komplizierten und empfindlichen Zusammenhänge im Boden weiß, bedeutet das, behutsam mit seinem Gartenboden umzugehen, bewußt Bodenleben zu schonen, zu ernähren, zu pflegen und alles von ihm fernzuhalten, was das Leben unter der Erde nachhaltig irritieren oder gar zerstören könnte. Schonende Bodenbearbeitung gehört dazu, biologische Düngerwirtschaft und all die anderen Themen, die in diesem Buch behandelt werden. Wie kann ein Gartenbesitzer nun feststellen, in welchem Zustand sein Boden ist? Ob er lebendig ist, mit Klein- und Kleinstlebewesen durchsetzt, die er braucht, und wie hoch sein Gehalt an Humus ist? Ob er – oder der Vorbesitzer des Gartens – Fehler in der Bearbeitung gemacht hat und wie er sie wieder ausbügeln kann? Auf all diese Fragen geben herkömmliche Bodentests keine Auskunft. Bodenuntersuchungsanstalten schreiben vielleicht eben noch den Humusgehalt auf ihr Gutachten – 2 Prozent, 3, höchstens 6%, in der Regel – über das Tempo der Umsetzung organischer Masse, über den Grad an Lebendigkeit also, sagt dieser Wert wenig aus. Boden darf aber nicht nur durch die chemische Brille betrachtet werden. Sicher ist es wichtig, u.a. den pH-Wert, Kalkgehalt, Stickstoff-, Phosphor- und Magnesiumvorräte zu kennen. Das ist aber nur eine Hälfte der Wahrheit. Ebenso wichtig ist es, Auskunft zu bekommen über Fruchtbarkeit und Leben im Bo-

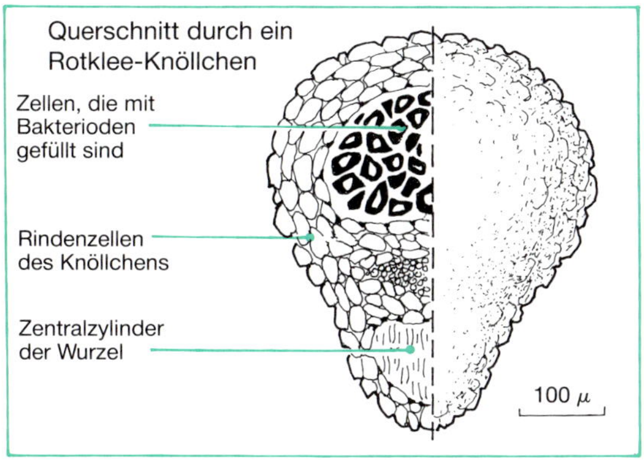

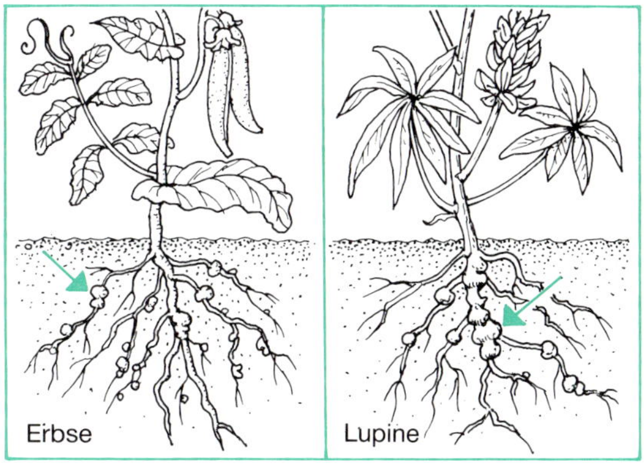

den. Zwei Testmethoden gibt es dafür: den Chroma-Bodentest zum Selbermachen oder Machenlassen und die Spatendiagnose, die jeder Gärtner lernen kann.

Die Spatendiagnose

Die Spatendiagnose wurde nach dem Ersten Weltkrieg von Johannes Görbing entwickelt. In einer Zeit der chemischen Dünge- und Spritzmittel und der Verfeinerung chemischer Bodenuntersuchungsmethoden hat man sie schlicht wieder vergessen. Gerhardt Preuschen ist es zu verdanken, daß er die Spatendiagnose wieder zu Ehren brachte und viele junge Landwirte, Gärtner und Berater mit ihr vertraut machte. Er selbst bekam durch deren Untersuchungen ein großflächiges Bild vom Zustand der Kulturböden im deutschsprachigen Raum. Ein aufwendiges Labor oder irgendwelche Chemikalien werden zur Spatendiagnose nicht gebraucht. Wirklich nötig ist nur ein Flachspaten, flachgeschmiedet oder aus Flachstahl hergestellt, mit 19 Zentimeter breitem und 30 Zentimeter langem Blatt (Bezugsquelle s. Anhang). Die übrigen Zutaten hat jeder Gärtner sowieso oder kann sie leicht anfertigen: Einen Gärtnerspaten, eine einfache Kralle für die Pflege kleiner Beete oder von Zimmerpflanzen, ein kleines Brett von derselben Größe wie das Flachspaten-Blatt. Fortgeschrittene basteln sich zwei hölzerne Stützen, auf die der Spaten samt Erde aufgelegt und bequem im Stehen betrachtet werden kann, und dokumentieren ihre Untersuchungsergebnisse schriftlich, vielleicht sogar mit Hilfe von Fotos.

Über die Spatendiagnose hat Preuschen eine kleine, sehr genaue Broschüre verfaßt, aus der jeder diesen Bodentest lernen kann (vgl. Literaturhinweise). Besser ist es natürlich auf jeden Fall, sich an eine der biologischen Erzeugerorganisationen zu wenden (Bioland, Demeter, Biokreis Ostbayern, Naturland, vgl. Adressenverzeichnis) und dort nach einem Kurs zu fragen oder die Veranstaltung eines Kurses anzuregen, bei dem die Spatendiagnose gelernt werden kann.

Hier eine Anleitung zum ersten Ausprobieren – um einen Eindruck davon zu bekommen, welch enorm wichtige Aussagen dieser sehr einfache Test liefern kann.

Der Flachspaten wird an einer Stelle angesetzt, die entweder den guten Durchschnitt des Gartens darstellt, oder die besonders schlecht erscheint – wo Pflanzen mickern oder laufend von Krankheiten und Schädlingen heimgesucht werden.

Grünzeug, Stroh, Mulchmaterial wegräumen und den Spaten ganz senkrecht einstechen. Läßt sich der Spaten in voller Länge leicht eindrücken, dann ist das bereits ein Kompliment für den Gärtner: Der Boden ist humos und locker. Meistens muß der Gartenbesitzer nach 10, 15 Zentimetern anfangen, den Spaten durch leichte Hin- und Herbewegungen in den Boden zu drücken oder sich gar auf den Spaten stellen. Liegt ein Stein im Weg, muß er eine andere Stelle aussuchen. Will der Spaten gar nicht eindringen, wird er mit einem Fäustel, einem schweren Hammer, in die Erde getrieben. Jetzt wird mit dem Gärtnerspaten vor dem Flachspaten ein Graben ausgehoben, etwa einen halben Meter lang, spatenbreit und etwas mehr als spatentief. Der Flachspaten steht jetzt frei – festhalten! Dann wird er vorsichtig weggenommen und das Bodenprofil mit einem Brettchen festgehalten. Mit dem Flachspaten wird nun ein viereckiger Brocken Erde ausgestochen, etwa 10 bis 20 Zentimeter stark, damit er nicht zu schwer wird. Den Bodenklotz mit dem Flachspaten herausheben, ganz schnell und am besten zu zweit, damit nichts bröckelt – das würde das Bild verfälschen. Entweder auf den Boden legen oder auf die hölzernen Stützen. Die Bodenprobe jetzt ganz genau betrachten: Wie tief reichen die Wurzeln? Sind es feine, die bis zu 30 Zentimeter

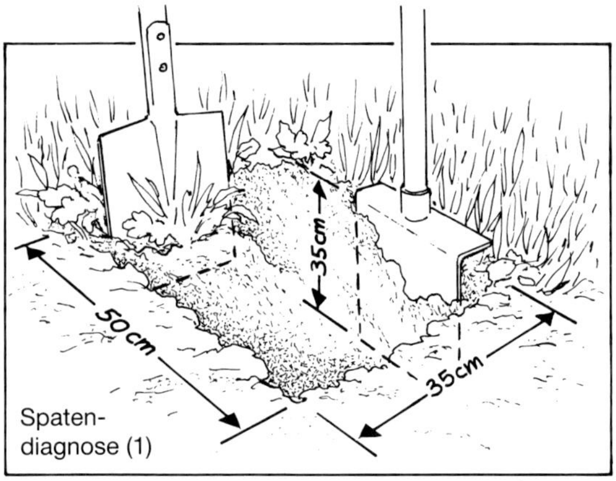

Spaten-
diagnose (1)

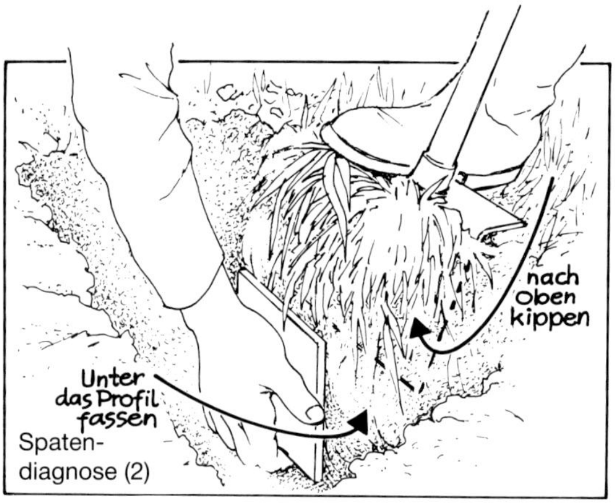

Spaten-
diagnose (2)

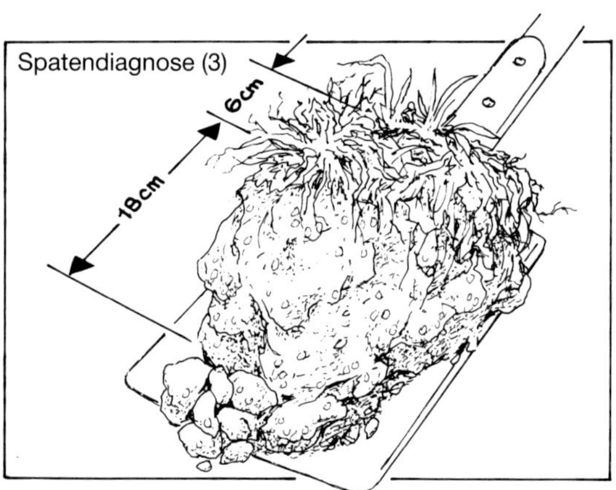

Spatendiagnose (3)

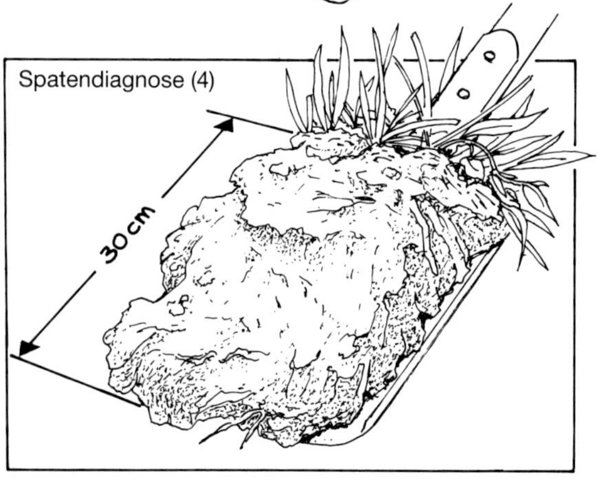

Spatendiagnose (4)

Die Spatendiagnose: Den Flachspaten in den Boden drücken. Davor hebt man mit einem gewöhnlichen Gärtnerspaten einen kleinen Graben aus (Abb. 1). Wenn der Flachspaten frei steht, wird er vorsichtig weggenommen und die Erde mit einem Brettchen angedrückt. Nun wird mit dem Flachspaten ein viereckiger Brocken Erde ausgestochen und vorsichtig herausgehoben. Diese Arbeit macht man am besten zu zweit (Abb. 2). Die Bodenprobe wird jetzt genau und kritisch betrachtet: Reichen die Wurzeln nur wenige Zentimeter tief? Ist die Erde hart? Dann ist der Boden dringend verbesserungsbedürftig (Abb. 3). Guter, garer Boden ist tief durchwurzelt, locker und krümelig (Abb. 4).

hinunterreichen, oder schaffen nur die dicken Haltewurzeln den Weg durch einen – verdichteten – Bodenhorizont? Ziehen sich Regenwurmgänge durch die ganze Bodenprobe oder schaffen sie den Weg in einen harten Untergrund nicht? Knicken vielleicht Wurzeln waagrecht weg, weil sie auf eine undurchlässige Schicht gestoßen sind? Ist der Boden bis hinunter krümelig, und zwar mit echten, runden Krümeln, nicht nur mit auseinandergebrochenen Bröckeln, die spiegelbildlich ineinanderpassen? Ist vielleicht nur eine dünne Oberschicht garer Boden da, der Rest ist hart wie ein Block? Gibt es stinkende Stellen, anaerobe Horizonte ohne Sauerstoff, wo Faulgase entstanden sind? Und wie ist das eingearbeitete Grünzeug verrottet? Ist die organische Masse schwarz und fest, ist sie vertorft – so fehlt Sauerstoff. Ist sie kaum angerottet, obwohl sie schon vor Monaten eingearbeitet wurde, fehlt Bodenleben.

Zuletzt wird der Erdbrocken als Ganzes betrachtet, mit der Kralle aufgekratzt, durch die Luft geschleudert und am Boden zerbrochen. So genau untersucht, liefert er viele wertvolle Aufschlüsse, erste Ansatzpunkte für Bearbeitungsfehler, Schwachstellen, verbesserungswürdige Maßnahmen. Aber auch, im Idealfall, die schönste Bestätigung biologischer Bodenpflege – dann nämlich, wenn der Boden bis in 30 oder mehr Zentimeter Tiefe locker, krümelig, humos und luftig ist, wimmelnd vor Leben und bereit, für ein weiteres Gartenjahr blühende und fruchtende Pflanzen zu beherbergen.

Rechte Seite: Faszinierend ist ein Blick in die Mikrowelt der Wurzelhaare. In 100 000facher Vergrößerung: Grüne Algenfäden umranken ein Wurzelhärchen. Ein Wimpertierchen frißt eine Bakterie (unten).
Beeindruckend wirkt die Raubmilbe in 30 000facher Vergrößerung (oben). Sie verspeist gerade einen Fadenwurm. Außerdem sind wuchernde Pilzfäden und Insekteneier zu sehen.

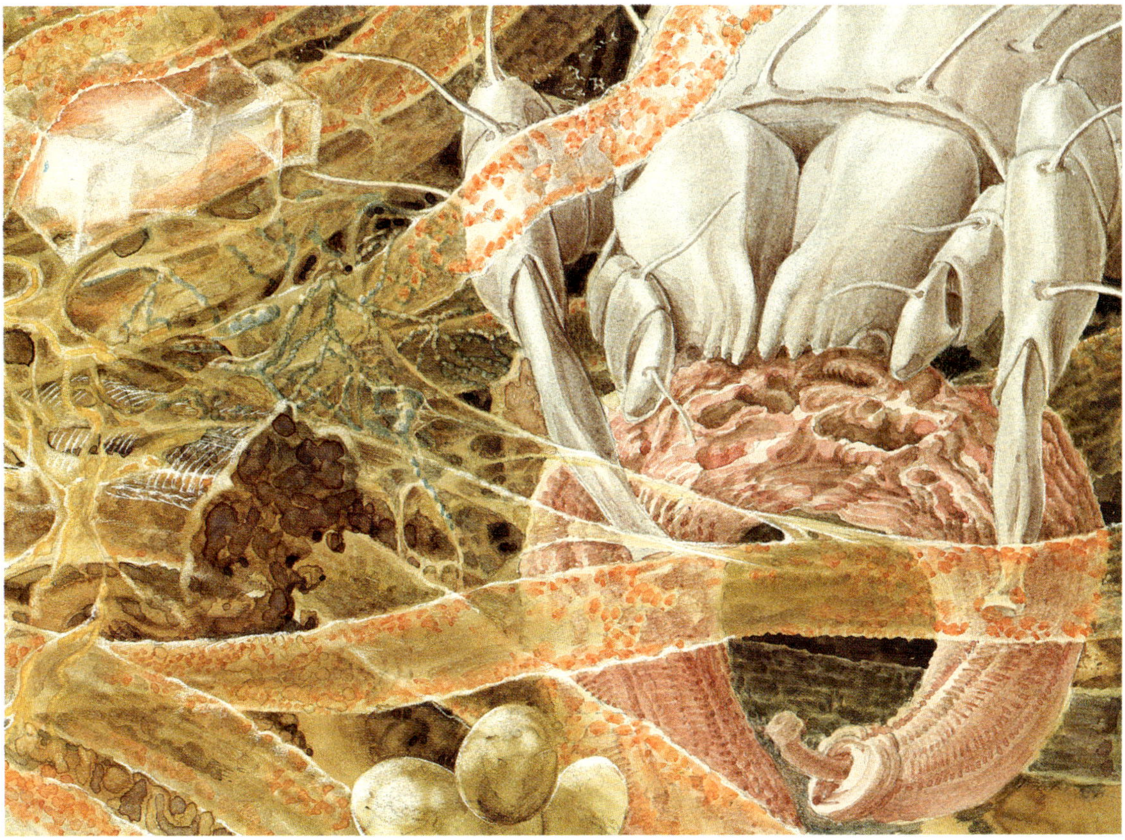

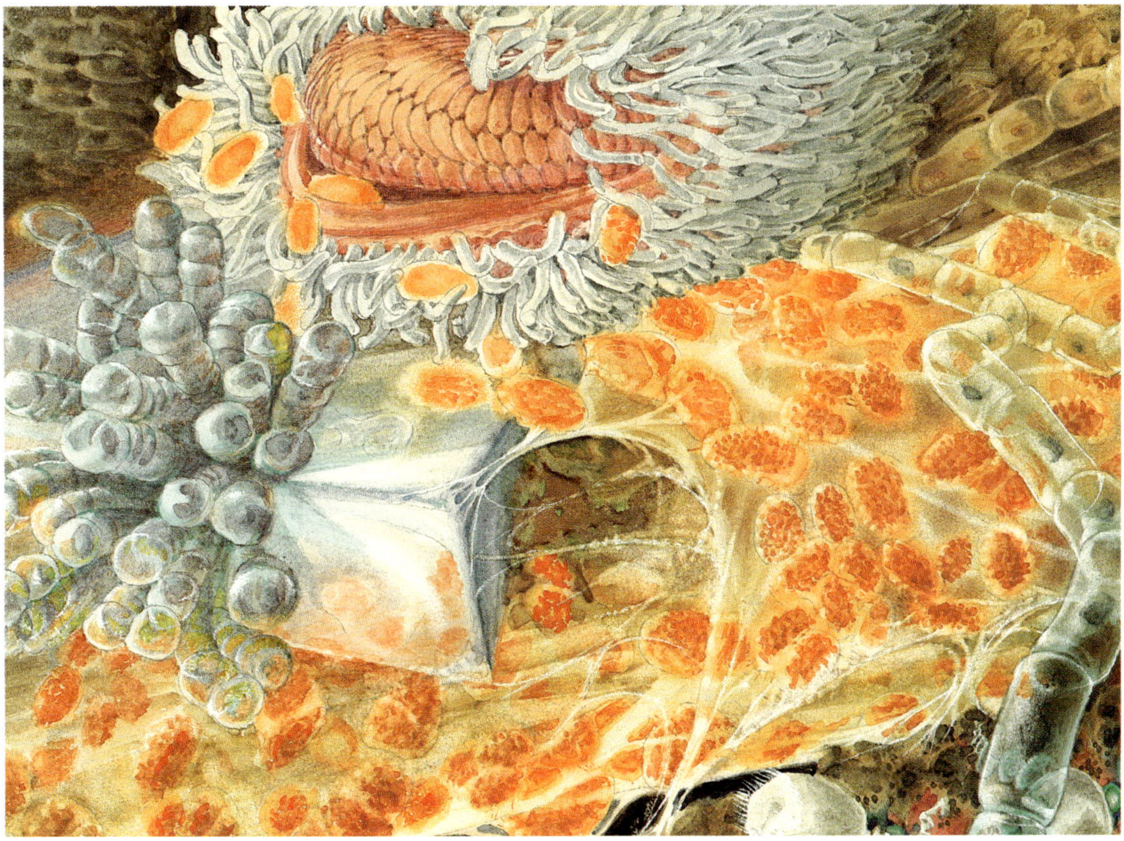

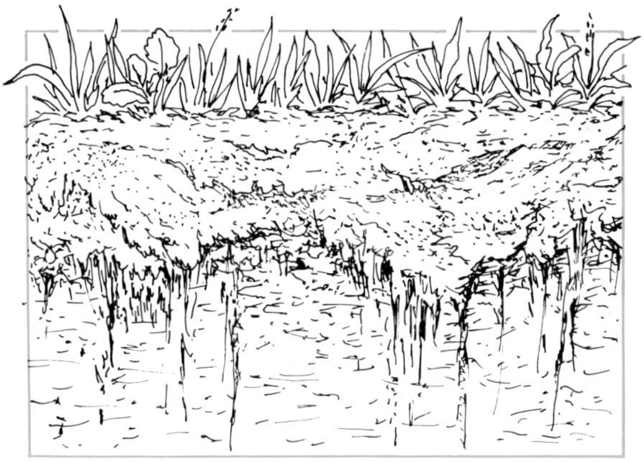

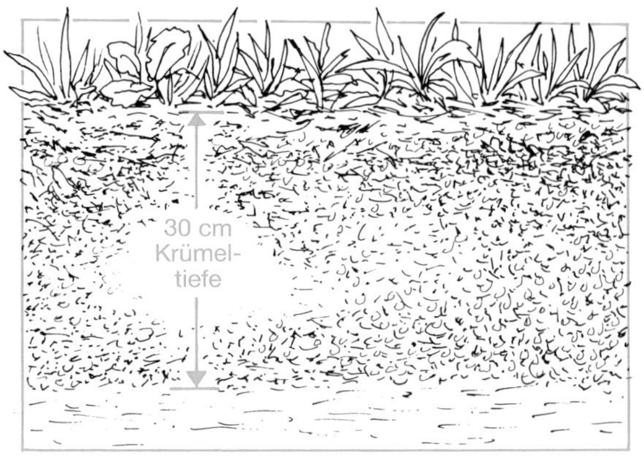

Der Chroma-Boden-Test

Der Chroma-Test wurde von dem Chemiker und Bodenmikrobiologen Ehrenfried Pfeiffer Mitte des Jahrhunderts in den USA entwickelt. Es handelt sich um eine Methode der Papierchromatographie, mit deren Hilfe die Bodenqualität und wichtige biologische Werte graphisch sichtbar gemacht werden können. Bei diesem Test lassen sich mit einiger Übung ganz erstaunliche Fakten feststellen: Ob der Boden einmal zu naß bearbeitet worden ist, ob er mit zu schwerem Gerät befahren wurde, ob organische Masse in angemessenem Tempo umgesetzt wird oder ob wichtige Bodenbakterien fehlen. Die Standardausrüstung für diese an sich einfache Testmethode kostet ein paar hundert Mark, ist also vielleicht interessant, wenn einige Gartenfreunde oder ein Gartenbauverein zusammen diese Geräte kaufen.

Bodenproben werden genommen, gemischt und ein paar Gramm davon gut getrocknet, in destilliertem Wasser gewaschen und in einer Natriumhydroxyd-Lösung gelöst. Vorsichtig in die Mitte eines runden Papierfilters getropft, folgt die Erdlösung einem Prinzip, das als erster bereits um die Mitte des vorigen Jahrhunderts der Chemiker Friedrich Ferdinand Runge entdeckte: Einzelne Komponenten einer Lösung setzten sich an unterschiedlichen Stellen auf dem Filterpapier fest, dieselben Stoffe immer an denselben Stellen. Gleiche Substanzen, das entdeckte der Chemiker schnell, ergaben auch immer die gleichen gezackten und mehr oder weniger ineinanderlaufenden Kreise; die gleichen Figuren und Farben. Gemische können mit der Papierchromatographie auf einfache Weise getrennt und einzeln sichtbar gemacht werden. Die Deutung der Papierbilder ist nicht schwierig, erfordert aber Übung, am besten einen oder mehrere praktische Kurse, wie sie von dem österreichischen Ehepaar Lübke angeboten werden (vgl. Adressenverzeichnis und Literaturhinweise).

Mit etwas Routine können folgende Faktoren am Chroma-Bild abgelesen werden:

- Bodenbearbeitung
- Lebendverbauung und Verdichtungen im Boden
- Fruchtfolge oder Monokultur
- organische Dünger oder Kunstdünger
- Aktivität der Mikroben
- Abbau organischer Masse, Fäulnis oder Mangel an organischer Masse
- Aufbau von Humusstoffen, Abbau von Humusstoffen
- Pflanzenwirkstoffe
- Mineralisierung

Wem es zu aufwendig erscheint, in Kursen oder aus dem ausführlichen Buch der österreichischen Fernsehjournalisten Elisabeth Guggenberger und Helmut Voitl den Chroma-Boden-Test zu lernen, der ist auf eines der wenigen Labors angewiesen, die diesen Test praktizieren und von biologisch wirtschaftenden Landwirten eingerichtet wurden (vgl. Adressenverzeichnis). Die Kosten liegen nicht höher als bei einem chemischen Test an einer Bodenuntersuchungsanstalt. Beide Bodenuntersuchungen zusammen ergeben für den Gärtner ein komplettes Bild vom Zustand seines Gartenbodens.

Nur dicke Haltewurzeln schaffen den Weg durch einen harten, verdichteten Boden (linke Seite, links). Eine gleichmäßige Krümelstruktur bis in 30 Zentimeter Tiefe zeichnet den guten Boden aus (linke Seite, rechts).

So wird Luftstickstoff durch die Wurzelknöllchen von Leguminosen gebunden:
Die Keimwurzel einer Leguminose beginnt zu wachsen. Der Boden ist mit Bakterien der Gattung Rhizobium durchsetzt (Abbildung 1). Die Bakterien dringen in die Schleimhülle eines Wurzelhaares der Leguminosen-Keimwurzel ein. Wenn die Zellmembranen von Pflanze und Bakterium zueinander passen (Bildausschnitt in Abbildung 2) darf die Bakterie passieren und in das Wurzelhaar eindringen (Abbildung 2). Das Wurzelhaar krümmt sich zusammen. Es baut eine Art Schlauch auf, in dem die Bakterie zur Wurzelrinde wandert (Abbildung 3).

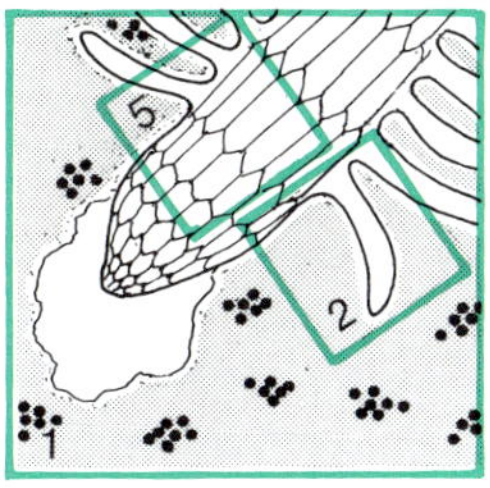

Keimwurzel einer Leguminose in einem Boden, durchsetzt mit Rhizobien.

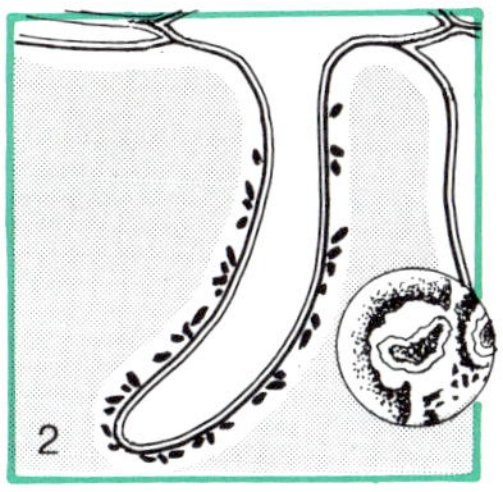

Rhizobien dringen in das Wurzelhaar ein.

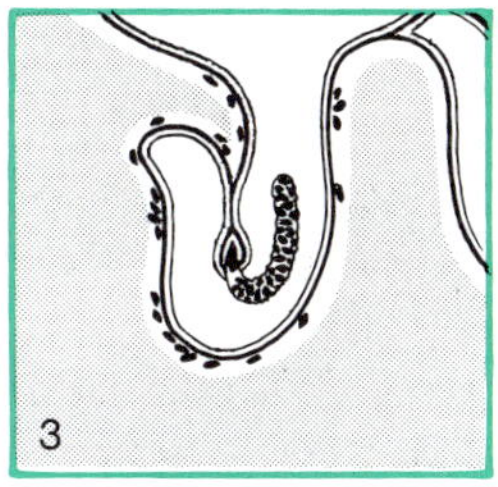

Das Wurzelhaar krümmt sich. Im entstehenden Schlauch wandern die Rhizobien zur Wurzelrinde.

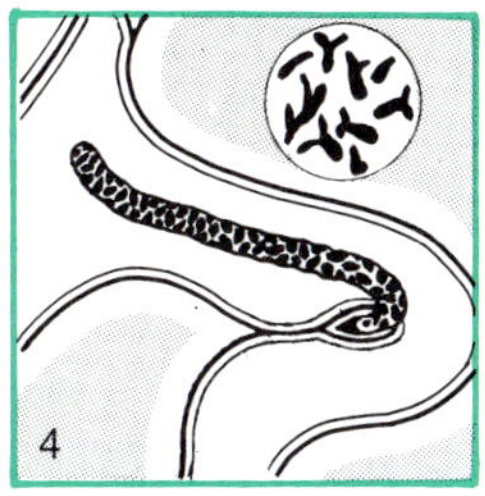

Die Rhizobien verwandeln sich in Bakteroiden, die Stickstoff binden können.

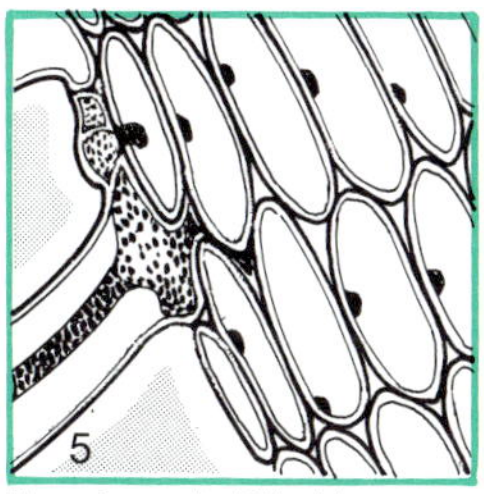

Vermehrung der Rhizobien in der Wurzelrinde.

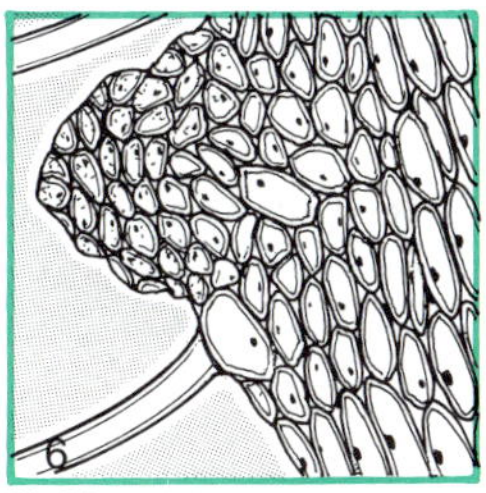

Die Pflanze bildet ein Knöllchen.

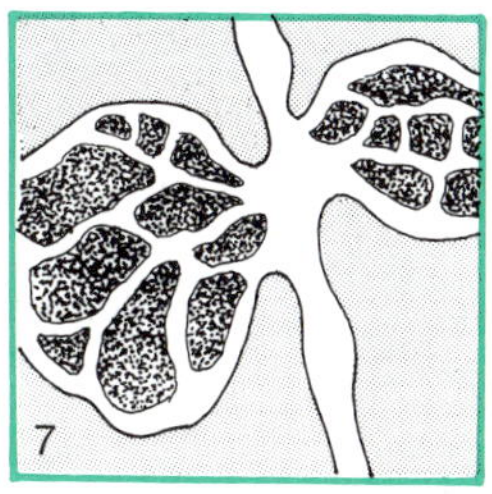

Ein junges Stickstoffknöllchen.

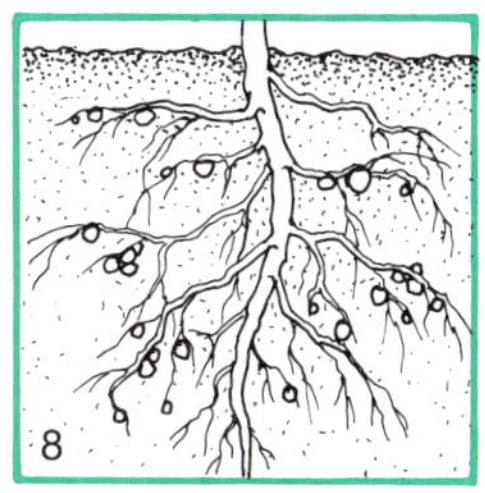

Leguminosenwurzel mit Stickstoffknöllchen.

Die Bakterien der Gattung Rhizobium verwandeln sich in Bakteroiden, die Luftstickstoff binden können (Abbildung 4). In der Wurzelrinde vermehren sich die Bakterien (Abbildung 5). Die Pflanze bildet ein Wurzelknöllchen aus (Abbildung 6). Hier wird ein Pigment gebildet, das Leghämoglobin. Es ist dem menschlichen roten Blutfarbstoff verwandt und ist bedeutsam für die Bindung von Stickstoff. Junge Wurzelknöllchen (Abb. 7) sind durch diesen Farbstoff innen rötlich gefärbt. In einem Boden, der nicht mit Stickstoff überdüngt ist, wachsen Leguminosenwurzeln mit reichem Knöllchenbesatz (Abb. 8).

Die Bodenbearbeitung

Im Herbst nicht mehr umgraben – der Traum vom garen Boden

Ein Beet umzugraben, ist Schwerarbeit. Wer nach dieser schweißtreibenden Tätigkeit mit schmerzendem Kreuz befriedigt über die dunklen, groben Schollen blickt, ahnt wohl nicht, was er angerichtet hat – er hat eine Welt zerstört. Der wohlgeordnete Mikrokosmos des Bodenlebens, der einen Sommer brauchte, um sich zu ordnen und aufzubauen, liegt brutal zerschlagen, umgestülpt, ans Licht gezerrt oder spatentief beerdigt zu Füßen des Gärtners. In einem biologisch gepflegten Garten wird nicht umgegraben – mit wenigen Ausnahmen, auf die wir noch kommen. Der naturgemäß arbeitende Gartenfreund schaut lieber der Natur auf die Finger und läßt sie für sich arbeiten, mit weniger Aufwand und ohne Rückenschmerzen.

Bodenlebewesen haben ganz unterschiedliche Ansprüche an Licht, Luft, Wärme. Und jedes lebt genau in der Bodenschicht, in der es optimale Bedingungen vorfindet: Die wärmeliebenden Organismen, die viel Sauerstoff brauchen, weiter oben; solche, die ohne Luft auskommen und dafür Wasser brauchen, in größerer Tiefe. Und manche Lebewesen – zum Beispiel der Regenwurm – bauen durch alle Schichten ausgeklügelte Netze von Versorgungsgängen für Nahrung und Luftzufuhr. Wenn der Spaten in diese geordnete Welt einbricht, Schollen heraussticht und auf den Kopf stellt, ist das für Milliarden von Lebewesen ein tödlicher Schock. Den Rest besorgt der Frost. Es geht auch ohne Spaten, schonender für den Boden und doch mit dem gewünschten Effekt, der tiefen Lockerung. Es funktioniert allerdings nur in einem konsequent biologisch gepflegten Garten, der mindestens zwei Sommer naturgemäß bearbeitet worden sein sollte, bevor der Spaten im Herbst im Gerätehalter bleiben darf. Dann allerdings wird die Bodenbearbeitung vor dem Winter fast zum Kinderspiel.

Das reichste Bodenleben existiert in einem überhaupt nicht bearbeiteten Boden – in einer Wiese. Bei den Gartenbeeten aber kommt der biologische Gärtner nicht ohne Bodenbearbeitung aus. Sie sollte den Boden schonen und das Bodenleben sowenig wie möglich beeinträchtigen (links).

Biologische Bodenbearbeitung durch die Jahreszeiten

Wenn die Beete im Herbst abgeräumt sind, werden auch die alten Mulchdecken mit entfernt, falls sie noch nicht ganz verrottet waren. Dann muß der Boden tief gelockert werden, damit Pflanzenwurzeln im nächsten Jahr mühelos ihren Weg in tiefere Bodenschichten finden und nicht auf Sperrhorizonten aufsitzen. Am besten eignet sich dazu der Sauzahn oder SZ-Wühler, ein Kultivator mit einem starken, gebogenen und meist verkupferten Zinken (vgl. »Gartengeräte und Zubehör«). Der Sauzahn wird zweimal diagonal durch den Boden gezogen, jeweils im Abstand von zehn Zentimetern, so daß am Ende ein Rautenmuster auf dem Beet entsteht. Das Gerät reißt starke Wurzeln von Wildkräutern wie Quecke, Ackerwinde oder Schachtelhalm mit heraus, die bei dieser Gelegenheit abgesammelt werden müssen. Durch die Bearbeitung mit dem Sauzahn wird der Boden tief gelockert, aber nicht auf den Kopf gestellt. Schwerere Böden und die Erde in Dauerkulturen – um Beerensträucher zum Beispiel – werden mit der Grabgabel gelüftet. Dazu die Grabgabel in den Boden eintreten und einmal kräftig hin- und herbewegen, den Arm ganz anwinkeln und wieder ausstrecken. Rückwärts gehend sticht der Gartenfreund die Grabgabel ungefähr alle zehn Zentimeter in den Boden, Reihe für Reihe, bis das ganze Beet gelockert und gelüftet, aber nicht gewendet worden ist.

Etwas mehr Körperkraft als der Sauzahn – der ein fabelhaftes, kräftesparendes Gartengerät für Frauen ist – benötigt der Krail. Das vierzinkige, stark gebogene Gerät (vgl. ebenfalls »Gartengeräte und Zubehör«) wird auch rückwärts durch den Boden gezogen. In stark verkrautetem Boden tut er gute Dienste. Wo keine Wurzeln verletzt werden dürfen – rund um Stauden zum Beispiel –, nimmt man besser die Grabgabel.
Mit der tiefen Lockerung im Herbst wartet man am besten bis nach dem ersten Frost. Wird sie sehr viel früher vorgenommen, finden die Schnecken ein Paradies an Spalten und Furchen vor, in denen sie überwintern können (beim Umgraben ist der Effekt noch viel ausgeprägter). Ist der Boden bearbeitet, wird das Beet mit einer rund fünf Zentimeter starken Schicht aus Grobkompost, angerottetem Stroh oder Obstbaumlaub abgedeckt. Unter dieser warmen Decke arbeiten die Bodenlebewesen noch, wenn es schon längst Stein und Bein friert. Sie arbeiten an der Bodengare, an einem dauerhaft krümeligen, lockeren Boden, den der Gartenbesitzer im Frühjahr vorfindet, wenn er die Mulchdecke wegzieht. Dann genügt oberflächliches Krümeln mit einem Rechen, und der Boden ist fertig für Aussaat und Pflanzung.
Hacken ist ebenfalls eine schweißtreibende Arbeit, die sich der biologisch arbeitende Gärtner weitgehend sparen kann: Für ihn baggern und wühlen die Milliarden von Bodenlebewesen. Die ersten Frühlingswochen bleibt die Mulchdecke (vgl. »Das Mulchen«) fort: Der dunkle Boden soll sich erst einmal gründlich erwärmen. Während dieser Zeit muß gehackt werden, auch im Bio-Garten. Sobald sich die ersten Keimblättchen zeigen, wird zwischen den Reihen gehackt, am besten mit der Ziehhacke, das ist kräftesparend. Die Bodenoberfläche, die durch Schlagregen und erste warme Sonnenstrahlen schon im Frühling leicht verkrustet, wird gelockert, und dabei bleiben auch die winterlichen Wasservorräte im Boden besser erhalten. Liegt der Boden unbearbeitet da, bilden sich haarfeine Kapillarröhren, die sich bis an die Oberfläche mit Wasser füllen, den gleichen physikalischen Gesetzen folgend, nach denen sich Tinte auf einem Löschblatt ausbreitet. Durch das Hacken werden die Ausgänge der Kapillarröhren zugeschüttet, und das Wasser kann nicht so leicht verdunsten. Wildkräuter, die inzwischen gesprossen sind, und die mit herausgehackt werden, dürfen gleich liegenbleiben – sie sind die erste natürliche Bodenbedeckung im Jahr. Eine Ausnahme sind solche, die sich über Wurzelstückchen vermehren wie Acker- und Zaunwinde, Quecke und ähnliche. Sie sollten besser abgeräumt werden und

Rechte Seite: Zwei Methoden der tiefen Bodenbearbeitung haben sich bewährt: Beim »Rigolen« wird zunächst einen Spaten tief der Boden abgetragen. Der darunter liegende Boden wird mit dem Spaten abgestochen und als oberste Bodenschicht auf die erste Reihe geworfen. So wird der Boden zwei Spaten tief vollkommen auf den Kopf gestellt. Diese Methode eignet sich nur für Neubaugrundstücke ohne lebendige Mutterbodenschicht. Für verdichtete Böden ist »Holländern« besser. Hier wird ebenfalls zwei Spaten tief umgegraben, aber die Bodenschichten bleiben an ihrem Platz (rechts oben). Beim Umgraben sollten alle Wildkräuterwurzeln entfernt werden (rechts unten).

auf den Kompost kommen, bevor sie neue Wurzeln schlagen. Im späten Frühjahr oder im Frühsommer, je nach Wetter und Kultur, werden die Zwischenreihen mit Mulch abgedeckt. Dann ist Hacken überflüssig: Für lockeren, gut gelüfteten Boden sorgen ab sofort die Bodenlebewesen ganz allein, beschattet, beschützt und mit Nahrungsnachschub versorgt durch die Decke aus organischem Material.
Wird eine Gemüsereihe oder ein Blumenbeet im Laufe des Sommers abgeräumt, genügt vor einer Neuanpflanzung oder Einsaat das oberflächliche Durchhacken. Tiefe Lockerung ist nur einmal im Jahr, im Herbst, nötig.
Bodenbearbeitung, bei der das Beet betreten werden muß, darf nie bei einem nassen und schweren Boden erfolgen. Außerdem neigt nasser Boden, der mechanisch bearbeitet wurde, anschließend zum Verkrusten. Das gilt besonders im Frühjahr, wenn die schützende Mulchdecke noch eine ganze Weile fehlt. Deshalb immer warten, bis der Boden gut abgetrocknet, etwas erwärmt und damit widerstandsfähiger geworden ist.

Bodenbearbeitung mit Motorgeräten

Wer sich die Bodenbearbeitung mit Motorgeräten erleichtern möchte – einer Fräse, einer Motorhakke oder ähnlichem –, der muß dabei ganz besonders sorgfältig sein. Das beginnt schon bei der Auswahl des Geräts: Schnellaufende Maschinen schlagen das Bodenleben kurz und klein, machen Hackfleisch aus Regenwürmern, Asseln, Käfern und hinterlassen eine Beetoberfläche, die fabelhaft professionell und sauber bearbeitet aussieht – für kurze Zeit. Die winzigen, unechten Bodenkrümel werden vom ersten kräftigen Regenguß zerschlagen und zusammengepappt, und das Bodenleben braucht Wochen, bis es sich von dieser Bearbeitung erholt hat.

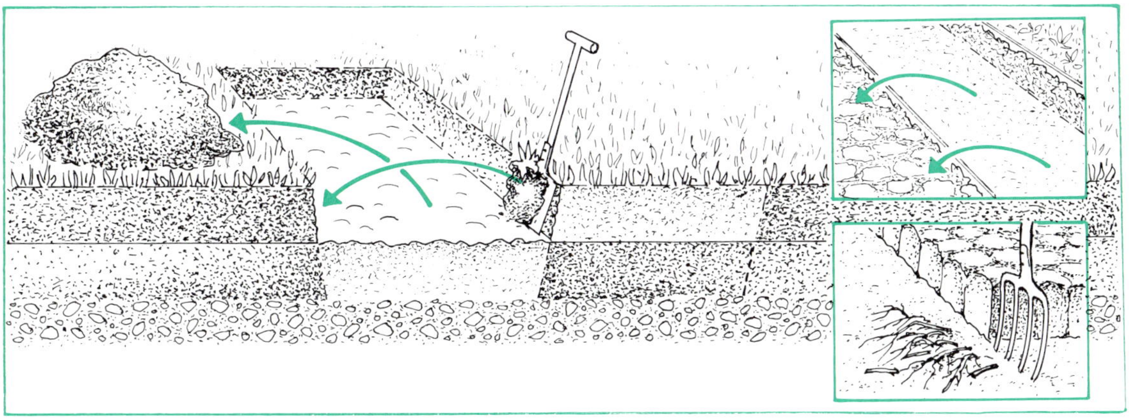

Für eine tiefe Lockerung eignen sich solche eher oberflächlich arbeitenden Maschinen nicht. Dazu wäre schon ein Einachsschlepper mit einem Grubber oder einer Spatenmaschine nötig – ein Aufwand, der sich in einem kleineren Privatgarten in der Regel nicht lohnt. Eine Motorhacke ist zwar für die oberflächliche Lockerung gut, es muß sich aber unbedingt um ein langsam laufendes Gerät handeln. Die Maschine darf nie bei nassem Boden eingesetzt werden, sonst könnten sich Verdichtungssohlen bilden: für Pflanzenwurzeln und Wasser schier undurchdringliche Sperrhorizonte. Oder der Gartenbesitzer erlebt eine »wundersame« Vermehrung bestimmter Wildkräuter: Da kommt der Knöterich, als wäre er ausgesät worden; die Ackerkratzdistel sprießt an bisher freien Stellen in Massen aus dem Boden; Gräser wachsen kräftiger denn je zuvor. Solche Bearbeitungsfehler muß der Gartenbesitzer noch lange büßen. Deshalb dürfen Motorgeräte nur auf abgetrocknetem, stabilem Boden eingesetzt werden.

Die Bodenbearbeitung auf Neuland

Bei Grundstücken rund um ein neugebautes Haus ist der Boden durch die Baumaschinen stark verdichtet und muß tief gelockert werden. Wer etwas Geduld hat und nicht gleich im ersten Jahr einen perfekten Garten haben möchte, kann diese Arbeit von Pflanzen erledigen lassen. Dazu wird der Boden, notfalls mit dem Spaten, sonst tut es auch die Grabgabel, oberflächlich gelockert. Wer möchte, kann sich dieses eine Mal auch eine Motorfräse ausborgen, denn die Arbeit ist wirklich hart. Dann werden einjährige Lupinen gesät. Lupinen entwickeln sehr starke Wurzeln, die tief in den Boden hinunterreichen und das Erdreich aufbrechen. Außerdem gehören sie zur Familie der Leguminosen, an ihren Wurzeln bilden sich Knöllchen mit stickstoffsammelnden Bakterien aus, sie düngen den Boden gleichzeitig. Im Herbst werden die Lupinen abgemäht und über Winter liegengelassen. Im Frühjahr wird der Boden abgerecht. Er ist jetzt tief durchwurzelt und schon ganz beachtlich locker, außerdem mit Stickstoff angereichert, wenn die Wurzeln mit den Knöllchen im Boden geblieben sind. Die Lupinen haben in der Regel auch die Ruderal-Flora – jene Pflanzengesellschaft, die sich zum Beispiel auf Trümmergrundstücken gerne ansiedelt – weitgehend unterdrückt. Ein Kampf mit Wildkräutern braucht von dem frischgebackenen Gartenbesitzer also nicht geführt zu werden. Wer es besonders gut machen will, sät das Grundstück auch im zweiten Jahr noch nicht »richtig« an, sondern läßt flächendeckend einen anderen Gründünger wachsen, der nicht der Leguminosenfamilie angehört, wie Senf oder Phazelia. Aber kaum jemand hat so viel Geduld.

Wer den Garten schon im ersten Jahr anlegt, muß ganz tief lockern. Mit dem Spaten. Wenn toter Unterboden und fruchtbarer Mutterboden vom Baugrundstück nicht von vornherein säuberlich getrennt abgefahren wurden, herrscht ein wildes Durcheinander aus weitgehend unbelebtem Boden und Resten von Humus. Hier kann man Rigolen – d. h. zwei bis drei Spaten tief umgraben, nach einem besonderen System: Über die ganze Breite des zu bearbeitenden Stückes Boden wird – ein Spaten tief und breit – Erde abgestochen und ans Ende des Beets gebracht. Dann wird der entstandene Graben noch eine Spatenblattlänge tiefer gemacht. Diese Erde kommt ebenfalls ans Ende des Beetes. Von der zweiten Reihe werden die obersten 20 Zentimeter abgehoben und in den Graben geworfen. Die nächsten 20 Zentimeter, die zweite Spatenblattlänge, kommt als oberste Schicht auf die erste Reihe. So wird die Bodenbearbeitung fortgesetzt, bis der letzte Graben mit der Erde aus dem ersten aufgefüllt werden kann.

Bei diesem Vorgang werden die Erdschichten total durcheinandergebracht – aber hier macht es nichts, denn vorher war nichts da, was einem geordneten Boden oder Gartenerde ähnlich gesehen hätte.
Nach dem Rigolen werden die groben Schollen zerkleinert und mit dem Rechen glattgezogen, bevor der Garten angelegt wird. Eine Warnung sollten aber alle neugebackenen Gartenbesitzer ernst nehmen: Auf diesem Boden wird alles keimen, was womöglich jahrelang an Samen und Wurzelstückchen im Boden schlummerte. Und wer nicht gerade einen standorttypischen Wildgarten möchte, der wird darüber nicht glücklich sein. Die Bodenlockerungsmethode per Pflanzen ist deshalb die weitaus nerven- und muskelschonendere.
Soll eine Wiese oder ein alter, sehr vernachlässigter und verkrauteter Garten kultiviert werden, ist dazu der Spaten nötig. Das Verfahren heißt »Holländern« und bringt die Bodenhorizonte wenigstens nicht total durcheinander wie das Rigolen. Beim Holländern werden die Grassoden oder die Krautbüschel flach abgehoben und gesondert kompostiert. Die oberste fruchtbare und belebte Bodenschicht wird so weit abgetragen, wie sie sichtbar humos ist. Das sind in der Regel zwischen fünf und fünfzehn Zentimeter, selten mehr. Die darunterliegende Schicht wird gewendet: Eine Reihe wird ausgehoben und die Erde mit dem Schubkarren ans Beetende gefahren. Dann wird der Boden durchgearbeitet, indem immer eine Reihe in den Graben der vorhergehenden geworfen wird. In den letzten Graben kommt die Erde aus dem Schubkarren. Obenauf wird dann wieder die humose Erde gebracht – ziemlich durcheinander zwar, aber wenigstens nicht mit totem Unterboden vermischt. Anschließend die Oberfläche glätten und am besten ebenfalls im ersten Jahr Leguminosen als Gründünger und wirksame Wildkrautbremse einsäen.

Die Bodenbearbeitung bei Problemböden

Manche Gärten haben tatsächlich Böden, die jedem sanften Lockerungsversuch hartnäckig widerstehen. Es dauert Jahre, bis solche extrem schweren Böden mit Hilfe von Kompost und Bodenverbesserungsmitteln so bearbeitet werden können wie andere biologisch gepflegte Böden auch. Bis dahin hilft nur Umgraben, und als Trost das Schicksal von Alwin Seifert, einem der Väter des biologischen Gartenbaus. Er legte sich in fortgeschrittenem Alter ein Grundstück zu, das – was er nicht wußte – aus purem Ton bestand. Heute noch erzählen sich die Leute: »Wenn man eine Schaufel voll von diesem Boden beiseite werfen wollte, flog die Schaufel mit!«
Seifert hat es übrigens geschafft, das Grundstück in einen fruchtbaren Garten zu verwandeln. Einen Garten mit sehr schwerem Boden muß man gründlich lockern. Man kann das mit dem Spaten besorgen, indem man ihn einsticht wie die Grabgabel und kräftig hin- und herbewegt. Man kann auch einzelne Erdschollen herausheben, sollte sie aber möglichst in der natürlichen Schichtung wieder fallen lassen. Beim Tonboden ist Frostgare erwünscht: Wasser dringt in die Spalten des gelokkerten Bodens, gefriert und sprengt sie zu Krümeln. Im Frühjahr sind diese Krümel allerdings nicht lange stabil, im Gegensatz zu denen im lebendverbauten Boden. Ohne Hacken geht es nicht, und im Gegensatz zum humosen Gartenboden, wo Hacken öfter als einmal pro Woche nur die Umsetzung organischer Masse viel zu sehr beschleunigen würde, darf der Tonboden öfter gehackt werden. Und natürlich braucht er Verbesserung (vgl. »Düngung und Bodenverbesserung«), damit er sich im Laufe des Gartenlebens leichter bearbeiten läßt.

Nahrhafter Test für Gartenböden: Die Kartoffelprobe

Kartoffeln sind ein Bio-Indikator für Gartenböden: Je besser sie gedeihen, desto stabiler ist das Halbökosystem Gartenerde, desto mehr Fortschritte hat der Gartenbesitzer bei der Bodenverbesserung gemacht. Weil Kartoffeln außerdem den Boden tief lockern, lohnt sich so eine »Kartoffelprobe« – sie ergibt schließlich außer der Gratis-Tiefenlockerung eine nahrhafte Ernte. Mit einem solchen Test läßt sich auch besonders gut die Bodenqualität in einem Garten feststellen, den man von einem Vorbesitzer übernommen hat. Die Kartoffeln – es dürfen Frühkartoffeln sein, dann gibt es noch eine zweite Ernte von diesem Boden – werden im Frühjahr nach oberflächlicher Lockerung des Bodens angebaut (vgl. auch »Der Nutzgarten«). Je nach Größe und Lagerfähigkeit wird der Boden beurteilt, die Bearbeitung und Verbesserung, die er noch braucht:

- Keimen die Saatkartoffeln nur kümmerlich – wächst das Kraut schlecht und stirbt früh ab, werden die Kartoffeln kaum größer als ein Ei –, ist der Boden in einem sehr schlechten Zustand. Mangel an Humus und Bodenleben ist eine mögliche Ursache, Verdichtung – zum Beispiel durch Baumaschinen – eine andere.

Tiefes Lockern mit der Grabgabel (links) genügt bei guten, biologisch gepflegten Böden. Die Gabel wird eingestochen und mit dem Arm kräftig hin- und herbewegt. Alle zehn Zentimeter wird ein Einstich gemacht. Wer dabei Wildkräuterwurzeln aus dem Boden entfernt, spart sich in der nächsten Gartensaison viel Arbeit. Die Bodenbearbeitung mit der Grabgabel erfolgt am besten im Herbst nach der Ernte. Im Frühjahr reicht dann eine oberflächliche Bearbeitung zum Herrichten des Saatbetts. Mit dem Kultivator (rechts) wird derBoden oberflächlich gelockert. Auch zur Kartoffelernte wird die Grabgabel gebraucht (ganz unten).

- Gute Keimung, zügiges Wachstum und feste, lagerfähige Knollen zeigen guten Gartenboden an.
- Werden die Kartoffeln zwar sehr groß, das Kraut sehr hoch, lassen sich die Knollen aber schlecht lagern und faulen leicht, dann wurde der Garten überdüngt. Vielleicht hat der Vorbesitzer zu viel Mist hineingepackt. Das ist möglicherweise an unverrotteten Strohmist-Nestern im Boden zu sehen. Oder er hat Kunstdünger verwendet, was nicht direkt zu erkennen ist, aber indirekt – an der Kartoffelernte.

Düngung und Bodenverbesserung

Düngung – Futter für den Kulturpflanzenbau

Im natürlichen Kreislauf der Stoffe verwertet das Bodenleben alles Pflanzenmaterial, das auf dem Boden gewachsen und schließlich abgestorben ist, und verwandelt es in Nährstoffe für die nächste Pflanzengeneration. Das funktioniert allerdings nur, wo der Boden die Ernte behalten darf: auf einem ungemähten Feldrain zum Beispiel, oder im Wald. Der Gärtner aber möchte seine Ernte essen oder in die Blumenvase stellen, er denkt nicht daran, seinen Kopfsalat und die Rosen den Asseln und Mikroben zu überlassen. Deshalb braucht der Boden Ersatz für das, was ihm weggenommen wurde: Er braucht Futternachschub für die Bodenlebewesen, damit sie für die nächste Gartensaison genügend Nährstoffe bereitstellen können. Denn das ist das Grundprinzip der Düngung im biologischen Gartenbau: Die Pflanzen werden nicht direkt ernährt, sie bekommen keine wassergelösten Düngersuppen, von denen sie übersättigt werden könnten. Sie bekommen ihre Nährstoffe auf dem Umweg über das Bodenleben und damit in harmonischer Form – Verbrennungen ausgeschlossen.

Auf manchen Samentütchen steht genau, was die Pflanze braucht. Porree zum Beispiel: »Nahrungsentzug pro qm: 9 g Stickstoff, 4 g Phosphor, 10 g Kali, 6 g Kalk.« Was soll nun der Bio-Gärtner damit anfangen? Im biologischen Gartenbau wird nicht mit Rechenschieber und Feinwaage gearbeitet. Interessant an solchen Zahlen ist höchstens, ob die Pflanze danach unter die besonders hungrigen fällt (wie der zitierte Porree zum Beispiel), unter die mit mäßigem Appetit oder unter diejenige Kategorie, die besser aufs ungedüngte Beet kommt. In Gramm pro Quadratmeter müssen die organischen und die erlaubten mineralischen Dünge- und Bodenverbesserungsmittel aber wirklich nicht umgerechnet werden. Ein konsequent biologisch gepflegter Garten wird nach einer Umstellungszeit von drei bis fünf Jahren sicher auch ohne Dünger auskommen, die spezielle Nährstoffmängel beheben. Dazu muß der Gärtner allerdings einiges über die Hauptnährstoffe im Boden wissen, über ihre Wirkungsweise und das Bild, das die Pflanzen bei Mangelzuständen zeigen. Und er muß wissen, in welchem Düngemittel besonders viel von der einen oder anderen Substanz enthalten ist, damit er seinen Gartenboden fachgerecht und ausgewogen ernähren kann. Besteht der Verdacht auf Nährstoffmangel, gibt eine Bodenuntersuchung (vgl. »Schutzmaßnahmen vor Umweltbelastungen« und »Der Boden«) Auskunft. Die empfiehlt sich grundsätzlich vor allen Neuübernahmen eines Gartens und während der Umstellungsjahre auf naturgemäße Anbaumethoden.

Die Hauptnährstoffe

Stickstoff

Chemisches Symbol: N

Stickstoff ist ein wichtiger Eiweißbaustein für die Pflanze. Im mineralischen Skelett des Bodens gibt es keinen Stickstoff, dafür schwebt er reichlich in der Luft. In dieser Form ist er allerdings für die Pflanze nicht zu gebrauchen. Sie muß Stickstoff in organisch gebundener Form aufnehmen , verfügbar als Nitrat. Solche Nitrate entstehen bei der Rotte von Eiweißstoffen pflanzlichen oder tierischen Ursprungs. Auch bestimmte frei im Boden lebende Bakterien, die sogenannten Azotobacter,

Angerotteter Mist ist ein hervorragender Dünger. Wer keinen bekommen kann, der hat im biologischen Gartenbau viele andere Möglichkeiten, den Boden ausgewogen zu nähren und zu verbessern. Das reicht von der Pflanzenjauche bis zum Kompost (rechts).

können Luftstickstoff binden und sind für die Pflanze zugänglich. Direkt an der Pflanzenwurzel von Schmetterlingsblütlern, den Leguminosen, siedelt sich eine andere Art stickstoffsammelnder Lebewesen an: die Knöllchenbakterien. Auch sie wandeln Luftstickstoff in organisch gebundenen Stickstoff um.
Stickstoffreiche Dünger: Blut- und Hornmehl, Hornspäne, Guano, alle Arten von Mist, besonders aber Geflügel-, Schaf- und Ziegenmist, Mist- und Brennesseljauchen, Gründüngung mit Leguminosen oder jungem Gras.
Überdüngung: Mit Stickstoff überdüngter Boden bringt schwammige, für Schädlinge und Krankheiten anfällige, hochgeschossene Pflanzen hervor. Sie bilden vor allem Blattmasse aus, Blüte und Frucht sind unterentwickelt. Der Wassergehalt ist hoch, ebenso der Nitratgehalt, was besonders für Babykost, aber auch für Erwachsene gefährlich werden kann: Aus Nitrat entstehen im Verdauungstrakt Nitrite und die krebserregenden Nitrosamine. Beim Säugling mit seinem unausgebildeten Verdauungsapparat kann Nitrat die Sauerstoffaufnahme ins Blut blockieren und lebensbedrohliche Zustände hervorrufen.
Mangelzustand: Wo zu wenig Stickstoff pflanzengerecht aufbereitet im Boden ist, werden die Blätter erst gelb, später rot bis lila. Die Ernte fällt mager aus, das Wachstum stockt.

Phosphor

Chemisches Symbol: P, gemessen als P_2O_5

Phosphor, im Boden in Form von Phosphorsäure oder deren Salzen, den Phosphaten, vorhanden, ist ebenfalls ein Eiweißbaustein. Junge Pflanzen brauchen Phosphor vor allem zur Ausbildung ihres Wurzelpelzes, ältere zur Entwicklung von Blüten, Frucht- und Samenständen. Phosphate werden – im Gegensatz zum Stickstoff – kaum ausgewaschen. Daher sind viele Gartenböden mit Phosphor stark überdüngt, vor allem wenn sie mit den herkömmlichen NPK-Kunstdüngern über Jahre behandelt wurden. Ist der Boden lebendig, der Nahrungsnachschub durch Kompost ausreichend sichergestellt, wird es kaum einen Phosphormangel im Gartenboden geben.
Phosphorreiche Dünger: Knochenmehl, Guano, Geflügelmist, Rohphosphat, Schweinemist, Thomasmehl.
Überdüngung: Ist beim biologischen Gartenbau praktisch ausgeschlossen. An der Pflanze selbst ist eine Phosphor-Überdüngung nur schwer zu erkennen, Aufschluß gibt meist erst die Bodenuntersuchung. Ein Zuviel an Phosphor verursacht indirekte Schäden: Die Pflanze kann andere Nährstoffe, vorwiegend Spurenelemente wie Eisen, nicht mehr aufnehmen. Auf Dauer kommt es zu Wachstumsstörungen.
Mangelzustand: Kommt bei einer ausreichenden Versorgung mit Kompost und organischen Stickstoff-Düngern praktisch nicht vor, denn stickstoffhaltige Düngemittel weisen immer auch Phosphor auf. Phosphor-Mangel ist zu erkennen am schlecht oder fast gar nicht ausgebildeten Wurzelwerk und an mangelhafter Ausbildung von Samen und Früchten. Blätter verfärben sich rot bis bräunlich.

Kali

Chemisches Symbol: K, gemessen als K_2O

Kali, eigentlich heißt es Kalium, aber die Abkürzung hat sich eingebürgert, ist zuständig für festes Zellgewebe und stabiles Wachstum. Es wirkt über den Stoffwechsel der Pflanzen auf die Wasserabgabe und hilft so, Pflanzen vor dem Vertrocknen, aber auch vor Kälte zu schützen. Mit Kali gut versorgte Pflanzen sind besonders widerstandsfähig gegenüber tierischen Schädlingen. Obst und Gemüse sind gut lagerfähig und lange haltbar. Kali wird ebenfalls nicht ausgewaschen und ist deshalb in Gartenböden meist ausreichend vorhanden.
Kalihaltige Düngemittel: Holzasche, Geflügel-, Rinder-, Schweinemist, Knochenmehl, tierische Jauchen, pflanzliche Jauchen aus Farnkraut und Beinwell (Comfrey), Laubkompost von Obstbaumlaub, Patentkali (Kalimagnesia).
Überdüngung: Zu viel Kali hemmt die Magnesiumaufnahme und beschleunigt die Umsetzung von Kalk, was beides zu Störungen im Bodenleben- und Nährstoffhaushalt führen kann. Die Folge sind mickriges Pflanzenwachstum und magere Ernten.
Mangelzustand: Auch bei einem zu geringen Kaligehalt wachsen Pflanzen schlecht. Die Blattränder verfärben sich rot-gelb, werden schließlich braun und sterben ab. Obst und Gemüse sind nicht besonders aromatisch.

Kalk

Chemisches Symbol:
Ca, gemessen über den pH-Wert

Kalk oder Calcium ist für Boden wie Pflanze unentbehrlich. Kalk ist ein wichtiger Baustein für

Mittlerer Gehalt der Wirtschaftsdünger In 100 Teilen sind enthalten:

Dünger	H_2O	org. Subst.	N	P_2O_5	K_2O	CaO	MgO
Frischer Mist							
Rindvieh	77,4	20,3	0,40	0,20	0,50	0,45	0,10
Pferd	71,3	25,4	0,60	0,28	0,53	0,25	0,14
Schaf	64,3	31,8	0,80	0,23	0,67	0,33	0,18
Schwein	80,0	18,0	0,55	0,75	0,50	0,40	0,20
Tauben und Hühner	56,0	0,3	1,70	1,60	0,90	2,00	n. b.
Enten und Gänse	60,0	0,2	0,80	1,00	0,80	1,30	n. b.
Reifer Stallmist							
Stapelmist	75,0	18,0	0,60	0,32	0,70	0,64	0,22
Tiefstallmist	75,0	18,0	0,75	0,35	0,75	0,60	0,21
Pferdemist	75,0	20,0	0,65	0,30	0,63	0,30	0,18
Schafmist	75,0	20,0	0,85	0,33	0,80	0,35	0,20
Hühnermist (83% Kot + 17% Einstreu nach 6 Mon. Lagerung)	n. b.	n. b.	2,79	2,84	1,48	n. b.	n. b.
Hähnchenmist (90% Kot + 10% Sägemehl)	33,0	55,0	2,60	2,47	2,08	n. b.	n. b.
Hühnertrockenkot	20,0	57,0	3,80	3,90	2,60	5,20	0,66
Stallmist-Kompost	47,3	9,7	0,40	0,27	0,55	0,46	0,27
Erdkompost	30,0	10–50	0,30	0,15	0,15	2–3	n. b.

Außerdem enthält 1 dt Stallmist an Spurennährstoffen in g: Mn 3–5, Cu 0,2–0,5, Co ca. 0,02, B 0,3–0,6, Mo 0,01–0,05, Zn 1–2.

das Gerüst, das Skelett der Pflanze. Im Boden bindet Kalk Säuren und erhöht damit den pH-Wert, der für die meisten Kulturpflanzen zwischen 6 und 7,5 liegen sollte. Kalk fördert die Umsetzung organischer Masse.
Kalkhaltige Düngemittel: Magnesiumkalk, kohlensaurer Kalk, Düngekalk aus Kalkmergel, Thomasmehl, Steinmehle, Algenkalk.
Überdüngung: Erhöht den pH-Wert bis in Bereiche, die Pflanzen nicht mehr ertragen. Leichte Überdüngung beschleunigt die Umsetzung organischen Materials in einem Maße, daß Humus viel zu schnell und vollkommen abgebaut wird. Daher das alte Bauernsprichwort: »Kalk macht die Väter reich und die Söhne arm.«
Mangelzustand: Kalkmangel äußert sich in einem viel zu niedrigen pH-Wert. Die Säuren des Bodens werden nicht mehr abgepuffert, die Pflanzen gehen ein. Erstes Alarmsignal ist ein schwaches Wachstum des Wurzelwerks.

Magnesium

Chemisches Symbol: Mg

Magnesium ist der wichtigste Baustein für das Blattgrün, das Chlorophyll, und damit unentbehrlich für die Photosynthese. Außerdem ist es an der Eiweißbildung beteiligt.
Magnesiumhaltige Düngemittel: Magnesiumkalk, Holzasche, Algenkalk, einige Steinmehle, Patentkali (Kalimagnesia).
Überdüngung: Die Calciumaufnahme der Pflanze ist reduziert, sie verliert an Stabilität.
Mangelzustand: Die Blätter verfärben sich am Rand gelblich, im fortgeschrittenen Stadium verläuft die Verfärbung auch entlang der Blattrippen.

Spurenelemente

Eisen (Fe), Mangan (Mn), Kupfer (Cu), Zink (Zn), Molybdän (Mb), Chlor (Cl), Bor (B)

Neben den Kernnährstoffen braucht die Pflanze einige chemische Elemente in Spuren. Obwohl sie nur ganz geringe Mengen davon aufnimmt, wäre Wachstum ohne die Spurenelemente nicht möglich. Fast alle Spurenelemente – außer Molybdän – werden in zu kalkhaltigem Boden gebunden. Die Pflanze kann sie nicht mehr aufnehmen. Blattchlorosen, gelb verfärbte Blätter, bei Birnen oder Rosen zum Beispiel, können durch einen solchen Spurenelementmangel – in diesem Fall Eisen – indirekt hervorgerufen sein. Solche Mangelzu-

stände sind dadurch zu erkennen, daß die Blätter nur noch direkt entlang der Rippen, an ihren Versorgungsleitungen also, Blattgrün zeigen. Molybdän reagiert sauer auf sauren Boden und wird bei zu niedrigem pH-Wert festgelegt. Vor allem Tomaten und Gurken reagieren dann ziemlich schnell mit braun verfärbten Blatträndern. Auch Leguminosen, die Hülsenfrüchte, leiden: Ohne Molybdän können die stickstoffsammelnden Bakterien nicht arbeiten. Ist zu viel Phosphor im Boden, was bei vielen Hausgärten der Fall ist, dann blockiert dieser Umstand die Aufnahme von Kupfer. Blätter werden braun, verdrehen sich oder rollen sich zusammen und vertrocknen. Durch richtigen Phosphorgehalt läßt sich dieser Mangel leicht ausgleichen. Auch die übrigen Spurenelemente müssen bei gezielter Kompostwirtschaft und biologischer Bodenpflege nicht extra zugeführt werden. Sie sind ausreichend in jedem Boden vorhanden. Aber das Milieu muß stimmen – saure, alkalische oder überdüngte Böden halten die Spurennährstoffe eisern fest.

Organische Düngemittel – tierische Dünger

Rindermist

Viele organische Dünger sind Bodenverbesserer und Düngemittel in einem. Rindermist ist einer der wertvollsten. Stallmist führt wichtige Kernnährstoffe und Spurenelemente zu, aktiviert das Bodenleben durch Vermehrung der organischen Masse und verbessert den Boden durch verstärkte Humusbildung. Ein Nachteil: Gartenbesitzer in der Stadt haben ihre liebe Mühe, frischen strohigen Rindermist zu bekommen. Wer besser dran ist, sollte diesen Mist unbedingt verwenden – allerdings in Maßen und richtig.
Stallmist ist eine Nährstoffbombe. Wird er frisch verwendet, darf er höchstens schleierdünn im Herbst auf tiefgelockerte Beete ausgebracht und nur oberflächlich eingearbeitet werden. Besser und schonender für den Boden ist es, den Mist zuerst zu kompostieren. Durch seinen hohen Stickstoffgehalt kann er mit stickstoffarmem Kompostiermaterial wie Stroh oder Laub zusammen aufgesetzt werden. Gegen den Geruch hilft Steinmehl, es darf allerdings keinen Kalk enthalten. Kalk und Mist vertragen sich nicht: Der Kalk löst den Stickstoff heraus, der sich in Form von Ammoniak verflüchtigt. Untrügliches Zeichen für eine derartige falsche Behandlung: Der Haufen stinkt fürchterlich.

Ein sanftes Abwehrmittel gegen allzu hungrige Vögel: Kalk wird mit Schachtelhalmtee dünn angerührt und im Vorfrühling über Beerensträucher gespritzt (links oben). Das schützt die zarten Knospen im Frühjahr vor dem Appetit von Vögeln auf junges Grün.

Steinmehl verbessert den Boden und liefert Mineralstoffe. Der graue Staub wird im Frühjahr in einer dünnen Schicht über das Beet gestreut (links unten) und oberflächlich eingearbeitet. Steinmehl ist ein langsam fließendes Spurenelementedepot im Boden. Es kann auch zur Schädlingsabwehr eingesetzt werden.

Eine Handvoll Hornspäne reicht, um ein kleines Gartenbeet mit organischem Dünger zu versorgen. Hornspäne sind geruchlos und bequem auszubringen. Besonders hoch ist ihr Gehalt an Stickstoff und Phosphor.

Stadtgärtner mit Bezugsschwierigkeiten können getrockneten Mist in Tüten kaufen. Er ist ein sehr konzentrierter, kalireicher Dünger. Aber er sollte nicht kritiklos und von irgendeiner Firma gekauft werden. Nur gute, auf Bioprodukte spezialisierte Hersteller (Adressen im Anhang) garantieren dafür, daß der Trockenmist aus einer einwandfreien Rinderhaltung stammt – und nicht etwa aus einer Agrarfabrik, in der die Tiere mit Hilfe von Antibiotika und einem ganzen Sortiment an Medikamenten und Wachstumsförderern aufgezogen wurden. Die Reste solcher Futterzusätze finden sich im Mist und können auf diesem Umweg auch von den Pflanzen aufgenommen werden. Das gilt auch für frischen Mist, der nie aus Massentierhaltung stammen sollte. Getrockneter Mist wird nach Gebrauchsanweisung auf der Tüte ausgebracht. Er wird von allen Pflanzen gut vertragen, im Gegensatz zum frischen Mist: Gelbe Rüben, Zwiebeln, Bohnen, Erbsen, Petersilie, Rettich wachsen schlecht und werden krank, wenn sie auf ein im Herbst mit Mist gedüngtes Beet kommen. So hungrige Gewächse wie Tomaten, Gurken und Kohl dagegen freuen sich über ein mistgedüngtes Plätzchen.

Pferdemist

Er entwickelt bei der Rotte große Hitze und sollte deshalb unbedingt vor dem Ausbringen kompostiert werden. Pferdemist, den auch Stadtgärtner aus dem einen oder anderen Reitstall leichter bekommen können als Rindermist, eignet sich hervorragend als Packung für das Mistbeet. Am besten ist dafür der Mist aus dem Fohlenstall. Er sollte einige Tage in der Box liegengeblieben und von den Tieren kurzgestampft worden sein, dann ist der strohige Mist leichter zu verarbeiten und dichter zu packen.

Schweinemist

Er eignet sich nicht zum Mistbeetpacken, denn er entwickelt kaum Hitze. Der Geruch ist in vielen Fällen so penetrant, daß Schweinemist in Hausgärten kaum verwendet wird – außer als Zuschlag zum Kompost.

Schaf- und Ziegenmist

Sie sind ebenso nährstoffreich wie Rindermist, enthalten sehr viel Stickstoff und sind so hitzig wie Pferdemist. Vorher kompostiert sind sie wertvoll, dürfen aber immer nur dünn ausgebracht werden.

Kaninchen- und anderer Kleintiermist

Je nach Strohanteil sind solche Mistsorten sehr nährstoffreich, besonders an Stickstoff, und sollten keinesfalls direkt aufs Gartenbeet kommen. Kompostieren mit einem Zuschlag an stickstoffarmem Material wie Stroh oder Laub, dann ergeben sie wertvolle Dünger.

Hühner-, Tauben-, Geflügelmist

Geflügelmist enhält weitaus die größte Menge an Stickstoff, mehr als doppelt so viel wie Schafmist, und über viermal so viel wie Rindermist. Wird er direkt auf das Land ausgebracht, kann es deshalb Verbrennungen geben: Das Bodenleben wird geschädigt und stirbt ab. Geflügelmist sollte entweder als Zuschlag zum Kompost verwendet werden oder zu einer Jauche verarbeitet (siehe unten). So veredelt, darf er nur sparsam ausgebracht werden. Falls eine Bodenuntersuchung überhöhten Phosphorgehalt ergeben hat, darf kein Hühner-, Tauben- oder anderer Geflügelmist oder Guano (Kot und Kadaver von Seevögeln) verwendet werden, denn sein Phosphorgehalt ist am höchsten von allen Mistarten – achtmal so hoch wie beim Rindermist.
Getrockneter Hühnermist in Tüten wird preiswert angeboten. Aber Vorsicht: Er stammt oft aus Hühnerbatterien, in denen die Tiere unter unwürdigen Bedingungen auf engstem Raum und mit Medikamenten und Zusatzstoffen im Futter dahinvegetieren. Getrockneter Hühnermist von seriösen Firmen ist frei von Rückständen derartiger Betriebe und hat einen entsprechenden Hinweis auf dem Etikett.

Hornspäne, Horngries, Hornmehl

Aus Hörnern und Klauen von Schlachtvieh werden diese organischen Dünger hergestellt, die weitgehend geruchlos und bequem auszubringen sind. Wer keine Möglichkeit hat, Mist in irgendeiner Form zu bekommen, der kann ihn durch ein Hornmehl oder durch eine Mischung mit anderen Mehlen (siehe unten) ersetzen. Der Stickstoffgehalt von Hornmehlen ist sehr hoch, ebenso der an Phosphor. Es handelt sich also um konzentrierte Düngemittel, die sparsam angewendet werden müssen.

Knochenmehl, Blutmehl, Hautmehl, Ledermehl, Tierkörpermehl

Solche Dünger werden aus Schlachthausabfällen hergestellt. Da sie jeweils einen unterschiedlichen Kernnährstoffgehalt haben – Stickstoff, Kali und Phosphor –, erfordert es ziemlich viel Rechnerei, bis eine harmonische Mischung zusammengestellt ist. Horn-, Blut-, Knochenmehl gibt es aber als fertig gemischten Handelsdünger in einem ausgewogenen Nährstoffverhältnis. Wichtig: Nur seriöse Hersteller garantieren, daß ihre Produkte kein Chrom aus der Lederherstellung und keine Schwermetallbelastung aufweisen.

Organische Düngemittel – pflanzliche Dünger

Gründünger

Bei der Gründüngung werden geeignete Pflanzen, vorzugsweise Leguminosen, eingesät, später abgeschnitten und die Grünmasse in den Boden eingearbeitet. Gründüngungspflanzen brauchen nicht immer einen Sommer lang auf einem Beet

Gründüngung

Pflanze	Aussaattermin	Saatgut-bedarf g/m²	Zu beachten
Ackerbohne	Februar–Juli	25	Stickstoffsammler
Kleearten	März–August	4	Stickstoffsammler, auch als Untersaat
Felderbse	Mai–August	18	Stickstoffsammler
Platterbse	Mai–August	18	Stickstoffsammler
Wicken	August	18	Stickstoffsammler
Lupine	August	25	Stickstoffsammler
Phazelia	Mai–August	3	gute Bienenweide, viel Grünmasse
Sommerraps	Mai–August	2	Kreuzblütler, lockert gut den Boden
Ölrettich	August	3	Kohlhernie-neutral,
Gelbsenf	März–August	3	nicht auf Kohlbeete
Kapuzinerkresse	Mai–Juni	5	gut auch für Baumscheiben, Läusefalle
Sonnenblume	Mai–Juli	5	nach 8–10 Wochen Kultur schneiden
Spinat	Februar–März und August–September	2	gutes Gemüse
Landsberger Gemenge	August/September	6	Stickstoffsammler
Rotenburger Kombigemenge	bis September	6	Stickstoffsammler
Luzerne	März–August	3	gut für Neubauböden
Tagetes	März–Juni	3	wirkt gegen Nematoden, gute Randbepflanzung
Ringelblume	März–Juni	3	wirkt gegen Nematoden, sät sich selbst aus

stehenzubleiben. Sie können auch als »Lückenbüßer« eingesät werden, zwischen Ernte und Anbau der Nachfrucht. In dieser Zeit beschatten sie den Boden, entwickeln willkommene Blattmasse zum Kompostieren oder Mulchen und Wurzelwerk als Humuslieferant. Wer Gründüngung intelligent einsetzt, spart sich den Zukauf organischer Handelsdünger als Stickstofflieferanten. Besonders arbeitssparend ist folgende Methode: Im Hochsommer wird ausgesät, anschließend können die Pflanzen wachsen wie sie wollen. Nur winterhart dürfen sie nicht sein, denn während der kalten Jahreszeit sollen sie abfrieren und als leichte, schützende Decke auf dem Boden liegenbleiben. Im Frühjahr werden die Reste eingearbeitet oder abgerecht, das Wurzelwerk bleibt im Boden als Nährstofflieferant und Humusnachschub.

Gründüngungspflanzen

Die wertvollsten Gründüngungspflanzen sind die Leguminosen (Hülsenfrüchte, Schmetterlingsblütler). Dazu gehören Bohnen, Erbsen, Ackerbohnen, Kleearten, Wicken, Lupinen, Sojabohnen (die bei uns leider nicht besonders gut wachsen, da sie sehr wärmebedürftig sind). Diese Leguminosen gehen mit bestimmten Bakterien Symbiosen ein. Die Bakterien »impfen« die Wurzeln, diese bilden Knöllchen aus und geben den Bakterien eine Heimat. Die Knöllchenbakterien sind in der Lage, Luftstickstoff zu binden und pflanzenverfügbar zu machen (vgl. »Der Boden«). Werden die Pflanzen später abgemäht oder ausgerissen, müssen die Wurzeln deshalb unbedingt im Boden bleiben. Sie verrotten, hinterlassen eine organische Stickstoffdüngung und Luftkanäle im Boden.

Kreuzblütler wie Gelbsenf, Sommerraps und Ölrettich lockern den Boden tiefgründig und gut, sind allerdings keine Stickstoffsammler. Da sie sehr schnell wachsen und eine gewaltige Menge an Grünmasse erzeugen, können sie noch spät ausgesät werden, eignen sich jederzeit als kurze Zwischeneinsaat und unterdrücken wirkungsvoll Wildkräuter. Auf einem stark verkrauteten Beet kann eine solche »Gründüngungskur« dem Gärtner später viel Jätarbeit ersparen. Kreuzblütler dürfen nicht auf Beete, auf die später irgendeine Kohlsorte kommen soll. Kohl ist ebenfalls ein Kreuzblütler, und die Gründüngungspflanzen sind – wie jede Kohlart – möglicherweise Träger der Kohlhernie, der gefährlichsten Kohl-Krankheit. Ausnahme: der Ölrettich. Er ist Kohlhernieneutral.

Sonnenblumen, Phazelia, Kapuzinerkresse und Spinat tun ebenfalls sehr gute Dienste als Gründüngungspflanzen. Sonnenblumen dürfen nicht zum Blühen kommen, sonst entziehen sie dem Boden zu viele Nährstoffe. Sie müssen nach acht bis zehn Wochen abgemäht werden, dann liefern

Gründüngungspflanzen haben viele wertvolle Eigenschaften. Der Ölrettich (links) wird im August gesät. Er wurzelt besonders tief und lockert auch schwere Böden. Das Rotenburger Kombigemenge (rechts) ist ein wertvoller Stickstofflieferant. Es besteht aus einer Leguminosen-Mischung und kann bis Anfang September gesät werden. Es eignet sich auch als Zwischen- oder Nachfrucht auf abgeernteten Beeten oder einzelnen Reihen.

Die Ackerbohne (ganz rechts) ist eine Universalpflanze unter den Gründüngungspflanzen: Sie kann von Februar bis Juli gesät werden und ist ein wertvoller Stickstoffsammler. Ackerbohnen halten auch späte Fröste gut aus und können schon früh im Jahr für eine lebendige Bodendecke sorgen. Wenn der Platz auf dem Beet gebraucht wird, kann man die Pflanzen einfach abhacken. Der Boden wird gut gelockert. Die Reste der Gründüngungspflanzen können als Mulchdecke liegenbleiben oder auf den Kompost gebracht werden.

sie viel Grünmasse. Phazelia darf blühen, wo sie länger stehenbleiben kann, denn sie ist eine hervorragende Bienenfutterpflanze. Spinat eignet sich gut als Vorsaat, denn er ist relativ kälteunempfindlich und bedeckt den Boden zu einer Jahreszeit, wo andere Pflanzen noch nicht einmal ausgesät werden dürfen. Außerdem ist er eßbar – in diesem Fall werden nur die Reste als Humusnachschub im Boden gelassen.

Für große Gärten gibt es viele der in den Tabellen aufgeführten Gründüngungspflanzen in größerer Menge in landwirtschaftlichen Lagerhäusern. Für kleine Gärten werden im Handel Mischungen angeboten, die genau auf spezielle Bodenprobleme zugeschnitten sind. Die Sperli-Bodenkur »Stickstoff der Natur« eignet sich besonders für Neubaugrundstücke, die erschlossen werden sollen. »Grünhumus« eignet sich gut für abgeerntete Beete bei leichten und mittleren Böden und enthält unter anderem den dekorativ rotblühenden Inkarnatklee, einjährige Lupinen und Phazelia. »Grünaktiv« macht schwere Böden mobil und enthält eine Mischung besonders tiefwurzelnder Pflanzen wie Ölrettich, Lupine, Wicke und Akkerbohne. »Schnellgrüner« überzieht unansehnliche Neubauflächen rasch mit einem grünen Teppich, der später einfach abgemäht und eingearbeitet wird. Die Mischung enthält Weidelgras, Lupinen und Rotklee.

Blühende Pflanzen sind eine Augenweide, Gründüngung und Bodenkur zugleich, wenn die Mischung stimmt. Ringelblume und Tagetes verjagen unerwünschte Nematoden aus den Beeten. Bei den Tagetes muß es allerdings die nicht besonders gut riechende Sorte sein – die geruchlosen großen Neuzüchtungen eignen sich nicht. Sperlings »Gartendoktor« ist eine Saatgutmischung aus einjährigen Sommerblumen, die rasch eine geschlossene Pflanzendecke bilden und später einen dichten Blütenteppich. Ringelblume, Tagetes, Sonnenhut, Kokardenblume und Schöngesicht wirken gegen Nematoden und überbrücken Fruchtfolgeprobleme – zum Beispiel bei der Übernahme eines Gartens, wenn man nicht genau weiß, was der Vorbesitzer auf den einzelnen Beeten angebaut hatte.

Mischungen aus Gründüngungspflanzen, wie sie in der Landwirtschaft verwendet werden, die aber für jeden Garten ebenfalls genommen werden können, gibt es in landwirtschaftlichen Lagerhäusern und im Versandhandel (Adressen siehe Anhang). Dazu gehören das Rotenburger Kombigemenge, eine Mischung stickstoffsammelnder Leguminosen, und das Landsberger Gemenge aus Inkarnatklee, Zottelwicke und Welschem Weidelgras, das überwintern kann.

Gewarnt sei vor der schnellwachsenden Kresse als Vor- oder Zwischenfrucht: Wo sie stand, wächst fast nichts mehr, was wohl mit dem starken Senfölgehalt der Kresse zusammenhängt. Kresse also auf ein Extrabeet säen, Reste müssen auf den Kompost und sollten nicht im Boden bleiben.

Anbau von Gründüngung

Als Voraussaaten eignen sich Spinat, Senf, Ackerbohne, Phazelia. Vor allem Spinat und Ackerbohne halten Kältetemperaturen gut aus und können schon früh im Jahr für eine lebende Bodendecke sorgen. Sie werden später einfach abgehackt, der Boden wird gut gelockert. Dann werden die ge-

wünschten Samen oder Jungpflanzen gesät oder gesetzt. Die Reste der Voraussaaten können auf den Kompost oder gleich als Mulchdecke liegenbleiben.

Als Zwischensaat eignen sich Senf, Spinat und die Mischung »Schnellgrüner«. Zwischensaaten dürfen einfach so lange wachsen, bis das Beet wieder gebraucht wird. Dann werden die Gründüngungspflanzen abgeschnitten.

Als Bodenkur bei Problemböden oder kranken Böden eignen sich die aufgeführten Mischungen, die eine Gartensaison lang auf dem Beet stehenbleiben müssen. Im Herbst wird abgemäht, die Reste liegen bis zum Frühjahr und werden dann abgerecht oder eingearbeitet.

Als Nachfrucht sind am besten überwinternde Mischungen geeignet. Sie werden im zeitigen Frühjahr geschnitten und eingearbeitet oder bleiben als Mulchdecke liegen. Muß sich der Boden noch weiter erholen, dürfen sie in der neuen Gartensaison weiterwachsen und werden erst im folgenden Herbst entfernt.

Untersaaten gehören auf Baumscheiben und unter Beerensträucher. So eignet sich beispielsweise der Erdklee und der Weißklee als dauerhafte, stickstoffsammelnde, lebende Bodenbedeckung unter Beerensträuchern. Kleearten können auch auf Baumscheiben ausgesät werden. Kapuzinerkresse auf Baumscheiben hält die schwarzen Läuse von den Bäumen fern – sie zieht sie magnetisch auf sich. Ein interessantes, arbeitssparendes und nahrhaftes Experiment mit einer Untersaat machten die Garten-Fachfrauen der Abtei Fulda: Sie säten Feldsalat zwischen Stauden, lassen einige Pflanzen jedes Jahr in Samen gehen und ernten mitten aus dem Staudenbeet ohne Säarbeit den begehrten Feldsalat. Das funktioniert allerdings nur mit einer absolut winterharten Sorte, die nicht abfriert.

Algendünger

Düngemittel aus getrockneten und gemahlenen Algen enthalten besonders viel Kali und Spurenelemente. Auch bei Magnesiummangel können sie mit Erfolg eingesetzt werden. Präparate aus Kalkalgen enthalten bis zu 30 Prozent Kalk. Algendünger sind besonders sanft.

Holzasche

In einer Zeit, da Kachelöfen wieder modern sind, fällt auch wieder Holzasche an. Sie enthält besonders viel Kali, auch Spurenelemente und Kalk. Obstbäume, Rosen und viele Gemüsekulturen sind dankbar für etwas Holzasche, die während des Winters, je nach Anfall, auf den Boden gestreut und im Frühjahr eingearbeitet wird. Auch als Zusatz zum Kompost ist Holzasche sehr gut geeignet. Es muß aber reine Holzasche sein, ohne jede Spur von Kohlenasche dabei! Diese enthält nämlich eine gehörige Portion Schwermetalle, ebenso wie die Asche aus verbranntem farbigem Papier. Solche Aschen gehören in die Mülltonne und nicht in den Garten. Heben Sie einen oder zwei Eimer Holzasche bis zum Frühjahr auf und streuen Sie den feinen Staub in die Saatrillen und Pflanzlöcher von Sellerie, Zwiebeln, gelben Rüben und Kopfsalat. Die Asche wirkt als natürliches Fungizid, also fäulnishemmend und gegen Pilzkrankheiten. Sie hilft auch bei der Abwehr von Schnecken.

Flüssige Dünger: Jauchen

Jauchen eignen sich als Düngerguß während der Wachstumszeit, als Kopfdüngung für Starkzehrer und »erste Hilfe«, wenn eine Pflanze offensichtlich unter Nährstoffmangel leidet. Da jede Jauche, besonders aber tierische, viel Stickstoff enthält, muß vorsichtig dosiert werden, damit es keine Verbrennungen gibt oder die Pflanzen zu sehr ins Blatt schießen. Die Verdünnungsangaben auf der Tabelle also bitte genau beachten, sonst macht ein Düngerguß die Arbeit von Wochen zunichte. Für den selbstgemachten Flüssigdünger ist ein Faß nötig, das keinesfalls aus Metall sein darf. Ein Holz- oder Kunststoff-Faß eignet sich am besten. Für ganz kleine Gärten und ganz kleinen Düngerbedarf geht auch ein Eimer aus Plastik oder ein Topf aus Steingut. Ein splitterfreies Stück Holz zum Umrühren, eine gehobelte Dachlatte zum Beispiel, und ein stabiler Maschendraht als Abdeckung für das Jauchefaß ergänzen die Ausstattung. Dieser luftige Deckel ist wichtig, damit keine Tiere in die Tonne fallen und dennoch genügend Luft an die Jauche kommt. Ist das Düngerfaß größer, muß der Deckel gut befestigt werden, damit Kinder nicht gefährdet sind. Tierische Jauchen werden, je nach Rezept, mit heißem oder lauwarmem Wasser angesetzt. Regenwasser eignet sich gut, sofern es Gießwasser-Qualität hat (vgl. »Schutzmaßnahmen vor Umweltbelastungen«). Pflanzliche Jauchen setzt man immer kalt an. Strohloser Mist, strohiger Mist, frische oder getrocknete Pflanzen kommen in das Jauchefaß und werden mit Wasser bedeckt. Schwimmt das Pflanzenmaterial hartnäckig oben, kann es mit einem schweren Stein unter Wasser gehalten werden. Unbedingt nötig ist das selten, denn die verrotteten Pflanzenteile sinken sowieso an den Grund des Fasses. Wer es ganz ordentlich machen will, kann die zerschnittenen Pflanzen auch in einen groben Jutesack packen und diesen beschweren. Diese Methode ist aber etwas umständlich und bei Brennesseln zudem unangenehm. Da die fertige Jauche sowieso gesiebt werden muß, erübrigt sich der Sack im Faß wohl auch.

Jetzt wird täglich ein- bis dreimal kräftig umgerührt, damit Sauerstoff ins Faß kommt und Pflanzen oder Mist ordnungsgemäß verrotten können. Ein Zusatz von ein paar Händen voll reifen Komposts kann die Rotte beschleunigen. Eine Schaufel Steinmehl bindet den unangenehmen Geruch. Die Jauche ist fertig, wenn sie keine Blasen mehr wirft. In der warmen Jahreszeit ist das nach rund zwei Wochen der Fall. Jetzt kann sie abgesiebt und im Verhältnis 1:10 bis 1:15 mit Wasser verdünnt werden. Gebrauchsfertige Jauche muß aussehen wie dünner Schwarztee, sonst ist sie zu scharf. Trotz Verdünnung sollte Jauche nicht auf Pflanzenteile gelangen. Also vorsichtig auf den Boden rund um die Pflanze gießen, und zwar während der Himmel wolkenbedeckt ist; keinesfalls in der Mittagshitze.

Wird die Jauche nicht gleich verbraucht, muß ein fester Deckel auf das Faß. Ist es leer, kommen die Pflanzen- oder Mistreste auf den Kompost. Es darf ruhig noch ein Bodensatz Jauche mit dabei sein – das belebt den Kompost und verbessert seine Stickstoffversorgung.

Tierische Jauchen – Mistjauchen

Mist ohne Stroh eignet sich besonders gut für die Düngerwasserbereitung. Es darf aber auch strohiger Mist sein, lediglich das Absieben ist dann etwas umständlicher. Das Faß wird zu einem Drittel mit Mist gefüllt, dann kommt bis oben hin Wasser darauf. Tauben- und Hühnermist wird mit etwas heißem Wasser überbrüht. Die restliche Behandlung – siehe oben. Tierische Jauche ist ein besonders schnell und kräftig wirkender Wachstumsbeschleuniger. Deshalb lieber stark verdünnen und öfter anwenden, als den ganzen Segen auf einmal auszubringen. Die Verbrennungsgefahr ist auch hier groß, deshalb immer nur die sehr schwache Jauchelösung auf den Boden gießen, nie auf die Pflanzen. Mistjauche eignet sich übrigens gut als Dünger für Zimmer- und Balkonpflanzen. Der unangenehme Geruch verschwindet durch Steinmehl oder ein paar Tropfen Baldrianblütenextrakt aus der Apotheke oder dem Fachhandel.

Pflanzliche Jauchen

Die Brennessel ist unentbehrlich für Pflanzenjauche. Diese sehr stickstoffreiche Pflanze muß vor oder während der Blüte geschnitten werden und kommt frisch oder getrocknet in die Düngertonne. Auch alle anderen Wildkräuter können jeweils frisch oder getrocknet als Droge – die man auch kaufen kann – angesetzt werden. Frische Pflanzen haben den Vorteil, daß sie nichts kosten. Sie wachsen in einer Gartenecke oder in der Nähe am Waldrand. Brennesseln ergeben eine harmonische Jauche, die durch ihren Stickstoffgehalt einen Wachstumsschub erzeugt und die Bildung von Blattgrün anregt – und das alles sehr mild und sanft.

Beinwell und Comfrey, wild auf feuchten Wiesen anzutreffen, auch ohne Probleme in einer Gartenecke zu kultivieren, sind wunderbare Heilpflan-

Düngejauchen

Grundmaterial	Menge	Zubereitung	Verdünnung
Rindermist	⅓ Düngefaß	Mit kaltem Wasser ansetzen	1:15
Pferdemist	⅓ Düngefaß	Mit kaltem Wasser ansetzen	1:15
Geflügelmist	¼ Düngefaß	Mit heißem Wasser überbrühen, mit kaltem Wasser auffüllen	1:20
Kleintiermist	⅓ Düngefaß	Mit kaltem Wasser ansetzen	1:15
Brennesseln	Düngefaß locker füllen	Mit kaltem Wasser ansetzen	1:10
Brennesseln, getrocknet	200 g/10 l	Mit kaltem Wasser ansetzen	1:10
Beinwell/Comfrey	Düngefaß locker füllen	Mit kaltem Wasser ansetzen	1:10
Gemischte Wildkräuter	Düngefaß locker füllen	Mit kaltem Wasser ansetzen	1:10

zen, die ihre segensreichen Kräfte auch über den Umweg der Düngewassertonne entfalten. Sie entwickeln stattliche Blattmassen und können deshalb mehrmals im Sommer abgeerntet werden.
Schachtelhalm mit seinem hohen Gehalt an Kieselsäure ist besonders gut für alle Pflanzen, die anfällig für Pilzerkrankungen sind, Kartoffeln zum Beispiel, oder Gurken. Hervorragend wirkt nach unserer Erfahrung eine Düngewassertonne, in die einfach alles hineinkommt, was an Wildkräutern ohne Samenansatz gejätet wird. Die Basis sind Brennesseln und Beinwell, dazu kommen Löwenzahn, Echte Kamille, Hirtentäschel, Vogelmiere, Zwiebel- und Knoblauchschalen, Rainfarn, Schachtelhalm und was sonst noch auf den Beeten unerwünscht ist. Eine so gemischte Pflanzenjauche hat Heilwirkung für alle möglichen Leiden von Boden und Bodenleben und eine sanfte, harmonische Düngewirkung.

Kompost und Mulchen

Das Kompostieren ist die wichtigste Art der eigenen Bodenverbesserungs- und Düngemittelproduktion. Auch das Mulchen, das Bedecken jedes freien Fleckchens Erde mit einer Decke aus abgestorbenem Pflanzenmaterial, liefert Nährstoffe an den Boden. Was der Gartenfreund über diese zentral wichtigen Vorgänge wissen muß, erfährt er aus den beiden folgenden Kapiteln.

Natürliche Mineraldünger und Bodenverbesserungsmittel

Im biologischen Gartenbau gibt es eine Reihe von Mineraldüngern, die bei Bedarf durchaus eingesetzt werden können. Ein Mineraldünger ist nicht immer ein Kunstdünger. Kunstdünger werden durch chemische Veränderung natürlicher Ausgangsprodukte hergestellt. Oder sie werden gleich künstlich, synthetisch, aus einigen einfachen Grundsubstanzen der Chemie produziert. Die meisten Stickstoffdünger entstehen so.
Natürliche Mineraldünger sind der Natur entnommen: abgebaute Mineralsalze oder Steine, zerkleinert und gemahlen. Kalk gehört dazu, auch das Rohphosphat, das einst aus dem Knochengerüst toter Tiere entstand und heute im Tagebau beispielsweise in Nordafrika abgebaut wird. Die Ablagerungen der Urwelttiere dienen heute als Düngemittel für biologische Gärten. Kalisalze stammen wie unser Kochsalz aus urzeitlichen Meeren.

Kalk

Kalk gehört zu den Kernnährstoffen, die Pflanze und Bodenleben unverzichtbar brauchen (vgl. Beginn dieses Kapitels).
Kalimagnesia oder Patentkali besteht aus aufbereiteten Kalisalzen. Es enthält rund 26 Prozent Kali und 5 Prozent Magnesium.

Phosphordünger

Hyperhos ist der Markenname für fein vermahlenes Rohphosphat. Es setzt sich im Boden sehr langsam um. Thomasmehl ist ein industrielles Abfallprodukt der Eisenerzproduktion. Es fällt bei der Verhüttung phosphorhaltiger Erze an. Rund 15 Prozent Phosphorsäure machen Thomasmehl zu einem guten Phosphordünger. Es enthält außerdem Spurenelemente, viel Kalk und Mangan. Dennoch ist Thomasmehl nur mit Vorsicht und wirklich nur bei aktuellem Bedarf (Bodenprobe!) anzuwenden. Der Grund liegt in einer möglichen Verunreinigung durch Schwermetalle. Wenn der Boden Thomasmehl braucht, ist es besser, diesen sehr langsam wirkenden Dünger erst in den Kompost zu streuen. Dort werden

Löwenzahn, Taraxacum officinale, Compositae

Schachtelhalm, Equisetum avense, Equisetaceae

Brennessel, Urtica dioica, Urticaceae

Echte Kamille, Matricaria chamomilla, Compositae

Weißer Senf, Sinapis alba, Cruciferae

Vogelmiere, Stellaria media, Caryophyllaceae

potentielle Schwermetallpartikel in die entstehenden Makromoleküle eingebunden und zur Unbeweglichkeit verdammt – die Pflanzen können diese Schwermetalle nicht mehr aufnehmen. Der Weg über den Kompost empfiehlt sich übrigens für alle natürlichen Mineraldünger. Sie werden so besonders gleichmäßig verteilt und kommen nicht in unzulässiger Konzentration auf das Gartenland.

Steinmehle

Bei der Schotterherstellung, in Granitbrüchen und Basaltwerken entsteht feinster Gesteinsstaub – Steinmehl, das normalerweise in Millionen von Jahren durch Verwitterung entstünde. Durch Menschenhand, und seit einiger Zeit eigens für den Land- und Gartenbau, wird diese »Verwitterung« rapide beschleunigt und Steinabfälle fein vermahlen. Steinmehle sind Spurenelementedünger und Bodenverbesserer zugleich. Sie sind ein Heilmittel für Gärten, die jahrelangen Kunstdüngergüssen ausgesetzt waren. Sie fördern, mehlfein vermahlen, Bodenleben und Pflanzenwachstum während der Vegetationsperiode, gröber vermahlen sind sie ein langsam fließendes Spurenelementedepot im Boden. Zur Schädlingsabwehr taugen sie auch (vgl. »Schädlingsabwehr und Krankheiten«). Je nach Herkunft und Ursprungsgestein sind die Eigenschaften der Steinmehle etwas unterschiedlich.

Urgesteinsmehl ist aus Urgesteinen wie Granit, Gneis oder Quarz entstanden.

Basaltmehle sind aus jüngeren Gesteinsarten, aus Basalten, Porphyr, Zeolith entstanden. Beide Steinmehlarten haben einen hohen Anteil an Silikat (50 bis 70 Prozent) und sehr viele Spurenelemente. Besteht der Verdacht auf Spurenelementmangel, kann man deshalb in reicher Menge und ohne Angst vor Überdüngung Steinmehle streuen. Die Mehle sind unterschiedlich fein vermahlen. Die grobkörnigeren, bei denen man hin und wieder ein kleines Sandkörnchen spürt, setzen sich erst nach ein bis drei Jahren im Gartenboden

Pflanzenjauchen aus Brennesseln (links) und Beinwell oder Comfrey (rechts) sind harmonische, stickstoffhaltige Dünger. Sie regen die Bildung von Blattgrün an und erzeugen einen sanften Wachstumsschub.

Anwendungsmengen von Steinmehlen	
Im Kompost:	5 bis 7 kg auf 100 kg Kompost
Gemüseanbau:	15 kg pro 100 m^2 Gartenfläche
Blumenbau:	15 kg pro 100 m^2 Beetfläche
Obstbau:	10 bis 15 kg je 100 m^2 Gartenfläche
Bei der Jauchebereitung:	Eine Handvoll pro 10 Liter Jaucheansatz
Bei Neupflanzungen:	10 Prozent der ausgehobenen Erde durch Steinmehl ersetzen.
Zur Bindung von Radionukliden:	30 bis 40 kg Bentonit pro 100 m^2 Gartenfläche.

um. Die mehlfeinen, die sich wie weicher Staub, fast fettig anfühlen, entfalten ihre Wirkung sehr rasch. Zu diesen sehr fein vermahlenen Arten gehören auch Tonmehle wie das Bentonit, das mit seinem hohen Tonanteil sehr gut geeignet ist, radioaktive Substanzen zu binden und festzulegen. Bentonit verfährt in dieser Weise auch mit Schwermetallen und ist deshalb eigentlich die ideale Vorbeugung gegen Schäden durch Umweltverschmutzung. Beim Kauf von Steinmehl sollte man auf der Packung nach der chemischen Bezeichnung »Al_2O_3« suchen – je höher der Gehalt an dieser Substanz, desto besser. Dahinter verbirgt sich Ton, der in Form von Aluminiumsilikaten und Aluminiumhydrogenen vorkommt. Zwischen 12 und 19 Prozent davon enthält ein gutes Steinmehl.

Beim Steinmehl kommt es aber nicht nur auf die chemischen Inhaltsstoffe an, auf Kalk- oder Spurenelementgehalt. Die physikalischen Eigenschaften des Steinstaubes sind mindestens ebenso interessant. Die aus Vulkangestein stammenden Mehle verwittern zu Tonmineralien der sogenannten Montmorillonitgruppe, die als Ionenaustauscher sehr geschätzt werden. Das heißt vereinfacht ausgedrückt, sie können Nährstoffe an sich binden und im Tausch gegen Wasserstoffionen an Pflanzenwurzeln direkt abgeben. Stabile organisch-mineralische Verbindungen sind die Ton-Humus-Komplexe, die durch das Bodenleben – Stichwort Regenwurm – gebildet werden. Auch für diese nahrhaften Krümel benötigt man feinste Tonteilchen – also Steinmehl. Steinmehle haben eine enorm große Oberfläche: Ein einziges Gramm fein vermahlenes Basaltmehl weist eine Oberfläche von insgesamt 40 Quadratmetern auf! Da ist reichlich Platz, um alles mögliche zu binden. Wasser zum Beispiel: Wo Steinmehl im Boden ist, werden die Böden wasserhaltiger und können besser Humus bilden – eine Kur vor allem für leichte, sandige Böden. Schlechte Gerüche binden die staubfeinen Körnchen auch. Deshalb werden sie ins Jauchefaß gestreut. Dem Kompost zugegeben, puffern sie Säuren ab und fördern durch ihr großes Sauerstoffbindevermögen die Rotte. Steinmehle sind also richtige »Mädchen für alles« im biologischen Garten. Besonders billig sind sie in landwirtschaftlichen Lagerhäusern zu haben. Weil Steinmehl nicht verdirbt, kann man so einen 40-Kilo-Sack schon mal eine Zeitlang in der Garage stehenlassen. Wer kleinere Mengen braucht kann sich im Fachhandel bedienen.

Organische Bodenverbesserungsmittel

Stroh

Die wenigsten Gärtner holen Stroh vom Bauern auf ihre Beete, dabei wäre es gut zum Mulchen geeignet, als Kompostmaterial zwischen konzentrierte Mistlagen. Auch zur Pilzzucht wird Stroh verwendet. Es ist allerdings nicht gleichgültig, woher das Stroh kommt: Hat der Landwirt sein Getreide mit Fungiziden gespritzt, kann es passieren, daß das Stroh monatelang nicht verrottet. Die Pilzbekämpfungsmittel verhindern, daß zur Rotte wichtige Pilze die Strohhalme zersetzen und sie zerkleinern. Wer Stroh unter den Kompost gemischt oder, kleingehäckselt, in den Boden eingearbeitet hat, muß es als Alarmsignal betrachten, wenn die gelben Halme schier unberührt nach Monaten noch zu sehen sind.

Wer solche Probleme meiden möchte oder als Städter nicht die Möglichkeit hat, Stroh zu besorgen, der kann seinen Boden mit Bihutherm verbessern. Für dieses Produkt wird Getreidestroh in nacheinander geschalteten Mühlen so zerkleinert und zerrissen, daß höchstens 20 Millimeter große Teilchen entstehen. Die Fasern werden mit Melasse besprüht, dadurch werden dem kohlenstoffreichen Stroh der zur Rotte wichtige Stickstoff und aufschließende Bakterien zugeführt. Aus zwei Abfallprodukten wird so ein biologischer Bodenhilfsstoff, der die Wasserhaltefähigkeit des Bodens verbessert, ihn lockert und belüftet. Zwei Sack (320 Liter) pro 100 Quadratmeter genügen für leichte bis mittlere Böden, für schwere darf es etwas mehr sein. Im Gegensatz zu Torf, der – einmal trocken geworden – hartnäckig auf jeder Pfütze schwimmt, nimmt das aufbereitete Stroh sofort Wasser an und eignet sich deshalb auch als Zuschlag bei Baumpflanzungen.

Rinde

Rinde, die im Wald nach einem Holzeinschlag oft in großen Haufen herumliegt, ist ein gutes Mulchmaterial für Zierbeete. Rinde enthält natürliche Wachstumshemmstoffe und unterdrückt deshalb erfolgreich unerwünschte Wildkräuter. Als Bodenverbesserer eignet sich solche Rinde allerdings nicht. Im Handel gibt es fermentierte, also vorkompostierte Rindensubstrate, bei denen sich die Wirkung der Wuchshemmstoffe nicht mehr entfalten kann. Sie lockern, düngen, lüften den Boden und eignen sich besonders für mittlere und schwere Böden. Problematisch ist bei Rinde nur die Vorbehandlung mit Insektiziden: Oft werden die Stämme mit Lindan oder ähnlichen Giften gespritzt, wenn sie im Wald länger lagern müssen – als Vorbeugung gegen Borkenkäferbefall. Gute Rindensubstrathersteller verwenden keine solchen Rohprodukte und untersuchen das Material auf eventuell noch vorhandene Rückstände. Einwandfreie Rindensubstrate sind ein hervorragender Ersatz für Torf, der schnellstmöglich aus unseren Gärten verschwinden sollte (siehe unten). Rinde gibt es immer, und ein solches Substrat ist eine sinnvolle Form der Abfallverwertung. Anwendungsmenge: 140 Liter pro 100 qm.

Was nicht in einen biologischen Garten gehört

Torf

Zwei Millionen Tonnen Torf werden Jahr für Jahr aus bundesdeutschen Mooren abgebaut. Dazu kommt noch eine stattliche Menge Import-Torf. Der Bedarf der Hobby- wie der Profigärtner ist groß. 90 Prozent des abgebauten braunen Mulls wird als Bodenverbesserer verwendet. Mit unübersehbaren Folgen für die Gärten und für die Hochmoore.
Torf ist ein saures Produkt, organische Masse, deren Zersetzung irgendwann einmal aufgehört hat, weil das Milieu für Bodenleben zu sauer war. Torf lockert den Boden und verbessert die Wasserhaltefähigkeit. Aber er läßt den Boden auch bei regelmäßiger Anwendung versauern – im Zeitalter des Sauren Regens ein äußerst unerwünschter Effekt. Torf ist nach einer Gartensaison »aufgegessen«, weil sich die Bodenmikroben sofort auf dieses vorverdaute Material stürzen. Es muß also immer nachgetorft werden. Auf vielen Säcken steht »Düngetorf« – Torf düngt aber überhaupt nicht. Weil sich das langsam herumgesprochen hat, schreiben viele Hersteller jetzt einfach »Gärtnertorf« auf die Säcke. Dieser Torf düngt jedoch genausowenig. Es gibt allerdings Torfsorten mit Düngerzusatz, aber das sind wasserlösliche Kunstdünger, die im biologisch bewirtschafteten Garten schon gar nichts zu suchen haben.
Wird Boden mit Torf gemulcht – weil es so »ordentlich« aussieht – trocknet der Torf an der Oberfläche rasch aus. Ihn dann zu einer erneuten Wasseraufnahme zu bewegen, ist schier unmöglich: Er schwimmt auf jedem Wassertropfen. Desgleichen, wenn trockener Torf für Neupflanzungen verwendet wird: Das trockene Material entzieht den empfindlichen Wurzeln von Jungbäumen und Sträuchern das bißchen Feuchtigkeit, das sie brauchen – der Baum geht ein.
Für ökologisch denkende Gartenfreunde verbietet sich die Verwendung von Torf schon wegen seiner Herkunft: Geht der Verbrauch so weiter wie bisher, haben wir in 30 bis 40 Jahren keine Hochmoore mehr, die letzten Rückzugsgebiete für Kranich, Birkhuhn, seltene Gräser und einige Orchideenarten. Das Artensterben würde noch schlimmer um sich greifen als es bisher schon der Fall ist.
Torf hat im biologischen Gartenbau nur in sehr geringen Mengen – und bei einer einzigen Verwendungsart – seine Berechtigung: als Zuschlag für Anzuchterden. Wer einen Bodenverbesserer organischen Ursprungs kaufen möchte, leistet mit der Verwendung von Rinden- oder Strohsubstraten einen indirekten Beitrag zum Schutz der Hochmoore.

Klärschlamm

Klärschlamm war jahrzehntelang ein nährstoffreicher, kostenloser – deshalb sehr beliebter – Dünger. Das Ergebnis dieser Düngeaktionen zeigt sich heute: völlig überdüngter, mit Schwermetallen verseuchter Boden. Denn die Spuren der Haushaltschemikalien sind in den vergangenen Jahrzehnten immer giftiger geworden. Überall wird Klärschlamm jetzt gemessen und nur unterhalb eines gewissen Grenzwerts ausgegeben. Trotzdem sollte auch ein kontrollierter Schlamm im biologisch gepflegten Garten nicht verwendet werden, denn: Unbehandelter Klärschlamm hält schnell eine komplette »Speisekarte« mit Schwermetallen – für Pflanzen mundgerecht präpariert – bereit. Anders bei kompostiertem Schlamm. Wird die sehr stickstoffhaltige Substanz mit Baumrinde, Sägemehl, Zeitungspapier oder Kar-

Strohiger Rindermist (ganz oben) wird am besten zu einer Kompostmiete aufgesetzt, bevor er auf das Gartenbeet kommt. Rindermist ist einer der wertvollsten organischen Dünger und Bodenverbesserer.

Kompost (oben) wird nur oberflächlich in das Beet eingearbeitet.

Der Abbau von Torf zerstört die letzten Hochmoore. Seltene Pflanzen wie das Weidenröschen (rechte Seite: im Torfabstich bei Diepholz, Niedersachsen), seltene Gräser und vom Aussterben bedrohte Tiere wie Kranich und Birkhuhn verlieren ihre letzten Rückzugsgebiete. 90 Prozent des abgebauten braunen Mulls werden in den Gärten als Bodenverbesserer eingesetzt.

ton kompostiert, entsteht Humus. Und in diesen Humus-Makromolekülen werden Schwermetalle organisch gebunden. Je weiter der Prozeß der Humifizierung fortgeschritten ist, desto schlechter löslich sind die Schwermetalle, desto schwerer kommt eine Pflanze an dieses gefährliche Futter heran. Die Schwermetallbelastung unserer Böden ist allerdings schon so hoch, daß jeder zusätzliche Eintrag der unerwünschten Metalle unterbleiben sollte. Wer Klärschlamm bisher kompostiert hat, braucht sich nicht so große Sorgen zu machen wie ein Gartenbesitzer, der den Faulschlamm unbehandelt auf seinen Beeten ausgebracht hat. In allen Fällen aber ist eine Bodenuntersuchung auf Schwermetallgehalt angebracht. Ist die Belastung zu hoch, dürfen keine Speicherpflanzen für Schwermetalle angebaut werden (vgl. »Schutzmaßnahmen vor Umweltbelastungen«).

Zu viel Futter schadet – Düngebedarf richtig berechnen

Einen Rechenschieber benötigen Sie wirklich nicht bei der Verwendung organischer Dünger. Aber etwas Gespür für das, was Pflanzen brauchen und was deshalb dem Boden zugeführt werden muß. Nicht alle Pflanzen haben nämlich denselben Appetit. Ein Zuviel an bestimmten Nährstoffen würde bedeuten, daß die Bodenlebewesen einseitige, riesige Nährstoffdepots aufbauen müßten, eine Arbeit, die das Bodenleben gründlich durcheinanderbrächte. Das rechte Maß zu finden, ist gar nicht so schwierig. Bei den Gemüsepflanzen wird unterschieden in Starkzehrer mit mächtigem Appetit – vor allem Tomaten, die meisten Kohlarten, Kürbis, Kartoffeln und Gurken –; Mäßig- und Mittelzehrer mit bescheideneren Ansprüchen: gelbe und rote Rüben, Zwiebeln, Salate, Rettiche, und Schwachzehrer, die kaum oder gar keine Düngung brauchen, wie die meisten Küchenkräuter, Erbsen, Bohnen und Feldsalat.
Wird ein Beet gedüngt – mit angerottetem Mist vielleicht oder mit gutem Kompost –, so kommen im ersten Jahr Starkzehrer auf dieses Stückchen Land. Starkzehrer sind auch dankbar für einen zusätzlich kräftigenden Jaucheguß hin und wieder während der Vegetationsperiode. Im nächsten Jahr folgen Mittelzehrer. Eine Herbstdüngung ist nicht mehr nötig – es sind noch reichlich Nährstoffe im Boden. Ein Jaucheguß, der ja nicht nur nährt, sondern auch heilen und das Bodenleben harmonisieren kann, tut auch Mittelzehrern von Zeit zu Zeit gut (genaue Angaben jeweils bei der einzelnen Gemüseart, vgl. »Der Nutzgarten«).

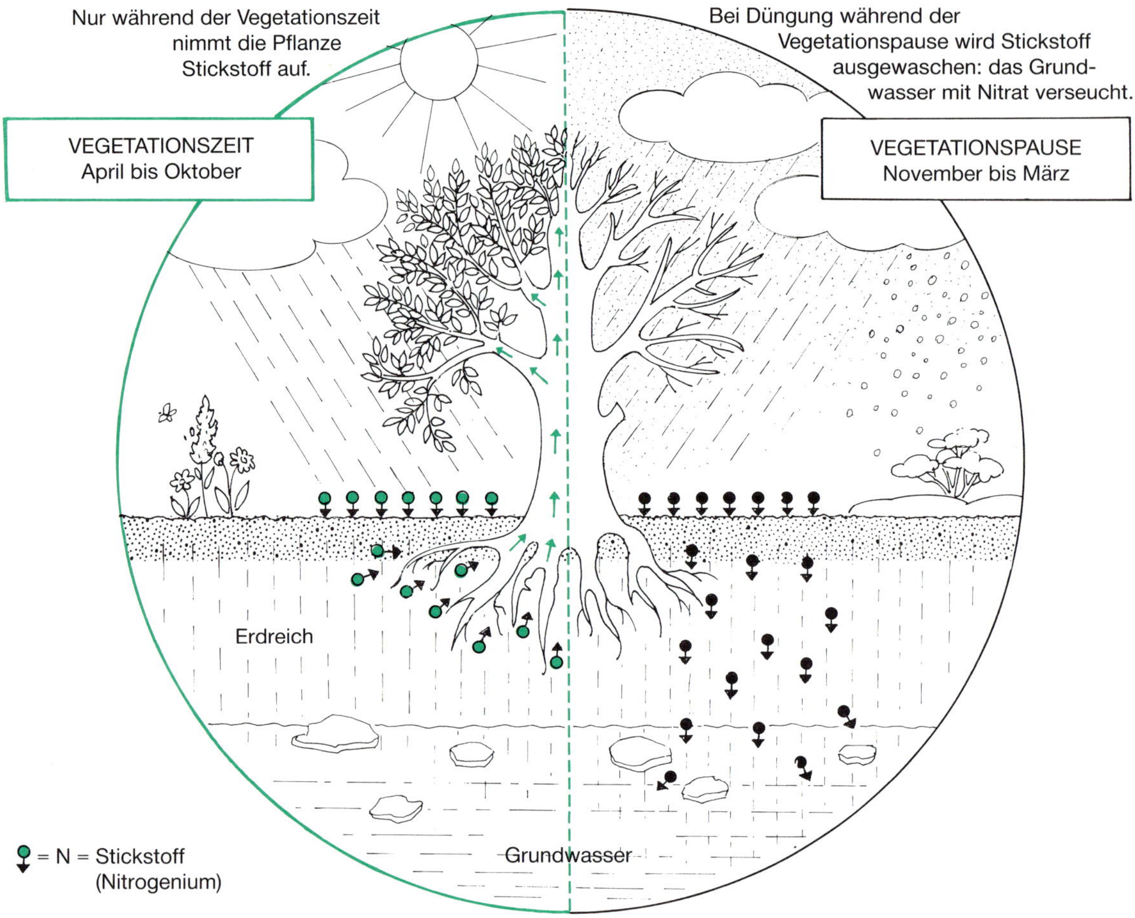

Organische Stickstoffdünger werden während der Vegetationszeit von April bis Oktober von den Pflanzen aufgenommen und verarbeitet. Mist, Jauchen und stickstoffhaltiger Dünger wie Horn- oder Blutmehl dürfen deshalb niemals im Herbst ausgebracht werden. Eine Ausnahme sind Düngemittel wie Hornspäne, die sehr lange brauchen, bis sie sich umsetzen. Sie können auch im Herbst auf das Beet gestreut werden. Stickstoffhaltige Dünger (N-Dünger) sind auch die Leguminosen, die als Gründüngungspflanzen gesät werden. Sie bleiben im Herbst auf den Beeten liegen und werden nicht untergegraben. Das Einarbeiten in den Boden geschieht dann im nächsten Frühjahr.

Während der Winterruhe dürfen keine stickstoffhaltigen Dünger auf den Gartenboden. In der Vegetationsphase zwischen November und März können die Pflanzen keinen Stickstoff aufnehmen. Er wird also in das Grundwasser gespült und trägt dadurch zur Nitratbelastung des Trinkwassers bei.
Außerdem bedeutet eine Winter- oder Herbstdüngung Stickstoffverlust für den Gärtner. Dieser Verlust müßte dann in der nächsten Gartensaison ausgeglichen werden. Der Gärtner muß deshalb viel mehr Dünger besorgen, als eigentlich nötig wäre. Im Herbst darf nur Kompostiertes auf den Gartenboden.

Schwachzehrer brauchen nicht nur keinen Dünger, sie reagieren sogar mit schlechtem Wachstum oder mit einer sehr mäßigen Ausbildung von Aroma auf zuviel Futter. Auf fetten Böden wachsende Kräuter zum Beispiel haben dann nur einen Bruchteil der ätherischen Öle. Erbsen und Bohnen entwickeln keine Stickstoffknöllchen an den Wurzeln, wenn zuviel Stickstoff im Boden steckt oder per Jauche zugeführt wird.
Blumen sind auch unterschiedlich hungrig. Am wenigsten brauchen die Einjährigen, die Sommerblumen. Sie sind mit ein bißchen Kompost im Herbst und dem einen oder anderen Jaucheguß vollkommen zufrieden. Stauden dagegen, die jahrelang am selben Platz stehen, müssen ebenso wie die Rosen gezielt und ausgewogen Futternachschub für das Bodenleben rund um ihre Wurzeln bekommen (genaue Angaben vgl. »Der Blumengarten«).
Obstbäume und Sträucher werden indirekt – und

ausgewogen – durch Kompost ernährt. Natürlich muß in allen Fällen die Kalkzufuhr stimmen – sonst kann der Kirschbaum von oben bis unten aufreißen oder die Äpfel werden stippig.

Düngen und den Boden verbessern – der richtige Zeitpunkt

Düngemittel, zusätzliche Hilfsstoffe zur Ernährung des Bodens bei Anbau von Kulturpflanzen, haben nur dann einen Sinn, wenn sie zum richtigen Zeitpunkt auf den Boden kommen. Stickstoff, der für das Pflanzenwachstum verbraucht wird, liegt im Winter ungenutzt herum. Es ist deshalb wenig sinnvoll, im Herbst den besonders stickstoffreichen frischen Mist auszubringen. Bei angerottetem Mist kann der Stickstoff kaum ausgewaschen werden – und darf aufs Beet. Wer anders handelt, gefährdet das Grundwasser: Wenn Stickstoff aus Düngemitteln ausgewaschen wird, gelangt er ins Grundwasser – die Nitratbelastung steigt gefährlich an. Ein Extrembeispiel sind Landwirte, die ihre Gülle auf den gefrorenen Boden spritzen. Das ist in vielen Bundesländern verboten, wird aber dennoch immer wieder gemacht. Solche Odel-Aktionen sind eine unverantwortliche Gefährdung der Gesundheit des Mitmenschen. Damit der Gartenfreund nicht unbedacht denselben Fehler macht, sollte er im Herbst nur Kompostiertes ausbringen.

Organische Dünger brauchen Luft, damit sie von den Bodenmikroorganismen umgesetzt werden können. Deshalb werden alle Düngemittel und Bodenverbesserer nur leicht in die oberste Bodenschicht eingearbeitet, mit dem Rechen oder einem Grubber. Für die gleichmäßige Verteilung der wertvollen Inhaltsstoffe in tiefere Bodenschichten sorgt das Bodenleben dann ganz alleine.

Die Stark-, Mittel- und Schwachzehrer

Starkzehrer
Gurken, Weißkohl, Wirsing, Blumenkohl, Chinakohl, Rosenkohl, Rotkohl, Kartoffeln, Kürbis, Tomaten, Lauch, Sellerie, Rhabarber, Zucchini.

Mittelzehrer
Gelbe Rüben, Rote Rüben, Zwiebeln, Knoblauch, Fenchel, alle Salate außer Feldsalat, Kohlrabi, Radieschen, Paprika, Spinat, Schwarzwurzeln, Frühkartoffeln, Petersilie, Schnittlauch.

Schwachzehrer
Feldsalat, Küchenkräuter außer Petersilie und Schnittlauch, Bohnen, Erbsen.

Der Kompost

Kompost, der Bauch des Gartens

Platz für einen Komposthaufen ist im kleinsten Garten. Der Kompost ist eine Brutstätte von Bodenfruchtbarkeit und neuem Leben. Er entsteht aus den Abfällen des Gartens, unauffällig, nach uralten Gesetzen, und ist für den biologisch arbeitenden Gartenfreund durch nichts zu ersetzen. Je nach Zersetzungsgrad, vom Grobkompost bis zur mineralisierten Komposterde, liefert dieser »Bauch des Gartens« Futter für die Bodenlebewesen, Nachschub an Humus, hochwertigsten sanften Dünger und ein perfektes Bodenverbesserungsmittel. Hier wird organisches Material »vorverdaut«, so weit, wie es Boden und Pflanzen zuträglich ist.

Alles, was Kohlenstoff in biologisch abbaubarer Form enthält, wird auf dem Kompost umgesetzt. Dieser Vorgang, die Rotte, verläuft aerob, das heißt unter Luftzufuhr. Luftatmende Mikroorganismen »stürzen« sich auf den frisch aufgesetzten Komposthaufen und beginnen mit der Zersetzungsarbeit. Der Kompost wird lebendig: Millionen von winzigen Lebewesen sind am Werk, beginnen die organische Masse gründlich zu verändern. In dieser ersten Rottephase wird das Kompostmaterial langsam dunkel und fängt an, seine Struktur zu verlieren. Aus einem festen Strohhalm wird ein weiches, faseriges Gebilde; ein Blatt wird reduziert zu einem Gitternetz von Adern; ein Grashalm wird schwarz und schwindet. Hitze entsteht im Komposthaufen. Bis zu 70° wird er in der Mitte warm – eine Temperatur, die weder Wildkrautsamen noch Darmparasiten oder Krankheitskeime überleben. Anfangs ist der Kompost sehr sauer: pH 4,5 bis 5. Je heißer er wird, desto alkalischer wird er auch: pH 8,5. Vier bis fünf Tage hält ein ordentlich aufgesetzter Kompost seine Temperatur, dann beginnt er abzukühlen. Jetzt nähert sich auch der pH-Wert dem pflanzenverträglichen Neutralpunkt von pH 7,5. Und die Bewohnerschar ändert sich: Millionen Mikroben folgen den ersten, bereits vergangenen Generationen, und jetzt ist es auch kühl genug für Kompostwürmer. Die auf relativ frisches Grünzeug spezialisierten dünnen roten Regenwürmer halten weder die Anfangssäure noch die große Hitze aus. Wenn sie zuwandern, beginnt die Phase der Reife. Je nach Außentemperatur ist ein Kompost in drei bis fünf Monaten verwendungsfähig; die vollständige Mineralisierung, der Abbau der organischen Stoffe bis zu den anorganischen Bestandteilen, kann bis zu drei Jahren dauern. Diese vollständige Mineralisierung ist aber gar nicht erwünscht, weil ein solcher

Platz ist im kleinsten Garten: Auf der Ostseite des Hauses wurden zwei Kompostsilos angelegt (links). Eine Eberesche sorgt für Schatten. An der Hauswand gegenüber ist noch Raum für rankende Erbsen. Der hintere Kompostsilo dient als Sammelbehälter, der vordere wurde aufgesetzt und mit Kürbis bepflanzt.

Gurken gedeihen auf dem nährstoffreichen Komposthaufen besonders gut. Sie verbrauchen allerdings auch eine Menge wertvoller Inhaltsstoffe: Dieser Kompost hat nur noch mäßige Düngerwirkung.

Rechte Seite: Verschiedene Typen von Kompostsilos. Ein einfacher Holzrahmen, der laufend nach oben versetzt wird; ein Silo aus Baustahlgeflecht; ein Holzlattensilo; ein Kompostbehälter aus Stahl (von oben nach unten).

Unten: Gartenabfälle werden mit dem Häcksler (1) oder von Hand zerkleinert, gut vermischt (2) und mit Zusätzen wie Hornmehl (3) lagenweise aufgesetzt (5). Trockenes Kompostmaterial muß angegossen werden (4). Ist die Kompostmiete fertig, ruht sie drei bis neun Monate (6).

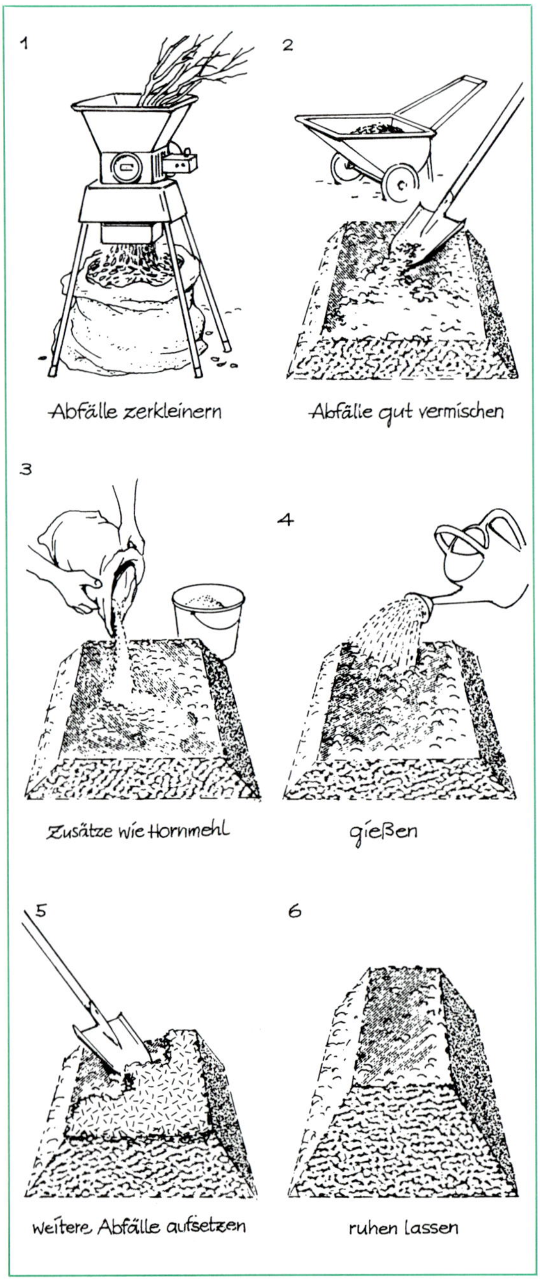

Kompost kaum Futter für die Bodenlebewesen liefert. Deshalb ist es nicht nur wichtig, einen Kompost richtig aufzusetzen – der Gartenfreund muß auch den richtigen Zeitpunkt erwischen, zu dem er das verrottete Material ausbringt. Aber zuerst heißt es einmal entscheiden, wo der Kompost eigentlich hin soll.

Der Kompostplatz – ein Fleckchen nach Maß

Kompost braucht Wärme und Schutz vor Wind: wie ein Brutofen. Ein warmes Plätzchen im Halbschatten von Büschen oder Sträuchern, nach Norden und Westen gegen Wind geschützt, ohne direkte Sonneneinstrahlung ist ideal. Ein Kompostplatz sollte nicht aus Rücksicht auf Nachbarn in irgendeinem finsteren Eck versteckt werden. Wo weder Büsche noch Sträucher vorhanden sind, werden sie gepflanzt. Nicht alles eignet sich allerdings zu diesem Zweck. Das liegt an den Sickersäften des Komposts, die dem Boden rund um die Kompoststatt zugute kommen und wahre »Nährstoffbomben« sind. Holunder mag solche »eingebaute« Düngung, auch Haselnüsse eignen sich gut. Wer nur eine einjährige Bepflanzung möchte, nimmt Sonnenblumen: diese hungrigen Blüher erreichen Rekordgröße und blühen wunderschön, wenn sie neben dem Kompost wachsen dürfen. Kürbis ist die klassische Bauerngartenpflanze, um den Kompost zu bedecken. Er darf aber niemals auf den Haufen selbst gesetzt werden, denn er würde einen Großteil der wertvollen Nährsubstanzen im Kompost, die später dem ganzen Garten zugute kommen sollen, für sich selbst verbrauchen. Knapp daneben gesetzt, gedeiht er wunderbar, und die Ranken mit den riesigen Blättern können über den Haufen gelegt werden. Unter die Früchte sollte ein kleines Brett oder ein Stein geschoben werden, damit sie mit dem Kompostmaterial nicht direkt in Berührung kommen. Sie könnten sonst, wenn sie groß und schwer werden, zu faulen beginnen.

Büsche und Sträucher müssen immer so gepflanzt werden, daß sie den Gärtner nicht bei der Arbeit behindern. Am Kompostplatz braucht er Ellbogenfreiheit: Da muß der Schubkarren rundum fahren können, da wird schwungvoll mit Spaten und Grabgabel hantiert. Deshalb sollte dem Kompost nicht ein verschämtes Ein-Quadratmeter-Fleckchen zugewiesen werden: Die Kompoststätte sollte acht bis zehn Prozent der Gartenfläche einnehmen. Das ist nicht zu viel, wenn man bedenkt, was hier alles untergebracht wird: mindestens zwei Komposthaufen (in Legen oder als Mieten), Wege zwischendurch und rundherum, die Jauchetonne, Behälter mit Steinmehl und Kalk. Und je nach Größe des Gartens, noch ein Sammelplatz für Kompostmaterial, Raum für Spezialkomposte, verschiedene Gefäße für Jauche oder Schädlingsabwehrbrühen, ein Regenfaß. Je großzügiger der Kompostplatz angelegt ist, desto leichter kann er in Ordnung gehalten werden. Und das ist wichtig, nicht nur wegen der Nachbarn. Wo alles an seinem Platz ist und gleich zur Hand, wenn es gebraucht wird, da wird der Gartenbesitzer diese garteneigene »Fabrik« für Humus besonders gern und sorgfältig pflegen.

Praktische Behälter zum Kompostieren

Wieviel Platz für den Kompost gebraucht wird, hängt auch von dem Behältnis ab, in dem er aufgesetzt werden soll. Am einfachsten und billigsten geht das Kompostieren in Mieten, ganz ohne Behälter. So eine Miete braucht aber Platz: 1,20 Meter auf 2 Meter mindestens. Wo solche Hügel nicht untergebracht werden können, wird in einem geeigneten Gefäß kompostiert. Das kann man selbst zimmern aus ein paar Balken, die an den Ecken eingekerbt und kreuzweise übereinander gelegt werden. Im Fachhandel gibt es solche kleinen Kompostlegen aus tiefdruckimprägniertem Holz schon für weniger als 30 Mark. Große Modelle, bei denen Bretter in metallene Führungsschienen der Eckbalken eingehängt und verschraubt werden, sind wesentlich stabiler, bieten mehr Platz und sind teurer. Drahtbehälter halten das Kompostmaterial immer schön luftig. Allerdings erwärmt es sich darin auch nicht besonders gut, deshalb verrotten die Randschichten nur schlecht. Besser sind deshalb Drahtkästen, die mit einer Holz- oder Stahlverkleidung versehen sind. Ganz besonders schnell wird Kompost in der sogenannten Mücke-Tonne fertig. Das ist eine Metalltonne, gegen störende Gerüche mit einem Deckel abgedeckt, die an den Seiten Luftlöcher aufweist und einen für Mikroorganismen und Regenwürmer offenen Boden hat. In dieser Tonne verschwinden Garten- und kompostierbare Hausabfälle rasch. Wer so kompostieren möchte, braucht zwei solcher Tonnen – damit das organische Material in der ersten in Ruhe rotten kann, während sich die zweite Tonne füllt.
Schnell rottet Organisches auch im Thermo-Komposter, einem wärmeisolierten Kompostsilo aus dunklem Kunststoffmaterial. Dieses Silo bietet ideale Lebensbedingungen für die Mikroorganismen; der Kompost muß allerdings immer sehr sorgsam aufgeschichtet werden, damit nichts fault.

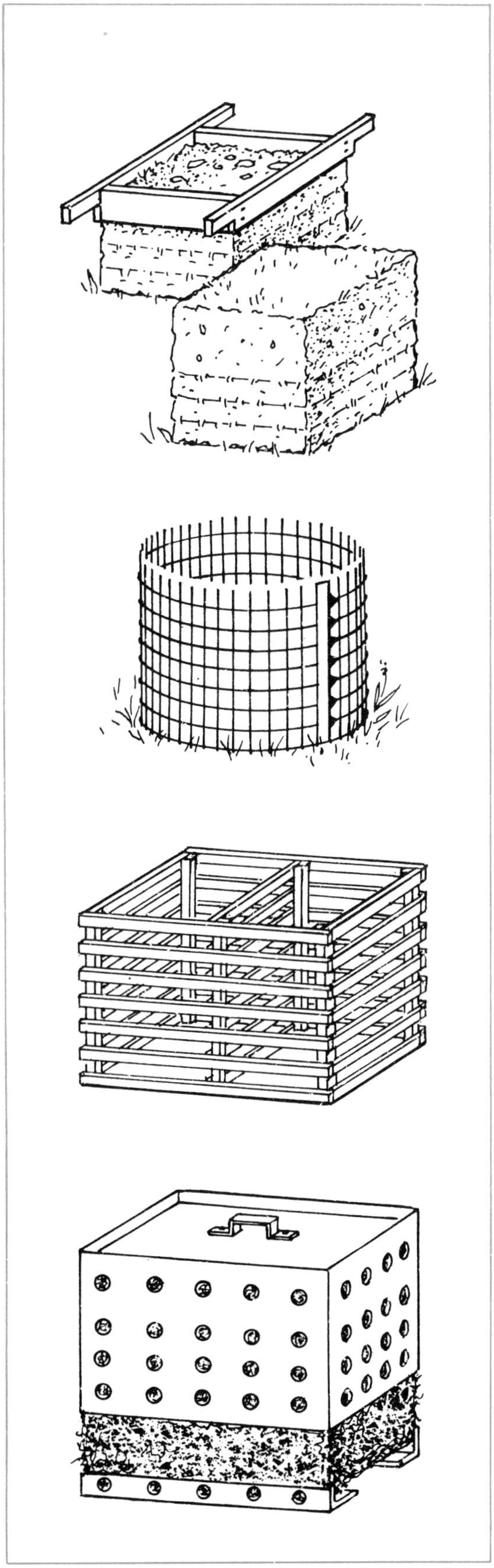

Einfache Kompostlegen aus druckimprägnierten Hölzern (links oben) fügen sich harmonisch in den Garten ein. Praktisch ist es, wenn ein Silo ausschließlich als Sammelbehälter für das Kompostmaterial dient. Während er verrottet, setzt sich der Komposthaufen und wird niedriger. Wird die Lege nach rund fünf Monaten geöffnet (links unten), sind grobe Reste, Stengel, nicht zerkleinerte Eierschalen und ähnliches noch zu erkennen. Sie werden ausgesiebt oder nach dem Aufbringen des Komposts vom Beet gerecht und erneut kompostiert. Weniger als einen Kubikmeter Kompostiermaterial sollte eine Kompostlege nicht fassen, sonst geht die Rotte nicht ordnungsgemäß vor sich und der Anteil an groben Resten ist besonders hoch. Wildkräutersamen werden in einem ausreichend großen Silo gut von der beim Kompostieren entstehenden Wärme erfaßt und abgetötet.

Von Rosen und Lupinen eingerahmt, wird die Kompostlege fast zum Schmuckstück für den Garten (oben). Diese sehr stabile Lege hat schräge Seitenbretter, die sich herausnehmen lassen. So kann fertig Kompostiertes bequem von unten herausgeschaufelt werden.

Eine Abdeckung mit Grasschnitt (rechts unten) wirkt wie eine schützende Decke, die Feuchtigkeit und Wärme im Kompost hält. Bei einer frei aufgesetzten Miete ist solch eine Abdeckung besonders wichtig. Während anhaltender Trockenheit muß gegossen werden. Eine Gießrinne oben auf der Miete erleichtert die Arbeit.

Besonders stabil und in unauffälligem Braun oder Grün zu haben sind Kompostlegen aus Recycling-Kunststoff. Mit diesem Material leistet der Gartenfreund auch noch einen Beitrag zur Verminderung unseres stetig wachsenden Abfallberges.
Auch aus Ziegelsteinen kann ein Kompostbehälter selbst aufgemauert werden. Die Steine müssen versetzt angeordnet sein und große Lücken aufweisen, damit die Luft zirkuliert. Was sich gar nicht eignet, ist ein an drei Seiten geschlossener Betonbehälter, der nur vorne mit Brettern verschlossen ist. In einem solchen Ding bekommt das Kompostmaterial viel zu wenig Luft und fault leicht.

Das Kompost-Material

Alles organische Material aus Haushalt und Garten kann kompostiert werden. Mit ein paar Ausnahmen, auf die wir weiter unten zu sprechen kommen. Auch bei den Gartenabfällen gibt es einiges, das besser gesondert plaziert wird.
Abfälle von Gemüse, abgeschnittene Blumen, auch solche, die in der Vase verblüht sind, und alle ausgejäteten Wildkräuter dürfen auf den Kompost. Ist ein Wildkraut bereits in Samen gegangen, muß es in der Mitte des Haufens plaziert werden, damit es die samenzerstörende Hitze auch wirklich abbekommt.
Geschnittenes Gras vom Rasen ist sehr jung, stickstoffreich und eine wertvolle Zugabe zum Kompost. Es muß immer besonders gut mit trokkenen Materialien vermischt werden, damit sich keine faulenden Placken bilden. Wird das nicht sorgfältig gemacht, kann so ein Grashaufen sogar anfangen zu brennen, vor allem, wenn er vorher einige Zeit in der Sonne gelegen hat und leicht trocken wurde. Geschnittenes Gras und Kräuter von einer Wiese sind nicht so stickstoffreich, aber ideal zum Kompostieren. Ist sehr viel solches Material vorhanden, sollte der Kompost nach zwei Wochen einmal umgesetzt werden, damit alles Material von der Wärme erfaßt und Samen abgetötet werden. Sonst blüht die Blumenwiese das nächstemal im Gemüsegarten! Wird die Komposterde nur für Obstbäume auf einer Streuobstwiese oder für die Wiese selbst verwendet, ist das Umsetzen nicht nötig.
Äste und Zweige vom Baumschnitt und belaubte Äste aus dem Heckenschnitt eignen sich gut. Sie müssen zerkleinert werden. Am feinsten, aber energieaufwendig, geht das mit einem Häcksler. Ohne Aufwand an Strom läßt sich dieses Material jedoch auf einem Hackklotz mit dem Beil in zehn Zentimeter lange Stücke zerteilen und dem Kompost zusetzen. Sollten die Äste und Zweige nach drei bis fünf Monaten noch nicht verrottet sein, werden sie herausgesammelt und dem nächsten Haufen zugesetzt. Nur von einem Strauch darf nichts auf den Kompost: Von der Himbeere. Die Erreger der Himbeerrutenkrankheit sind sehr hartnäckig und könnten in Randschichten der Kompostmiete überleben. Abgeschnittene Himbeerruten deshalb besser verbrennen.
Laub enthält mehr Stickstoff als Stroh, wird aber schlechter zersetzt. Das liegt am hohen Gerbsäuregehalt, der den Abbau hemmt. Vor allem Eichen-, Platanen- und Buchenlaub rottet sehr schwer. Es ist frühestens nach einem Jahr fertig zum Ausbringen als Grobkompost. Weil es unbefriedigend wäre, ständig unverrottete Blätter auszusieben, wird Laub besser getrennt kompostiert, in einem Extra-Haufen. Laub von Hecken und Bäumen direkt an einer vielbefahrenen Straße sollte nur dann kompostiert werden, wenn es auch direkt an der Straße wieder ausgebracht wird, und dann nur unter einer Zierhecke. Solches Laub ist nämlich stark belastet mit allem, was Abgase mitbringen, vor allem Cadmium und Blei. Auf den normalen Gartenkompost darf solches Material nicht.
Mist von Hühnern oder anderen Kleintieren, von Pferden, Schafen, Ziegen oder die Streu von Haustieren wie Meerschweinchen, Hamster und Katze können ohne weiteres kompostiert werden. Da er sehr stickstoffreich ist – je weniger trockenes Zuschlagsmaterial wie Stroh dabei ist, desto stickstoffreicher –, darf dieser Mist nur sparsam verwendet werden und muß immer mit dem anderen Material vermischt werden, bevor er aufgesetzt wird, sonst bilden sich Sperrschichten im Komposthaufen, die für viele Mikroorganismen undurchdringlich sind. Die Rotte läuft in solchen Häufen dann sehr ungleichmäßig und von Schicht zu Schicht anders ab.
Papier und Pappe sind ein wunderbares Futter für Regenwürmer. Je gröber der Karton, desto unproblematischer läßt er sich kompostieren, desto weniger gefährliche Zusatzstoffe wie Bleichmittel und Farben enthält er. Allerdings müssen vorher alle Plastik-Klebebänder sorgfältig entfernt und der Karton kleingerissen werden. Buntbedruckte Kartons dürfen nicht auf den Kompost. Das gilt auch für farbiges Zeitungspapier. Die bunten Druckfarben enthalten Schwermetalle, die später mit dem Grobkompost in den Gartenboden kommen. Deshalb dürfen auch Illustrierte niemals kompostiert werden. Die normale Druckerschwärze der Tageszeitung dagegen besteht in der Hauptsache aus Kohlenstoff und eignet sich gut

Geeignete und ungeeignete Kompostmaterialien

Das darf auf den Kompost	Das sollte nur begrenzt auf den Kompost	Das darf nicht auf den Kompost
Frische Pflanzenabfälle (sehr stickstoffreich)	Bananenschalen (fördern die Rotte, können aber Pestizidrückstände enthalten)	Glas Metall
Grasschnitt (sehr stickstoffreich)	Inhalt d. Staubsaugerbeutels	Kunststoffe
Wiesenheu (Vorsicht vor Samen)	Teebeutel (Metallklammer, Pappschild)	Verbundmaterialien
Mist (nur wenig nehmen)	Stroh (nur wenn viel stickstoffhaltiges Material vorhanden ist)	Chemikalien jeder Art
Küchenabfälle (gut abdecken, Rattengefahr!)	Sägespäne (nur von ungespritztem Holz)	Buntbedruckte Zeitungen, Illustrierte, Prospekte
Eierschalen (gut zerdrücken oder mahlen)		Schalen von Zitrusfrüchten
Baum- und Heckenschnitt (gut zerkleinern)	Laub (besser gesondert kompostieren)	
Haare (sehr stickstoffreich)		

als Kompostmaterial. Alles Papier muß kleingerissen oder jedes Blatt einzeln locker zusammengeknüllt werden. Ist der Kompost sehr trocken, wird das Papier angefeuchtet. Am schnellsten rottet dieses Material, wenn es in Brennesseljauche einige Zeit eingeweicht wurde. Es reicht aber auch, wenn das Zeitungspapier mit anderen Materialien gemischt aufgesetzt und der Kompost anschließend mit der Jauche übergossen wird. In jedem Fall bekommt das Papier den nötigen Stickstoff-Zuschlag. Ganz praktisch zum Kompostieren ist Papier aus dem Reißwolf: Das ist bereits im Kompost-Idealformat zerkleinert. Noch besser, wenn es Recycling-Papier war, das durch den Aktenvernichter gewandert ist, vor allem ungebleichtes, ungefärbtes: Es rottet schnell und bringt keine problematischen Zusatzstoffe mit.

Küchenabfälle wie Kaffeesatz, Teeblätter und Abfälle vom Gemüseputzen sind ein Fest für Regenwürmer und andere Mietenbewohner. Gekochte Speisereste mit Fett eignen sich nicht so gut: Das Fett kann im Kompost regelrechte Sperrhorizonte bilden, durch die weder Luft noch Wasser oder Mikroorganismen durchkönnen. Fettige Reste oder gar altes Fritierfett dürfen deshalb auf keinen Fall auf den Kompost. Solche Speiseabfälle haben noch einen Nachteil: Wenn sie nicht sehr gut abgedeckt oder gleich in einer geschlossenen Tonne kompostiert werden, locken sie Ratten an – äußerst unerwünschte Kompostbewohner. Orangen- und Zitronenschalen, die gespritzt wurden, sollen besser nicht auf den Kompost: Sie rotten schlecht oder gar nicht und fangen an zu faulen, weil die zuständigen Mikroben das gespritzte Zeug in weitem Bogen umgehen. Eierschalen müssen gut zerdrückt werden, sonst rotten sie schlecht. Ausgekämmte Haare dürfen auf den Kompost, normalerweise auch der Inhalt des Staubsaugerbeutels. Aber nicht, wenn der Teppichboden in der Wohnung mit Reinigungsmitteln in Pulver- oder Schaumform behandelt wurde, die anschließend abgesaugt wurden. Trägermaterial solcher Reinigungsmittel sind sehr oft Kunststoffe, die unverdaulich im Kompost herumliegen. Von den übrigen Inhaltsstoffen solcher Mittel ganz zu schweigen – sie gehören auf keinen Fall auf den kostbaren Kompost.

Sand oder Lehm werden dem Kompost in Spezialfällen beigemischt, wenn sie als Bodenverbesserer gebraucht werden. So läßt sich ein sehr schwerer Boden am einfachsten verbessern, wenn der nötige scharfe Sand harmonisch mit Kompost vermischt untergearbeitet wird. Dann verbindet er sich gut mit dem schweren Boden und bildet keine Sandinseln.

Glas, Metall, Kunststoffe und Verbundmaterialien aus Papier/Metall oder Papier/Kunststoffen gehören auf keinen Fall auf den Kompost: sie

Das gehört nicht auf den Kompost

verrotten nicht. Ein Joghurtbecher würde 20000 Jahre brauchen, bis er zersetzt wäre! Ölreste, Lacke, Altöl sind Gift für den Kompost, die Erde und das Grundwasser. So etwas auf den Haufen zu schütten, wäre direkte Umweltverschmutzung. Derartige Abfälle sind Sondermüll.

Das Klima, das der Kompost liebt

Wasser, Luft und Wärme brauchen die Mikroorganismen, um ihre gigantische Freß- und Verdauungsarbeit im Kompost leisten zu können. Und Nährstoffe im richtigen Verhältnis – sonst geht die Rotte schlecht oder gar nicht vonstatten.
Für ausreichende Belüftung sorgt der Gartenfreund beim Aufsetzen: Kompostmaterial festzutreten, wäre das sichere Ende des Traums von der nach Waldboden duftenden Komposterde. Geschickt untergemischtes gröberes Material wie die Stöckchen und Zweige vom Baum- und Heckenschnitt halten besonders luftig. Weil solches Material aber nicht das ganze Jahr über anfällt, lohnt es sich, ein paar Säcke solcher Ästchen aufzuheben. Wasser liefert normalerweise der Regen, in unseren Breiten eher zu viel als zu wenig. Im Winter und in regenreichen Sommern muß der Kompost deshalb vor zu viel Wasser geschützt werden. An heißen Sommertagen aber kann es schon einmal zu akutem Wassermangel kommen. Dann muß gegossen werden. Einmal pro Woche den Haufen gründlich wässern kann ausreichen. Der Komposttest, nachdem Kompostmaterial nur wenige Tropfen Wasser ausscheiden darf, wenn es in der Hand zusammengepreßt wird, ist wenig aussagekräftig: Außenliegendes Kompostmaterial ist trockener als das Innere, und nicht alle organische Masse ist so beschaffen, daß sie sich zusammenquetschen ließe; Kohlstrünke oder Baumschnitt zum Beispiel. Der Gartenfreund bekommt sowieso rasch ein Gefühl dafür, wann der Kompost gefährlich auszutrocknen beginnt. Beim Aufsetzen der Kompostmiete muß alles Material gleichmäßig feucht sein. Sind ganz trockene Substanzen wie Papier oder Stroh dabei, muß nach dem Aufsetzen mit Regenwasser oder verdünnter Pflanzenjauche gegossen werden.

Bunte Wicken rahmen die Kompostlege aus einfachen Holzlatten dekorativ ein (links). Ein Stück Schafdraht an Pfosten dient als Kletterhilfe für die farbenfrohe Umrandung. Steinplatten vor der Kompostlege sorgen dafür, daß der Eimer mit Küchenabfällen auch bei Regen ausgekippt werden kann, ohne daß die Schuhe schmutzig werden.

Wärme erzeugen die Mikroorganismen im Kompost von selbst. Sie sind aber auch von der Außenwärme abhängig: Bis +5° arbeiten die Mikroben. Sinken die Temperaturen im Kompost während des Winters darunter, erstarrt das Leben. Meint es die Sonne im Sommer dagegen gar zu gut, ist das auch von Nachteil: Regenwürmer, die in einem reifenden Kompost leben, wandern bei mehr als 18° einfach aus, in tiefere Schichten oder in den umgebenden Boden.
Viel Fingerspitzengefühl braucht der Gärtner, um das richtige C:N-Verhältnis einzuhalten. Wie viele Anteile Kohlenstoff (C) und Stickstoff (N) im Kompost stecken, ist sehr wichtig: Bakterien, wie alle Lebewesen, brauchen Stickstoff für ihren Stoffwechsel, um zu wachsen, zu leben, zu fressen und um sich ausreichend zu vermehren. In einem mit Stickstoff schlecht versorgten Kompost geht deshalb die Rotte extrem langsam vor sich – es sind einfach zu wenig hungrige Bewohner da. Im Prinzip kann ein Kompost ganz ohne tierische Zutaten wie Mist oder Horn- und Blutmehl auskommen, denn auch jedes Pflanzenteil enthält Stickstoff. Manche allerdings nur sehr wenig, und deshalb benötigt man in der Regel doch einen Zuschlag – und sei es nur in Form von Brennesseljauche, einer sehr stickstoffhaltigen Flüssigkeit. Als Faustregel für das richtige Kohlenstoff-Stickstoff-Verhältnis gilt: Auf 30 Kohlenstoffanteile kommt ein Stickstoffanteil. Einen Taschenrechner braucht der Gartenfreund dafür aber nicht – stickstoffhaltige Materialien werden einfach in sehr dünner Schicht oder sehr geringer Menge dem Kompost zugesetzt. Man kann den Haufen auch ab und zu mit verdünnter Mist- oder Brennnesseljauche begießen, um sich das Zusetzen stickstoffhaltiger Substanzen beim Aufsetzen zu sparen.

So wird der Kompost aufgesetzt

Ob Kompost in Form von freien Mieten, einer Kompostlege oder einem Silo aufgesetzt wird: Die Vorgehensweise ist immer dieselbe.
Eine Kompostmiete ist 1,20 bis 2 Meter breit. Die Länge richtet sich nach der Größe des Gartens und dem Anfall organischer Masse. Eine Kompostmiete von 2 Metern Breite und 3 Metern Länge reicht für einen 100 qm großen Garten. Es hat sich in der Praxis bewährt, zwei Mieten und einen Sammelplatz vorzusehen, wenn Platz genug vorhanden ist. Andernfalls wird das anfallende Kompostmaterial in einem luftigen Behälter gesammelt. Für diesen Zweck eignen sich Drahtgestelle ohne Ummantelung hervorragend. Alles

Abfallmaterial sofort ordentlich aufzusetzen, ist viel zu viel Arbeit. Deshalb wird erst gesammelt, bis genug Rohmaterial da ist, um die Miete aufzusetzen. An einem neu angelegten Kompostplatz wird zunächst einmal einen Spaten tief Erde ausgehoben, die der Gärtner zum Kompostieren benötigt. Zuunterst kommen zerkleinerte Äste und Zweige vom Baum- und Heckenschnitt zur Belüftung der Miete. Dann wird alles Material auf dem Boden des Sammelplatzes oder vor dem Sammelbehälter Schaufel für Schaufel gut und gründlich gemischt. Nur zerkleinerte organische Masse rottet rasch, deshalb wird Papier kleingerissen, Pappkarton zerstückelt, Staudenstengel mit einer Astschere oder mit Beil und Hackklotz in handliche Zehn-Zentimeter-Stücke zerkleinert. Kohlstrünke und sehr harte Staudenstengel kann man mit einem Hammer aufbrechen, dann zersetzen sie sich rascher. Vermutlich werden sie im ersten Kompost-Durchgang sowieso nicht aufgelöst sein, weil dieses Material sehr langsam rottet. Sperrige Gemüsereste, Zweige, verblühte Blumen und so fort lassen sich auch mit einem Häcksler zerkleinern. So eine Maschine verbraucht jedoch Energie. Die gleiche Arbeit verrichten auf längere Sicht sowieso die Mikroorganismen im Kompost. Billige Geräte sind zudem sehr laut und verstopfen schnell. Die hochwertigen Häcksler, die Hammermühlen, sind teuer und lohnen sich nur für einen sehr großen Garten oder für eine Gemeinschafts-Gartenanlage. Im normalen Hausgarten reicht eine Rosenschere, eine Astschere oder das Beil zum Zerkleinern vollkommen.

Beim Vermischen des kleingeschnittenen Kompostmaterials müssen immer weiche Pflanzenteile mit holzigen vermengt werden. Weiches – wie Rasenschnitt – backt leicht zusammen und gibt dann faulige Schichten. Rein holzige Abfälle rotten extrem langsam. Das gut gemixte Kompostiergut wird in einer handhohen Schicht über das grobe Material am Fuß der Miete gebreitet. Ist sehr wenig Stickstoffhaltiges angefallen, kann jetzt eine puderdünne Schicht Horn-Blut-Knochenmehl aufgestreut werden. Steinmehl, ebenso dünn darübergestäubt, verbessert die Kompostqualität, nimmt Überschußfeuchte auf, puffert entstehende Säuren ab und ist vor allem wichtig, wenn viele nasse Küchenabfälle mit aufgesetzt werden. Es bindet Gerüche und verhindert damit, daß sich Fliegen von dem Haufen magisch angezogen fühlen. Wo Mist zur Verfügung ist, sollte er in geringer Menge direkt unter das Kompostmaterial gemischt oder in dünnen Zwischenlagen zwischen die Schichten mit den Gartenabfällen gebreitet werden. Wird er gleich vermischt, rottet er aber besser. Statt des Steinmehls kann auch Kalk aufgestreut werden. Algenkalk ist besonders sanft, Düngekalk eignet sich ebenfalls. Auf keinen Fall dürfen Sie ungelöschten Kalk nehmen: Der Komposthaufen könnte sonst anfangen zu brennen. Dann braucht das Kompostmaterial noch eine Starthilfe in Form von Kompoststarter, guter Gartenerde oder etwas reifem Kompost.

Kompoststarter sind Präparate auf der Basis von getrockneten Kräutern und Bakterien, die hauchdünn aufgepudert werden und Leben in den Kompost bringen. Sie sind sehr nützlich, wenn ein Garten neu in Kultur genommen wird oder wenn ein Gartenbesitzer auf biologische Anbauweise umstellen will. Wo jahrelang mit Kunstdünger und Giften hantiert wurde, enthält der Gartenboden sehr wahrscheinlich viel zu wenige dieser Lebewesen. Ein Kompoststarter beschleunigt ihre Vermehrung erheblich. Er ist unverzichtbar, wenn kein Platz für eine Kompostmiete da ist und die Kompostierung in einer Tonne oder einem Thermo-Komposter abläuft. Er wird dort nach Vorschrift auf der Packung eingestreut. Später kann der Starter ohne weiteres durch eine Schaufel guter, reifer Komposterde ersetzt werden.

Wer bereits eine lebendige Gartenerde hat, der streut zwischen jede Schicht Kompostmaterial ein paar Schaufeln voll davon. Auch die, die am Anfang ausgehoben wurde, wird dafür verbraucht. Noch besser hat es der Gartenfreund, der bereits jahrelang erfolgreich kompostiert: Er hebt einfach ein kleines Häufchen fertige Komposterde auf, gegen Austrocknen sorgfältig mit einem alten Sack oder einem Stück Polyäthylenfolie abgedeckt, und setzt diese Erde dem neuen Kompost zu, wie Hefe zu einem Kuchen.

Ist die erste Schicht handhoch aufgesetzt und mit den beschriebenen Zutaten bestreut, kommt die nächste, ebenfalls 20 bis 30 Zentimeter starke Schicht gut gemischten Rohmaterials. Alle Schichten müssen locker und luftig aufgesetzt werden. Sie können höchstens mit dem Spaten leicht festgeklopft werden, damit nichts herunterfällt und die Miete eine gleichmäßige Form bekommt. Die zweite Schicht wird wieder wahlweise mit Steinmehl oder Kalk, mit Gartenerde, Kompoststarter oder Komposterde bestreut und die nächste darauf gesetzt. So wird weiter verfahren, bis die Miete ungefähr 1,50 Meter hoch ist. Das sieht anfangs gewaltig aus – aber die Miete setzt sich in den nächsten Wochen stark und ist dann kaum mehr einen Meter hoch.

Ein paar Behälter mit Deckel erleichtern die Arbeit des Aufsetzens ganz erheblich. Da ist erst einmal der für die Küchenabfälle. Sie werden im-

C:N-Verhältnis von Kompostmaterial

Extrem stickstoffhaltige Materialien
Frische Gartenabfälle
Rasenschnitt
Hühnermist
Rinder-, Schaf- und anderer Mist
Leguminosen (Gründünger)
Erbsen- oder Bohnenstroh

Materialien mit mittlerem Stickstoffgehalt
Küchenabfälle
Kohlstrünke
Kartoffelkraut

Materialien mit extrem niedrigem Stickstoffgehalt
Laub
Stroh
Baumschnitt (im Winter)
Sägespäne

mer, wenn der Eimer aus der Küche in den Sammelbehälter geleert wird, sofort mit Steinmehl oder Kalk bestreut – gegen Gerüche und Fliegen. Steinmehl und Kalk kommen aus weiteren Tonnen oder Eimern am Kompostplatz. Und dann braucht man noch einen alten Blecheimer für die Abfälle. Immer wieder schmuggelt sich nämlich trotz aller Sorgfalt Material ein, das nicht auf den Kompost gehört. Wer es nicht sofort heraussammelt, begegnet demselben Kronkorken jahrelang, schneidet sich an einer Glasscherbe oder ärgert sich regelmäßig über eine schleimige, schmutzige Plastiktüte. Falls der Gartenfreund einen Kachelofen, Holzofen oder einen offenen Kamin besitzt, benötigt er noch ein Gefäß für die Holzasche, die ebenfalls hie und da zwischen die Kompostschichten gestreut werden darf.
Ist die Miete lagenweise aufgesetzt – so, daß sie sich oben verjüngt – wird das Ganze nach Bedarf mit Regenwasser oder Pflanzenjauche angefeuchtet. Das ist nur nötig, wenn extrem viel trockenes Material wie Stroh, altes Heu oder Laub untergemischt wurde. Der Haufen braucht jetzt eine Abdeckung. Ein dünner Mantel aus Erde schützt vor Austrocknen und unterbindet alle Gerüche. Es sind allerdings schon recht üppige Erdmengen, die für eine 2 mal 3 Meter große Miete gebraucht werden. Wo diese nicht vorhanden sind, wird die Miete mit altem Gras, Stroh, Heu oder umgedrehten Grassoden abgedeckt. Bei großem Materialmangel muß eben ein alter Jutesack als Abdeckung ausreichen. So luftig und mollig eingepackt, beginnt die Rotte in der warmen Jahreszeit rasch. Im Winter braucht der Komposthaufen zusätzlichen Schutz, entweder durch ein leichtes Holzdach, das abnehmbar ist und bei Bedarf – auch bei anhaltendem Sommerregen – über die Miete gestellt werden kann, oder eine Polyäthylenfolie (kein PVC nehmen, das kann schädliche Weichmacher abgeben) wird über den Kompost gebreitet und mit Brettern oder Steinen vor dem Wegfliegen geschützt. Bei der ersten warmen Frühlingssonne muß die Plastikplane abgenommen werden, denn der Kompost braucht Luft. Wer Kleintiere hält, wird seinen nahrhaften Hügel noch zusätzlich schützen müssen: Eine Drahtabdeckung hindert Hühner daran, begeistert das ganze Material zu einem platten Haufen auseinander zu scharren, und Enten, ausgerechnet hier nach fetten Regenwürmern zu suchen.

Wenige Monate, dann ist der Kompost fertig

Wird der Kompost richtig aufgesetzt, hat er sich im Sommer in drei bis fünf Monaten in ein fruchtbares, nach Walderde duftendes Material verwandelt. Gröbere Stöckchen und Staudenstengel werden noch zu sehen sein – die werden herausgesammelt und kommen auf die nächste Miete. Umsetzen muß man einen Kompost normalerweise nicht. Wer sich die Arbeit dennoch machen möchte, bekommt ein paar Wochen früher reifen Kompost. Umsetzen kann nur bei einem Spezialkompost unverzichtbar sein, wenn nämlich Teile von Pflanzen, die krank waren, oder in Samen gegangene Wildkräuter in großer Menge kompostiert werden. Dann ist Umschaufeln nach rund zwei Wochen angebracht. Im fachmännisch neu aufgesetzten Haufen bilden sich nochmals hohe Temperaturen und töten auch den letzten Krankheitserreger oder Wildkrautsamen ab.
Den Kompost zu sieben kann man sich ebenfalls normalerweise sparen. Einzige Ausnahme: Feiner reifer Kompost, der in Saatrillen und Pflanzlöcher gegeben werden soll, wird durch ein 10-Millimeter-Sieb geworfen. Wenn der Kompost lediglich im Herbst als Dünger und Bodenverbesserer oder während der Vegetationszeit als Mulchmaterial ausgebracht wird, ist diese Mühe überflüssig. Grobe Teile werden vom Beet gerecht, mittelgrobe bleiben liegen – sie stören nicht weiter, denn während des Kompostierungsprozesses wird alles organische Material erdig-braun. Und schließlich muß ein Gartenbeet nicht saubergefegt ausschauen wie ein Küchenboden.

Soll der Kompost ganz reif werden, bevor er verwendet wird, läßt man ihn neun Monate als Miete liegen. Die angegebenen Monate sind immer warme Monate – in kalten Sommern geht die Rotte langsamer vonstatten, im Winter kommt sie ganz ins Stocken. Wenn der Kompost weder zu naß noch zu trocken ist, genügend Stickstoffanteile enthält und ein warmes, geschütztes Plätzchen bekommen hat, gibt es keinen Grund zur Unruhe; vielleicht ist das Wetter schuld, wenn er langsamer rottet als der Gartenfreund hofft.

Wird eine Kompostmiete angeschnitten und ausgebracht, kann an diesem Platz die nächste aufgesetzt werden. Der Untergrund dort ist förmlich geimpft mit Bodenlebewesen. Deshalb soll der Kompostplatz auch nicht gewechselt werden. Reicht das Material beim Aufsetzen nicht für die ganze Länge der Miete, wird der Kompost 1,50 hoch und nur so lang aufgesetzt, wie es möglich ist. Er sollte insgesamt immer mindestens einen Kubikmeter umfassen, sonst erwärmt er sich nicht richtig und kühlt auch zu rasch wieder aus. Ist mehr Kompostmaterial vorhanden, wird bei der Miete einfach angebaut. Ein solches Verfahren hat den Vorteil, daß Mikroorganismen nie ganz aus der Miete auswandern müssen, wenn sie mit ihrem speziellen Teil der Arbeit fertig sind – sie krabbeln einfach ein Stück weiter. Und es hat den zweiten Vorteil, daß der Kompost nicht zwangsweise in einem Stück im Herbst aufgebaut werden muß, wenn das meiste Material anfällt. Der Herbst ist eine sehr beliebte Zeit zum Aufbau. Zu spät ins Jahr darf das Aufsetzen aber nicht verschoben werden. Wer die Sache erst im November angeht, wenn bereits Nachtfröste und erste Schneefälle drohen, in dessen Kompost wird die entstehende Hitze nach kurzer Zeit gewaltsam abgekühlt, oder sie tritt erst gar nicht ein. Der »zweite Anlauf« im Frühjahr, den der Kompost unternimmt, ist von Spätfrösten und Regengüssen bedroht. September, spätestens Oktober sollte ein Kompost deshalb aufgesetzt sein.

Als Sammelbehälter für Kompostmaterial dient der einfache Turm aus Stahlgeflecht (oben, links im Bild). Ein fester, dunkel gestrichener Mantel aus Stahl hält die zur Rotte nötige Wärme im Komposthaufen (oben, rechts im Bild). Der Behälter wird über einen viereckigen Drahtkorb gestülpt, in dem das Kompostmaterial aufgesetzt wurde und der für die nötige Belüftung sorgt. Einfach ineinandergesteckt werden die eingekerbten Latten der Holzlege (unten). Die Bretter sind druckimprägniert und lange haltbar.

Kompost-Reife-Tests

Ein erfahrener Gärtner braucht seine Miete nur anzustechen und sieht gleich, ob der Kompost reif genug ist für den jeweiligen Verwendungszweck. Wenn die Zeit aber sehr drängt, ein Kompost vielleicht doch ein paar Wochen früher als gewöhnlich angeschnitten werden muß, ist es wichtig zu wissen, ob alle unerwünschten Stoffe bereits aus dem Komposthaufen verschwunden sind. Und wer noch keine jahrelange Erfahrung mit diesem wunderbaren Recycling der Natur hat, der kann mit einem Reife-Test die nötige Sicherheit bekommen.

Die erste Prüfung übernehmen Augen und Nase: Ist der Kompost krümelig, dunkel, sieht aus wie Walderde und riecht auch so? Ein paar grobe Teile stören nicht. Solcher Kompost ist fünf bis neun Monate alt und reif.

Ist das Material zwar erdig-dunkel, riecht bereits nach Walderde, ist aber in seinen Strukturen noch gut zu erkennen? Dieser Kompost ist drei bis fünf Monate alt, ein Grob-, Frisch- oder Mulchkompost – Bezeichnung nach Belieben – und kann zum Mulchen verwendet werden.

Der Kresse-Test gibt Aufschluß, ob Kompost zu verwenden ist oder etwa noch überschüssige Säuren enthält, die erst im weiteren Kompostierungsprozeß verschwinden. Eine Handvoll Kompost wird in eine flache Schale gegeben und angefeuchtet. Darauf werden dünn Kressesamen gestreut. Sie keimen am Fensterbrett nach zwei bis drei Tagen. Nach fünf Tagen haben sich grüne Blättchen und Stengel gebildet. Sind sie frisch-grün und sehen gesund aus, ist der Kompost in Ordnung. Sind sie gelblich, krumm und irgendwie kränklich, enthält das Kompostmaterial noch zu viel überschüssige Säuren und braucht noch etwas Zeit zum Rotten.

Wer den Schadstoff-Tester von Greenpeace oder das Merck Bodenlabor Agroquant besitzt (vgl. auch »Schutzmaßnahmen vor Umweltbelastungen«), kann den Kompost auf seinen Ammonium-Gehalt untersuchen. Ammonium entsteht beim Abbau organischer Masse. Im Verlauf des Kompostierungsprozesses soll dieses Ammonium (NH_4) weitgehend in eine organisch gebundene Form des Stickstoffs überführt werden. Enthält der Kompost noch freies Ammonium, ist er noch nicht reif.

Wenn der Gärtner aber mit dem Ausbringen des Komposts zu lange wartet, mineralisiert der Stickstoff in der Miete zu Nitrat, und das Bodenleben bekommt mit dem Kompost kein Futter mehr. Wer mit einem Teststäbchen (gibt es in den Testkästen oder in der Apotheke) den Nitratgehalt von Komposterde mißt, kann am steigenden Nitratgehalt das zunehmende Alter ablesen. Solch einen Kompost – vielleicht noch vom Vorbesitzer im Garten – sollte man nach und nach unter eigene Mieten arbeiten oder dieses Material sehr dünn und gezielt nur auf Starkzehrer-Beete streuen. Das darf nur im Frühjahr oder Sommer passieren. Im Winter, wenn die Pflanzen kein Nitrat aufnehmen, kann es ausgewaschen werden und ins Grundwasser gelangen.

Spezialkomposte

● *Laubkompost:* Wer nur wenige Laubbäume im Garten hat, kann das Laub getrost seinem normalen Gartenkompost zusetzen. Wo viele Bäume stehen, sollte er einen eigenen Kompost anlegen. Laub rottet langsamer als andere organische Abfälle, ergibt aber einen sehr guten Spezialkompost, der später wieder auf die Baumscheiben ausgebracht werden kann.

Nasses Laub bildet undurchdringliche Schichten, die jedes bißchen Luft aussperren. Es beginnt eine anaerobe Zersetzung (ohne Luft), dabei entstehen Schwefelwasserstoff, Buttersäure und Faulgase, Wurzelgifte, die das Bodenleben umbringen und auch für den Gärtner unangenehm sind: Der Haufen stinkt nämlich. Laub deshalb trocken oder halbtrocken aufsetzen, an einem windstillen Tag, damit das Ganze nicht in eine Sisyphus-Arbeit ausartet. Wenn drei Kubikmeter Fallaub da sind, reicht das für eine Miete von zwei Metern Breite und Länge.

Das Laub wird in handhohen Schichten aufgesetzt und jede Schicht entweder mit etwas Mist, mit Hornspänen oder mit einer sehr dünnen Schicht frischem Grasschnitt bedeckt. Etwas Bentonit oder gute Gartenerde muß auch dazwischen. Ist die Miete 1,50 Meter hoch, wird sie rundherum mit Erde angeworfen, damit der Herbstwind das Laub nicht fortbläst. Nach fünf Tagen ist die Hitze im Haufen am größten, nach vier Wochen ist die Temperatur auf rund 25° und die Höhe des Haufens um mindestens ein Drittel gesunken. Jetzt wird der Laubkompost einmal umgesetzt: Einfach eine Hälfte in der Länge auf die andere schaufeln – Zuschläge irgendwelcher Art sind dabei überflüssig. Wieder gut mit Erde abdecken und rotten lassen. So ein Laubkompost braucht mindestens ein Jahr, bis er fertig ist zum Ausbringen, bei kühlen Sommern länger. Wird er dorthin zurückgebracht, woher er genommen wurde – auf die Baumscheiben –, bekommen die Obst- und Zierbäume alle nötigen Nährstoffe zurück. Besonders gerne mögen Himbeeren und Erdbeeren, Rhododendren und Azaleen solchen Laubkompost: Er ist nämlich saurer als der normale Gartenkompost. Zusätze von Kalk oder Steinmehl darf er deshalb nicht bekommen.

● *Mistkompost:* Wer viel Mist bekommen kann, sollte ihn gesondert kompostieren. Große Mengen Mist im Gartenkompost sind nicht gut.

Mist, egal von welchem landwirtschaftlichen Nutztier, ist eine Nährstoffbombe, sehr feucht und dicht gepackt. Beim Aufsetzen ist deshalb besonders wichtig, daß das Material gelockert wird. Wer sich den Mist per Schubkarren holt, muß das Lockern mit der Mistgabel während des Aufsetzens erledigen und darauf achten, daß die groben Klumpen auseinandergerissen werden. Wer sich Mist anliefern läßt, sollte versuchen, daß das mit einem Anhänger mit Miststreuer geschieht. Der Landwirt soll den Mist dann durch den Miststreuer laufen lassen. Wenn dieser durch die Walzen läuft, werden größere Fladen auseinandergerissen und das Material locker aufgesetzt. Für große Gärten lohnt sich dieses Verfahren.

Besteht der Mist aus mehr Kot als Stroh, muß unbedingt Stroh, Papier, Pappe oder Sägespäne untergemischt werden. Sonst geht die Rotte nicht ordnungsgemäß vor sich. Der Haufen kann sich dann sehr stark verdichten und durch die Bildung von Merkaptan, Buttersäure, Schwefelwasserstoff und Ammoniak furchtbar zu stinken anfangen. Der Mist wird also nötigenfalls mit einem kohlenstoffreichen Material gemischt und in handhohen Schichten aufgesetzt. Auf jede 20-Zentimeter-Lage kommt etwas gute Gartenerde oder reifer Kompost. Wo beides nicht ausreichend vorhanden ist, kann Bentonit aufgestreut werden. Der Mistkompost braucht zum Reifen nicht länger als Kompost aus Gartenabfällen. Wenn die untergemischten Strohhalme in ihrer Struktur nicht mehr richtig zu erkennen sind, kann er ausgebracht werden. Aber bitte hauchdünn: Dieser Spezialkompost ist äußerst stickstoff- und kalireich.

● *Kunstmistkompost:* Das Stroh wird 80 Zentimeter hoch aufgeschichtet, mit der Brennesseljauche vorsichtig angefeuchtet und sofort gut festge-

Rhabarber, Herbstastern und eine bunte Wildkräutervielfalt wuchern rund um die Kompostlege Marke Eigenbau. Das Kompostiergut bekommt viel Luft und ist windgeschützt (oben).

Aus Pfosten und Brettern gezimmert, läßt sich die Kompostlege einfach versetzen (unten). Auf den Resten des Komposts vom letzten Gartenjahr wuchern üppig die Zucchini.

treten. Es kann auch mit Regenwasser befeuchtet, festgetreten und mit Horn-, Blut-, Knochenmehl bestreut werden. Die entstehenden Schichten sind wiederum nicht mehr als handhoch. Die fertige Miete wird mit Erde abgedeckt. Wer sich die Stampferei sparen möchte, kann das Stroh auch in einer alten Badewanne oder einer großen Kunststoffwanne einige Tage in Brennesseljauche oder Wasser baden und anschließend ganz normal aufsetzen. Dann entfällt zwar das Festtreten, aber das Aufsetzen ist schwerer. Der Kunstmistkompost braucht ebenfalls drei bis fünf Monate, bis er verwendet werden kann.

- *Erdkompost:* kann aufgesetzt werden, wenn auf einem größeren Stück Land die oberste Grasschicht abgehoben werden muß, weil ein Weg gebaut wird oder ein Gartenhaus. Die Grassoden werden mit den Wurzeln nach oben aufgestapelt. Jede Sode mit Kalk bepudern und mit einer dünnen Schicht reifer Komposterde bestreuen. Ist keine da, kann auch gekaufter Kompoststarter genommen werden. Dieser Erdkompost braucht ungefähr ein Jahr, bis er verwendungsfähig ist. Er ist sehr mineralstoffreich, aber nährstoffarm und darf als Bodenverbesserer auf alle Beete.
- *Rindenkompost:* Rinde von Nadelbäumen rottet sehr langsam. Das wachstumshemmende Tannin wird außerdem nicht überall im Garten gern gesehen. Wo viel Rinde anfällt, muß sie aber verarbeitet werden, und Kompostieren ist sicher der beste Weg.

Der Rindenkompost wird schichtweise aufgesetzt mit Zuschlägen stickstoffhaltigen Materials wie Blutmehl. Lehmige, gute Gartenerde oder Kompost müssen unbedingt hinein. Geflügel- und Kaninchenzüchter können im Rindenkompost den sehr scharfen Kot dieser Tiere wunderbar unterbringen. Der fertige Rindenkompost – ein Jahr kann er schon brauchen – ist ein hervorragender Bodenlockerer und eignet sich auch als Zusatz zur Erde im Blumenkasten.

Erste Hilfe bei Kompost-Fehlern

Hat der Kompost schimmlige Stellen und sind im Inneren richtige Nester mit einem weißlichen Schimmelpelz zu finden, dann ist er zu trocken und hat sich deshalb auch zu stark erhitzt. Die Abhilfe ist einfach: Anfeuchten, möglichst mit temperiertem Regenwasser.

Riecht der Kompost unangenehm oder fängt gar an zu stinken, dann haben sich im Innern Schichten gebildet, die keine Luft durchlassen, und das Kompostmaterial hat zu faulen begonnen. Das läßt sich einfach prüfen: Der hölzerne Stiel eines Gartengeräts – er muß unlackiert sein – wird in den Kompost gesteckt. Sind beim Herausziehen schmierige schwarze Flecken zu sehen, dann ist etwas faul im Kompost. Da hilft nur Knochenarbeit: Den Kompost herausschaufeln und neu aufsetzen (bei einem Behälter) oder auf dem Mietenplatz daneben neu aufsetzen (bei einer Miete). Ist zu viel klatschnasses Material in diesem Haufen, muß es entweder ausgebreitet einige Zeit trocknen können, oder trockenes Material wie Papier oder Stroh wird untergemischt.

Mag der schöne Kompost gar nicht rotten, kann es am Wetter liegen – in zu kühlen Sommern fehlt Wärme, da dauert es einfach länger. Wenn das nicht der Grund ist, kann die Ursache darin liegen, daß zu wenig Mikroben im Kompost arbeiten. Neu aufsetzen und einen käuflichen Kompoststarter zugeben, ist eine Möglichkeit. Der Zusatz des Bakterienkompostpräparats, das einst Ehrenfried Pfeiffer in den USA entwickelte und das von dem österreichischen Landwirt Siegfried Lübke auf europäische Verhältnisse eingestellt und umgewandelt wurde, hat Erfolge gezeitigt. Dieses Präparat aus Bakterien und Pilzen belebt erst den Kompost, später auch den Gartenboden (vgl. »Der Boden« und Anhang).

In der biologisch-dynamischen Anbauweise der Antroposophen werden eigene Kompostpräparate aus Kräutern, Eichenrinde und gemahlenem Quarz verwendet, die nach exakten Rezepten und speziellen Verfahren hergestellt sind. Diese Präparate bekommen die Mitglieder des Demeterbundes kostenlos. Eine schnelle Rotte bewirkt ein Präparat, mit dem die Engländerin Mary E. Bruce vor über fünfzig Jahren ihren Kompost impfte, und das man selbst machen kann. Ihr Rezept für eine einfache Version ihres »Quick Return«-Kompostpräparats:

Wilde Kamille, Löwenzahn, Gewöhnlicher Baldrian, Schafgarbe, Brennessel und Eichenrinde in getrockneter Form werden benötigt. Diese Kräuter und die Rinde kann man selbst sammeln und trocknen. Es gibt sie heute aber auch in guten Gartenfachgeschäften oder in der Apotheke zu kaufen, denn aus dem einen oder anderen Pulver läßt sich ein sehr gutes biologisches Schädlingsbekämpfungsmittel machen.

Von jeder Pulversorte wird ein Teelöffel genommen. Dann braucht man noch einen Teelöffel Milchzucker und einen Tropfen Honig: beides miteinander mischen. Die Zucker-Honig-Mischung und die Kräuterpulver werden miteinander vermengt und in einem Schraubglas aufbewahrt. Wird das Präparat gebraucht, setzt man es so an: So viel Pulver »als sich auf ein Zehnpfennig-

stück häufen läßt« (also etwa ein knapper Teelöffel) in einem halben Liter sauberem Regenwasser auflösen. Gut schütteln und 24 Stunden stehenlassen.
Danach bohrte Miss Bruce mit einem alten Besenstiel im Abstand von 20 Zentimetern Löcher in ihren Kompost, füllte in jedes exakt sechs Eßlöffel ihrer Tinktur und stopfte die Löcher wieder mit trockener Erde zu. Die Methode ist so wirksam, daß die Abtei Fulda eine Rezeptur der Mary Bruce als »Humofix-Schnellkompostpulver« übernahm und verkauft.
Vielleicht fehlt es auch am Besatz durch Regenwürmer? Kompostwürmer kann man kaufen. Eigentlich sollte man meinen, daß die Tierchen von alleine in den Kompost wandern. Aber auf Neubaugrundstücken und in durch Gifte und Kunstdünger strapazierten Gärten sind oft zu wenige im Boden. Da lohnt sich der Bau einer Wurmkiste, in der die fleißigen roten Kompostwürmer sich sehr gut vermehren:
In den Boden einer etwa 40 × 40 Zentimeter großen und 20 Zentimeter hohen Holzkiste werden acht Löcher gebohrt, damit Wasser abfließen kann. Das Holz darf nicht lackiert oder mit einem Holzschutzmittel behandelt sein – das könnte die Würmer umbringen. Unter die Kiste stellt man ein Gefäß, das überschüssiges Wasser auffängt. Während des Sommers steht die Kiste auf dem Balkon oder im Garten, aber nie in der prallen Sonne. Weil die Würmer frostempfindlich sind, überwintern sie in einem frostfreien Kellerraum. Unten hinein in die Kiste kommt eine drei Zentimeter starke Schicht guter Gartenerde oder Kompost. Darauf werden die Regenwürmer gekippt. Jetzt wird über Nacht eingeweichtes Zeitungspapier, schön zerknüllt, über die Würmer gelegt. Eine Schicht Papier, eine Schicht Küchenabfälle, eine Schicht Papier und so fort, bis die Kiste gefüllt ist. Nicht zu viele Abfälle hineingeben, sonst riecht die Kiste unangenehm. Obenauf kommt ein Fliegengitter aus Metall oder Kunststoff, damit sich keine unerwünschten Bewohner einnisten. Wenn sich die Würmer sichtlich stark vermehrt haben, können einige herausgenommen und in den Kompost gesetzt werden. Ist der richtig aufgesetzt und hat die heiße Phase bereits hinter sich, bleiben die Würmer darin. Soll der Wurmkot gewonnen werden, wird die Fliegengaze abgenommen und ein Korb oder ein grobmaschiges Sieb mit Kaffeesatz oder Teeblättern (mögen die Würmer besonders gerne!) auf die Kiste gesetzt. Der Großteil der Würmer wird dort hineinwandern. Dann kann die Erde aus der Kiste genommen und gesiebt werden. Neue Erde wird eingefüllt, grobe Stücke und unverdaute Küchenabfälle werden wieder zurückgekippt und die Kiste neu gefüllt. Der ausgesiebte Regenwurmkot ist ein exquisiter Dünger für Blumentöpfe, Balkonkästen und natürlich für den ganzen Garten.

So wird Kompost im Garten verwendet

Frisch- oder Grobkompost kann je nach Zerkleinerung des Materials und je nach Zusätzen im Sommer schon nach sechs Wochen gebrauchsfertig sein. Er darf allerdings nur auf lebendige, leichte bis mittelschwere Böden. Schwere, tonige Gartenböden können ihn kaum verdauen. Frischkompost ist ein wunderbares Mulchmaterial (vgl. nächstes Kapitel), das allerdings wiederum mit Rasenschnitt, Gemüseresten oder ähnlichem abgedeckt werden sollte, damit es seine Lebendigkeit behält und nicht von Wind und Sonne ausgedörrt wird.
Reifekompost ist in drei bis fünf warmen Monaten fertig. Eine Schicht von einem – bis zu fünf – Zentimeter über den ganzen Garten davon, und er braucht kaum zusätzliche Düngemittel.
Kompost darf auf alle Gemüsebeete, auf alle Blumenbeete, auf Baumscheiben und zwischen Obststräucher. Ist wenig vorhanden, wird er in Pflanzlöcher gestreut, in die Saatrillen des Kartoffel- und des Gurkenbeets. Reifer Kompost darf getrost mit den Wurzeln der Pflanzen in Berührung kommen, im Gegensatz zum Grobkompost, der Fäulnis hervorrufen könnte. Kompost wird im frühen Herbst auf den Beeten verteilt. Auch im Frühjahr kann er noch aufgebracht werden. Er darf immer nur ganz leicht mit dem Rechen eingearbeitet werden, niemals untergegraben. Ist die Erde gefroren, darf kein Kompost darauf, wegen der Gefahr der Nitrat-Auswaschung, und weil die in gutem Kompost vorhandenen Lebewesen keine Rückzugsmöglichkeit mehr hätten und absterben würden.
Reifekompost enthält, je nachdem, aus welchen Materialien er entstanden ist, drei Prozent Stickstoff, drei Prozent Phosphor und bis zu drei Prozent Kali. Er ist also ein hochwertiger Dünger. Reifekompost darf auch unter die Erde für den Blumenkasten gemischt werden. Wo er aber niemals hingehört, das ist der Aussaatkasten. Reifekompost ist viel zu nährstoffreich und würde den keimenden Sämlingen schaden.
Wenn er den reifen Kompost ausbringt, sollte der Gartenfreund nie vergessen, eine Portion davon sorgfältig abgedeckt aufzuheben: Dieser Kompost ist die Starthilfe für die nächste Kompostmiete.

Mulchen, die Bodenbedeckung

Offenen Boden gibt es nur in der Wüste

In der Natur gibt es nur in den Wüsten dauerhaft offenen, unbedeckten Boden. Auf jedem Fleckchen normaler Erde, dessen schützender Pflanzenbewuchs aus irgendeinem Grund aufgerissen wurde, sprießt in wenigen Tagen eine neue Schutzdecke – aus Samen, die vielleicht schon Jahre im Boden gelegen haben. Der biologisch arbeitende Gartenfreund gibt seinen Gartenbeeten auch so eine lebendige grüne Decke, wenn er jedes freie Stück mit einer schnellwachsenden Gründüngerpflanze einsät (vgl. »Düngung und Bodenverbesserung«). Es gibt aber noch eine zweite Art, den Boden ständig geschützt zu halten: Das Bedecken mit organischem Material, das Mulchen. Auch dafür gibt es ein Vorbild in der Natur – den stets mit Laub, Nadeln und verwesenden Organismen bedeckten Waldboden in einem naturgemäßen Mischwald. Kein Fleck im biologischen Garten sollte ohne eine organische Schutzhülle bleiben. Wer die Wunderwelt des lebendigen Bodens kennt, wer um die spürbaren Bedrohungen dieser dünnen fruchtbaren Schicht weiß, der wird sie schützen wollen. Das Mulchen, fein abgestimmt auf die Bedürfnisse der unterschiedlichen pflanzlichen Gartenbewohner, ist ein idealer Schutz, Verdunstungsbremse, Erosionsverhinderer und Nährstofflieferant zugleich. Das Wort »bedecken« kommt aus dem althochdeutschen »tungen«, woraus heute »düngen« geworden ist. Der »Tung« war eine dicke Decke aus Stallmist, mit der Erdgruben im Winter abgedeckt wurden, damit die darin gelagerten Vorräte keinen Frost abbekamen. »Düngen« hieß für unsere Vorfahren also, den Boden mit organischem Material zu bedecken – und eben das tun die Nachfahren, wenn sie mulchen. Die Hülle aus abgestorbenen Pflanzenteilen verrottet je nach Material mehr oder weniger rasch und liefert Humus- und Nährstoffnachschub an den Boden.

Unauffällig braun werden die Rhabarberblätter, mit denen dieses Gemüsebeet gemulcht wurde. Die Bodendecke verhindert, daß sich Wildkräuter in dem Mischkultur-Beet breitmachen. Brokkoli und Zwiebeln, junger Salat und Kohlpflänzchen gedeihen bestens mit dieser schützenden Bodendecke (links).

Die Vorteile des Mulchens

- *Entwicklung des Bodenlebens:* Regenwürmer kommen bis an die Oberfläche und ziehen die abgestorbenen Blätter und Halme in den Boden hinein, wo sie von den Würmern gefressen, von Mikroorganismen aufgebrochen, von Asseln zerschnitten werden. Viel Futter bedeutet in einem aktiven Boden auch eine rege Vermehrung des Bodenlebens. Der Boden wird besser belüftet, ohne daß durch die vielen Wurmgänge und Poren unnötig Wasser verlorenginge: Die Mulchdecke hält es zurück.
- *Entstehung von Kohlensäure:* Bei der lebhaften Zersetzungsarbeit der Bodenlebewesen entstehen die wertvollen Ton-Humus-Komplexe und Nährstoffe für die Pflanze. Die Mulchdecke ist, leicht in die oberste Erdschicht eingearbeitet, eine langsam, aber stetig fließende Dünger-Quelle. Beim Abbau organischer Substanz durch die Bodenlebewesen wird die sogenannte »bodenbürtige Kohlensäure« freigesetzt und sprudelt aus jeder noch so kleinen Spalte im Boden. Für die Pflanzen liefert sie prächtigen und bequemen Nachschub an Kohlenstoffen, die sie für ihren Aufbau brauchen. Sie nehmen die Kohlensäure durch die Spalten an den Blattunterseiten auf und verarbeiten sie weiter. Pflanzen auf einem gemulchten Beet sehen deshalb meist grüner und praller aus als solche, die auf nacktem Boden wachsen müssen. Profi-Gärtner machen sich den Kohlensäure-Hunger der

Kulturpflanzen zunutze, indem sie Gewächshäuser mit Kohlensäure begasen. Das Verfahren bringt erhebliche Ertragssteigerungen, aber es ist teuer. Der biologisch arbeitende Freizeit-Gärtner bekommt die Kohlensäure reichlich und gratis.

- *Stabile Krümelstruktur:* Erhält der Boden durch die große Aktivität der Bodenlebewesen und durch den Schutz vor mechanischen Angriffen (heftige Platzregen, die empfindliche Böden sofort zerschlagen und verschlämmen; auch der Wind greift an und trägt leichte Krümel aus dem Garten fort; die Sonne schließlich trocknet den Erdboden aus, läßt ihn hart und rissig werden. Vor all diesen Bedrohungen schützt die Mulchdecke und erhält damit die Bodengare).
- *Weniger Hackarbeit:* Auf einem richtig gemulchten Beet muß der Boden nicht mehr mechanisch gelockert werden. Auch zur Beseitigung unerwünschter Wildkräuter wird die Hacke nicht mehr gebraucht: Die Mulchschicht unterdrückt diese Kräuter, hindert sie am Keimen oder läßt sie durch Lichtmangel nicht oder nur sehr schwach wachsen.
- *Gleichmäßigere Bodentemperaturen:* Der Boden kühlt nicht mehr so rasch aus und heizt sich auch nicht mehr übermäßig auf. Das Bodenleben kann ungestört wirken.
- *Weniger gießen:* Weil die Austrocknung des Bodens verhindert wird, muß auch viel weniger gegossen werden. In manchen Sommern kann man auf das Wässern ganz verzichten – wenn konsequent gemulcht wurde.

Die Mulchmaterialien

Zum Mulchen kann alles an organischen Abfällen hergenommen werden, was im Garten anfällt. Kohlblätter, die Hüllblätter vom Salat, abgeschnittene verwelkte Blüten, oder abgehackte Wildkräuter, sofern sie noch keine Samen tragen. Ausgerissene Wildkräuter mit Wurzeln und solche, die sich über Wurzelstücke vermehren, dürfen nicht zum Mulchen genommen werden. Grasschnitt, selbstgemachtes Heu, Sägespäne, und Laub eignen sich ebenfalls, auch kleingeschnittenes Papier. Das sollte allerdings vorher angefeuchtet und mit etwas Erde als Zwischenschicht einige Wochen zu einer Art Kompost aufgesetzt werden. Obsttrester, kleingehäckselter Baum- und Strauchschnitt und Stroh können verwendet werden. Zum Herstellen von Mulch-Häcksel für große Gärten ist ein Häcksler sinnvoll. Verwendet wird auch Grobkompost, der allerdings seinerseits wieder durch eine schleierdünne Schicht aus angewelkten organischen Abfällen abgedeckt werden sollte. Wird solches Material verwendet, so spricht man statt vom Mulchen auch von Flächenkompostierung: Die organische Masse darf nicht auf einem Haufen, sondern flächig ausgebreitet rotten, was dem Vorbild der Natur entspricht. Wildkräuter, die in einer Gartenecke wachsen oder die in Wald und Flur gesammelt wurden, liefern nicht nur organische Masse, sondern teilweise auch nährende und heilende Substanzen für strapazierte oder besonders hungrige Gartenböden. So sind Farnkraut und Beinwellblätter besonders kalireich, Brennesseln sehr stickstoffhaltig, Wermut hilft gegen den Säulenrost bei Johannisbeeren.

Mulchmaterialien haben einen ganz unterschiedlichen Stickstoffgehalt (vgl. auch Tabelle in »Der Kompost«). Bei jedem Abbau organischer Masse aber brauchen die Bodenlebewesen Energie, Eiweiß und Stickstoff. Wird Mulchmaterial verwendet, das sehr viel Kohlenstoff und sehr wenig Stickstoff mitbringt, suchen sich die Bodenlebewesen den zum Abbau nötigen Stickstoff im Boden selbst. Dieser Stickstoff fehlt aber dann den Pflanzen. Deshalb muß der Boden unter einer Stroh- oder Sägemehlmulchschicht oder einem anderen stickstoffarmen Material immer zuvor besonders gut mit einem stickstoffhaltigen Düngemittel versorgt werden.

Wer einen kleinen Garten hat, wo nur wenig Mulchmaterial anfällt, der ist froh über Gekauftes. Rindenmulch in Säcken eignet sich ausschließlich für Zierpflanzen und für Hochstaudenbeete, Sträucher, Bäume und Rosen. Die enthaltene Gerbsäure hat eine leicht herbizide Wirkung – der Rindenmulch unterdrückt erfolgreich unerwünschte Wildkräuter, weil er sie bereits am Keimen hindert. Wird er dick genug aufgetragen, nimmt er ihnen auch das Licht und hindert Wurzelwildkräuter am Aufwachsen. Wichtig ist, nur qualitativ hochwertigen Rindenmulch zu kaufen. Cartalit besteht aus gehäckseltem Schilf und gemahlenen aromatischen Pflanzen. Dieses Mulchmaterial rottet durch seinen hohen Anteil an Lignin und Zellulose sehr langsam und fault nicht, kann also dick gemulcht werden. Da Schilf spitze, messerscharfe Kieselkristalle enthält, ist es auch ein Schutz vor zuwandernden Schnecken. Sie überkriechen diese Barriere ungern. Drei Säcke à 100 Liter Inhalt genügen für 100 qm Beetfläche. Das Schilf stammt übrigens vom Neusiedler See in Österreich, der in Teilen unter Naturschutz steht. Dort muß das Schilf immer wieder geschnitten werden, damit der See nicht im Laufe der Zeit vollkommen verlandet. Auch mit Polyäthylen-

Folie kann man mulchen. Schwarze Mulchfolie, gelocht oder geschlitzt, wird beispielsweise mit Erfolg auf Erdbeerbeeten eingesetzt. Sie unterdrückt Wildkräuter, hält den Boden feucht und schützt ihn vor Wind und Wetter. Unter der schwarzen Folie erwärmt sich der Boden im Frühjahr besonders rasch und läßt die Erdbeeren eher blühen. So kann das erste Obst im Jahr zeitiger geerntet werden. Eins aber vermag die Mulchfolie nicht: Nährstoffe liefern. Der Boden kann nur über flüssige Jauchen mit Nährstoffnachschub versorgt werden. Das mag für eine Gartensaison angehen. Soll die Folie länger liegenbleiben, könnte es Probleme mit dem Humus- und Nährstoffnachschub geben.

So wird's gemacht: Gemüsebeete mulchen

Am Frühjahrsbeginn werden alle Reste der Mulchschicht vom letzten Winter entfernt, damit sich der dunkle Boden schnell erwärmen kann. Säen und pflanzen wie gewohnt. Im April, Mai – je nach Witterung – wird gemulcht. Dazu eignen sich der erste Rasenschnitt, Gemüseabfälle wie die Blätter vom Winterrosenkohl oder Spinat, der nicht in der Küche verwendet werden kann. Er wird einfach abgehackt, die Wurzeln bleiben im Boden und verrotten langsam. Kleingeschnittene Brennesseln sind eine Labsal für das Bodenleben und führen zu einer rapiden Vermehrung der fleißigen Bodenbakterien. Aber Vorsicht: Brennnesseln brennen auch noch, wenn sie längst verwelkt und kaum mehr als Brennesseln zu erkennen sind! Auf solchen Beeten immer nur mit Handschuhen arbeiten und ernten. Comfrey oder Beinwell und Farnblätter sind ein hervorragender Mulch für Kartoffelbeete, da sie sehr kalihaltig sind. Alles grüne Mulchmaterial muß erst etwas anwelken, bevor es auf das Beet darf. Grünes Mulchmaterial ist stickstoffhaltig und braucht keine zusätzliche Versorgung. Es wird nur dünn über das Beet gestreut, damit sich keine faulenden Placken bilden, und öfter nachgestreut, weil es sich rasch abbaut. Setzlinge darf es nicht berühren, sonst kann es zu Fäulnis führen. Ebenso wie der Grobkompost, welcher in einer dünnen Schicht zwischen den Gemüsereihen verteilt wird. Er sollte mit etwas frischem Material, Grasschnitt oder altem Heu etwa, ganz dünn abgedeckt werden. Trockenes Mulchmaterial wie altes Heu oder Stroh darf bis zu 15 Zentimeter hoch auf das Beet. Darunter kommt etwas Hornmehl oder Reifekompost als Stickstofflieferant. Das helle Stroh nicht zu zeitig im Jahr ausbringen – der Boden darunter erwärmt sich nur langsam. Heu ist dunkler. Es darf keinerlei Grassamen mehr enthalten. Gehäckseltes Schilf eignet sich, auch kleingeschnittenes Papier. Braucht man später im Jahr eine neue Sä- oder Pflanzreihe, wird die Mulchschicht an dieser Stelle einfach beiseite geschoben und gesät oder gepflanzt wie gewohnt. Über Saatreihen wird das Mulchmaterial nur zwei Zentimeter dick aufgeschichtet. So hält es die keimende Saat feucht und läßt genug Licht durch, damit die Keimlinge gesund aufwachsen können. An Setzlinge wird das Mulchmaterial einfach wieder herangeschoben.

Staudenbeete mulchen

Hier kann Material verwendet werden, das drei bis fünf Jahre hält. Dazu eignen sich Rindenmulch, Farn, Stroh, Laub, Hobelspäne, Sägemehl – lauter extrem stickstoffarme Materialien, die also eine gute Versorgung des Bodens mit Stickstoff voraussetzen. Vor dem Ausbringen der Mulchschicht wird der Boden gut mit Grob- oder Reifekompost versorgt. Der eine oder andere Guß aus der Jauchekanne oder aufgestreutes Horn-, Blut-, Knochenmehl sorgen während des Sommers und in den nächsten Jahren für Nachschub. Sollte das Mulchmaterial stark zusammensitzen, wird es ab und zu aufgerecht, damit es wieder luftig auf dem Staudenbeet liegt.

Beerensträucher und Hecken mulchen

Hier darf der Mulch ebenfalls drei bis fünf Jahre liegen. Es eignet sich dasselbe Material wie für das Staudenbeet, außerdem noch Laub- und Nadelstreu. Letzteres fällt zum Beispiel an, wenn der Weihnachtsbaum im Garten abnadelt. Laub und Nadeln sind ein säuerliches Material – Beerensträucher lieben das. Die Versorgung mit Stickstoff nicht vergessen! Beerensträucher brauchen mehr davon, eine Mischhecke kommt ohne solchen zusätzlichen Dünger aus, wenn sie all ihr eigenes Laub behalten darf. Es wird im Herbst einfach unter die Hecke geschaufelt und bei Bedarf angefeuchtet oder mit etwas Erde beschwert, damit es nicht fortfliegt.

Obstbäume mulchen

Auf Baumscheiben von Obstbäumen dürfen auch grüne oder dauerhafte Mulchschichten, vor allem aber das eigene Laub. Hier hat der Mulch noch einen Nebeneffekt: Bleibt er im Frühjahr liegen und wird nicht weggezogen wie auf den Gartenbeeten, erwärmt sich der Boden später und die

Mit einer dicken Schicht Heu wurde der Boden rund um die jungen Tomatenstöcke gemulcht (oben links). Das Gras darf keine Samen tragen, wenn es zum Mulchen verwendet werden soll.

Grobes Stroh bekommt den Beerensträuchern als Mulchdecke gut (oben). Die Auflage darf ruhig etwas dicker sein.

Kopfsalat, Wirsing und Maizwiebeln bekommen eine dünne Mulchschicht aus angetrocknetem, jungem Grasschnitt (unten links). Weil sich Schnecken unter einer dicken Mulchdecke besonders wohl fühlen, wird auf dem Gemüsebeet nur eine Schicht aufgebracht. Sie muß öfter erneuert werden, weil das stickstoffhaltige Gras rasch verrottet.

Frische Holzwolle schützt das Erdbeerbeet vor dem Austrocknen (rechte Seite, oben). Das lockere Material bietet Schnecken wenig Schutz und schützt die reifenden Früchte vor Erdspritzern.
Zwischen die Erdbeeren gesteckte Zwiebeln oder Knoblauchzehen wachsen ungehindert durch die Holzwolle.

Unter schwarzer Mulchfolie erwärmt sich der Boden auf dem Erdbeerbeet besonders gut (rechte Seite, unten). Die Erdbeerpflänzchen werden durch Kreuzschlitze in der Folie gepflanzt. Die Wege zwischen den Beeten bedeckt Rindenmulch.

Blüte verschiebt sich. Dadurch sind die Bäume besser vor den Folgen der Spätfröste geschützt.

Mulchen gegen unerwünschte Wildkräuter

Wildkräuter aus Samen werden von einer 15 Zentimeter starken Mulchschicht aus locker aufgeschichtetem Heu oder Stroh fabelhaft unterdrückt. Auch Rinde wirkt so gut, daß Hacken praktisch überflüssig wird. Hartnäckige Wurzelwildkräuter wie Quecke, Acker- oder Zaunwinde und die Brennessel – die im biologischen Garten in einer stillen Ecke sehr gern gesehen ist, aber weder im Gemüsebeet noch zwischen den Himbeeren – wird man auf andere Weise los: Den Boden mit Reifekompost versorgen und lockern. Dann kommt eine ein bis zu zwei Zentimeter starke Schicht aus Wellpappe auf das Beet. Zeitungspapier geht zur Not auch, muß aber genau beobachtet werden – es fault leicht. Durch diese Pappe- oder Papierschicht kommen weder Quecken noch Zaunwinden durch. Sie wachsen am Boden entlang, gelb und kraftlos, sterben von alleine ab oder können im Herbst leicht restlos herausgezogen werden. Zwischen Beerensträuchern hat sich diese Mulchmethode besonders gut bewährt. Damit es hübscher aussieht, werden Papier oder Pappe mit Erde oder angerottetem, kleingehäckseltem Stroh bedeckt. Auch Grobkompost kann verwendet werden – er sorgt für einen langsamen Düngerfluß durch das Zellulosematerial hindurch.

Neubaugrundstücke mulchen

Kein Fleck Erde darf im biologisch bewirtschafteten Garten unbedeckt in den Winter kommen – auch ein Neubaugrundstück nicht. Wurden im Sommer Gründüngungspflanzen angebaut, läßt man sie abfrieren, tritt oder mäht sie um. Sie ergeben eine hervorragende Mulchschicht. Wenn trotz des Neubaus noch ein paar alte Obstbäume stehen bleiben durften, kann ihr Laub zu einer speziellen Flächenkompostierung hergenommen werden. Es wird auf dem Grundstück verteilt und leicht in die Erdoberfläche eingearbeitet, so daß es gerade Kontakt hat mit der Erde. Dann kommt ein stickstoffhaltiger organischer Dünger wie zum Beispiel Hornmehl in einer puderdünnen Schicht darauf. Ganz sicher in der Wirkung sind spezielle Flächenkomposter-Präparate, die nach Anweisung aufgestreut werden. Sie sorgen dafür, daß das an sich hartnäckige Laub bis zum Frühjahr schon sehr gut verrottet, der Neubauboden mit Humus angereichert und locker geworden ist. Solch eine Flächenkompostierung kann man auch mit einem im Herbst frisch umgestochenen Beet machen.

Schnecken und Wühlmäuse – ein Problem?

Schnecken, so klagen Gartenbesitzer immer wieder, fühlen sich unter der dunklen, feuchten Mulchschicht pudelwohl und vermehren sich ungehindert. Mit ein paar Vorsichtsmaßnahmen kann man eine Schneckenplage verhindern:
In stark gefährdeten Gärten – zum Beispiel angrenzend an eine landwirtschaftlich genutzte Wiese oder einen Bach – eignen sich gehäckseltes, spitziges Stroh und das kieselsäurehaltige Cartalit gut zum Mulchen. Grundsätzlich ist eine lockere Mulchschicht besser als eine dünne, stark zusammengeklebte – darunter feiern die Schnecken wirklich fröhliche Urständ. Unter dem lockeren Stroh werden natürliche Schneckenfeinde wie Igel und Spitzmaus viel schneller fündig, als wenn sie erst in Erdspalten nach den schleimigen Tierchen suchen müßten. Werden zusätzlich im Garten Bretter ausgelegt, kann man die Schnecken morgens unter dem Holz ablesen. Diesen Unterschlupf ziehen sie nämlich jeder noch so schönen Mulchdecke vor. Ist das grüne Mulchmaterial angewelkt, bevorzugen die Schnecken dieses Grünzeug vor den Setzlingen. Und sie können in der Dämmerung – an Regentagen auch während des Tages – leicht von dieser Mulchschicht abgesammelt werden. Grobkompost von schlampig aufgesetzten und nicht gut abgedeckten Kompostmieten kann Schneckeneier enthalten. Den Kompost deshalb immer korrekt aufsetzen, die Schichten mit dem Spaten leicht anklopfen und die Miete oder den Haufen am Schluß gut und dick abdecken. Dann nisten sich Schnecken höchstens in der obersten Abdeckschicht ein, die sowieso nicht aufs Gartenbeet soll, sondern in die nächste Kompostmiete eingearbeitet wird – wo Schneckeneier in der entstehenden Hitze zerstört werden. Altes Mulchmaterial vom Winter darf nicht mehr auf die Beete, falls hier im Herbst Schnecken Unterschlupf gefunden oder Eier gelegt haben. Dieses Material auf den Kompost geben und im April oder Mai mit frischem mulchen. Ist die Schneckenplage sehr schlimm, kann man im Sommer für einen oder zwei Tage die Mulchschicht wegziehen. Die Schneckeneier liegen unter der Mulchschicht an der Erdoberfläche. Sie können entweder durch Übergießen mit mindestens 60° heißem Wasser zerstört werden. Oder Nachbars Ente bekommt ein Festmahl. Man kann auch den Singvögeln das Feld überlassen: Nach ein bis zwei Tagen ist meist alles weggeputzt.

Wühlmäuse nisten sich gerne im Wurzelbereich von Obstbäumen oder Sträuchern über Winter ein. Hier hilft eine Jauche aus Holunderblättern, die mitsamt den gerotteten Blättern in die Gänge gegossen wird – in jedes Loch einen kräftigen Guß. Vor diesem Geruch fliehen die Wühlmäuse meist. Obstbäume auf einer Streuobstwiese, die normalerweise immer von einigen Wühlmäusen besiedelt ist, nicht mulchen: Hier sorgt der dauerhafte Grasbewuchs für eine schützende Decke.

Was tun, wenn die Mulchschicht nicht verrottet?

Wo kein Dauermulch erwünscht ist, soll die Mulchdecke verrotten und Futter für die Bodenlebewesen liefern. Falls das nicht funktioniert und der Mulch nur lappig und unverändert auf dem Boden liegt, kann das an mehreren Faktoren liegen: Wenn der Boden zu sauer ist, setzt sich das organische Material schlecht um, weil zu wenige Bodenlebewesen vorhanden sind. pH-Wert überprüfen, notfalls kalken.

Wenn stickstoffarmes Material gewählt wurde, kann Stickstoffmagel ein Grund sein. Die organische Verrottungsschicht kräftig mit Brennesseljauche anfeuchten oder Hornmehl darüberstreuen. Im nächsten Jahr unbedingt angerotteten Mist oder einen ähnlichen organischen Stickstoffdünger unterlegen. Auf sehr »gequälten« Böden, die vielleicht jahrelang mit Kunstdüngern traktiert, mit Giften gespritzt wurden und kaum Humusnachschub bekommen haben, fehlen vielleicht einfach die nötigen Bodenmikroben. Sie können in Form von getrockneten Präparaten aufgebracht werden. Dazu eignen sich Flächenkomposter-Präparate wie Radivit. Gezielt mit Bodenbakterien versorgt werden die Böden durch das Bakterienpräparat nach Ehrenfried Pfeiffer (vgl. Anhang). Es enthält rasch wirkende Aufbaubakterien, langsam wachsende, stickstoffbindende und humuserzeugende Organismen.

Mischkultur und Fruchtwechsel

Mischkultur – der Natur abgeschaut

Monokulturen sind eine Erfindung der Menschen. In der Natur gibt es nirgends diese einseitigen, lebensfeindlichen Bepflanzungen, die wir bedrückend und deutlich im dunklen Stangenacker eines reinen Fichtenwaldes erleben können. Auf einer Wiese, einem Ackerrand, an einem Bach wachsen ganz bestimmte Pflanzengesellschaften zusammen, leben dort zusammen mit ganz bestimmten Tieren. In ihrem Lebensraum, dem Biotop, bilden sie eine Lebensgemeinschaft, eine Biozönose. Im Hausgarten bestimmt der Gärtner, auf welches Beet welche Pflanzen kommen, was er essen, woran er sich erfreuen möchte. Wenn er Gespür entwickelt für Pflanzengemeinschaften, für Kräuter, Blumen und Gemüsearten die sich gegenseitig positiv beeinflussen, kann er fast so etwas wie eine Biozönose in seinem Garten schaffen. Monokulturen gibt es im biologischen Gartenbau nicht. Sinnvoll und geplant, dennoch bunt und farbenprächtig wachsen hier die Pflanzen nebeneinander. Diese Mischkultur ist eine der wichtigsten Maßnahmen, um Pflanzen gesund zu erhalten. In Monokulturen läuft der Kartoffelkäfer oder die Ameise mit der Blattlaus auf dem Rücken ganz gemütlich von Pflanze zu Pflanze. Krankheitserreger brauchen höchstens einen Windhauch, um sich auszubreiten. Mischkulturen machen Schädlingen das Leben schwer. Hier müssen sie lange Wege zurücklegen, stoßen auf Pflanzen, die sie »nicht riechen« können; auf Tiere, die ihre natürlichen Feinde sind. Krankheiten werden abgebremst durch die großen Abstände zwischen gleichen Kulturpflanzen. Und der Boden wird nicht ausgelaugt durch eine einzige Pflanzenart auf einer großen Fläche. Wird eine sinnvolle Fruchtfolge eingehalten, ist auf dem Beet auch in der nächsten Gartensaison der Boden bereit und gesund für neue Anpflanzungen.

Prächtig und gesund gedeihen Tomaten und Kohlrabi, Kopfsalat und Gelbe Rüben in Mischkultur. Ein Streifen Ackerbohne sorgt für Windschutz und Stickstoffnachschub im Boden. Auf dem Staudenbeet im Hintergrund gedeihen Rittersporn und Mohn, Rosen und Margeriten bunt nebeneinander (links).

Fruchtfolgen – damit der Boden munter bleibt

Daß auf einem Beet nicht jedes Jahr die gleiche Frucht angebaut werden kann, ist eine sehr alte Erkenntnis, die aus der Landwirtschaft kommt. Jede Pflanze entzieht dem Boden ein bestimmtes Potential an Nährstoffen und fügt eigene Wurzelausscheidungen hinzu. Nur wenige Pflanzen – zum Beispiel die Tomate – fühlen sich im Dunstkreis der eigenen Wurzelausscheidungen vom Vorjahr wohl, und alle leiden unter Nährstoffmangel, wenn sie auf ein einseitig ausgelaugtes Beet kommen. In der Landwirtschaft entstand so die Dreifelderwirtschaft. Der Wechsel zwischen Sommergetreide, Wintergetreide und Hackfrucht beziehungsweise Futterpflanze ließ den Feldern Zeit, sich zu regenerieren. Im biologischen Gartenbau sehen die Fruchtfolgen den dreijährigen Wechsel von Starkzehrern, Mittelzehrern, Schwachzehrern vor, immer angebaut in Mischkultur, das heißt mehrere Pflanzenarten auf einem Beet reihenweise nebeneinander oder in der Reihe gemischt. Interessant ist das System der fränkischen Gutsfrau Gertrud Franck, die ein eigenes Mischkulturen-System erprobte, bei dem die Fruchtfolge von Schwach- und Mittelzehrern auf Starkzehrer vollkommen vernachlässigt werden kann. Darauf kommen wir weiter unten.

Eine dreijährige Fruchtfolge ist eine einfache und arbeitssparende Arbeitsweise. Im Herbst kommt auf das erste Beet eine kräftige Schicht verrotteter Mist, Steinmehl und Kompost. Hier werden im Sommer darauf Starkzehrer wie Kohlarten, Kar-

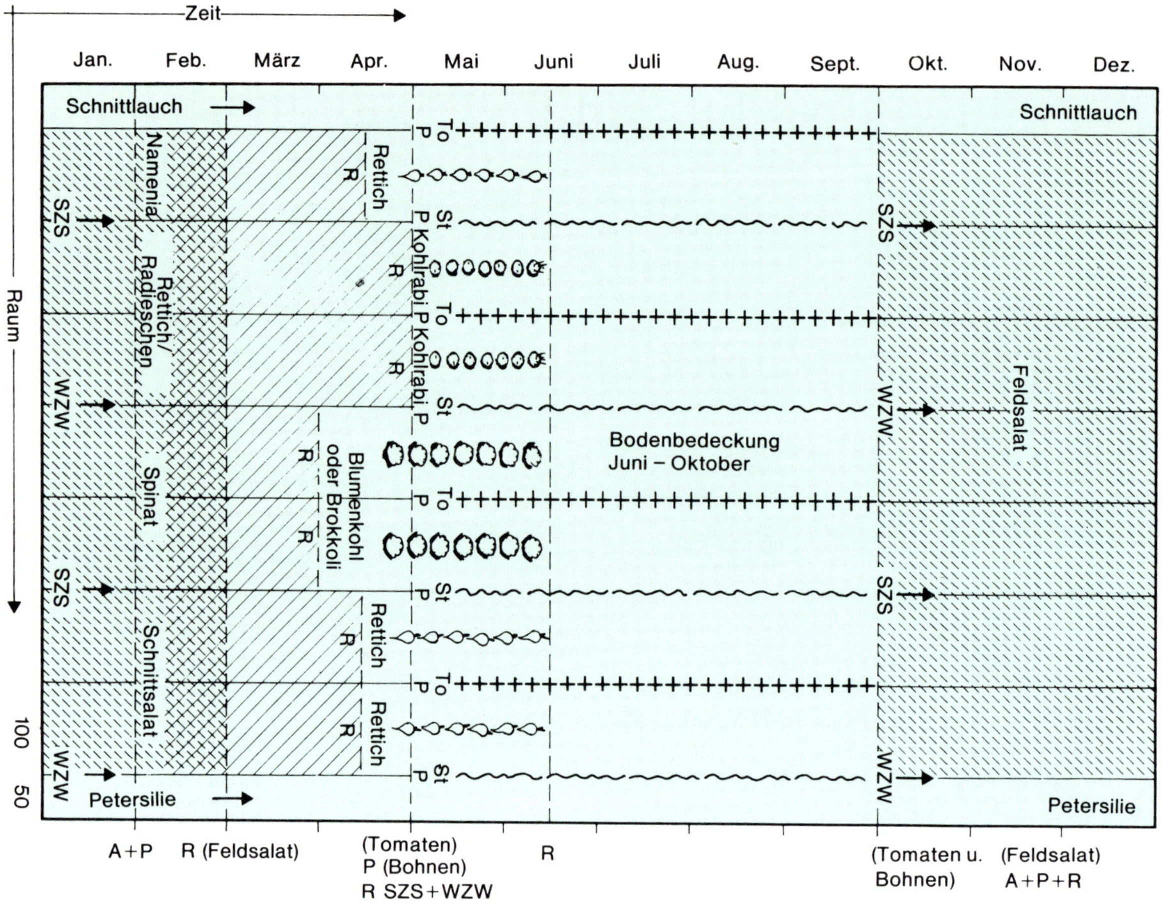

toffeln, Sellerie, Lauch, Gurken und Kürbis angebaut. Diese Gemüse vertragen während der Vegetationszeit auch noch einen ordentlichen Schluck Pflanzenjauche als Kopfdüngung. Im Jahr darauf rücken die Starkzehrer ein Beet weiter, das wie beschrieben vorbereitet wurde. Jetzt ist auf dem ersten Beet Platz für Mittelzehrer wie gelbe und rote Rüben, Zwiebeln, Radieschen, Paprika und Salate. Sie sind bescheidener in ihren Ansprüchen, brauchen zur Vorbereitung aber immerhin noch eine Schicht nahrhaften Kompost und während des Sommers Pflanzenjauche als Kopfdüngung. Im dritten Jahr dürfen die anspruchslosen Schwachzehrer auf dieses Beet: Außer etwas Kompost bekommen sie keinerlei Dünger. Erbsen, Bohnen, Küchen- und Heilkräuter würden ein Zuviel an Nährstoffen gar nicht vertragen.

Aus der dreijährigen wird eine vierjährige Fruchtfolge, wenn das Beet im vierten Jahr ausschließlich mit einem stickstoffsammelnden Gründünger, einer Leguminose oder einem Leguminosengemenge (vgl. »Düngung und Bodenverbesserung«) eingesät wird. Das ist aber nicht unbedingt nötig: Gründüngungspflanzen kann man auch als Vor-, Zwischen- oder Nachfrucht auf abgeerntete Felder oder in vorübergehend freie Reihen säen.

Aus den Pflanzengruppen in den einzelnen »Feldern« des Gartens wird dann auf dem einzelnen Beet eine gesunde, wachstumsfördernde und Schädlinge abwehrende Pflanzenfamilie zusammengestellt – die Mischkultur. Das alles klingt viel komplizierter, als es ist. Auf jeden Fall aber ist es ratsam, sich einen Plan zu machen. Kaum ein Gärtner kann sich angesichts des braunen, blanken Frühjahrsbodens noch exakt daran erinnern, wo die Anbaureihe für Frühkohl oder Petersilie im letzten Jahr stand, was vorher, was nachher im einzelnen an jedem Fleckchen Erde ausgesät wurde. Ein sorgfältig gezeichneter Plan kann viele Jahre Gültigkeit haben.

Der Anbau-Plan

Die Arbeit beginnt, wenn es draußen noch schneit. Zeichnen Sie Ihren Garten maßstabsgerecht auf ein großes Blatt Recycling-Papier, am besten Millimeterpapier. Alle feststehenden Einrichtungen des Gartens, von der Hecke über den Kompostplatz bis zum Wasserfaß; Wege, Zäune, Bäume, Sträucher werden eingezeichnet. Soll der Garten in Beete eingeteilt werden – es geht auch ohne – oder sind vielleicht schon fest eingefaßte

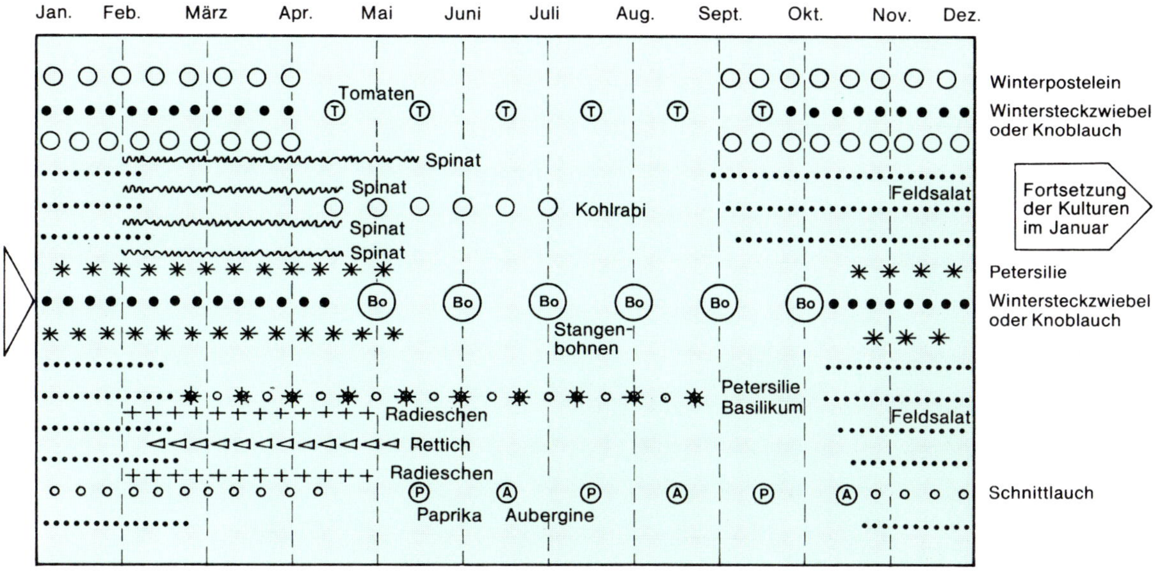

Gartenbeete vorhanden, werden sie in den Plan eingezeichnet. Ein Gartenbeet ist normalerweise 1,20 Meter breit und beliebig lang. Diese Breite läßt bequemes Arbeiten von zwei Seiten zu, so bequem, daß der Rücken nicht unnötig schmerzt und das Beet nicht betreten werden muß. Jetzt wird die Beetfläche in drei, wahlweise vier Felder eingeteilt: Das erste für Starkzehrer, das zweite für Mittelzehrer, das dritte für Schwachzehrer, das vierte, wenn gewünscht, für Gründüngepflanzen. Schreiben Sie auf ein Extrablatt die Gemüse, die Sie anbauen wollen, und die ungefähr erwarteten Erntemengen. So läßt sich der Platzbedarf abschätzen. Mit drei verschiedenen Farben – eine für frühe und Voraussaaten, eine für Hauptkulturen, eine für Wintergemüse – werden die einzelnen Gemüsereihen eingezeichnet. Es muß berücksichtigt werden, welche Pflanzen sich mögen und gegenseitig schützen und welche krank werden, wenn sie nebeneinander stehen. Unsere Mischkultur-Beispiele und die Tabelle der verträglichen, der unverträglichen und der selbstverträglichen Pflanzen können dabei helfen.

Dieser Gartenplan kann immer wieder verwendet werden: Die einzelnen Pflanzengruppen wandern einfach jedes Jahr ein Feld weiter. Natürlich wird ein Gartenbesitzer auch einmal ein neues Gemüse ausprobieren wollen, mit neu entwickelten Sorten experimentieren, das eine oder andere Gemüse ganz streichen. Solche Ergänzungen und Änderungen lassen sich leicht nachtragen: Der Gärtner sieht auf einen Blick, wo eine neue Gemüsesorte hindarf und wo sie auf keinen Fall stehen kann.

Es ist sinnvoll, wenn alle Pflanzenreihen mit Steketiketten markiert werden.

Pflanzen, die sich vertragen – Pflanzen, die sich meiden

Pflanzen beeinflussen sich gegenseitig durch Wurzelausscheidungen, (Phytonzide), und durch gasförmige Substanzen, die sie über die Blätter ausscheiden: Entweder fühlen sie sich davon unwiderstehlich angezogen oder abgestoßen. Beides läßt sich am Wurzelwerk sehr schön nachweisen: Pflanzen, die sich mögen, verfilzen ihre Wurzeln fast ineinander. Solche, die sich abstoßen, wenden das Wurzelwerk weg – da berührt kein Wurzelsproß den der anderen Pflanze. Wer schon einmal einen alten Obstbaum auf einer Streuobstwiese roden mußte, kann solche Verhaltensweisen im großen beobachten: Apfel, Kirsche und Aprikose gehen innige Verbindungen ein, während Apfelbaum und Apfelbaum tunlichst bemüht sind, sich nicht in die Quere zu kommen. Die Wirkungen der Phytonzide sind vielfältig. Manche sind für andere Pflanzen direkt giftig, andere wieder beeinflussen Mikroorganismen oder Pilze, die der andere zum Leben braucht, negativ oder positiv.

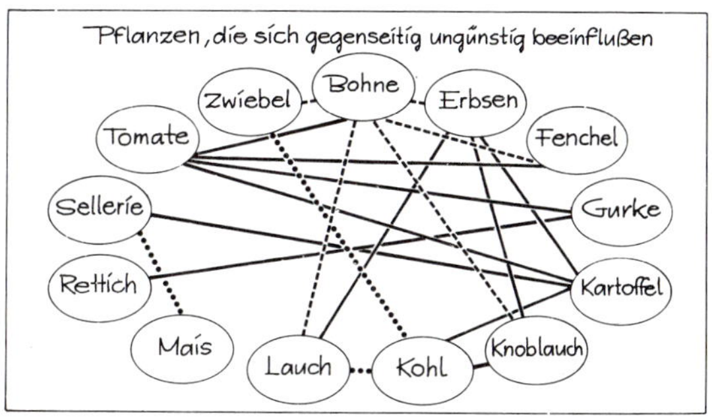

Üppig und vielfältig wächst der Gemüsegarten in Mischkultur.

Bunt gemischte Rabatten säumen den Natursteinweg.

Die Pflanzenverträglichkeit

Pflanze	Verträglich mit	Unverträglich mit	Selbstverträglich
Ackerbohne	Salate, Kohlarten, Gurken, Kartoffeln, Tomaten	Zwiebeln, Erbsen, Lauch, Knoblauch	Ja
Buschbohne	Gurken, Sellerie, Salate, Kartoffeln, Tomaten, Rote Bete	Zwiebeln, Lauch, Erbsen, Fenchel	Nein
Erbsen	Salate, Kohlarten, Fenchel, Gurken, Zucchini, Gelbe Rüben	Stangen- und Buschbohnen, Kartoffeln, Zwiebeln, Lauch	Nein
Fenchel	Salate, Zichoriengewächse wie Radicchio, Chicorée, Zuckerhut, Gurken, Erbsen	Busch- und Stangenbohnen, Tomaten	Nein
Gurken	Salate, Bohnen, Erbsen, Rote Rüben, Lauch, Zwiebeln, Sellerie, Fenchel, Kohlarten	Tomaten, Rettiche, Frühkartoffeln	Nein
Kartoffeln	Erbsen, Kohlarten, Buschbohnen, Spinat	Tomaten, Gurken, Sellerie, Kürbis, Zucchini, Zwiebeln	Nein
Kohlarten	Salate, Tomaten, Kartoffeln, Sellerie, Rote Rüben, Erbsen, Lauch	Zwiebeln, Lauch	Nein
Lauch	Gelbe Rüben, Tomaten, Zwiebeln, Schwarzwurzeln, Kohlarten, Salate	Bohnen, Erbsen, Rote Bete	Nein
Mangold	Rettich, Gelbe Rüben, Kohlarten	Spinat als Vorkultur	Bedingt
Rettich	Kresse, Salate, Tomaten, Mangold, Spinat, Kohlarten, Bohnen, Erbsen	Gurken	Nein
Gelbe Rüben	Zwiebeln, Lauch, Erbsen, Tomaten, Rettiche, Mangold, Schwarzwurzeln		Nein
Rote Rüben	Kohlarten, Salate, Zwiebeln, Gurken	Tomaten, Spinat als Vorkultur	Nein
Salate	Alle Gemüse außer:	Sellerie	Bedingt
Schwarzwurzeln	Salate, Lauch		Nein
Sellerie	Kohlarten, Gurken, Tomaten, Buschbohnen	Salate, Kartoffeln	Nein
Stangenbohnen	Salate, Sellerie, Kartoffeln	Zwiebeln, Fenchel, Erbsen	Nein
Spargel	Gurken, Tomaten, Salate	Zwiebeln	Ja
Spinat	Bohnen, Rettiche, Kohlarten, Kartoffeln	nicht als Vorkultur vor Roten Rüben und Mangold	Bedingt
Tomaten	Salate, Rettich, Gelbe Rüben, Spinat, Sellerie	Gurken, Erbsen, Kartoffeln, Rote Rüben, Fenchel	Ja
Zucchini	Stangenbohnen, Zwiebeln, Salate	Kartoffeln	Nein
Zwiebeln	Gelbe Rüben, Salate, Gurken, Rote Rüben	Kartoffeln	Nein

Kräuter und Blumen in der Mischkultur

Pflanze	Verträglich mit	Wirkung
Beifuß	Alle Kohlarten	Gegen Kohlweißlinge
Bohnenkraut	Busch- und Stangenbohnen, Rote Rüben, Zwiebeln	Aromaverstärkung
Borretsch	Erdbeeren, Salate	Bienenfutterpflanze, Schutz vor Läusen
Dill	Gelbe Rüben, Gurken, Erbsen, Kohlarten, Salate, Rote Rüben, Zwiebeln	Markierungssaat für Spätkeimer, Aromaverstärkung, durch intensives Aroma Ablenkung von Schädlingen
Kamille	Kohlarten, Lauch, Zwiebeln, Sellerie	Heilende Wirkung auf den Boden, Vorbeugung gegen Schädlinge
Kapuzinerkresse	Rettich, Kartoffeln, Tomaten, Baumscheiben	Zieht Läuse auf sich
Kerbel	Salate, Tomaten	Aromaverstärkung
Knoblauch	Erdbeeren, Tomaten, Gelbe und Rote Rüben, Gurken, Blumenbeete, Baumscheiben, Rosen	Schreckt Wühlmäuse in gewissem Umfang ab, verbessert Aroma, Bodengesundung
Koriander	Kohlarten, Gurken, Gelbe und Rote Rüben	Ablenkung von Schädlingen, Aromaverstärkung
Kresse	Radieschen	Aromaverstärkung
Kümmel	Kohlarten, Gurken, Kartoffeln, Rote Rüben	Aromaverstärkung
Meerrettich	späte Kartoffeln	Als Randbepflanzung, wehrt Kartoffelkäfer lokal ab
Petersilie	Tomaten, Spargel	Gegenseitige Wuchsförderung
Pfefferminze	Kartoffeln, Schnitt- und Kopfsalate, Kohlarten	Wuchsförderung, Ablenkung von Schädlingen
Ringelblume	Alle Gemüse	Als Randbepflanzung, hält Nematoden ab
Rosmarin	Gelbe Rüben, Rote Rüben	Aromaverstärkung
Salbei	Gelbe Rüben, Fenchel, Salate	Aromaverstärkung
Schnittlauch	Gelbe Rüben, Salate, Rote Rüben, Schwarzwurzeln	Abwehr von Schädlingen
Tagetes	Randbepflanzung von Gemüsebeeten	Abwehr von Nematoden

Die Wirkung solcher Phytonzide wie auch der ätherischen Öle in einer Pflanze macht sich der geschickte Gärtner auch bei der Komposition seiner Kräuterjauchen zunutze. Mehr darüber im Kapitel »Abwehr von Schädlingen und Krankheiten«.

Welche Pflanzen sich mögen und welche nicht, haben Gärtner und Bauern über Jahrhunderte hinweg beobachtet. Es gibt noch viele Experimentiermöglichkeiten. Viele Pflanzen verhalten sich normalerweise neutral. Für sie die optimalen Nachbarschaften herauszufinden, ist eine lohnende Aufgabe. Gemüsepflanzen, die gut zueinander passen, schützen sich gegenseitig vor Schädlingen. Und sie bekommen ein besseres Aroma, wenn sie nebeneinander gepflanzt werden. Das klassische Beispiel sind Möhren und Zwiebeln, die sich gegenseitig vor der Möhren- beziehungsweise Zwiebelfliege schützen. Oder Tomaten und Kohl: Der Geruch der Tomatenblätter vertreibt den Kohlweißling. Oder Radieschen und Kresse: In der Reihe gemischt oder in zwei eng benachbarten Reihen angesät, bekommen die Radieschen ein unvergleichliches Aroma – viel besser als neben jeder anderen Pflanze. »Freundschaften« und »Feindschaften« gibt es auch bei Blumen. Sie sind dort allerdings nicht so ausgeprägt. Die hilfreiche Wirkung einiger Blumen auf Gemüsepflanzen und die Beete im Gemüsegarten kann man ausnützen. Wo hie und da Ringelblumen sprießen, haben Nematoden keine Chance. Und wo ein Beet mit diesen lästigen Drahtwürmern direkt verseucht ist, hilft der flächendeckende Anbau von Tagetes, der Studentenblume. Genaues über Pflanzenverträglichkeiten ist aus unseren Tabellen zu ersehen. Als Faustregel genügt es zunächst, sich ein paar ganz unverträgliche Pflanzenpaarungen zu merken:

Tomaten – Erbsen,
Kohl – Zwiebelgewächse,
Erbsen – Frühkartoffeln.

Diese Paarungen hindern sich gegenseitig am Wachstum.

Die Verträglichkeit der Pflanzen untereinander spielt eine wichtige Rolle bei der Auswahl. Außerdem ist es von Bedeutung, daß eine Mischkultur ein Beet so lange wie möglich schützen und beschatten soll und daß sich Pflanzen nicht gegenseitig ins Gehege kommen dürfen. Hohe schlanke Pflanzen wie Lauch wachsen gut neben dem blattreichen, ausladenden Kopfsalat und neben Möhren, die vor allem unter der Erde viel Platz brauchen, während sie über der Erde mit ihrem fein gefiederten Blattwerk für Schattengare sorgen.

Mischkultur auf Beeten

Die folgenden Beispiele für eine beetweise Mischkultur haben sich in unserem eigenen Garten bewährt. Sie sollen Anregungen geben und können durchaus variiert werden.

- *Beispiel 1:* Auf das Starkzehrer-Beet werden zwei Reihen Kohlsetzlinge gepflanzt, je nach Geschmack der frühe Butterkohl, Blumenkohl oder Spitzkraut (Filderkraut). In die Mitte kommt eine Reihe Eissalat. An den Rand des Beetes kommen je zwei Reihen Kresse und Radieschen. Bis der Kohl beginnt sich auszubreiten, sind als erstes die Kresse, als zweites die Radieschen längst geerntet. Und bevor der Kohl wirklich groß wird, ist auch der Eissalat schon in der Küche gelandet. Abgeerntete Reihen lockern und mulchen.
- *Beispiel 2:* Auf das Mittelzehrer-Beet kommt in die Mitte eine Reihe frühester Kopfsalat (Maikönig), rechts und links je eine Reihe Kohlrabi für den Frühjahrsanbau. Daran anschließend je eine Reihe Schnittsalat: Nehmen Sie auf einer Seite grünen, auf der anderen roten (Salad red Bowl oder einen roten Eichblattsalat), das sieht besonders hübsch aus. Ganz an den Rand können noch Radieschen und Kresse gemischt gesät werden. Ende Juni sind die Früchte dieses Beetes abgeerntet. Freigewordene Stellen werden gelockert, mit etwas reifem Kompost versorgt und mit vorgezogenen Setzlingen bepflanzt, so daß die Versorgung mit diesen Gemüsen den ganzen Sommer lang sichergestellt ist. Ende August wird Feldsalat eingesät, der über Winter stehenbleibt.
- *Beispiel 3:* Auf ein anderes Mittelzehrer-Beet kommen je zwei Reihen Steckzwiebeln (rote und gelbe) und frühe Möhren. Eventuell kommen noch Lauch und eine späte Gelbe-Rüben-Sorte auf dieses Beet. Es darf allerdings nicht mit frischem Mist gedüngt worden sein, nur mit gut verrottetem – sonst werden die Rüben ungenießbar.
- *Beispiel 4:* Auf das Schwachzehrer-Beet werden drei Reihen Buschbohnen (frühe Sorte »Saxa«) gesät. Dazwischen kommen zwei Reihen rote Rüben, zwischen denen große Abstände belassen werden. Ende Mai werden in diese Lücken einzelne Büschel von Bohnenkraut gesetzt. Bohnenkraut ist ein Lichtkeimer, darf also zum Keimen nicht mit Erde bedeckt werden. Deshalb wird es besser im Gewächshaus oder am Fensterbrett vorgezogen und später ausgepflanzt.
- *Beispiel 5:* Hier stehen die Tomaten. Da sie selbstverträglich sind, werden sie jedes Jahr an dieser Stelle angebaut. Sie bekommen aber in jeder Gartensaison andere Nachbarn – einmal Petersilie

und Kohl, ein anderes Jahr Bleichsellerie und Buschbohnen (die gepflückt werden und verschwinden, bevor der Sellerie sich ausbreitet), in einem anderen Jahr Spinat und gelbe Rüben. Bei dem großen Platzbedarf der Tomaten darf auf einem Beet immer nur eine Reihe der »Paradiesäpfel« und eine der großen Gemüsearten wie Kohl oder Sellerie stehen. Die freien Plätzchen werden von Petersilie oder den zierlichen Buschbohnen gefüllt.

Mischkultur in der Reihe

Mischkultur muß nicht heißen, mit den Gemüsearten reihenweise abzuwechseln. Man kann auch in der Reihe mischen. Das hat Vorteile: In einem sehr kleinen Garten lassen sich so viele Lieblingsgemüse anpflanzen. Wer immer ein paar Setzlinge zur Hand hat, kann die entstandenen Lücken sofort füllen und ist immer versorgt, hat auch den Boden immer beschattet. Der zweite Vorteil: Es muß in der Küche nicht immer gleich eine ganze Reihe und damit eine große Menge derselben Gemüseart verarbeitet werden. Etwas anderes ist es mit Gemüsen, die zur Vorratshaltung bestimmt sind; die eingefroren, eingemacht oder für den Winter gelagert werden sollen. Diese Gemüse werden so angebaut, daß sie gleichzeitig reifen.

Mischkultur ohne Beeteeinteilung

Jeder Gartenbesitzer sollte selbst herausfinden, welche Art der Mischkultur ihm am meisten liegt. Wer auf die Einteilung starrer Beete verzichtet, gewinnt Platz. Er legt einmal die Mischkultur-Reihen fest und schiebt sie jedes Jahr einfach eine Reihe weiter. In einem solchen Garten muß der Boden sehr gut mit Kompost versorgt sein, der bereits Mist oder einen anderen Stickstoffträger enthalten sollte. Es ist nicht ratsam, hier das ganze Gartenland mit Mist zu düngen – schließlich werden Pflänzchen gesät und gesetzt, die so viel Futter nicht vertragen. In einem solchen Mischkulturengarten müssen die Starkzehrer öfter eine gezielte Kopfdüngung mit Brennessel- oder Comfreyjauche bekommen, Mittelzehrer erhalten diese nährenden Güsse seltener, Schwachzehrer gar nicht. Wählen Sie die Pflanzabstände nicht zu eng. Bei der Mischkultur stehen unter Umständen Pflanzen nebeneinander, von denen die eine angehäufelt werden muß (Kohl), während die andere dieses Anhäufeln mit Fäulnis quittieren würde (Salat). Etwas größere Pflanzabstände sind möglich, weil die Wege zwischen den Beeten wegfallen. Wer mag, kann nach Bedarf Holzbretter auflegen, immer da, wo er gerade arbeitet. Über Nacht bleiben die Bretter an besonders durch Schnecken gefährdeten Stellen. Die Tiere können dann am nächsten Morgen bequem unter den Brettern abgesammelt werden.

In einem solchen Mischkulturengarten darf nach Herzenslust alles kombiniert werden, was gut zueinander paßt: Tiefwurzler neben Flachwurzlern, langschäftige Pflanzen neben buschigen. Vergessen Sie nicht, immer wieder eine Reihe Blumen und Kräuter einzuplanen – das sieht nicht nur hübsch aus, sondern tut den Pflanzen auch sichtlich wohl (vgl. Tabelle »Kräuter und Blumen in der Mischkultur«).

Mischkultur nach Gertrud Franck

In über dreißigjähriger Praxis erprobte die Gutsfrau Gertrud Franck in ihrem Garten eine Anbaumethode, die verblüffend einfach ist, ohne Beete auskommt, die Regeln der Mischkultur beachtet und verfeinert und jedes Jahr wieder angewandt werden kann. In ihrem Buch (vgl. Anhang) beschreibt sie die Einzelheiten ganz genau. Hier sei ihre Methode in ihren wichtigsten Punkten beschrieben:

Das ganze Gemüseland wird in Reihen mit 50 Zentimeter Abstand eingeteilt. In diese – schnurgeraden! – Reihen wird im Frühjahr überall Spinat eingesät (wer es nachmachen will, sollte Spinat bei einem Spezialhändler gleich in einer Großpakkung kaufen. Das ist billiger als Dutzende kleiner Tüten). Zwischen die Spinatreihen, die sehr früh keimen und zu sehen sind, werden die gewünschten Gemüsearten gesät oder gepflanzt. Wird der Spinat zu groß, schneidet man das, was nicht in Küche oder Tiefkühltruhe landet, einfach mit der Ziehhacke ab. Die Blätter bleiben liegen und geben eine hervorragende Mulchdecke ab, auf der man bei jedem Wetter gehen kann. Die Spinatreihen ersetzen also die Wege. Die Wurzeln des Spinats, reich an Saponinen – einem Pflanzenwirkstoff – verrotten im Laufe des Sommers und reichern den Boden an.

Gertrud Franck setzt große starkzehrende Gemüse wie Tomaten, Gurken, Kohl im Abstand von zwei Metern. Dazwischen liegen noch drei Reihen: Die mittlere wird vom Frühjahr bis Frühsommer und von Frühsommer bis Herbst mit zwei Gemüsearten belegt – beispielsweise mit Blumenkohl und Sellerie, mit Zwiebeln und Akkersalat, mit frühem oder spätem Lauch. Die verbleibenden beiden Reihen tragen Kulturen mit kurzer Vegetationszeit, die auch nicht besonders groß werden: Gelbe Rüben, Salat, Radieschen.

Mischkultur nach Gertrud Franck

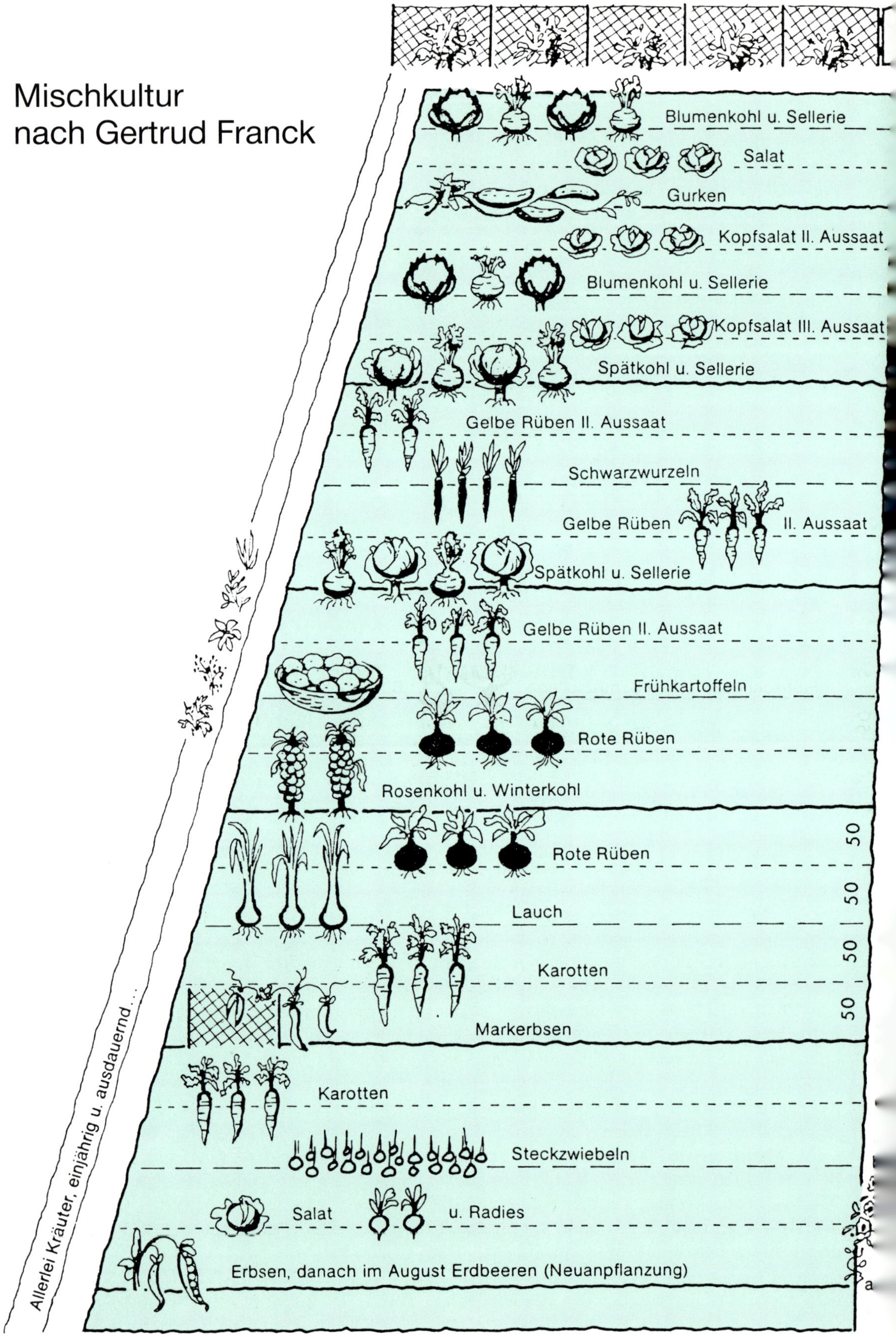

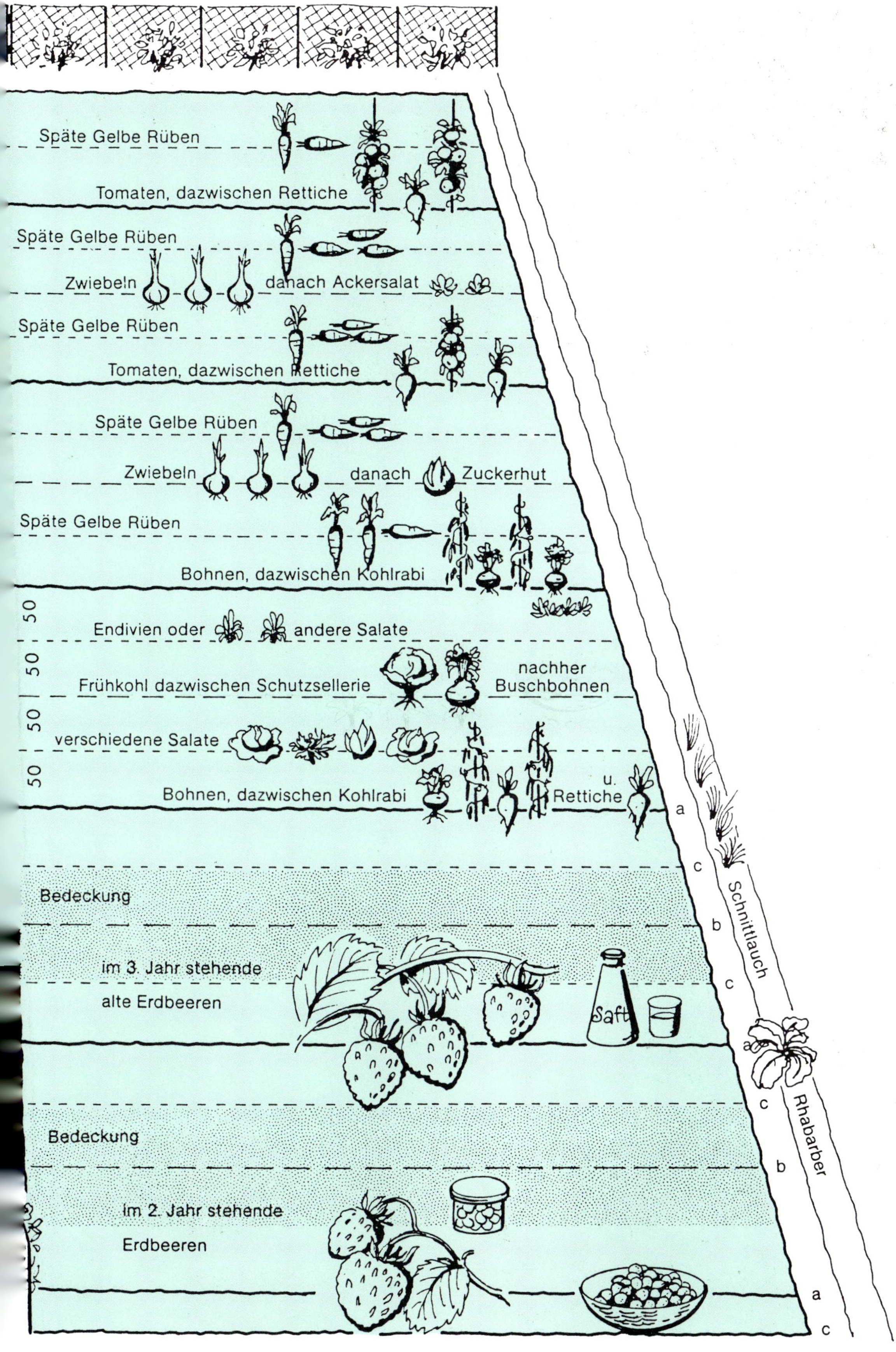
Späte Gelbe Rüben
Tomaten, dazwischen Rettiche
Späte Gelbe Rüben
Zwiebeln danach Ackersalat
Späte Gelbe Rüben
Tomaten, dazwischen Rettiche
Späte Gelbe Rüben
Zwiebeln danach Zuckerhut
Späte Gelbe Rüben
Bohnen, dazwischen Kohlrabi
50
Endivien oder andere Salate
50
Frühkohl dazwischen Schutzsellerie
nachher Buschbohnen
50
verschiedene Salate
50
Bohnen, dazwischen Kohlrabi
u. Rettiche
Bedeckung
im 3. Jahr stehende
alte Erdbeeren
Saft
Bedeckung
im 2. Jahr stehende
Erdbeeren
Schnittlauch
Rhabarber
a
c
b
c
a
c
b
a
c

Säen – Pflanzen – Pflegen

Saatgut für den biologischen Garten

Ein Samenkorn birgt eine kleine Wunderwelt in sich. Es trägt die fertige Pflanze mit all ihren Eigenschaften fix und fertig vorgebildet in sich, kann Sauerstoff aufnehmen, hat einen Vorrat an Nährstoffen für die erste Wachstumsphase und enthält ein enormes Wachstumspotential. Frischer Samen gesunder, kräftiger Pflanzen keimt und wächst problemlos. Bei zu lang gelagertem Saatgut oder bei Samenkörnern, die nicht von einwandfreien Mutterpflanzen stammen, gibt es Schwierigkeiten. Aber das ist nicht das einzige, was Saatgut-Qualitäten voneinander unterscheidet. Gerade für den naturgemäß gepflegten Garten, der ohne chemisch-synthetische Gifte auskommt, muß das Saatgut besonders sorgfältig ausgewählt werden. Es darf nur von frohwüchsigen, schädlings- und krankheitsresistenten Mutterpflanzen stammen, die weder eine überlange Wachstumszeit haben, noch extreme Nährstoffansprüche stellen. Eine bittere Pille vorweg: Biologisch erzeugtes Saatgut ist selten und teuer, jedenfalls das für Gemüsepflanzen. Bei Heil- und Wildkräutern ist der naturgemäße Anbau dagegen bei einigen Anbietern (vgl. Anhang) Tradition. Saatgut aus rein biologischem Anbau ist in den Samenkatalogen extra gekennzeichnet. Wer keines bekommen kann, nimmt bewährte, widerstandsfähige Sorten aus der konventionellen Erzeugung. Bei einigen Gemüsearten kann man das Saatgut auch selbst nachziehen, mehr darüber weiter unten. Welche Sorten sich im biologischen Gartenbau bewährt haben, dazu Hinweise bei den einzelnen Gemüsearten (vgl. »Der Nutzgarten«). Die Neuzüchtungen erscheinen allerdings in einem ebenso rasanten Tempo, wie altbewährte Sorten verschwinden. Schade: Viele alte Gemüsesorten zeigten sich gegen Krankheiten und Schädlinge resistent und lagerten auch weniger Nitrat ein als moderne Hybriden. Wer noch solche alte Sorten, die im Samenhandel kaum mehr zu haben sind, bei sich zieht: Ernten und dann weiterreichen an andere, interessierte Gartenfreunde, damit dieses Genpotential nicht ausstirbt.

Gesund und schön wachsen Blumen und Gemüse in einem gut gepflegten Garten. Öfter hacken bekommt den Buschbohnen besonders gut. Mit warmem Regenwasser versorgt, keimen die Bohnen rasch und wachsen zu prächtigen Pflanzen heran (links).

Eigenes Saatgut ziehen

Am einfachsten ist die Samengewinnung von einjährigen Pflanzen. Die Pflanzen, die zur Samengewinnung dienen sollen, haben die längste Entwicklungszeit und müssen deshalb möglichst frühzeitig gesetzt werden. Sie dürfen auf keinen Fall aus Hybrid-Saatgut stammen, im Samenkatalog etwa gekennzeichnet durch »F 1 Hybride«. Solche Hybridsamen stammen von »Eltern« mit sehr unterschiedlichen Eigenschaften. Beispielsweise ist der »Vater« eine große, bittere Gurke, und die »Mutter« eine kleine, bitterfreie. Die Hybride, das »Kind«, ist groß und bitterfrei – ideal also. Wird der Samen dieser Hybride aber nachgebaut, können die Erbeigenschaften wieder auseinanderfallen. Mögliches Ergebnis: kleine, bittere Gurken.

Die Pflanzen, von denen Samen gesammelt werden sollen, müssen ganz ausreifen. Die Samen werden an einem warmen, trockenen Tag gesammelt. Tomatensamen müssen noch einen Tag in ihrem eigenen Fruchtfleisch gären. Danach werden sie mit klarem Wasser abgespült und wie alle anderen Samen zum Trocknen ausgelegt. Sind sie wirklich ganz trocken, werden die Körner in dunkle Schraubgläser gefüllt und trocken, mäuse-

sicher und frostfrei gelagert bis sie gebraucht werden. Von diesen Pflanzen lassen sich leicht Samen gewinnen: Spinat, Paprika, Tomaten, Gurken, Kürbis, Salat, Zwiebeln, Dill, Erbsen, Buschbohnen, Stangenbohnen, Melonen, Radieschen, Brokkoli, Feldsalat, Melonen, Tagetes, Ringelblumen. Bei jeder eigenen Vermehrung muß der Gartenfreund darauf achten, daß er nur eine Sorte in seinem Garten pflanzt und auch keine Pollen aus Nachbars Garten herübergeweht werden können. Denn viele Pflanzen bestäuben sich überkreuz – die unangenehme Überraschung sieht man erst im nächsten Jahr. Busch- und Stangenbohnen dürfen auch niemals eng beieinander gepflanzt werden – sie würden sich sofort kreuzen. Gelbe Rüben können von wilden Möhren bestäubt werden. Rettich und Kohl dürfen auch nicht in unmittelbarer Nachbarschaft stehen – wegen der Gefahr der Bastardisierung. Mit diesen einfachen Vorsichtsmaßnahmen ist denn aber auch alles Notwendige getan.
Wer sich für komplizierteren Nachbau interessiert – von zweijährigen Pflanzen etwa, oder wie mit Pinseln bestäubt und mit Folie geschützt wird, um ganz sortenreine Samen zu gewinnen –, dem seien die Forschungen des Agrarwissenschaftlers Bernward Geier empfohlen (vgl. Anhang).

Pillensamen, Quicksticks, Saatbänder

Das billigste Saatgut ist immer das ohne Spezialbehandlung (Beizen ausgenommen, davon weiter unten). Im Handel werden speziell präparierte Samenformen angeboten. Sie sind zum Teil erheblich teurer, können aber dem Gartenfreund, vor allem dem Anfänger, die Arbeit wesentlich erleichtern.
Pillensamen haben eine Umhüllung aus neutralem organischem Material. Sie nehmen Wasser gut auf und keimen sicherer. Außerdem sind sie dank ihrer Größe einfach zu säen. Da diesen Pillen aber zum Teil ein Nährstoffdepot in Form von synthetischen Mineraldüngern – wenn auch in schwerer löslicher Form – mitgegeben wird, sind sie für den biologischen Garten nur bedingt zu empfehlen. Einige Hersteller garantieren aber dafür, daß ihre Pillensaat keine derartigen Substanzen enthält.
Quick-Sticks sind Papierstücke, die sich leicht im Boden auflösen. Sie enthalten in der Zwischenlage ein Samenkorn, das sich gezielt und leicht plazieren läßt. Auch bei der Saattiefe kann man nichts mehr falsch machen: sie ist genau angegeben.
Saatbänder enthalten eine oder – gleich für die Mischkultur fix und fertig gemischt – mehrere Gemüse- und Kräutersamen zwischen zwei Schichten dünnem, festem Papier, das sich im Boden leicht und vollständig auflöst. Die Abstände sind festgelegt, Verziehen entfällt. Solche Aussaatbänder eignen sich für die Freilandaussaat. Sie bieten auch Schutz gegen hungrige Vögel, die sich gerne Samenkörner aus dem Boden holen.

Samen selbst beizen

Auf dem Saatgut tummeln sich viele, oft unerwünschte Bakterien und Viren. Um sie zu entfernen und zu verhindern, daß unter Umständen Pflanzenkrankheiten weitergeschleppt werden, wird Saatgut chemisch behandelt. Früher wurden Quecksilberverbindungen verwendet, hochgiftige Chemikalien, die vom Saatgut in die Erde und ins Grundwasser gelangen konnten. Sie sind jetzt verboten. Chemisch gebeizt wird aber immer noch. Für den biologischen Gartenbau werden grundsätzlich ungebeizte Samen verwendet. Einige Hersteller verbürgen sich dafür, daß das von ihnen gelieferte Saatgut nicht chemisch vorbehandelt wurde. Saatgut, das beispielsweise unter der Bezeichnung »Bio-Start« verkauft wird, hat eine Behandlung mit natürlichen Substanzen bekommen und kann ohne weiteres verwendet werden.
Chemische Saatbeizen sind für den Privatgarten wirklich überflüssig. Seuchenartige Krankheiten sind nicht zu befürchten, und oft ist die natürliche Behandlung des Saatguts – das Gären der Tomatensamen im eigenen Fruchtfleisch, das Nachtrocknen an der Sonne – Desinfektion genug. Wenn Samen baden dürfen, dann geschieht das weniger aus hygienischen Gründen als zur Schädlingsabwehr, oder um das Saatgut leicht und sicher keimen zu lassen.
Abgekühlten Kamillentee verträgt jede Art von Samen. Die Körner dürfen eine Viertelstunde baden und werden immer wieder mit einem Holzstäbchen umgerührt, damit sie nicht zusammenbacken. Danach ein sauberes Baumwolltuch über eine Schüssel spannen, Samen und Tee hindurchgießen, das Tuch ausbreiten und auf ein saugfähiges Stück Papier zum Trocknen legen. So behandeltes Saatgut wird am besten noch am selben, spätestens jedoch am nächsten Tag ausgesät. Dieses Kamillenbad ist besonders für Rettiche, Radieschen, Busch- und Stangenbohnen, Zucker- und Markerbsen und Salat zu empfehlen. Baldrianblütentee bekommt allen Zwiebelgewächsen – Lauch, Zwiebeln, Schnittlauch, auch Tomaten. Speziell für Erbsen, die allzuleicht hungrige Vögel anlocken, empfiehlt die Abtei Fulda ein Bad in

abgekühltem Wermuttee – das bittere Zeug verdirbt den Vögeln den Appetit.

Der Aussaattermin

Die Voranzucht am Fensterbrett oder unter Glas muß genau geplant werden. Was nützt das schönste stabile Jungpflänzchen, wenn ein Spätfrost das Auspflanzen unmöglich macht. In Gebieten mit Weinbau-Klima dürfen die Setzlinge früher in die Erde als im Voralpenland – solche Faktoren müssen berücksichtigt werden. Lassen Sie sich deshalb nicht drängeln von den Aussaatterminen, die auf den Samentütchen angegeben sind. Und lassen Sie sich nicht hinreißen, aus lauter Vorfreude auf das kommende Gartenjahr, viel zu früh auszusäen: Was nützt eine große, hellgrüne Tomatenpflanze, die schon blüht – sie wird nie so gesund wachsen und so gut fruchten wie die viel später gesäte kurze, dunkelgrüne, gedrungen gewachsene Pflanze, die noch nicht blüht. Denn nach der Voranzuchtzeit von wenigen Wochen brauchen die Pflanzen mehr frische Luft und vor allem viel mehr Licht, als sie am Fensterbrett oder unter einem isolierten Frühbeetfenster bekommen. Und sie werden so groß, daß sie ohne Schaden nicht verpflanzt werden können. Ein Gartentagebuch ist hier sehr nützlich: Notieren Sie, wann die letzten Nachtfröste sind, und wie lange eine bestimmte Pflanze vom Säen bis zum Auspflanztermin braucht; an Ihrem Fensterbrett, in Ihrem Gewächshaus. So haben Sie eine individuelle Anleitung für das nächste Jahr. Als grobe Faustregel gilt: Tomaten brauchen 6 bis 8 Wochen, Gurken und Kürbis 2 bis 4 Wochen, Salat 5 bis 6 Wochen, Kohlrabi 4 bis 5 Wochen, Kohlarten 5 bis 6 Wochen von der Saat bis zum Auspflanzen.

Die Keimprobe

Saatgut ist zwar nicht unbegrenzt lagerfähig, aber das vom letzten Jahr muß man trotzdem nicht gleich wegwerfen: Wurde es sachgerecht, trocken und kühl gelagert, kann es auch jetzt noch ein gutes Keimergebnis bringen. Bei größeren Mengen lohnt sich eine Keimprobe: Dafür wird ein Löschblatt angefeuchtet, eine abgezählte Anzahl Samen darauf verteilt und mit einem zweiten Löschblatt abgedeckt. Das Ganze vorsichtig anfeuchten. Wenn nach der Keimzeit rund 30 Prozent des Saatguts aufgegangen sind, kann man den Samen noch verwenden, muß allerdings etwas dichter säen. Diese Keimprobe muß rechtzeitig gemacht werden, damit der Aussaattermin am Fensterbrett oder im Garten nicht verpaßt wird.

So wird gesät – in Anzuchtkästen

Frostempfindliche Samen werden am Fensterbrett oder im Gewächshaus vorgezogen. Flache Anzuchtkisten aus Holz eignen sich gut. Man kann sie selbst bauen, ungefähr 50 × 30 Zentimeter groß, oder einfach flache Obststeigen nehmen, die leicht zu bekommen sind: beim Gemüsehändler oder im Supermarkt. Zu kaufen sind Keimboxen aus Kunststoff mit durchsichtigem Deckel. Sie sind nicht ganz billig und auch nicht besonders robust. Komfortable Modelle haben eine Bewässerungswanne und eine eingebaute Heizplatte.

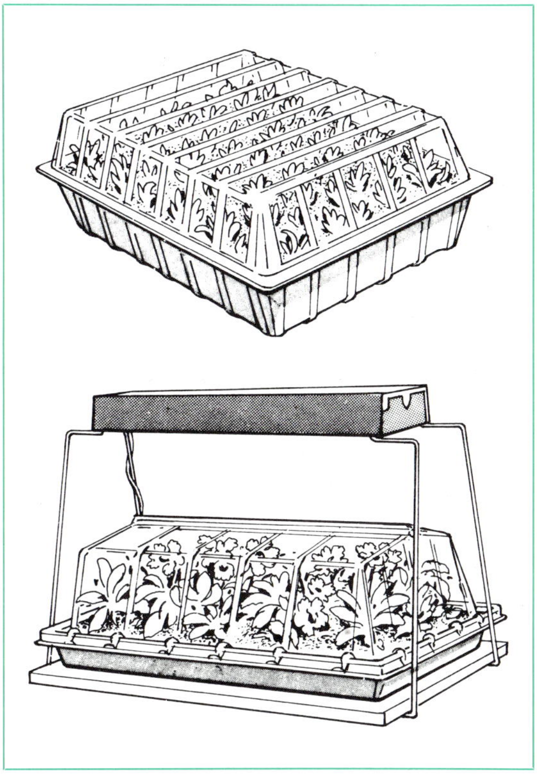

Kunststoffschalen mit klarer Abdeckhaube eignen sich gut für die Anzucht am Fensterbrett (oben). Besonders komfortabel – mit eingebauter Heizung und Beleuchtung – ist das Mini-Gewächshaus für das Zimmer (unten).

Für ein paar Quadratzentimeter Anzuchtfläche wird der Hobbygärtner auf diese Weise mehr als hundert Mark los. Lohnen wird sich diese Anschaffung nur, wenn man extrem wärmebedürftige und empfindliche Pflanzen heranziehen möchte – Palmen zum Beispiel, bestimmte Zimmerpflanzen oder Orchideen. Für die normale Gemüseanzucht ist diese Ausstattung nicht nötig. Wer

für Holzkisten keinen Platz am Fenster und sowieso nur einen geringen Bedarf an Jungpflanzen hat, der nimmt als Anzuchtgefäß einfach geeignete Haushaltsgegenstände: Quarkbecher, Margarinegefäße, Joghurt- und Sahnebecher, einen sehr stabilen Karton, oder eine halbe Milchtüte. Alle Gefäße brauchen Abzugslöcher für überschüssiges Wasser und einen Untersetzer. Die Aussaat in solchen Gefäßen geht genauso vor sich wie in der hölzernen Anzuchtkiste.

Die Kiste wird am Boden mit Packpapier oder dick mit Zeitungspapier ausgelegt. Darauf kommt Anzuchterde. Man kann sie selbst mischen aus 5 Teilen Lehm, 2 Teilen guter reifer Komposterde und 1 Teil Sand. Falls kein Kompost vorhanden ist, kann ausnahmsweise Torf genommen werden, der im biologischen Garten sonst nichts verloren hat. Die selbstgemischte Erde ist nährstoffarm und sollte frei sein von Krankheitserregern und Pilzen. Erwerbsgärtner dämpfen die Erde mit speziellen Erddämpfern. Wer nur wenig davon benötigt, kann das ebenfalls machen: Etwas Erde in ein großes flaches Metallgefäß geben und im Backofen bei 100° eine halbe Stunde sterilisieren. Man kann fertige Anzuchterde auch kaufen – aber keine normale Blumenerde nehmen, sie ist viel zu nährstoffreich, außerdem mit synthetischen Mineraldüngern angereichert. Handelsübliche Aussaaterde hat immer einen hohen Torfanteil. Sie ist auch unter der Bezeichnung Torfkultursubstrat mit niedrigeren Düngekonzentrationen und schnell wirkenden Nährstoffen für Jungpflanzen und Aussaat – TKS I – zu haben. TKS II ist nährstoffreicher und für ältere Pflanzen gedacht. Gute Aussaaterde hat nur wenige Nährstoffe – etwa 1 Gramm pro Liter – und enthält Sand, der wie eine eingebaute Drainage wirkt. Die Erde darf nie ganz trocken sein, sondern so feucht, daß sie sich gerade noch »ballt«, wenn man sie mit der Hand zusammendrückt.

Die Aussaaterde wird in die Kiste gefüllt. Soll ein sehr feiner Samen gesät werden, wie zum Beispiel der von Bohnenkraut, Petunien oder Sellerie, so wird die Erde vor dem Säen mit einem Brettchen angedrückt. Ist der Samen größer – Tomaten, Bohnen, Salat – wird die Erde erst nach dem Säen und Übersieben mit Erde oder Sand festgedrückt.

Anzuchtgefäße für Fensterbank und Kleingewächshaus: Kunststoffschale mit durchsichtiger Haube (oben), Multitopfplatten für die Einzelkornsaat und zum Pikieren (Mitte), Blumentöpfe, die in ausgediente Gemüsekisten gestellt werden (unten).
Rechte Seite: Die im März/April vorgezogenen Zinnien blühen zwischen Juni und Oktober.

Es darf nie zu dicht gesät werden, sonst wachsen die Keimlinge in eng stehenden Büscheln auf und stehen von vornherein in einem harten »Konkurrenzkampf« um Licht, Platz, Wasser. Sie recken sich rasch in die Höhe und vergeilen. Aus solchen Keimlingen wird nie eine kräftige, gesunde Pflanze. Bei feiner Saat hilft ein Gärtnertrick: Das Saatgut wird vor dem Säen mit einer Handvoll feinem Sand gründlich vermischt – dann geht es leichter. Ist der Samen dunkel und kaum zu sehen, kann man das Saatgut vor der Aussaat mit einer Messerspitze Schlämmkreide mischen. Das färbt den Samen hell. Er ist jetzt auf der dunklen Aussaaterde zu erkennen.
Der erfahrene Gärtner sät einfach aus der Tüte. Bei kostbarem Saatgut oder wenn nur wenige Samen verwendet werden sollen, gibt es ein Verfahren, das verhindert, daß Samen in dichten Klumpen in den Anzuchtkasten purzeln. Sie werden dazu auf eine Glasscheibe geschüttet und von dieser Scheibe mit dem Finger einzeln an ihren Platz im Anzuchtkasten gestupst.
Nach dem Säen wird das Saatgut mit feiner Aussaaterde oder sauberem Sand übersiebt. Das ist nötig, weil die kleinen entstehenden Wurzeln so stark sind, daß sie das junge Pflänzchen sonst über die Erde heben statt es herunterzuziehen. Lichtkeimer wie Bohnenkraut und Basilikum dürfen nur eine hauchfeine Bedeckungsschicht bekommen. Bei anderem Saatgut soll sie so dick sein wie das Samenkorn. Die Anzuchtkiste wird aus einem Sprüher für Zimmerpflanzen fein mit Wasser überstäubt und mit einer Glasscheibe abgedeckt. Es kann auch eine durchsichtige Kunststoffolie sein – sie hat aber Nachteile: Dicke Wassertropfen, die sich unter der Glasscheibe bilden und den Keimlingen beim Herunterfallen schaden, können von der Scheibe leicht abgewischt werden – von der Folie nicht. Auf Kästen mit Dunkelkeimern kommt ein Stück Zeitungspapier. Wenn die ersten Sprosse sichtbar werden, muß es entfernt werden, damit der Keimling Licht bekommt. Erhält er zu wenig davon, verlängert er sich durch sogenannte Zwischenknotenstücke – der Stengel wird lang und dünn, die Pflanze vergeilt. Am besten steht die Anzuchtkiste deshalb in einem Gewächshaus, an einem Süd- oder Südwestfenster.
Bei Bedarf wird die Saat mit einer Blumenspritze befeuchtet. Oder – das geht allerdings nur bei Holzkistchen – die ganze Kiste wird solange in eine Wanne mit Regenwasser gestellt, bis sich die Erde auf der Oberfläche dunkel färbt.
Überschüssiges Wasser muß anschließend gut ablaufen können.

Die Einzelkornaussaat

Dafür eignen sich Multitopfplatten aus Kunststoff, stapelbar und bei pfleglicher Behandlung viele Jahre zu benutzen. Auch Torf- oder Torfpreßtöpfe kann man verwenden, allerdings empfehlen sich – aus Rücksicht auf den Torfverbrauch, den wir so gering wie möglich halten wollen – zwei weitere Möglichkeiten: Aus Zeitungspapier werden unten offene Rollen gedreht, eng nebeneinander auf eine flache Schale gestellt und mit Erde aufgefüllt. Die Jungpflanze kann mitsamt dem rasch verrottenden Zeitungspapier ausgepflanzt werden, oder man schafft sich eine Erdtopfpresse an, ein sehr praktisches Gerät, mit dem sich drei bis sechs Erdpreßtöpfe verschiedener Größe auf einmal herstellen lassen (Bezugsquelle siehe Anhang). So eine Presse wird einfach in die Aussaaterde gedrückt, hochgehoben, und sie wirft dann fertig gepreßte Erdwürfel aus, in die gesät werden kann.
Die Einzelkornsaat lohnt sich dann, wenn nur wenige Pflänzchen gebraucht werden oder wenn es sich um große und besonders teure Samen handelt. Sie hat den Vorteil, daß die Keimlinge nie zu eng stehen und unbehindert heranwachsen. Das Pikieren und Verpflanzen solcher Keimlinge geht rasch und bequem.
Pilliertes Saatgut oder Quicksticks lassen sich mühelos einzeln in den Erdtöpfchen unterbringen. Bei unbehandeltem Saatgut geht das so: Einen alten Bleistift nehmen – aber bitte keinen Kopierstift, der enthält das giftige Methylviolett –, an der Spitze leicht anfeuchten, die einzelnen Samenkörner damit aufpicken und in die Töpfchen abstreifen. Nicht zu tief legen, sonst ist das Keimergebnis unbefriedigend. Grundsätzlich alle Saatgefäße, von der Kiste bis zur Schale mit Einzeltöpfchen, müssen etikettiert werden. Die Samentütchen aufheben, auch wenn sie leer sind, damit man immer die weiteren Pflegemaßnahmen nachlesen kann.

Die Freilandaussaat

Licht, Luft, Feuchtigkeit und Wärme braucht ein Samen, um zu keimen und damit das junge Pflänzchen gedeihen kann. Gartenboden darf erst bearbeitet werden, wenn die Erde nicht mehr an den Schuhen hängen bleibt und wenn sie sich genügend erwärmt hat. Ist der Boden noch zu kalt, fault das Saatgut. Wer unsicher ist, benützt ein Bodenthermometer.
Saatrillen sollten möglichst gerade verlaufen. Das erleichtert später die Arbeit beim Hacken. Wer

kein gutes Augenmaß hat, nimmt eine Gärtnerschnur als Hilfe. Saatrillen werden mit einem Gerätestiel in den Boden gezogen oder ein einzelner Stiel wird in den Boden gedrückt. Das hat den Vorteil, daß einzelne Samen nicht in tiefe Löcher fallen, sondern das ganze Saatgut gleichmäßig tief in den Boden kommt. Außerdem funktioniert bei einer so festgedrückten Erde die kapillare Wasserversorgung – das Aufsteigen des Wassers aus der Tiefe – besser. Gesät wird aus der Hand, aus dem Tütchen oder mit Hilfe eines Stücks dünnem Karton, der scharf gefaltet wird – aus dem Knick rollen die Samen einzeln in den Boden. Hilfen bei der Aussaat sind auch Spezialschäufelchen mit verschiedenen Einsätzen und Särollen, die je nach Korngröße verstellt werden können. Mit solchen Rollen und einem langen Stiel kann man ohne Bücken säen. Die Saat wird mit reifer Komposterde übersiebt, anschließend die Erde mit der Rückseite des Rechens über die Saatrille gezogen. Der Samen soll nur ein- bis zweimal so dick mit Erde bedeckt sein wie der Durchmesser des Samens selbst ist. Eine gefährliche Unsitte ist das Abdekken der Saat mit Torf. Ist er zu trocken, zieht er alles erreichbare Wasser vom Keimling ab. Bei Nachtfrösten schützt Torf ganz schlecht.

Nach dem Zurechen wird die Erde leicht angedrückt und die Saatreihe mit einem Etikett markiert. Wurde vorher gemulcht, wird zum Säen die Mulchdecke einfach ein Stückchen weggezogen und nach dem Säen wieder dünn über die Saatrille gebreitet. Sie bietet einen hervorragenden Schutz vor dem Austrocknen. Wurde nicht gemulcht, kann die Saat mit einer Schutzfolie, einem Vlies oder einfach mit einem alten Jutesack abgedeckt werden. Das schützt vor hungrigen Vögeln und ebenfalls vor dem Austrocknen. Der Sack wird entfernt, sobald sich das erste grüne Blättchen entfaltet. Die Folie darf etwas länger auf den Kulturen bleiben, bis etwa vier Wochen vor der Ernte. Vlies bleibt bis kurz vor dem Erntetermin auf dem Beet. Wird die Saatrille nicht abgedeckt, muß sie immer feuchtgehalten werden. Wer im Garten Pilzkrankheiten hat – wenn Erdbeeren an Grauschimmel erkranken oder Jungpflanzen einen schwarzen Stengel bekommen und einfach umfallen –, der sollte den Boden vor dem Aussäen mit kaltem Schachtelhalmtee übergießen. Die Abtei Fulda empfiehlt eine Mischung aus zwei Drittel Schachtelhalm- und einem Drittel Rainfarntee. Der Schachtelhalm tut allen Gartenböden gut, denn er ist sehr kieselsäurehaltig und stärkt die Jungpflanzen in ihrem Wachstum.

Jungpflänzchen vorzuziehen, erscheint oft einfacher. Bei vielen Gemüse- und Blumenarten ist es unumgänglich, weil sie sonst in unserem Klima nie die Zeit hätten, zum Blühen und Fruchten zu kommen. Wo es aber nicht unbedingt nötig ist, sollte besser die Direktsaat ins Freiland gewählt werden. Wer sich einmal einen Salatsetzling vom Fensterbrett anschaut, der da etwas wackelig auf einem dünnen Beinchen steht und hellgrüne, lange Blätter hat, und damit die Freilandpflanze vergleicht – dunkelgrün, dicht am Boden wachsend, kurze runde Blätter –, der wird verstehen, weshalb vorgezogene Pflanzen einfach anfälliger sind – gegen Läuse, gegen Schnecken, gegen alles, was sie bedroht. Deshalb säen wir nur die ganz frühen Pflanzen am Fenster oder im Gewächshaus aus, den allerersten Satz Salat, die ganz frühen Radieschen. Später werden sie arbeitssparend und gesünder direkt in den Boden gesät.

Die Frostsaat

Ganz frühe und nicht besonders frostempfindliche Arten und Sorten wie Frühzwiebeln, früher Salat, die ersten Gelben Rüben und Radieschen, kann man schon Ende Dezember/Anfang Januar säen. Schnee darf noch nicht liegen, und der Boden muß gerade noch zu bearbeiten sein. Dann wird gesät wie gewohnt und die Saatrille mit Erde abgedeckt. Der Samen quillt höchstens, wegen der herrschenden Kälte kommt er aber nicht zum Keimen. Er holt das im Frühjahr nach, und zwar zu einem Zeitpunkt, wo das Gartenland vielleicht noch nicht einmal betreten werden kann. Wer diese Frostsaat probieren will – sie klappt nicht in jedem Klima –, der besorgt sich winterharte Samensorten. Auch Spinat kann auf diese Weise schon im frühen Winter gesät werden – zu einer Zeit, wo sonst im Garten keine Arbeit anfällt.

Das Pikieren

Was in Anzuchtkästen am Fensterbrett wächst, kommt nicht direkt aus dem Kasten ins Freiland: Es muß pikiert – das heißt, jede einzelne Pflanze muß in ein eigenes Gefäß umgesetzt werden. Vereinzeln, verstopfen, verstupfen, sind regional unterschiedlich gebräuchliche Ausdrücke für dieselbe Arbeit. Pikieren ist wichtig, weil es die Bildung des Wurzelballens anregt. Als kleines Gefäß eignet sich beispielsweise zusammengerolltes Zeitungspapier, wie unter »Die Einzelkornaussaat« beschrieben. Eine größere Kiste mit mehr Raum für die einzelnen Pflanzen geht auch. Ein Pikierstäbchen kann sich der Gärtner leicht selbst machen: Ein Eisstäbchen aus Holz wird an einem Ende eingekerbt. Praktisch sind auch kegelförmi-

Vorsichtig schiebt die Feuerbohne ihren Keimsproß aus dem Boden (links oben). Wenige Stunden später haben sich die Keimblätter entfaltet (links Mitte).

Zu dicht stehende Pflänzchen (hier sind es Rote Rüben) werden bald nach dem Keimen vereinzelt (links unten). Jungpflänzchen kann man in Lücken in der Reihe setzen.

Ein einfaches Regenwasser-Meßgerät aus Kunststoff ist die schnellste Kontrolle für den Wasserbedarf des Gartens: Hat es nachts ausreichend geregnet, ist Gießen überflüssig (Mitte rechts).

Entlang einer gespannten Schnur werden mit dem Setzholz Löcher in den Boden gebohrt und die Knoblauchzehen gesteckt (rechte Seite, oben). So wächst später eine schnurgerade Knoblauchreihe, die gut gehackt und gejätet werden kann.

Alte Zinkwannen eignen sich gut zum Sammeln von Regenwasser (rechte Seite, unten). Die Sonne erwärmt das Wasser in den weiten Wannen, so daß das Gießen für die Pflanzen keinen Kälteschock bedeutet. Große Wannen müssen zum Schutz von Kindern, Vögeln und Kleintieren abgedeckt werden.

ge Stäbchen, die man kaufen kann. Zur Not tut es aber auch ein ausgedienter Bleistift oder ein alter Löffel.
Die Erde muß jetzt nährstoffreicher sein als für die Aussaat, denn die Jungpflanzen brauchen nun mehr Nährstoffe – das Depot des Samenkorns ist aufgebraucht. Gute Gartenerde, mit reifem Kompost gemischt, ist ideal. Es gibt aber auch fertige Pflanzenerden, angereichert mit fruchtbarer Lavaerde und biologischem Langzeitdünger (Plantahum), die sich zum Pikieren eignen.
Beim Pikieren muß zügig gearbeitet werden, denn die kleinen Pflänzchen können schon ein paar Minuten Luft an ihren glasfeinen Würzelchen »übelnehmen« und mit Wachstumsstockungen reagieren. Pikiert wird, sobald das erste Blattpaar entfaltet ist; bei einigen Gemüsen auch erst beim dritten oder vierten Blatt. Der Keimling wird vorsichtig an einem Blättchen angefaßt – nie am Stengel, er bricht leicht ab oder wird gequetscht – und aus der Erde gezogen. Ist die Wurzel zu lang, wird sie mit Daumen und Zeigefinger ein Stückchen abgeknipst. Hilfe beim Herauslösen ist das Pikierhölzchen. Mit diesem Holz, mit einem kleinen Pflanzholz oder mit einem Löffelstiel wird ein Loch in die Erde des neuen Gefäßes gestochen und das Pflänzchen so tief in das Loch hineingesetzt, daß die Keimblätter gerade noch aus dem Boden herausschauen, und die Erde sanft angedrückt. Nur Salat will etwas höher gesetzt werden – er fault sonst möglicherweise: Vorsichtig angießen: der Keimling darf nicht umfallen. Wie oft pikiert wird, hängt von der Pflanze ab: Kopfsalat beispielsweise wird einmal pikiert, Tomaten sind dankbar für zweimaliges Pikieren.
Die meisten Wurzelfrüchte dürfen nicht pikiert werden. Radieschen und Rettich kommen aus dem Aussaatkasten in den Boden, Gelbe und Rote Rüben werden direkt in die Gartenerde gesät. Außerdem vertragen Kürbis, Melonen, Zucchini, Chinakohl und Gurken kein Pikieren. Sie werden entweder an Ort und Stelle oder gleich in ausreichend große Einzelgefäße gesät, in denen sie bis zum Auspflanzen bleiben können.

Vereinzeln im Freiland

Selbst wo zu dichtes Säen vermieden wurde, stehen immer einige Pflänzchen zu eng. Sie müssen vereinzelt werden. Wem die schönen Setzlinge leid tun, der kann sie, sofern sich die Gemüseart dazu eignet, in eine eigene Reihe setzen. Wo das nicht möglich ist, werden die überzähligen Pflänzchen herausgezogen, bis der Abstand in der Reihe stimmt. Schonender ist es, sie mit den Fingern oder einer kleinen Schere abzuschneiden. So bleiben die Wurzeln im Boden und die Wurzeln der Nachbarpflanze, die nicht herausgezogen wird, werden geschont. Wer diese Arbeit nicht genau nimmt, züchtet sich viele schwache Pflanzen heran, die um Licht, Luft und Nährstoffe ringen, insgesamt kleiner bleiben als korrekt gepflanzte und auch nicht gut fruchten und blühen. Werfen Sie schwache Setzlinge beim Pikieren wie beim Vereinzeln im Freiland ohne Bedauern auf den Kompost – sie wären ohnehin nicht gut gewachsen.
Der richtige Zeitpunkt für das Versetzen ist ein Nachmittag mit bedecktem Himmel. Keinesfalls darf in der vollen Mittagshitze gearbeitet werden.

Auspflanzen ins Freiland von Setzlingen

Auch diese Arbeit erledigt man am besten bei bedecktem Himmel am Nachmittag. Die Pflänzchen müssen Tage vorher schon systematisch abgehärtet werden: An schönen Tagen ins Freie stellen, Frühbeetfenster öffnen, Gewächshaus weit aufmachen – je nach Standort der Pflanzenanzucht. Den Boden mit dem Rechen feinkrümelig harken. Mit einer kleinen Pflanzschaufel wird ein Loch ausgehoben, groß genug, daß der Wurzelballen der Jungpflanze gut darin Platz hat. Starkzehrer wie Kohl sind für eine Zugabe von Reifekompost im Pflanzloch dankbar. Je nach Pflanzenart wird sie so hoch in den Boden gesetzt, wie sie vorher stand – Salat zum Beispiel –, oder so tief, daß gerade noch das unterste Blattpaar über der Erde herausschaut, wie bei Tomaten und Kohl. Die Erde um die Pflänzchen wird gut festgedrückt und der Setzling angegossen. Die Pflanzen bekommen Regenwasser oder laues, abgestandenes Leitungswasser. In den ersten Tagen nach der Pflanzung werden die Setzlinge nicht mehr gegossen, wohl aber fein übersprüht, damit die Verdunstungsverluste nicht zu groß sind. Nie bei praller Sonne sprühen: Wassertropfen wirken wie ein Brennglas und können regelrecht Verbrennungen hervorrufen.

Pflegen – die kleine Mühe für den großen Erfolg

Die normalen Pflegearbeiten machen im biologisch bearbeiteten Garten nicht allzuviel Arbeit. Hacken fällt nur im frühen Frühjahr an, solange noch keine Mulchdecke auf den Beeten liegt. Dann wird die Erde zwischen den Saat- und Pflanzreihen mit einer Ziehhacke leicht durchgezogen. Das lockert, verringert die Verdunstung und damit den Wasserverlust des Bodens, und

unerwünschte Wildkräuter werden gleich im Jugendstadium abgeschnitten und entfernt. Vorsicht bei der Ackerkratzdistel: Sie darf keinesfalls einfach abgeschnitten werden, denn sie vermehrt sich über die Wurzeln. Abhacken im Jugendstadium bedeutet eine ungeheure Vermehrung dieser schönen, ausladenden und in kultivierten Gärten gar nicht gerne gesehenen Pflanze. Besser ist es, sie bis fast zur Blüte wachsen zu lassen. Dann wird die Distel vor einem Gewitterregen geköpft. Der Regen läuft in die offenen Stengel, die Pflanze verfault von innen.
Später im Jahr schützt die Mulchdecke das Beet und unterdrückt Wildkräuter. Wo doch welche wachsen, können sie stehenbleiben, wenn es nicht zu viele sind und sie nicht stören. So ein Wildkraut kann durch seine Wurzelausscheidungen sogar die Kulturpflanzen fördern. Oder es zeigt an, ob mit dem Boden an dieser Stelle etwas nicht stimmt, ob etwa Staunässe herrscht oder ähnliches (vgl. auch »Der Boden«). Während des Sommers müssen Pflanzen, schwer von Früchten, hochgebunden, Tomaten ausgegeizt, alles Welke abgeschnitten werden.

Das Abflammen

Für große Gärten kann sich die Anschaffung eines Abflammgeräts lohnen, wie es in Großausführung im biologischen Landbau benützt wird. Für den Privatgärtner gibt es kleine Geräte – mit oder ohne Führungsrad –, die auf dem Rücken getragen werden.
Kurz bevor die Aussaat die Bodenoberfläche durchbricht, wird mit der Flamme aus dem Gasbrenner der Boden bestrichen. Wildkräuter, die bis dahin bereits gekeimt sind, werden stark erhitzt. Der Zellinhalt wird auf 70° hochgeheizt, das Eiweiß gerinnt und die Zellen platzen. Sichtbar ist dieser Erfolg erst am nächsten Tag: Die mit dem brennenden Propangas bestrichenen Pflanzen werden schlapp und sterben ab. Dieses Gas brennt übrigens rückstandsfrei, also ohne Abgasbelastung ab.
Damit man sieht, wann der geeignete Termin für das Abflammen ist, kann man am selben Tag, an dem ins Freiland gesät wird, ein paar Samenkörner in eine Schale mit Aussaaterde geben und am Fensterbrett aufstellen. Durch die optimalen Keimbedingungen werden diese Samen zwei bis vier Tage vor der Freilandsaat keimen – der richtige Zeitpunkt zum Abflammen.
Wenn der Reihenabstand groß genug ist, kann auch während der Gartensaison Wildwuchs zwischen den Reihen thermisch behandelt werden. Das erfordert allerdings einige Routine, damit keine Kulturpflanzen miterhitzt werden.

Wässern statt gießen

An heißen Hochsommertagen, an denen andere Gartenbesitzer abends ihren Gartenschlauch aufdrehen, machen biologisch arbeitende Gärtner erst mal gar nichts. Die Mulchdecke hält ihre Beete viel länger feucht als das unbedeckte des Nachbarn je bleiben kann. Ist Wassernachschub unumgänglich – gründliches Wässern oder Tröpfchenbewässerung sind viel schonender für die Pflanzen. Am besten vertragen sie lauwarmes Wasser aus der Regentonne. Ein kalter Wasserstrahl aus dem Schlauch ist dagegen ein Schock für jede Pflanze, auf den sie möglicherweise mit Wachstumsstörungen reagiert. Wer keine Wasserkannen schleppen kann, benutzt einen Regner zum Wässern. Bei ihrer Reise durch die Luft werden die Wassertropfen wenigstens ein bißchen erwärmt, bevor sie auf die Pflanzen fallen. Zur Kontrolle wird auf dem Beet ein leeres Marmeladenglas aufgestellt. Ist es zu einem Drittel bis etwa zur Hälfte voll, ist gründlich genug gewässert oder beregnet. So ein durchdringendes Wässern hält mehrere Tage vor. Das Marmeladenglas können Sie ausleeren und wieder ins Beet setzen – als Kontrolle, wieviel Wasser der nächste Gewitterguß mitbringt.
Tröpfchenbewässerung erfordert einige aufwendige Einrichtungen, bringt aber einige Arbeitserleichterung. Spezielle Systeme werden von verschiedenen Firmen angeboten. Das Prinzip ist überall dasselbe: Schläuche oder Rohre leiten das Wasser bis zu den Beeten, wo es über feine Schläuche und Tropfventile bis an die Pflanzen gelangt. So ein Tropfventil besteht aus Ton und aus einer speziellen Holzart, die sich bei Trockenheit zusammenzieht und dem Wasser den Weg freigibt. Ist das Holz gründlich feucht, hat es sich wieder so weit ausgedehnt, daß es dem Wasser nun den Weg versperrt. Andere Systeme arbeiten mit einer Steuerung ab Wasserhahn: Ein kleiner Computer läßt sich auf die gewünschte Wässerungszeit und -dauer programmieren und erledigt die Bewässerung automatisch. Abschalten nicht vergessen – täglich Wassernachschub ist im biologischen Garten nur in den seltensten Fällen notwendig.

Abwehr von Schädlingen und Krankheiten

Von »Nützlingen« und »Schädlingen«

Worte wie »Unkraut« oder »Schädling« benützen wir ganz automatisch, wenn im Garten etwas wächst oder sich stark vermehrt, was wir dort nicht haben möchten. Wer seinen Garten nach den Gesetzen der Natur bearbeitet, wer ihn hegt und mit sanften Mitteln schützt, dem werden diese Begriffe mit der Zeit schwerer über die Lippen gehen. »Es ist eine brutale Spaltung der Schöpfung in Nützlinge und Schädlinge, die wir betreiben«, hat Hubert Weinzierl, einer der bedeutendsten Vordenker unserer Zeit in Sachen Natur und Umweltschutz, dieses Unbehagen formuliert. All die Insekten, Vögel, Kerbtiere, Eidechsen, Igel und Mäuse im Garten bilden ein ebenso vernetztes System wie es in der Erde die Bodenlebewesen tun. Und jeder Eingriff in dieses Beziehungsgefüge kann die natürliche Ordnung empfindlich stören.
Das Wort »Unkraut« läßt sich leicht ersetzen: Es sind Wildkräuter, die aus dem Garten – wo sie wirklich stören – mit Hacken oder Abflammen entfernt werden. Wenn Tiere sich so stark vermehren, daß sie zu Schaderregern werden, müssen wir auch weiterhin von Schädlingen sprechen – ein anderes Wort gibt es dafür leider nicht. Schädlich sind Läuse und Spinnmilben, Schnekken und Erdflöhe immer nur eine bestimmte Zeit, so lange nämlich, bis ihre Zahl auf ein normales, für Garten und Pflanzen erträgliches Maß reduziert ist. Dann sind sie lebenswichtige Bestandteile der Nahrungsnetze im Garten – und, so besehen, nützlich.

Glücksbringer für den Biogarten: Marienkäfer gehören zu den größten Feinden der Blattläuse. Den meisten Appetit auf die kleinen Sauger entwickeln ihre Larven. Die erwachsenen Tiere (hier auf der Blüte einer Gelben Spargelerbse) verzehren ebenfalls beachtliche Mengen an Läusen (links).

Im biologischen Gartenbau werden der Boden und die Pflanzen so gepflegt, daß die Tiere im Garten möglichst immer unter der Schadensschwelle bleiben, daß nur so viele von ihnen leben, wie von natürlichen Feinden gefressen werden können. Die Pflegemaßnahmen des biologischen Gartenbaus in ihrer Gesamtheit sind dafür wichtig, der richtige Standort für die Pflanzen, die rechte Sortenwahl nach Klima und Höhenlage, und eine möglichst bunt gemixte Mischkultur. Dies alles stärkt die Gesundheit und die Widerstandskraft der Pflanzen so weit, daß im Idealfall, in einem günstigen Gartenjahr, weder tierische Schaderreger noch Krankheiten Probleme machen. Denn eine lawinenartige Vermehrung einzelner Insektengruppen, der massenhafte Ansturm von Läusen und Milben ist immer futterbedingt: Schwache Pflanzen, bei denen Wasserhaushalt, Nährstoffversorgung, Licht, Luft oder Wärme nicht stimmen, geben ideale Bedingungen für eine rasende Vermehrung der Insekten ab, die diese Pflanzen anzapfen. Nicht immer ist es die Schuld des Gärtners, daß so eine Plage über seinen Garten hereinbricht: Ein verregneter Sommer kann die Ursache sein, zu viel Kälte, zu viel Wärme zur falschen Jahreszeit, zu viel Wind und Wasser. Der Garten, erinnern wir uns an die Definition von Gerhardt Preuschen, ist ein labiles Halbökosystem und braucht die ordnende, regulierende Hand des Gärtners. Wenn einmal Not am Mann ist, wird im biologischen Garten keineswegs die chemische Keule geschwungen; da werden Schädlinge und Nützlinge nicht mit einer Spritze ausgerottet. Der naturgemäß wirkende Gärtner wählt möglichst sanfte Gegenmaßnahmen, immer im Bewußtsein, daß er bei radikaler Giftanwendung mit den Schädlingen auf dem Umweg über die Nahrungskette auch die natürlichen Feinde der ausgerotteten Art ausschaltet. Das könnte böse Folgen haben: Kommt die nächste Welle von – beispielsweise – Bohnenläusen oder Kirschfruchtfliegen, können sich die Tiere völlig ungehindert vermehren: natürliche Gegner haben sie ja nicht mehr. Auch vorbeugende Blindspritzungen sind im biologischen Gartenbau verboten. Was so eine Attacke auf die Insektenwelt anrichten kann, wird vorstellbar an einem alten Apfelbaum: In seiner Krone leben im Laufe eines Jahres über 1000 Arten von Insekten, außerdem Vögel, Siebenschläfer, Fledermäuse und was sich sonst in und auf einem alten Baum ansiedelt. Wird die Artenvielfalt durch eine Giftspritzung reduziert, dauert es lange, bis sich das ökologische Gleichgewicht in der Baumkrone wieder eingependelt hat.

Von organischen Pflanzengiften und ihrer Anwendung

Viele Mittel zur Schädlingsabwehr kann man selbst machen: Jauchen, Brühen, Tees, Anstriche. Es gibt aber auch Präparate zu kaufen. Hier interessieren jetzt speziell die Mittel gegen saugende Insekten, die Quassia, Derris oder Pyrethrum in irgendeiner Form enthalten – organische Pflanzengifte, die aus Pflanzen gewonnen werden, rasch abbaubar und für den Menschen ungefährlich sind: Auf dem Etikett dieser Büchsen und Sprays muß kein Totenkopf, kein Knochenkreuz warnen wie bei chemischen Giften. Dennoch sollte ihre Verwendung wohlbedacht sein: Wer nur die eine Spraydose mit dem schweren Gift gegen die andere mit dem Pflanzengift austauscht, betreibt noch lange keine biologische Schädlingsabwehr. Organische Gifte haben eine breite Wirkung gegen Gliedertiere – auch gegen Bienen und andere Insekten, die dem Gärtner direkt nützen. Solche Substanzen dürfen deshalb nur im äußersten Notfall die Feuerwehr spielen – vorbeugende Blindspritzungen, wie sie zum Beispiel im Obstbau gang und gäbe sind, müssen absolut tabu sein! Zu solchen Sprays und Pudern, zu solchen Zutaten für selbstgerührte Spritzmittel sollte der verantwortungsbewußte Gärtner so selten wie möglich greifen.

Der Wert eines Vogels über eine durchschnittliche Lebensdauer von fünf Jahren

Leistungen eines Vogels	Geldwert in Mark
Materiallieferant	0,15
Augenweide und Ohrenschmaus	150,00
Insektenvertilger	300,00
Pflanzenverbreitung durch gefressenen Samen	100,00
Anzeiger (Bioindikator) für Umweltbelastungen	500,00
Nutzen durch Symbiose mit anderen Lebewesen	182,50
Vorbild für die Technik (Bionik)	8,00
Nutzen für Erholung und Streßabbau	60,00
Fördert die Artenvielfalt	40,00
Entscheidungshilfe für die Umweltpolitik	2,50
Hilft die Umwelt schützen	50,00
Reduziert die finanzielle Belastung des Staatshaushaltes	15,00
Unterstützt die Regeneration	7,50
Stabilisiert das Gesamtsystem Natur	91,25
Summe	**1357,90**

Quelle: Frederic Vester. Der Wert eines Vogels. München 1983.

Nützlinge fördern – die »automatische« Schädlingsabwehr

Neben all den Pflegemaßnahmen der biologischen Anbauweise ist für die Abwehr von tierischen Schädlingen vor allem eines wichtig: Die Förderung, Pflege und Hege ihrer natürlichen Freßfeinde.

Diese Helfer im Garten leisten unschätzbare Dienste. Erfahrene Gartenbesitzer wissen das. Aber auch für sie könnte das Ergebnis eines Versuchs erstaunlich sein, den Frederic Vester unternommen hat: den materiellen Wert eines Vogels auszurechnen.

In Mark und Pfennig auszurechnen, was alle Nützlinge des Gartens an materiellem Nutzen erbringen, ergäbe wohl eine gigantische Summe!

Wie Lebensräume für viele geschaffen werden, steht im Kapitel »Biotope im Garten«. Hier die wichtigsten Tiere und was zu ihrem speziellen Schutz getan werden kann:

- *Ameisen* sind die Müllmänner des Gartens. Sie fressen Pflanzenreste, Larven, abgestorbene Tiere. Sie sollen wohlwollend geduldet werden, solange sie nicht übermäßig zunehmen.
- *Bachstelzen* vertilgen jede Menge Insekten und Drahtwürmer. Sie fühlen sich in großen Wildgärten mit einem Teich am wohlsten.
- *Bienen* sind unersetzlich: Ohne Bienen hätten wir kein Obst im Garten. Man lockt sie an durch Bienenfutterpflanzen wie Phazelia oder läßt eine reich blühende Wildkräuterecke stehen. Auch Blumenwiesen locken Bienen an. Besonders wichtig ist Nahrung im Frühjahr, gesichert durch

Pflanzung von Forsythie, Krokus, Heidekraut, Haselnußsträuchern, Ginster, Schneeball u.v.m.

- *Blattwanzen* fressen Blattläuse und Läuseeier. Nicht zerdrücken.
- *Blumenwanzen* sind rotbraun und fressen Blattläuse, Spinnmilben und andere kleinere Insekten. Nicht zerdrücken.
- *Blindschleichen* vertilgen Nacktschnecken, Würmer und Larven. Sie nisten gerne im Komposthaufen. Er darf in diesem Fall nicht umgesetzt oder ausgebracht werden, bis die Jungen groß sind.
- *Eidechsen* fressen Fliegen, Ameisen und andere Insekten. Sie bevorzugen warme, trockene Standorte; im Garten am liebsten eine Trockenmauer.
- *Florfliegen* oder Goldaugen jagen nach Insekten. Die Tiere mit den transparenten grünen Flügeln legen bis zu 20 Eier. Die ausschlüpfenden Larven, die *Blattlauslöwen,* sind hervorragende Blattlausvertilger. Überwinternde Tiere schonen.
- *Frösche,* ob Gras-, Wasser- oder der seltene Laubfrosch, leben von Raupen, Fliegen und Mükken. Der Laubfrosch kann sogar auf Obstbäume klettern und sie von allerlei Insekten befreien. Sie bleiben nur, wenn Wasser in der Nähe ist. Gartenteich ohne Fischbesatz anlegen.
- *Igel* sind fleißige Nacktschneckenjäger, verzehren Raupen, Fallobst, Mäuse und verschiedene Insekten.

Sie bleiben eine Zeitlang am gleichen Ort, sofern sie regelmäßig eine Schale Wasser bekommt (keine Milch). Während der Brunstzeit können sie allerdings wieder verschwinden. Igel brauchen Überwinterungsmöglichkeiten in Laub- und Reisighaufen, in einer nicht aufgeräumten Gartenecke. Schwächliche Igel im Keller überwintern zu lassen ist problematisch – sie überleben meist das erste Frühjahr im Freien nicht.

- *Johanniskäfer* oder Leuchtkäfer haben als Lieblingsspeise Schnecken. Den Garten im Herbst nicht zu pingelig aufräumen, damit die Tiere Unterschlupf finden.
- *Kleiber* laufen Bäume auf und ab und suchen in den Ritzen und Spalten der Rinde nach Insekten. Kleiber-Nistkästen anbringen.
- *Kröten,* ob Erd-, Kreuz- oder Knoblauchkröte, fressen Schnecken und große Mengen von Insekten. Gartenteich anlegen, Unterschlupfmöglichkeiten in Laubhäufen o. ä. schaffen. Gegen organische Pflanzengifte sind Kröten und Frösche sehr empfindlich – Spray oder Puder dürfen niemals in den Gartenteich wehen.
- *Kamelhalsfliege* macht Jagd auf Läuse in Obstbäumen. Wird geschont durch Verzicht auf Giftanwendung.
- *Laufkäfer* verschiedenster Art – Gitterlaufkäfer, Goldschmied, Goldlaufkäfer, Puppenräuber und wie sie alle heißen – fressen Unmengen von Schnecken, Raupen und Larven. Ob sie grüngoldene Flügel haben wie der Goldlaufkäfer oder schwarze wie der Aaskäfer – nützlich sind sie alle. Sie brauchen tagsüber ein feucht-warmes Versteck unter Steinen oder unter einer Mulchdecke. Auch im Kompost verkriechen sie sich gerne.
- *Marienkäfer* sind besonders als Larven durch ihren großen Appetit ein natürlicher Feind von Blattläusen, Blattflöhen und Milben. Eine einzige Larve vertilgt pro Tag 20 Insekten. Als Brutraum braucht der Marienkäfer Wildkräuter wie zum Beispiel Brennesseln oder Comfrey. Zum Überwintern kommt er entweder in die Fensterritzen und Mauerspalten der Häuser, oder er sucht sich einen Laub- und Reisighaufen im Garten.
- *Maulwürfe* fressen ausschließlich Engerlinge, die Larven der Werren, kleine Mäuse, Würmer und Insekten, aber keine Pflanzen! Falls ein Maulwurf den Garten durch seine Hügel zu sehr verunstaltet: Nicht töten, nur vertreiben. Das sehr geräuschempfindliche Tier wandert aus, wenn leere Flaschen bis zum Hals in einen Maulwurfsgang gesteckt werden. Schräg eingraben, dann erzeugt der Wind in der Flasche Pfeiftöne. Auch durch stark riechende Kräuter und Knoblauchzwiebeln in den Gängen können Sie ihn vertreiben.

Wo es möglich ist, sollte er allerdings bleiben dürfen: Der Maulwurf frißt täglich mehr Insekten, als er selbst wiegt.

- *Meisen* aller Arten vertilgen Unmengen kleiner Insekten, von der Milbe bis zur Blattlaus. Nistmöglichkeiten schaffen, Nistkästen aufhängen.
- *Ohrwürmer* vertilgen mengenweise Blattläuse. Wo zu viele da sind, beißen sie auch ab und zu Blätter an. Bei dieser Nützlingsvermehrung also nicht des Guten zuviel tun. Sie nächtigen gern in Blumentöpfen, die mit Holzwolle gefüllt und einem Stück Maschendraht verschlossen kopfüber in Obstbäume oder Himbeersträucher gehängt werden. Sie verstecken sich aber auch in Bohnenstecken und Tomatenpfählen aus Holz, wenn diese Spalten aufweisen. Vorsicht beim Einwintern solcher Stäbe – nicht mit Holzschutzmittel bestreichen.
- *Raubfliegen* sind schlank, schwarz-gelb, jagen nach fliegenden Insekten und verzehren auch Käfer und Wanzen. Besonders wichtig sind sie im Obstbau. Sie vermehren sich wo Doldenblütler (Umbelliferen) wie Kümmel, Liebstöckel, Sellerie, Fenchel, Möhren, Anis und vor allem deren Wildformen wachsen. Eine Wildkräuter-Ecke fördert ihre Vermehrung.

Schwebfliege, Syrphus corollae

Marienkäfer-Larve, Coccinella septempunctata

Blaumeise, Parus caeruleus

Wechselkröte, Bufo viridis

Igel, Erinaceus europaeus

Schädlinge sind selten in einem Garten, der solche Bewohner hat: Igel und Kröten jagen nach Engerlingen, Larven und Schnecken; Meisen und andere Vögel vertilgen das Mehrfache ihres Körpergewichts an Raupen und Insekten und verfüttern große Mengen an ihre Jungen; Schwebfliegen und die Larven des Marienkäfers sind fleißige Blattlaus-Jäger.

Der Schmetterlingsstrauch zieht die bunten Tagfalter geradezu magnetisch an.

Die Eidechse im braunen Herbstkleid vertilgt viele Insekten.

● *Raubmilben* sind die ärgsten Feinde der Spinnmilben und der Roten Spinne. Raubmilben kommen im Garten natürlich vor. Für Gewächshäuser und das Fensterbrett werden sie auch gezüchtet und verkauft (siehe Anhang). Sie brauchen allerdings immer Futternachschub, sonst sterben sie aus. Versuche im Profi-Gartenbau mit gezielt eingesetzten Raubmilben als absolut giftfreie Schädlingsbekämpfer sind positiv verlaufen.
● *Rotkehlchen* sind gute Insektenfresser. Sie nisten gern in einer Hecke.
● Ein *Rotschwänzchen,* ob Haus- oder Gartenrotschwanz, vertilgt täglich beachtliche Mengen an Insekten. Es kann durch Nistkästen heimisch gemacht werden, durch eine Nistmöglichkeit in einem Mauerloch oder einem Gartenhäuschen.
● *Schlupfwespen* legen mit ihrem langen Legestachel ihre Eier in Blattläuse, Erdraupen, Apfelwickler und andere Insekten. Die ausschlüpfenden Larven fressen dieses Insekt nach und nach von innen auf. Eierleistung eines Schlupfwespenweibchens: bis zu 1000 Eier. Baumschnitt nicht verbrennen (außer wenn er von Krebs befallen ist), in der Rinde können die Tiere überwintern. Baumschnitt im Frühling beseitigen.
● *Schwalben,* Rauch- oder Mehlschwalben, vertilgen Mücken, Fliegen und andere Insekten in Massen. Sie bauen ihre Nester nie an Holzwände. Wer sie ansiedeln möchte, kann fertige Schwalbennester kaufen oder eine kleine Nisthilfe selbst bauen.
● *Schwebfliegen* sehen auf den ersten Blick aus wie Wespen. Ihre Larven fressen bis zu 900 Blattläuse vor ihrer Verpuppung. Sie leben gern auf Wildkräutern und Doldenblütlern.
● *Spinnen* sind äußerst nützliche Insektenvertilger. Gefährlich giftig ist keine Spinne hierzulande. Schützen, aber gleichzeitig meiden ist angesagt: Allergische Reaktionen oder die Gefahr einer Blutvergiftung sind bei einem Spinnenbiß nicht auszuschließen.
● *Spitzmäuse* riechen stark nach Moschus und werden deshalb von keinem Tier gerne gefressen. Sie gehören nicht zu den echten Mäusen, sondern vertilgen die Kleinnager jeder sich bietenden Gelegenheit. Sie fressen täglich so viele Schnecken, Würmer und Larven, wie sie selbst wiegen. Mäuse mit spitzer Schnauze also schonen, aus Lebendfallen wieder laufen lassen.
● *Wiesel, Hermeline und Marder* kommen in Gärten selten vor. Sie sind hervorragende Mäusejäger, der Marder jagt auch Ratten. Wer kleine Haustiere im Garten hält, muß die Ställe nachts stets gut verschließen, damit die ansonsten nützlichen Tiere keinen Schaden anrichten.
● *Der Zaunkönig* ist ein kleiner, aber sehr fleißiger Vogel, der vor allem winzige Insekten wie Milben verzehrt. Er siedelt sich gerne an, wo eine Hecke wächst oder alte Bäume stehen.

Die Schaderreger – Bakterien und Viren, Pilze, Tiere

Wenn Pflanzen krank werden, so ist der Auftakt dazu sehr oft eine Stoffwechselstörung. Viele Gewächse vertragen es beispielsweise nicht, wenn sie täglich mit eiskaltem Wasserstrahl von oben bis unten abgespritzt werden. Große Hitze, lange kalte und regnerische Wochen im Sommer sind ebenfalls Auslöser von Stoffwechselstörungen. Will die Quecksilbersäule des Thermometers gar nicht nach oben steigen, können Pflanzen nur noch sehr schwer Nährstoffe aus dem Boden lösen – sie hungern. Regen verdichtet Böden, es fehlt der Sauerstoff. Solche natürlichen Ursachen lassen sich nur zum Teil auffangen: durch gründliches, sachgerechtes Wässern bei großer Hitze, durch flüssige Jauchegaben bei langer Kälte. Gegen Regen gibt es keinen Schutz. Wenn der Stoffwechsel der Pflanze nicht stimmt, zeigt sie es mit Wachstumsstörungen an, oder mit Verfärbungen. Oder mit einem Befall durch Schädlinge, durch Pilze, Bakterien oder Viren. Je schwächer die Pflanze ist, desto lieber machen sich Schaderreger über sie her. Gesunde, starke Pflanzen zu ziehen ist deshalb die beste Abwehrmaßnahme gegen Krankheiten und Schädlingsbefall.

Bakterien und Viren

Welke, abfallende Blätter mit kranken, eingesunkenen Stellen; dürre Triebspitzen, faule Früchte – das sind Anzeichen von Erkrankungen, die von Bakterien oder Viren ausgelöst werden. Ein Heilmittel gegen solche Krankheiten gibt es nicht – hier hilft nur die Vorbeugung, die Stärkung der Pflanze durch naturgemäßen Anbau. Spritzmittel, mit denen Bakterien und Viren weggezaubert würden, gibt es im biologischen Gartenbau nicht. Die Stengelfäule bei Kartoffeln ist so eine bakteriell bedingte Krankheit, die durch extreme Wetterbedingungen – zum Beispiel wochenlangen Regen – begünstigt wird. Die winzigen Krankheitserreger, die mit bloßem Auge nicht zu sehen sind, greifen starke, gesunde Pflanzen erfolglos an. Gefährdete Kulturen sollten ausschließlich mit Kompost gedüngt werden und keinerlei triebige Düngung – Frischmist zum Beispiel oder rohen Geflügelmist – bekommen. Gesundes Saatgut vom Qualitätserzeuger, ab und zu ein Guß mit verdünnter Kräuterjauche – das hilft vorzubeugen.

Pilze

Im Boden leben Milliarden von Pilzen, Bakterien und Viren. Sie alle sind wichtig, Bestandteil des Bodenlebens, dem Gärtner und dem Garten von Nutzen. Einige Pilze aber können Schaden anrichten. Jeder Pilz ernährt sich von organischer Substanz. Manche – der Hallimasch zum Beispiel – siedeln sich auf totem oder schwer geschädigtem Holz an. Andere spinnen ihr Pilz-Myzel um lebende Pflanzenteile, schicken hauchfeine Fäden in Blätter und Stengel und holen sich so, was sie zum Leben brauchen. Ihre Stoffwechselprodukte sind für die Pflanze so giftig, daß sie abstirbt. Mehr als 3000 Pilzkrankheiten können Kulturpflanzen befallen. Sie tun es allerdings nur unter für Pilze idealen Bedingungen: bei schwül-warmem, feuchtem Wetter und auf weichen, anfälligen Pflanzenteilen. Triebige Düngung leistet einem Befall durch Schadpilze deshalb Vorschub: Wo Pflanzen schwammig und aufgedunsen werden, durch die übermäßige Aufnahme von Stickstoff, da sind auch Schadpilze zur Stelle.
Die bekanntesten Pilzkrankheiten sind der Mehltau – der Echte wie der Falsche –, der Grauschimmel an Erdbeeren und Salat, die Kraut- und Knollenfäule der Kartoffeln und Tomaten, die Kohlhernie, die Asternwelke, Rost- und Blattfleckenkrankheiten, die Kräuselkrankheit des Pfirsichs und der Baumkrebs.
Zur Vorbeugung gegen Pilzkrankheiten hat es sich besonders bewährt, den Boden vor dem Säen und Pflanzen mit Schachtelhalmjauche zu übersprühen oder zu begießen. Das kann man auch mit Aussaatkistchen machen. Der kieselhaltige Schachtelhalm beugt der Schwarzbeinigkeit der Setzlinge vor, jener Erkrankung, die junge Pflänzchen dicht über dem Boden schwarz werden und umfallen läßt. Obstbäumen hilft eine vorbeugende Winterspritzung mit Wasserglas – Natriumsilikat –, einer ebenfalls kieselhaltigen Substanz.

Tiere, die zu Schädlingen werden können

Sie saugen und fressen, sie schälen und nagen: Insekten und Milben, wildlebende Säugetiere und Weichtiere können zu Plagegeistern im Garten werden, wenn sie ideale Bedingungen für eine massenhafte Vermehrung vorfinden, zum Beispiel dann, wenn ein Sprühstrahl aus der Gift-Spraydose sämtliche natürlichen Feinde ausgerottet hat. Der naturgemäß arbeitende Gärtner wird seinen Pflanzen deshalb zuvorderst die besten Wachstums- und Klimabedingungen schaffen, und erst bei einer ernsthaften Bedrohung seiner Gewächse zu gezielten Abwehrmaßnahmen greifen. Ohne chemische Gift-Spraydose, versteht sich!

Die wichtigsten Methoden zur Schädlings- und Krankheitsabwehr

Mechanische Abwehrmittel

Mit Handarbeit läßt sich so manches Gartenproblem rasch und giftfrei lösen. Das macht Arbeit, hinterläßt aber auch das gute Gefühl, seinen Pflanzen rasch und völlig ohne Nebenwirkungen geholfen zu haben.

- *Sammeln und Abschütteln* läßt sich so mancher Schädling vor allem im kleineren Garten. Kartoffelkäfer, Raupen, Maikäfer, Schnecken lassen sich von Hand absammeln; Blattläuse kann man von einzelnen befallenen Blüten und Knospen abstreifen. Ist ein Baum befallen, wird darunter eine Plane oder große Polyäthylenfolie ausgebreitet und kräftig geschüttelt. Die Schaderreger – Maikäfer zum Beispiel – kann man so hinterher einsammeln.
- *Abschneiden und abknipsen* kranker Pflanzenteile leistet erste Hilfe bei Pilzkrankheiten. Solche Blätter und Stengelstücke, Zweige und Knospen müssen entweder auf einen Spezialkompost, der mindestens einmal umgesetzt wird, damit auch wirklich alle Schadpilze von der desinfizierenden Hitze des Komposts erfaßt und vernichtet werden. Besser ist es – gerade bei hartnäckigen Krankheiten wie der Himbeerrutenkrankheit –, die abgeschnittenen Pflanzenteile zu verbrennen. Wer regelmäßig durch den Garten geht und Befallenes entfernt, kann so die Ausbreitung von Pilzkrankheiten verhindern.
- *Abspritzen* mit einem scharfen Wasserstrahl aus dem Gartenschlauch bewährt sich vor allem gegen Blattläuse. Die Tiere fallen zu Boden, und nur die wenigsten schaffen den »Aufstieg« auf die Pflanze zum zweitenmal. Nicht bei Sonnenschein spritzen, und auch nicht zu oft – Pflanzen mögen solche Schocks gar nicht. Wenn die Blattläuse immer wieder kommen, stimmt vielleicht der Standort der Pflanze nicht oder sie fühlt sich aus einem anderen Grund nicht wohl – hier muß Abhilfe geleistet werden.
- *Schneckenfallen* gibt es zu kaufen. Sie lassen sich aber auch leicht selbst machen (vgl. »Erste Hilfe gegen die vier häufigsten Schaderreger«).

Kräuselkrankheit an Pfirsichblättern

Rose mit Echtem Mehltau

Birnenpockenmilben

Kiefernrost an einer Weymouthskiefer

Gallmilben-Gallen

Schlingknöterich mit Rotpustelkrankheit

Welkekranke Eberesche

Krankheitsbilder von Pilzkrankheiten und Milbenbefall. Gesunder Boden, der richtige Standort und sorgfältige Pflege machen Pflanzen stark. Gegen pilzige Erreger kann man vorbeugend Schachtelhalmtee spritzen. Gallmilben stechen die Blätter von unten an. Es entstehen pockenartige Erhebungen auf der Blattoberfläche. Sie werden durch Raubmilben bekämpft oder durch Spritzung mit Schmierseifen-Spirituslösung. Im Notfall kann ein Pyrethrum-Präparat eingesetzt werden.

Schneckenfraß an jungen Zucchinifrüchten

Schildläuse sitzen an der Blattunterseite

Möhrenfliegenbefall an Gelben Rüben

Blattläuse auf einer Sommeraster

Chinakohl, von Kohlhernie befallen

Die Spinnmilbe und ihr Gespinst

Zu den häufigsten Schädlingen im Garten zählen Blattläuse, Schnecken, Milben und Raupen. Sie werden vorbeugend bekämpft und abgewehrt, wenn die ersten Schadbilder sichtbar sind. Erst nach der Ernte allerdings ist meist das Schadbild der Möhrenfliege zu erkennen: Die Fraßgänge der Fliegenlarven zeigen sich an den Wurzeln.
Die gefürchtetste Kohlkrankheit ist der Befall mit dem Kohlhernie-Pilz. Eine weite Fruchtfolge und geeignete Vorkultur helfen vorbeugen.

Raupen des Großen Kohlweißlings auf Brokkoli

Die häufigsten Krankheiten

Krankheit	Gefährdete Pflanzen	Schaderreger	Krankheitsbild	Vorbeugung/Anmerkungen
Blattfleckenkrankheit	Tomaten, Sellerie, Chrysanthemen	Pilz	Helle bis bräunliche Flecken, trocknen ein, die Blätter fallen ab.	Tomaten-Jungpflanzen mit Magermilch tropfnaß spritzen. Schachtelhalmtee drei Tage hintereinander auf Pflanzen und Boden sprühen. Befallene Teile verbrennen.
Gitterrost	Birne	Pilz	Orangefarbene Flecken auf den Blättern, die im Herbst kleine Warzen bilden.	Auf Wacholder überwintert der Pilz. Bei starkem Befall Wacholder entfernen. Hilft nur, falls in der Nachbarschaft kein Wacholder wächst. Spritzungen mit Schachtelhalmtee. Nach zehn Tagen wiederholen.
Grauschimmel	Erdbeeren, Himbeeren, Salat, Gurken, Tulpen	Pilz	Schimmelbelag auf Früchten und Blättern. Das Gewebe stirbt ab.	Schachtelhalmtee vor Pflanzungen auf den Boden gießen. Schachtelhalm- und Brennesseljauche als Kopfdüngung. Wahl widerstandsfähiger Sorten. Mulchen mit Stroh.
Johannisbeerrost (Säulenrost)	Johannisbeeren	Pilz	Gelbe Flecken an der Blattunterseite, Abfallen der Blätter.	Die Kiefer ist der Zwischenwirt des Pilzes. Wermut als Nachbarpflanze setzen, Wermutbrühe und Schachtelhalmtee im Frühjahr wiederholt spritzen. Mulchen mit Wermutblättern.
Kohlhernie	Kohlarten, Radieschen, Rettich, Levkojen	Pilz	Wucherungen und Knoten an den Wurzeln, Pflanzen sterben ab.	Die gefährlichste Pilzkrankheit im Privatgarten. Sporen überleben im Boden jahrelang. Spritzungen mit Schachtelhalmtee. Befallene Pflanzen verbrennen. Fruchtfolge einhalten, pH-Wert beachten – saurer Boden begünstigt Sporenkeimung.
Kräuselkrankheit	Pfirsich	Pilz	Gekräuselte Blätter, deformierte Jungtriebe, Blattverfärbungen	Schachtelhalmtee und Brennesseljauche im Herbst und im Frühjahr spritzen.
Kraut- und Knollenfäule	Tomaten, Paprika, Kartoffeln	Pilz	Braune Flecken, später Absterben von Blättern und Stengeln. Verhärtete, schwarzfleckige Tomaten, faulige Kartoffeln	Tomatenjungpflanzen mit Magermilch tropfnaß spritzen. Brennesselbrühe, Steinmehl, Algenkalk spritzen und stäuben.
Echter Mehltau	Obstbäume, Gurken, Weinreben, Stachelbeeren, Zierpflanzen	Pilz	Mehliger Belag auf Blättern, die vorzeitig absterben.	Schachtelhalmtee oder Schwefelleber-Seifenlösung spritzen. Theobaldsche Lösung. Widerstandsfähige Sorten pflanzen.
Falscher Mehltau	Weinreben, Spinat, Salat, Kohlarten, Zwiebeln, Rosen	Pilz	Weißgelber Pilzbelag auf der Blattoberseite, grauviolett auf der Unterseite.	Schachtelhalmtee spritzen (mehrmals), mit Brennesseljauche gießen. Falscher Mehltau tritt nur in nassen Sommern auf.

Die häufigsten Krankheiten

Krankheit	Gefährdete Pflanzen	Schaderreger	Krankheitsbild	Vorbeugung/Anmerkungen
Monilia (Polsterschimmel)	Kern- und Steinobst	Pilz	Spitzendürre bei Sauerkirsche und Aprikose. Früchte bekommen gelbbraune Ringe und trocknen ein.	Fruchtmumien verbrennen, dürre Triebe abschneiden und verbrennen. Mit Schachtelhalmjauche spritzen, -tee zur Vorbeugung. Wasserglasspritzung 3 : 100 verdünnt im Februar/März.
Mosaik-Virus	Gurken, Kürbis, Zucchini, Melonen, Bohnen, Blumenkohl, Kartoffeln	Virus	Mosaikartig gefleckte hellgelbe oder braune Flecken auf den Blättern.	Saugende Insekten wie Blattläuse übertragen den Virus – fernhalten! Kranke Pflanzen verbrennen. Schachtelhalm-, Brennessel-Rainfarnbrühe abwechselnd zur Vorbeugung sprühen.
Obstbaumkrebs	Obstbäume, Apfel, Birne	Pilz	Wucherungen an Zweigen und Ästen.	Krebsgeschwulst bis ins gesunde Holz ausschneiden, mit Baumwachs oder Steinkohlenteer Wunde verschließen. Stärker befallene Äste verbrennen. Standort überprüfen, resistente Sorten wählen oder aufpfropfen.
Rost	Erbsen, Bohnen, Johannisbeeren, Sellerie, Rosen, Pflaumen	Pilz	Rostbraune Flecken auf den Blättern	Schachtelhalmtee, Theobaldsche Lösung. Kranke Blätter zusammenrechen und vernichten.
Rußtau	Rosen, Johannisbeeren, Obstbäume	Pilz	Dunkler, rußartiger Belag auf den Blättern.	Der Pilz siedelt sich auf dem Honigtau von Blattläusen oder nach Befall durch Weiße Fliege an. Diese abwehren.
Rutenkrankheit	Himbeeren	Pilz	Braune bis violette Flekken an den Zweigen. Triebe trocknen ein.	Schachtelhalm-, Brennessel-, Kamillenbrühe im Wechsel sprühen. Kranke Triebe sofort vernichten. Nicht zu dicht wachsen lassen.
Schwarzbeinigkeit	Keimlinge, Jungpflanzen	Pilz	Dunkle Einschnürungen am Stengelende, die Pflanzen kippen um.	Schachtelhalmtee vorbeugend auf Saatkisten und -beete sprühen. Nicht zu dicht säen. Frühbeete gut lüften.
Schorf	Obstbäume	Pilz	Schwarzgrüne Schorfrisse an Zweigen, Flecken an Früchten, die später verkorken. Früchte bleiben klein und platzen auf.	Laub unter befallenen Bäumen im Herbst entfernen. Kalken, Kompostgaben, Schachtelhalmtee zur Vorbeugung. Schorfresistente Sorten pflanzen.
Sternrußtau	Rosen	Pilz	Runde, schwarzbraune Flecken auf Blättern, Blattfall.	Holzasche, Schachtelhalmtee morgens spritzen. Kranke Blätter vernichten.

Unterschlupf für Ohrwürmer: Ein Stück Schlauch

Blumentopf mit Strohfüllung als Ohrwurm-Quartier

Ein alter Schuh soll hungrige Kaninchen abwehren

- *Kirsch-Fliegenfallen* bestehen aus Kunststofffruchtfolien in fluoreszierendem Gelb, die mit einem Spezialleim bestrichen sind. Kirschfruchtfliegen werden von der intensiven Farbe angelockt und bleiben kleben. Solche Fallen kann man fertig oder in Einzelteilen kaufen, oder ebenfalls selbst machen. Dazu werden Holzbrettchen leuchtend gelb lackiert und mit dem Leim eingestrichen, der auch für Leimgürtel Verwendung findet.
- *Leimgürtel* sind ein bewährtes Mittel, um Obstbäume vor Frostspannern zu bewahren. Um den Baumstamm wird ein Papierstreifen aus festem Papier gelegt und festgebunden. Mit Leim einstreichen. Ab September um die Bäume gelegt, hindert es die Frostspanner, auf die Obstbäume zu kriechen. Leimgürtel kann man entweder als »Bausatz« oder fertig kaufen. Auch ein in die Länge gezogener Fliegenfänger aus Leimpapier läßt sich um einen nicht allzu dicken Baumstamm legen. Den Fliegenfänger zu zweit auseinanderziehen, sonst verdreht er sich hoffnungslos.
- *Fanggürtel* werden selbst gemacht: Einen breiten Streifen Wellpappe mit der welligen Seite nach innen um den Baumstamm binden, mit Plastikfolie vor Regen schützen. Insekten und Milben kriechen in die Wellpappe. Oder auf ein Stück festes Papier wird etwas Holzwolle geklebt – das bietet Insekten ebenso guten Unterschlupf. Von Zeit zu Zeit werden die Fanggürtel abgenommen und verbrannt (ohne die Folie). Vorher kontrollieren, ob sich nicht Nützlinge wie Ohrwürmer, Florfliegen oder Marienkäfer mit versteckt haben.
- *Fangpflanzen* helfen gegen Schnecken und Drahtwürmer: Eine halbierte Kartoffel, mit der Schnittfläche nach unten in den Boden gedrückt, ist eine hervorragende Drahtwurmfalle. Ein abgeschnittener Kopfsalat ebenfalls – er zieht auch Schnecken an, die morgens darunter eingesammelt werden können.
- *Lehmanstriche* vernichten Schadinsekten, die in der Rinde von Obstbäumen überwintern. Lehm wird mit kaltem Schachtelhalmtee und – wo vorhanden – mit frischem Kuhdung zu einem Brei verrührt und mit einem dicken Pinsel oder Handbesen auf den Baumstamm und dicke Äste aufgetragen. Wird der Lehmbrei verdünnt, kann er über Beerensträucher gespritzt werden und ver-

Ohrwürmer lieben dunkle Verstecke (oben und Mitte), in denen sie den Tag verbringen können. Nachts gehen sie auf Blattlausjagd.
Ob der alte Schuh wirklich vor hungrigen Nagetieren schützt? Mancher Gärtner schwört auf die Abwehrkraft solcher Hausmittel (unten).

dirbt Vögeln, die gerne frische Knospen naschen, den Appetit. Lehmanstriche und -spritzungen werden im späten Winter aufgetragen. Nicht vorher – mancher Vogel ist froh, wenn er sich noch bis Januar Larven und Käfer aus der Baumrinde holen kann.

● *Netze und Zäune* zur Abwehr von Vögeln, Schnecken und Säugetieren bewähren sich in allen Gärten.

Schneckenzäune aus verzinktem Blech oder Kunststoff mit einer nach außen gebogenen Kante kann man kaufen. Sie hindern die Schnecken am Drüberklettern. Auch ein Schneckenzaun mit Drähten, der funktioniert wie ein elektrischer Weidezaun, ist zu haben. Einen Schneckenzaun kann man selbst machen aus alten verzinkten Dachrinnen, die – Wölbung nach außen – rund um ein Beet aufgestellt werden. Oder starke Dachpappe wird in Streifen geschnitten, der obere Rand nach außen und unten abgeknickt – fertig. Wichtig: Die Ränder müssen gut schließen, damit die Tiere hier kein Schlupfloch finden.

Gegen Feldhasen und Kaninchen hilft es, wenn der Gartenzaun von innen mindestens einen Meter hoch mit einem engen Maschendraht verkleidet wird. Er muß ein Stück in den Boden gegraben werden, damit sich die Tiere nicht unten durchgraben.

Ein betonierter Sockel, einen Meter tief in den Boden reichend, ist für Gärten in besonders exponierter Lage – in der Nähe von Äckern und Wiesen zum Beispiel, ein dauerhafter Schutz vor Wühlmäusen.

Netze, über junge Saat oder empfindliche Kulturen gespannt, schützen vor dem verständlichen Hunger der Vögel auf frisches Frühlingsgrün. Über einen reifenden Kirschbaum gespannt, hält so ein Netz auch Starenschwärme ab. Die Netze müssen unbedingt aus dem Fachhandel stammen und so beschaffen sein, daß sich die Vögel darin nicht verfangen und jämmerlich zugrunde gehen.

● *Hüte und Pflanzenkragen* aus Kunststoffmaterial beschützen einzelne Jungpflänzchen. Bewährt haben sich große Marmeladen- oder Einmachgläser, die umgedreht über Jungpflanzen gestülpt werden. Sie dienen gleichzeitig als Mini-Treibhaus. An sonnigen und warmen Frühlingstagen

Leimring an einem Kirschbaum

Nistholz für Schwebfliegen

Ameisen sammeln sich unter dem Blumentopf

Leimringe dienen als Bremse für Insekten, die den Baumstamm hinaufklettern (oben).
Eine angebohrte Holzscheibe dient Schwebfliegen als Nistplatz und Ohrwürmern als Schlupfloch (Mitte).
Leicht wegtragen kann man Ameisen samt Eiern, die sich unterm Blumentopf versammeln (unten).

Die häufigsten Schädlinge (siehe auch »Erste Hilfe gegen die vier häufigsten Schaderreger«, S. 153 ff.)

Schädling	Schadbilder	Gefährdete Pflanzen	Pflanzenschutzmittel	Anwendung
Apfelblütenstecher	Knospen trocknen braun ein	Apfel	Schmierseifen-Spiritus-Lösung	Vor der Blüte spritzen, zweimal in 14 Tagen
Apfelwickler (Obstmade)	»Wurmige« Früchte, Madengänge im Fruchtfleisch	Apfel, Birne, Quitte, Walnuß	Schmierseifenlösung, Rainfarn, Wellpappe-Fanggürtel	Mai–Juli nur bei Befall spritzen. In warmen Gegenden auch August
Ameisen	Verstärkte Blattlausansiedlungen	Alle	Steinmehl, Algenkalk; Nester mit heißem Wasser begießen	Nur bei ernsthafter Schädigung. Ameisen sind nützlich!
Blattrandkäfer	Wurzelschäden durch die Larven, Löcher am Blattrand durch Käfer	Gemüse-, Zierpflanzen	Brennesseljauche, Quassia-Seifenlösung	Jauche auf den Boden gießen, Quassia auf Blätter sprühen
Blutläuse	Braun-rote Läuse, die unter wolligen, weißen Wachsausscheidungen sitzen. Rindenschäden, Wucherungen	Apfel, Birne	Schmierseifenlösung	Nur auf befallene Pflanzen, nicht vorbeugend
Drahtwürmer (Larve des Schnellkäfers)	Fraßlöcher in Wurzel- und Knollengemüsen, abgefressene Jungpflanzen	Salat, Gelbe Rüben	Halbierte Kartoffeln als Fangpflanze, Salat setzen als Köder	Kartoffeln vernichten, Salat ausgraben, Larven absammeln
Engerlinge (Larven des Maikäfers)	Wurzelschäden	Gemüsepflanzen, Erdbeeren	Salat als Fangpflanze	Absammeln, wo sie sichtbar werden
Erbsenwickler (Raupe)	Zerfressene Samen in der Schote, Kothäufchen	Erbsen, Bohnen	Schmierseifenlösung, Quassia	Kurz vor Ende der Blüte am Abend spritzen
Erdbeerblütenstecher	Blütenknospen trocknen ein und fallen ab	Erd-, Him-, Brombeeren, Rosen	Rainfarntee, Pyrethrum	Rainfarntee nach der Ernte auf Boden und Pflanze sprühen, Pyrethrum bei Befall
Erdflöhe	Löcher in den Blättern	Kohl, Radieschen, Salat, Rettich	Steinmehl, Rainfarnbrühe, Wermutbrühe	Zweimal pro Woche auf befallene Pflanzen. Boden feucht halten
Gespinstmotten	Fraßschäden an Knospen und Blättern, Gespinst mit Räupchen	Apfel, Pflaume, Quitte	Schmierseifen-Spiritus-Lösung, Bacillus thuringiensis	Vorbeugend alle 10 Tage mit Rainfarnbrühe spritzen
Kartoffelkäfer	Blätter, bis zum Stengel abgefressen	Kartoffel, selten auch Tomate	Algenkalk, Steinmehl, Pyrethrum	Bei Befall genügt meist Absammeln
Kirschfruchtfliege	Maden im Fruchtfleisch, Kirschen faulen und fallen ab	Süß- und Sauerkirsche	Kirschfliegenfallen, Wermuttee	Tee wiederholt 3 Wochen nach der Blüte spritzen. Fallen von Mai bis Juli aufhängen
Kohlfliegen	Fraßschäden durch Maden an Stengelhals u. Wurzel. Blätter werden grau, sterben ab	Kohlarten, Rettiche	Schmierseifenlösung, Kohlkragen, Holzasche, Steinmehl	Setzlinge vor dem Pflanzen in Lehmbrei tauchen

Die häufigsten Schädlinge (siehe auch »Erste Hilfe gegen die vier häufigsten Schaderreger«, S. 153 ff.)

Schädling	Schadbilder	Gefährdete Pflanzen	Pflanzenschutzmittel	Anwendung
Kohlweißlinge (Raupen)	Blätter werden bis auf die Rippen abgefressen	Kohlarten, Rettich, Meerrettich	Tomatenblätterauszug, Wermuttee, Schmierseifen-Spirituslösung. Bacillus thuringiensis, Pyrethrum	Raupen absammeln. Nur befallene Pflanzen spritzen
Lauchmotten	Fraßgänge ins Innere der Pflanze, Herzblätter sterben ab	Lauch, Zwiebeln	Rainfarn-, Rhabarbertee, Schachtelhalmjauche, Bacillus thuringiensis	Befallene Pflanzen zurückschneiden, Larven zerdrücken oder Pflanzen entfernen. Heißes Wasser (nicht über 50°) tötet die Larven ab
Möhrenfliege	Kotgefüllte Fraßgänge in den Möhren, die stinken und absterben	Gelbe Rüben (Möhren, Karotten), selten Sellerie	Knoblauchtee, Knoblauch-Zwiebelbrühe, Rainfarn-, Wermuttee	Mulchdecke aus Wermut und Rainfarn, Mischkultur mit Zwiebeln
Pflaumenwickler	Fraßspuren, evtl. Maden in den Gängen, Loch in den Außenhaut	Pflaumen	Schmierseifenlösung, Pyrethrum oder Rotenon	Abgefallene, kranke Früchte vernichten
Rote Spinnen	Verfärbung des Blattgewebes von Obstbäumen, Milbenkolonien auf der Unterseite, Blätter fallen ab	Obstbäume	Seifen-Spiritus-Lösung, Schachtelhalm-Rainfarnbrühe, Pyrethrum, Rotenon	Nur bei akutem Befall spritzen. Stammanstrich im Winter
Schildläuse	Krusten aus dem Schild der Läuse an Zweigen und Ästen, Saugschäden	Obstbäume, Rosen	Schmierseifenlösung, Pyrethrum	Stammanstrich im Winter. Kleinere Kolonien von Hand zerdrücken
Spinnmilben	Feines Gespinst an der Blattunterseite, weiße Flecken auf Blättern, bei Erdbeeren verkrüppelte Blätter, Blüten, Knospen	Erdbeeren, Kürbis, Zucchini, Gurken, Gewächshauspflanzen	Schmierseifenlösung, Mehlkleister, Schachtelhalm-, Rainfarn-, Wermutbrühe.	In Gewächshäusern können Raubmilben eingesetzt werden
Weiße Fliegen	Kolonien weißgeflügelter Insekten an der Blattunterseite, Rußtau als Folge des Befalls.	Kohl, Gurken, Tomaten	Brennessel-Auszug, Pyrethrum	In Gewächshäusern für richtige Luftfeuchtigkeit sorgen. Einsatz von Schlupfwespen
Wurzelälchen (Nematoden, Fadenwürmer)	Mißbildungen, abgestorbene Wurzeln	Gemüse-, Zierpflanzen	Einsaat mit Tagetes, Ringelblumen oder Sperlings Gartendoktor. Algenkalk	Zur Entseuchung ganzer Beetflächen Tagetes o. Bodenkur nehmen.
Zwiebelfliege	Maden zerfressen Blätter und Zwiebeln, Zwiebeln faulen	Zwiebeln, Knoblauch, Lauch	Steinmehl, Algenkalk, Rainfarn-, Wermuttee	April bis Mai zweimal wöchentlich Tees spritzen

müssen sie abgenommen werden, sonst wird es den Pflanzen darunter zu warm. Für den Sommer ist diese Methode nicht geeignet. Fertig zu kaufende Pflanzenkragen aus gepreßten Holzfasern halten verschiedene Schädlinge ab – Schnecken nicht! – und unterdrücken Wurzelwildkräuter rund um den Setzling. Solche Krägen kann man sich aus festem Karton auch selbst schneiden: An einer Stelle bis zur Mitte aufschneiden, ein Loch für die Pflanze ausschneiden und den Kragen um den Setzling legen. Zur Abwehr von Kohlfliegen sollten solche Pflanzenkrägen aus unbesandeter Teerpappe bestehen. Dieses schwarze Material sorgt gleichzeitig dafür, daß sich der Boden um die Jungpflanze erwärmt.

Stäuben

- *Steinmehle,* über die Pflanzen gestäubt, verhindern Pilzerkrankungen, wirken gegen Läuse und Erdflöhe und halten Schnecken fern. Das Steinmehl wird sehr fein morgens auf die noch vom nächtlichen Tau feuchten Pflanzen gestäubt. Die Behandlung muß nach jedem Regen und in Trockenzeiten mindestens wöchentlich wiederholt werden. Zum Stäuben gibt es spezielle Geräte (vgl. »Geräte und Zubehör«), deren Anschaffung sich bei größeren Gärten, vor allem aber für Besitzer eines Gewächshauses lohnt. Gegen Pilzerkrankungen im Gewächshaus für empfindliche Pflanzen von der Schlangengurke über Paprika bis zur Tomate, hat sich das Stäuben von Steinmehlen sehr bewährt.
- *Holzasche* wirkt ebenfalls vorbeugend gegen Pilzerkrankungen und gegen Läuse. Allerdings sehen beispielsweise mit Holzasche eingepuderte Rosen nicht besonders reizvoll aus.
- *Algenkalk* fördert die Widerstandsfähigkeit der Pflanzen gegen Pilzerkrankungen und Insektenbefall. Algenkalk sollte nicht öfter als einmal pro Monat während des Wachstums gestäubt werden, weil er sonst die Pflanze am Atmen und Assimilieren hindern kann. Gewächse, die keinen Kalk vertragen, dürfen keinen Algenkalk bekommen.

Spritzen mit selbstgemachten Jauchen, Tees und Brühen

Die meisten Zutaten für selbstgemachte Pflanzenschutzmittel wachsen direkt im Garten: Heil- und Wildkräuter, Brennesseln, Gemüsepflanzen, von denen Blätter und Triebe verwendet werden können. Es lohnt sich, dem »Unkraut« eine kleine wilde Ecke zu überlassen – sie liefert ständig Gratisnachschub für die Pflanzenschutztonne. Die genauen Zutaten und Mengenangaben für die einzelnen Brühen, Jauchen und Tees sind aus den Tabellen zu entnehmen.

- *Pflanzenjauchen* stärken Pflanzen von innen und außen: von innen, weil sie hochwertige Düngemittel sind, und von außen, weil sie direkt auf Triebe gespritzt werden können. Sind die Knospen allerdings aufgebrochen, haben sich die Blätter entfaltet, darf keine Jauche mehr direkt auf die Pflanze gelangen. Wer einmal einen Blumenkohl mit Jauche übergossen hat, vergißt den Gestank im Kochtopf nie wieder! Für Jauche werden frische oder getrocknete Pflanzen mit kaltem Wasser – am besten Regenwasser – in einem Holz- oder Kunststoffgefäß angesetzt. Einmal täglich rühren, mit einem Stück Maschendraht abdecken, damit keine Vögel oder kleinen Säugetiere hineinfallen können. Gegen den zunehmenden unangenehmen Geruch helfen eine Handvoll Steinmehl oder ein paar Tropfen Baldrianblütenextrakt. Die Jauche ist fertig, wenn sie keine Blasen mehr wirft und ganz dunkel aussieht. Sie wird gesiebt und – siehe Tabelle – stark verdünnt, bevor sie gespritzt wird. Wer eine Druckspritze benützt, muß besonders sorgfältig sieben.
- *Tee* aus Kräutern wird zubereitet wie der, den der Gärtner selbst trinkt: Mit kochendem Wasser übergießen, zudecken und zehn Minuten ziehen lassen. Intensiver ausgenutzt werden die Kräuter aber, wenn sie mit kaltem Wasser in einem emaillierten Topf auf dem Herd aufgesetzt werden. Alles zusammen zum Kochen bringen, abschalten und zehn Minuten ziehen lassen. Danach wird der Tee jeweils abgesiebt und muß kalt werden, bevor er verwendet werden kann.
- *Brühen*-Pflanzenteile werden im Kochgefäß (immer ein emailliertes nehmen, um unerwünschte Reaktionen von Pflanzeninhaltsstoffen mit Metall zu vermeiden) mit Wasser 24 Stunden lang eingeweicht. Sie können Regenwasser dazu nehmen oder Leitungswasser, das mit einer Messerspitze Borax oder Biosmon weichgemacht wurde. Zur Not geht auch Leitungswasser, das einige Tage abgestanden ist. Nach der Einweichzeit wird alles aufgekocht und darf eine halbe Stunde weiterköcheln. Abschalten, abkühlen lassen und durchsieben.
- *Kaltwasserauszüge* – als es noch große Küchen mit ebenso bemessenen Kochtöpfen, oder Waschküchen mit Riesenkesseln gab, war es relativ einfach, Brühen und Tees für den Garten zu kochen. In einer modernen Einbauküche tut sich der Besitzer eines größeren Gartens dagegen schwer, wenn er die Mengen an Kräutern dort sortieren,

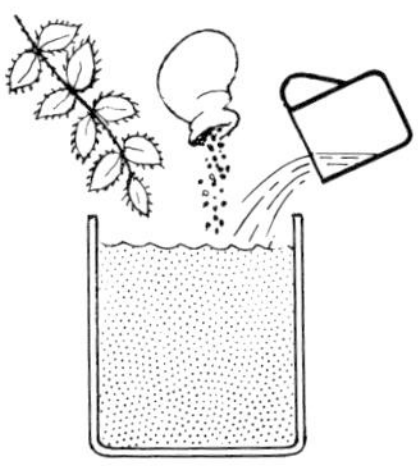

Brennesseljauche
1 kg frische Brennesseln oder 250 g getrocknete. In 5 l Wasser 2–3 Wochen vergären lassen. 1:10 verdünnt als Kopfdüngung, 1:20 zur Aktivierung von Pflanzenwachstum und Bodenleben.

Jauche gegen Blattläuse
Brennesseljauche wie oben ansetzen, aber nur 4–5 Tage gären lassen. 1:10 verdünnt spritzen.

Brennesselauszug
Zutaten wie Jauche. 24 Stunden stehen lassen, dann absieben und unverdünnt gegen Blattläuse etc. spritzen

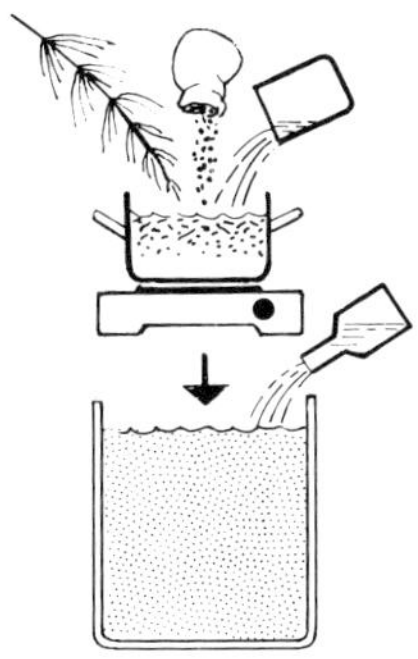

Ackerschachtelhalmbrühe
1 kg frischen oder 150 g getrockneten Schachtelhalm in 10 l Wasser 30 Minuten kochen. Abkühlen lassen, 1 % Wasserglas einrühren. 1:5 verdünnt gegen Pilzkrankheiten spritzen.

Rainfarnbrühe
300 g frischen oder 30 g getrockneten Rainfarn in 10 l Wasser 24 Stunden einweichen, dann 30 Minuten köcheln lassen. Unverdünnt spritzen.

Farnkrautbrühe
1 kg frischen oder 100 g getrockneten Wurmfarn zubereiten wie Rainfarnbrühe.

kleinschneiden und kochen soll, ohne die ganze Küche zu blockieren. Hier bewährt sich der Kaltwasserauszug, der die Wirkung der Osmose nützt: Wohltuende Stoffe und wirksame Substanzen werden durch das kalte Wasser aus den Pflanzen herausgezogen. Dazu werden frische Pflanzen 12 bis 24 Stunden lang in kaltem Regenwasser oder weichem Wasser eingeweicht. Dann wird abgesiebt und der Kaltwasserauszug kann verwendet werden. Wenn Sie den Eimer einmal vergessen haben: Ein Kaltwasserauszug bleibt so lange verwendungsfähig, bis er anfängt unangenehm zu riechen. Dann sollte er ins Jauchfaß gegeben werden und dort vollends vergären.

- *Gärende Jauchen* sind besonders wirkungsvoll, müssen aber sehr vorsichtig angewendet werden, damit sie keinen Schaden anrichten. Gärende Jauchen sind beißend und hell – nicht so dunkel wie die fertig vergorene Kräuterjauche. Angesetzt wird sie wie Pflanzenjauche. Wird der Eimer oder das Faß in die pralle Sonne gestellt, ist die gärende Jauche schon nach vier Tagen verwendungsfähig. Mit gärenden Jauchen darf nur im zeitigen Frühjahr, vor Entfaltung von Knospen und Blättern, behandelt werden.

Die Zutaten für selbstgemachte Pflanzenschutzmittel

Pflanzliche Zutaten

Schachtelhalm und Brennessel, Rainfarn und Farnkraut, Wermut und Beinwell lassen sich verwenden. Jedes Kraut in dieser »Gartenapotheke« erfüllt eine spezielle Aufgabe: Der Schachtelhalm mit seinem Reichtum an Kieselsäure wirkt gegen Pilzerkrankungen. Die Brennessel mit ihrem Stickstoff- und Mineralstoffreichtum hilft gegen Blattchlorosen. Ihre Brennhaare enthalten im Zellsaft gelöste, giftige Substanzen (Histamine), die vor allem gegen Blattläuse wirken. Der Rainfarn, auch Wurmkraut genannt und früher auch für Wurmkuren benutzt, kann mit seinen pflanzlichen Giften gegen Milben, Läuse und andere Schaderreger eingesetzt werden. Der Adler- und der Wurmfarn sind gegen beißende und saugende Insekten und sogar zur Bekämpfung einer Schneckenplage gut. Der bittere Wermut hält mit seinem strengen Geruch Schmetterlinge von der Eiablage auf Nutzpflanzen ab und wirkt gegen pilzliche Schaderreger. Beinwell, die traditionsreiche Heilpflanze, enthält viel Stickstoff und Kali und macht Pflanzen stark gegen alle möglichen Schaderreger.

Blätter vom Kohl, ausgekniffene Geiztriebe der Tomate, und Schalen von Knoblauch und Zwiebel geben die Grundlage für wirkungsvolle Brühen und Tees ab. Sie wirken gegen schädliche Bakterien, gegen Pilze oder vertreiben mit ihrem strengen Geruch Insekten, bevor diese Schaden anrichten können.

Die pflanzlichen Zutaten für heilsame Spritzungen können frisch oder getrocknet verwendet werden. Pulverisierte Drogen bieten der Gartenversandhandel, die Bio-Spezialfirmen (vgl. Anhang), Fachgeschäfte, Drogerien und Apotheken an. Wer Kräuter selbst trocknen möchte, sammelt sie bei trockenem Wetter, am besten gegen Mittag, und hängt sie an einem luftigen und vor Sonne geschützten Platz zum Trocknen auf. Später werden die Kräuter in dichten Leinensäckchen oder in sauberen, dichtschließenden Schraubgläsern aufbewahrt.

Nicht-pflanzliche Zutaten

- *Schmierseife* ist ein bewährtes Mittel gegen Läuse und weiße Fliege, und in jedem guten Supermarkt erhältlich. Für den biologischen Garten am besten geeignet ist die Weinbergseife, die es in Drogerien zu kaufen gibt. Dem Spritzwasser einfach ein wenig Spülmittel zuzusetzen, ist nicht zu empfehlen: Diese Haushaltschemikalien können Chlor enthalten.
- *Spiritus* wirkt gegen saugende und beißende Insekten. Verwendet wird Brennspiritus, der auch mit Schmierseife gemischt verwendet werden kann.
- *Alaun* hat sich als Abwehrmittel gegen Schnekken und Raupen bewährt. Es ätzt leicht und muß sehr vorsichtig angewendet werden.
- *Quassia-Bitterholz* stammt von Bäumen der Gattung Bittereschengewächse. Stücke dieses tropischen Holzes kann man in der Apotheke kaufen. Es ist tödlich für beißende und saugende Insekten – leider auch für Nützlinge. Quassia- oder Quassia-Seifenlösungen dürfen deshalb nur in wirklichen Notfällen angewandt werden.
- *Wasserglas oder Natriumsilikat* ist in Drogerien zu haben. Die stark kieselsäurehaltige Substanz, auch Natron- oder Natriumwasserglas genannt, wirkt vorbeugend gegen Pilzkrankheiten.
- *Schwefelleber* ist in Apotheken erhältlich (Hepar sulfuris). Sie enthält Netzschwefel, Kaliumkarbonat und Pottasche und wird im Obstbau gegen Pilzkrankheiten eingesetzt.
- *Theobaldsche Lösung* besteht aus Kalisalz, gebranntem Kalk und Natriumwasserglas. Die Lösung wird im Spätwinter auf Obstbäume und Beerensträucher gespritzt. Sie wird beim Trocknen hart, wirkt gegen überwinternde Insekten, Larven, unerwünschte Flechten und schützt Knospen vor hungrigen Vögeln.
- *Schwefelsaure Tonerde* ist ein mildes Mittel gegen die Weiße Fliege und Läuse, vor allem gegen die schwer zu bekämpfende Schildlaus. Sie wird in Wasser eingerührt und mit etwas Schmierseife als Haftmittel versetzt.
- *Magermilch* wird verdünnt über Tomatensetzlinge gespritzt und beugt wirkungsvoll Pilzerkrankungen vor.
- *Mehlkleister* verklebt die Atmungsorgane und Gelenke von Spinnmilben und tötet sie so ab. Er wird über die Pflanzen gesprüht.

Nichtpflanzliche Mittel zur Schädlingsabwehr

- *Magermilchspritzung:* 1 l Molke oder 1 l Milch mit 1 l Wasser mischen. Jungpflanzen 1× wöchentlich spritzen. Wirkt gegen Tomatenkrankheiten.
- *Schwefelsaure Tonerde:* 200 g Erde in 1 l Wasser sorgfältig auflösen. In 9 l Wasser einrühren. Wirkt gegen Weiße Fliege und Schildläuse an Obstbäumen.
- *Alaun:* 40 g Alaun in 10 l kochendem Wasser auflösen. Abkühlen lassen. Unverdünnt gegen Blattläuse und Raupen spritzen. Mit Kleie oder Sägemehl vermischt gegen Schnecken.
- *Schmierseifen-Lösung:* 150 g Schmierseife in heißem Wasser sorgfältig auflösen. In 10 l kaltes Wasser einrühren. Unverdünnt gegen Blattläuse spritzen.
- *Schmierseifen-Spiritus-Lösung:* 200 g Schmierseife in etwas heißem Wasser auflösen. In 10 l kaltes Wasser einrühren, ⅓ l Spiritus zugeben.
- *Theobaldsche Lösung:* 1 kg 40prozentiges Kalisalz in 3 l heißem Wasser auflösen. In die abgekühlte Lösung 100 g Natriumwasserglas einrühren. In einem zweiten Gefäß 1 kg gebrannten Kalk in 10 l Wasser auflösen. Die Kalkbrühe durch ein Tuch in das erste Gefäß gießen und mit so viel Wasser auffüllen, daß 20 l Theobaldsche Lösung entstehen.
- *Mehlkleister:* 1 kg Mehl oder Stärke in 1 l kaltes Wasser einrühren. Nach und nach 10 bis 15 l kochendes Wasser einrühren. Der Kleister muß vom Löffel tropfen.
- *Quassia-Seifen-Lösung:* 150 g Quassiaholzspäne in 1 l Wasser aufkochen und 24 Stunden stehenlassen. Durchsieben. 150 g Schmierseife in ½ l heißem Wasser auflösen und mit kaltem Wasser auf 1 l auffüllen. Beide Flüssigkeiten mit 8 l Wasser mischen.
- *Lehmanstrich:* Lehm in Wasser bröckeln, frischen Kuhdung und eine Handvoll Steinmehl untermischen. 24 Stunden stehenlassen. Glattrühren. Unverdünnt als Frühjahrsanstrich bei Obstbäumen. Statt Wasser kann auch Schachtelhalmtee verwendet werden.

● *Lehm* als Anstrich bei Obstbäumen wirkt gegen überwinternde Insekten. Beim Setzen von Kohlpflanzen wird Lehm dick angerührt und die Pflanze bis unter die Keimblätter hineingetaucht. Der Lehm verhindert so die Eiablage der Kohlfliege am Wurzelhals der Pflanzen.

Biologische Pflanzenschutzmittel zum Kaufen

Pflanzenschutzpräparate ohne chemisch-synthetische Gifte gibt es in großer Auswahl zu kaufen. Eine Auswahl solcher Präparate finden Sie auf unserer Tabelle. Vor allem wer einen kleinen Garten zu pflegen hat, kann so den gelegentlichen Bedarf bequem decken. Lassen Sie sich aber im Fachgeschäft nicht irgend etwas verkaufen – lesen Sie sehr genau das Etikett! Biologische Pflanzenschutzmittel dürfen ausschließlich pflanzliche Gifte enthalten. Spraydosen müssen mit umweltfreundlichem Treibgas abgefüllt sein, und nicht mit Fluorchlorkohlenwasserstoffen (FKWs), die die schützende Ozonhülle der Erde durchlöchern. Und denken Sie bei jeder Anwendung vorher daran: Jedes Gift, auch das pflanzliche, ist wirklich nur für den Notfall bestimmt.

Pflanzenschutzämter sind für jeden da

Vernichtende Insektenplagen und seuchenartige Krankheiten treten in einem Garten, der von seinem Besitzer, seiner Besitzerin so gepflegt wird, daß er sich im biologischen Gleichgewicht befindet, nicht auf. Es kann aber schon einmal passieren, daß die Obstbäume, die Rosen oder die Gemüsekulturen von Schaderregern befallen sind, die der Gärtner noch nie gesehen hat. In solchen Fällen und bei heftigem Befall von Schaderregern geben die Pflanzenschutzämter in den Bundesländern Rat und Auskunft. Sie können telefonisch oder schriftlich um Hilfe gebeten werden. Die wissenschaftlichen Mitarbeiter dieser Ämter machen eigene Versuche mit chemischen und biologischen Pflanzenschutzverfahren, sind also im naturgemäßen Pflanzenschutz bewandert. Durch bestimmte Untersuchungsmethoden – zum Beispiel das Bestimmen der Nematodenzahl pro Quadratmeter Gartenboden, durch das Zählen von Faltern, die mit Fanglampen und Duftfallen angelockt werden und ähnliche Verfahren kann ein Pflanzenschutzamt sagen, ob überhaupt und wann ungefähr mit größeren Schäden zu rechnen ist. In vielen Fällen wird die Schadensschwelle gar nicht erreicht. Wenn Maßnahmen zur Schädlings- oder Krankheitsabwehr getroffen werden müssen, fragen Sie bitte ausdrücklich nach biologischen Methoden – sonst bekommen Sie mit einiger Wahrscheinlichkeit ein chemisch-synthetisches Mittel empfohlen.

Erste Hilfe gegen die vier häufigsten Schaderreger

Manche Schadinsekten, die Schadbilder der meisten Krankheiten wird der Gartenbesitzer hoffentlich nie zu Gesicht bekommen. Vier Schaderreger aber gibt es, die tauchen unter Garantie irgendwann einmal in jedem Garten auf und bringen auch friedliebende Gartenbesitzer auf die Palme: Schnecken, Blattläuse, Wühlmäuse und die Raupen des Kohlweißlings. Geheimrezepte gegen diese Plagegeister werden seit Jahrhunderten weitergegeben und immer neue werden ausprobiert. Es wirkt eben nicht alles in jedem Garten, bei jedem Wetter, zu jeder Jahreszeit. Da hilft nichts als Ausprobieren – und falls möglich der Erfahrungsaustausch mit anderen biologisch arbeitenden Gartenbesitzern.

Schnecken

Sie haben in den letzten Jahren im Übermaß zugenommen. Der Grund dafür: Die natürlichen Feinde der Schnecken, Kröten, Igel, Störche finden kaum mehr Lebensraum und werden immer weniger. Wo die schleimigen Gemüsefresser in Massen auftreten, verändern sie leider auch ihre typischen Verhaltensweisen. Hieß es jahrelang, Schnecken fräßen keine rauhen, haarigen Blätter, so nagen sie jetzt den Borretsch an. Hieß es, Schnecken schrecken vor starken Gerüchen zurück, so beißen sie nun die Zwiebelröhrchen an und verschlafen darin gemütlich den Tag. Vor allem in nassen Sommern vermehren sich die Tierchen rasend, fressen das Salatbeet kahl, vernichten über Nacht meterweise frisch gepflanzte Setzlinge, erlegen Rittersporn, Lupinen und sogar Rosen. 45000 Arten dieser Weichtiere leben auf der Erde. Dem Gärtner machen nur wenige davon das Leben sauer: Die Rote Wegschnecke, Arion rufus, und die Schwarze Wegschnecke, Arion ater, werden bis zu 15 Zentimeter lang. Sie kommen bei Regenfällen und nach Gewittern aus ihren Schlupflöchern. Wegschnecken sollte man nie mit bloßen Händen anfassen: Den Schleim bekommt man höchstens mit Scheuerpulver und Bürste wieder ab – ein schmerzhaftes Verfahren! Die Große

In feuchten Sommern können sie zur Plage werden: Die Rote Wegschnecke (links) und die Schwarze Wegschnecke (rechts) vernichten in einer Nacht ganze Kulturen. Zum Absammeln sollten Gärtner besser Gummihandschuhe anziehen: Der Schleim der Tiere ist kaum mehr von den Händen abzuwaschen. Zum Schutz von Kohlrabi und Kopfsalat empfiehlt sich Überpudern mit Steinmehl oder Mulchen mit gehäckseltem Stroh oder Schilf.

Egelschnecke, Limax maximus, wird fast ebenso lang und ist weißlich und graubraun gemustert. Die Gemeine Ackerschnecke, Deroceras agreste (Limax agrestis), hat einen schier unersättlichen Appetit und kommt notfalls auch am hellichten Tag und bei verhältnismäßig trockenem Wetter aus ihrem Loch, um zu fressen. Alle beschriebenen Arten sind Nacktschnecken, und nur sie müssen im Garten bekämpft werden. Die Gehäuseschnecken – die gelb-schwarze Schnirkelschnecke oder die verschiedenen Bänderschnecken – dagegen sollte jeder Gartenbesitzer schonen: Sie knabbern zwar auch an Obst und Gemüse, aber nur wenig. Sie bevorzugen abgestorbene Pflanzenteile und fressen auch die Gelege der Nacktschnecken, wo sie sie finden. Außerdem vermehren sich Gehäuseschnecken nie so massenhaft wie ihre unbehausten Kollegen. Die größte Art im Garten, die Weinbergschnecke, dürfte sich nach dem Geschmack so manches Gourmets durchaus häufiger vermehren: Die seltenen Tiere gelten als Delikatesse.

● *Vorbeugender Pflanzenschutz:* Schmale Gürtel von Pflanzen, die Schnecken nicht mögen, schützen die Kulturen. Solche Pflanzen sind Gelbsenf, Kresse, Kapuzinerkresse. Die Würzkräuter Salbei und Ysop sind ausdauernd und eignen sich nicht für die einjährige Schutzbepflanzung, sondern nur für Dauerkulturen.

● *Mulchdecken* aus gehäckseltem Schilf (Cartalit) hindern Schnecken am Überkriechen; desgleichen Gürtel oder Ringe aus Holzasche, scharfem Sand, Steinmehl, Gerstenspreu, Sägemehl. Manchmal hilft es auch, mit Tomatentrieben und gehäckseltem Farnkraut zu mulchen. Die Mulchdecke darf aber immer nur dünn sein, sonst verkriechen sich die Tiere tagsüber darunter und bauen ihre Nester mit bis zu 400 Eiern pro Gelege direkt unter die Mulchschicht. In nassen Sommern deshalb öfter die Mulchdecke – auch eine aus Stroh, Heu etc. – für zwei Tage entfernen, Schneckeneier gleich vernichten oder den Vögeln überlassen.

● *Schneckenzäune,* fertig gekauft, oder aus alten Dachrinnen, einem Stück verzinktem Blech oder Dachpappe selbst gemacht (fünf Zentimeter breiten Rand schräg nach außen biegen, damit die Tiere nicht darüberklettern können), sind eine perfekte Abwehrmaßnahme. Sie sollten vor allem um gefährdete Saatbeete und um die Beete mit jungen, zarten Setzlingen installiert werden. Drücken Sie den Zaun immer ein wenig in den Boden, damit sich keine Schnecken darunter durchgraben. Wird um ein Beet zum erstenmal ein solcher Zaun aufgebaut, müssen Sie in den ersten Nächten mit der Taschenlampe oder tagsüber bei Regenwetter auf Schneckenjagd gehen und alles absammeln, was noch im Boden steckte. Schneckenzäune müssen immer frei von jeder Art Pflanzenüberwuchs gehalten werden – sonst klettern die schleimigen Schaderreger über die Pflanzen ins Beet.

● *Hege natürlicher Feinde:* Vögel und Laufkäfer, Spitzmäuse und Igel, Kröten und Blindschleichen fressen mit Vorliebe die zarten, durchsichtigen, frisch aus dem Ei geschlüpften Schnecken. Bereits größer gewachsene Tiere sind bei den natürlichen Feinden nicht mehr so sehr beliebt. Störche, die früher massenhaft Schnecken fraßen – auch große –, gibt es leider kaum mehr. Teiche, Hecken, eine verwilderte Ecke mit Reisig und Steinen im Garten bieten den natürlichen Feinden Nist- und Überwinterungsmöglichkeiten. Wer die Möglichkeit dazu hat, kann sich einen »natürlichen Feind« im Garten halten: Enten sind hervorragende Schneckenjäger. Besonders bewährt haben sich die Warzen- oder Flugente, die Khaki-Campbell-Ente und die indische Laufente. Sie dürfen im zeitigen Frühjahr in den Garten, bevor junge Salatsetzlinge den Appetit der Enten reizen, und stöbern fleißig in der Erde und unter Mulchdecken nach Nahrung. Unter Kontrolle des Gartenbesitzers (die Salatsetzlinge!) können die Tiere auch nach einem Gewitter oder einem Regentag die Schnecken verputzen, die dann sichtbar im Garten herumkriechen. Enten sind ebenso dankbar für die »Ernte« von Schnecken, die der Gartenbesitzer selbst an Stellen abgesammelt hat, an die Enten nicht hindürfen. Die Schnecken vorher mit heißem Wasser überbrühen. Sonst kann es passieren, daß ein Teil der Schnecken schleunigst das Weite sucht, wenn die Ente satt ist. So überbrüht, lassen sich Schnecken auch an Hühner verfüttern.

● *Fangen und absammeln:* Ein alter Joghurtbecher oder ein Glasgefäß wird bis zum Rand in den

Boden eingegraben und mit Bier gefüllt (am besten Bockbier). Die Tiere ertrinken in der alkoholhaltigen Falle. Gegen Regenwasser muß die Schneckenfalle durch ein auf Steine aufgelegtes Brettchen geschützt werden. Bierfallen aus Kunststoff gibt es auch zu kaufen. In nassen Sommern muß man allerdings schon Brauereibesitzersohn sein, um mit Bierfallen der Schneckenplage Herr zu werden. Da ist es billiger, angefaulte Salatköpfe, alte Bretter, ein Stück nassen, stabilen Pappkarton, einen alten Jutesack als Falle auszulegen und die Tiere am nächsten Tag abzusammeln. Auch die Jagdmethode mit Regenschirm (tagsüber bei Regenwetter) und mit Taschenlampe (nachts, wenn es nicht regnet) hat sich bewährt, wenngleich das Absammeln zweifellos etwas mühsam ist. Gummihandschuhe nicht vergessen! Bleibt nur noch die Frage: Was tun mit den eingesammelten Tieren? Sie mit Salz zu überstreuen, ist blanke Tierquälerei. Das Überbrühen mit kochendem Wasser hat sich besser bewährt – die Tiere sind sofort tot. Die so abgetöteten Schnecken kann man ein paar Tage im Wasser gären lassen. Dann wird die Brühe rund um gefährdete Kulturen auf den Boden gegossen. Einige Zeitlang entfaltet sie dann eine schneckenabwehrende Wirkung.

Eine Falle besonderer Art kann man Schnecken im Spätsommer und Herbst stellen: Im Garten wird eine schmale Furche ausgehoben und mit angewelktem Grünzeug gefüllt. In solchen Nischen verkriechen sich Schnecken gern und legen dort auch ihre Eier ab. Ist das der Fall, wird das Grünzeug mit mindestens 70 Grad heißem Wasser überbrüht. Vorher kontrollieren, damit sich keine Blindschleiche oder ein anderer Nützling eingenistet hat!

Wer das Material dazu hat, kann auch eine ganz alte Schneckenfang-Methode anwenden: Frische, geschälte Weidenzweige werden abends ausgelegt. Die Tiere bleiben an den Zweigen hängen und können am nächsten Morgen abgesammelt werden. Noch eine bewährte Falle: Ein Stück dickes Kunststoff- oder Betonrohr mit Küchenabfällen füllen, die für den Kompost bestimmt sind. Am nächsten Tag überbrühen.

Chemisches Schneckenkorn wird im biologischen Garten nicht ausgelegt. Einen Köder kann der Gartenbesitzer aber selbst machen: Ein Pfund Weizenkleie wird mit zwei Spiritustabletten gut gemischt. An diesem Köder sterben die Tiere.

Läuse

Schild- oder Blutläuse, grüne und schwarze Blattläuse mit oder ohne Flügel überfallen in Scharen kranke, schwammige, überdüngte Pflanzen. Der Kreislauf solcher Pflanzen ist gestört. Sie können den Zucker, den sie im Zuge der Assimilation bilden, zwischenzeitlich nicht mehr ausreichend weiterverarbeiten. Blattläuse wittern diese süße Versuchung ebenso wie Ameisen. Die fleißigen Tierchen benützen Läuse wie der Mensch die Milchkuh: Sie tragen sie auf die fetten (beziehungsweise süßen) Weiden und melken die Läuse später aus. Derartige Zuckeranreicherungen können durch Witterungsunbilden, aber auch durch Pflegefehler entstehen.

- *Vorbeugender Pflanzenschutz:* Gesunde Pflanzen werden nie in gefährlichem Maße von Läusen heimgesucht – die natürlichen Feinde dieser Tierchen halten sie immer in Schach. Vögel, Florfliegen, Marienkäfer, Ohrwürmer, Raubwanzen und Schlupfwespen brauchen Nist- und Überwinterungsplätze im Garten, damit sie sich ausreichend vermehren können.

Falls es Ameisen sind, die für eine vermehrte Ansiedlung von Blattlauskolonien sorgen, indem sie die Sauger auf Rosen, Obstbäume und Gemüsepflanzen tragen, müssen diese an sich nützlichen Tiere abgewehrt werden. Heißes Wasser, auf die Nester gegossen, tötet die Brut ab. Ein radikales

Pflanzenschutzpräparate zur Vorbeugung und akuten Abwehr von Krankheiten und Schädlingen

Mittel	Inhaltsstoffe	Wirkung
Aeroxon Insektenleimfolie	Gelbe Folie mit Spezialleim	Gegen Fliegen, Weiße Fliege, Minierfliege
Algan	Reiner Braunalgenextrakt	Förderung des Wurzelwachstums. Vorbeugend gegen Pilzkrankheiten, Insekten, Milben
Algifert	Nordmeeralgen, Heilkräuter	Vorbeugend gegen Pilz- und Viruserkrankungen, gegen Weiße Fliege und andere Schadinsekten
Artanax	Wildkräuter, Meeresalgen, Rainfarn, Zwiebelschalen, Meerrettich, Naturmineralien, Netzschwefel	Vorbeugend gegen Pilzerkrankungen und Schadinsekten. Direkte Wirkung gegen Schorf, Mehltau, Rost, Monilia, Braunfäule
Ameisen frei	Natürliche Duftstoffe aus Pflanzen	Vertreibt Ameisen, Werren, Asseln, Drahtwürmer
Ameisen Streumittel	Pflanzliche Phytonzide (Duftstoffe)	Vertreibt Ameisen
Bactospeine	Bacillus thuringiensis	Gegen Raupen von Kohlweißling, Frostspanner, Gespinstmotte
Bio-Blatt-Mehltaumittel	Lecithin aus der Sojapflanze	Vorbeugend gegen Pilzerkrankungen. Echter Mehltau
Bio-Baumanstrich	Kieselsäure, Tonmineralien, Kalke, Kräuterextrakte	Gegen Frostrisse und -platten
Bio-S	Präparat aus Brennesseln, Alliumgewächsen, Schachtelhalm, Netzschwefel	Vorbeugend gegen Pilzerkrankungen, Schorf an Obstbäumen
Bio-Gemüse-Streumittel	Kräuterextrakte, Kieselsäure	Stärkt die Widerstandskraft gegen Krankheiten
Bio-Myctan	Pyrethrum-Blütenextrakt, Netzschwefel	Kombiniertes Mittel gegen Schildläuse, Spinnmilben, Mehltau
BIO-San	Heil- und Würzkräuter, Kalkarten, Meeresalgen, organische Düngemittel, Schwefel	Vorbeugend gegen Pilzerkrankungen bei kalkliebenden und kalkneutralen Pflanzen
Dipel	Bacillus thuringiensis	Raupen, vor allem Kohlweißling u. ä.
Etermut	Phytonzide, Duftstoffe verschiedener Wildkräuter	Abwehr der Möhrenfliege
Equisan	Schachtelhalm	Vorbeugend gegen Pilzerkrankungen
emka-Wühlmaus-Schreck		Wird bei der Pflanzung von Bäumen, Sträuchern, Stauden mit eingegraben. Ungiftig. Wirkt jahrelang.
Gelbtafeln	Gelbe Folie mit Spezialleim	Gegen Weiße Fliege, Minierfliege
Kohlhernie-Vorbeuge	Aschen und Naturmineralien	Beugt der Kohlhernie vor
Kirschfruchtfliegenfalle	Gelbe Folie mit Spezialleim	Gegen Kirschfruchtfliegen
Limagard	Pflanzenextrakte	Lockmittel für Schnecken
Maus raus	Lavasteinchen, getränkt mit intensiven pflanzlichen Geruchsstoffen	Vertreibt Wühlmäuse und Maulwürfe

Pflanzenschutzpräparate zur Vorbeugung und akuten Abwehr von Krankheiten und Schädlingen

Mittel	Inhaltsstoffe	Wirkung
Nord-Algen	Braunalgenextrakt	Stärkt alle Pflanzen, wachstumsfördernd
Neudorffs Raupenspritzmittel	Bacillus thuringiensis	Gegen die Raupen von Kohlweißling, Apfel-, Pflaumen-, Ringelspinner, Apfel-, Traubenwickler, Kleiner Frostspanner, Goldafter, Schwammspinner
Neudosan	Kaliumsalze von Fettsäuren	Gegen saugende Insekten wie Blattlaus, Sitka-Fichtenlaus, Weiße Fliege, Spinnmilbe
Neudofix	Meeresalgenextrakte	Zur besseren Bewurzelung von Stecklingen
NAB-plus-Mischung	Naturmineralien, Meeresalgen, Netzschwefel	Gegen Schorf an Obstbäumen und die Johannisbeer-Gallmilbe
Polymaris-plant	Wildkräuter, Meeresalgen, Spezialhefen, Hühnermist, Reifkompost	Wachstumsfördernd für Gemüsepflanzen
Polymaris-rosal	Wild- und Heilkräuter, Meeresalgen, Spezialhefen, Hühnermist, Reifkompost	Wuchs- und blütenfördernd für Rosen und Obstbäume
Parexan	Rotenon (Derris), Pyrethrum	Kontakt- und Fraßgift gegen Kartoffelkäfer, Blattläuse, Kohlweißlinge, Frostspanner
Promanal	Paraffinöl	Winterspritzung gegen Blut- und Schildläuse, Rote Spinne, Gespinstmotte, Frostspanner, Sitka-Fichtenlaus
Preicobakt	Pflanzendrogen, Tonerden, kieselsaure Salze	Vorbeugender Anstrich für Obstbäume und Beerensträucher, gegen Frostrisse, Knospenfraß und verschiedene Schädlinge
Quiritox	Pflanzenwurzeln, Cumarin, Johannisbrot	Köder für Wühlmäuse
Rotenol	Pyrethrum-Blütenextrakt	Gegen Blattläuse, Spinnmilben, Kartoffelkäfer, Erdflöhe
SPS	Wildkräuter	Vorbeugend gegen Pilz- und Viruskrankheiten
Spruzit	Pyrethrum-Blütenextrakt	Gegen Läuse, Weiße Fliege, Spinnmilben, Kartoffelkäfer, Erdflöhe, Raupen
Schneckenstop	Naturmineralien	Abwehr von Schnecken
Sil Ka Ben	Quarzgestein, Tonmineralien, Meereskalkalgen	Vorbeugung gegen Pilzinfektionen und Insektenbefall
Sil Ka Hum	Humusstoffe aus Weintresterkompost	Vorbeugung von Pilzinfektionen
Tannalgin	Algen, Kräuter	Vorbeugen gegen Pilzerkrankungen und Schadinsekten bei Koniferen, Rhododendron
Wühl-Ex-Kugeln		Vertreibt Maulwürfe

Verfahren und nur im äußersten Notfall zu empfehlen (vgl. »Schädlingsabwehr und Krankheiten«). Besser ist es, die überzähligen Ameisenstämme auszusiedeln. Um ein Ameisennest zu verlegen, wird ein Blumentopf aus Ton mit Holzwolle gefüllt, umgekehrt über die Nestöffnungen gestellt und gegen Sonneneinstrahlung abgedeckt. Nach einigen Tagen haben die Ameisen ihre Nester samt Eier in den Blumentopf verlegt. Sie können jetzt umgesiedelt werden: auf eine Blumenwiese etwa oder neben den Kompost, wo sie besonders nützlich sind.

Gibt es Stellen im Garten, die hartnäckig immer wieder von Ameisen besiedelt werden, kann eine stark duftende abwehrende Pflanze helfen: Setzen Sie Lavendel oder Thymian an diese Plätze, darunter bauen Ameisen keine Nester.

● *Abwehrmaßnahmen:* Oft genügt es schon, die Blattläuse mit einem scharfen Wasserstrahl von der Pflanze zu spritzen und anschließend den Boden zu lockern. Bei besonders gefährdeten Pflanzen, wie Puffbohnen beispielsweise, hilft die ständige Kontrolle: Zeigen sich mit der schwarzen Bohnenlaus befallene Triebspitzen, werden sie sofort ausgeknipst und verbrannt oder zertreten. Bevor sich Blätter und Knospen geöffnet haben, hilft ein Guß mit stark verdünnter Brennesseljauche. Sie darf später im Jahr nicht mehr über Gemüsepflanzen gegossen werden. Wohl aber die beißende Brennesselbrühe, Schmierseifenlösungen oder eine Schmierseifen-Spiritus-Lösung.

Gegen Schild-, Schmier- und Blutläuse haben sich Spritzungen mit Wurmfarn bewährt. An Obstbäumen werden die schwer zu beseitigenden Schildläuse erst mechanisch entfernt: Stamm und größere Zweige gründlich abbürsten. Ein Anstrich mit Preicobakt oder der selbstgemachte Lehmanstrich (siehe Tabelle) erstickt die überwinternden Tiere. Vorbeugende Spritzungen mit Weißöl, einem Mineralöl, sind nicht besonders empfehlenswert: Mineralölprodukte mit ihrem Gefährdungspotential für das Wasser sind im biologischen Gartenbau nicht gern gesehen. Im äußersten Notfall helfen käufliche Pyrethrum-Mittel. In Gewächshäusern können lebende Nützlinge zur direkten Bekämpfung eingesetzt werden: Gallmücken und Florfliegen. Näheres im Kapitel »Glas und Folie«.

Wühlmäuse

Sie fressen Tulpenzwiebeln und die Wurzeln vom Endiviensalat, knabbern an Gelben Rüben und sind daran schuld, wenn der frischgepflanzte Jungbaum eines Tages einfach umsinkt: Er hat keine Wurzeln mehr, Familie Wühlmaus hat sie vernichtet. Die emsigen Nager sind schlau: Ein giftiger Köder, von menschlicher Hand sorgsam in einem Laufgang verbuddelt, wird schnöde verschmäht – die Tiere riechen den Menschen und die Gefahr.

Die Patentlösung für alle Wühlmaussorgen, umweltfreundlich, dauerhaft, einfach und sicher, wird seit einiger Zeit in Zeitungsanzeigen angepriesen: Ultraschallgeräte sollen Mäuse aus ihrem angestammten Bereich vertreiben. Die Biologische Bundesanstalt für Land- und Forstwirtschaft hat diese Geräte getestet: Die Mäuse zeigten sich von dem unterirdischen Lärm gänzlich unbeeindruckt. Eine Nagerfamilie siedelte sich gar neben dem Testgerät neu an. Des Rätsels Lösung: Es kann gar nicht funktionieren, denn die Schallwellen werden im Boden nicht weitergeleitet.

● *Vorbeugender Pflanzenschutz:* Setzen Sie Blumenzwiebeln in kleine Pflanzkörbe aus Kunststoff. Kaiserkronen und Narzissen brauchen solchen Schutz normalerweise nicht: Wühlmäuse verschmähen die stark riechenden Zwiebeln. Anders ist die Situation, wenn sich die Nager im Garten buchstäblich auf die Zehen treten. Dann fressen sie alles – auch Kaiserkronen.

Knoblauch und Wolfsmilchgewächse haben eine begrenzte, lokal wirksame Abschreckungswirkung. Sie sollten da gepflanzt werden, wo sich die Tiere besonders gerne einnisten – in die Nähe des Kompostes zum Beispiel, oder in eine Ecke des Gewächshauses.

Beim Neupflanzen von Bäumen werden die Wurzeln mit einem Stück unverzinktem Maschendraht geschützt. Maschenweite 2 Zentimeter, Länge 70, Breite 50 Zentimeter: Daraus wird ein Korb geformt, der vor dem Pflanzen um die Wurzeln gelegt und am Stamm angedrückt wird. Der Draht – keinen plastikummantelten nehmen! – bleibt im Boden, wo er sich im Laufe der Jahre auflöst. Auch Glasscherben zwischen den Wurzeln schrecken die Nager ab. Drahtschutz kann auch ein gefährdetes Saatbeet gebrauchen. Der Maschendraht kommt 30 Zentimeter tief in den Boden und wird an den Rändern hochgezogen. Auch Hoch- und Hügelbeete werden so vorbeugend und dauerhaft geschützt.

Die natürlichen Feinde der Wühlmaus sind neben der Hauskatze Wiesel und Iltis, Eulen und Käuzchen. Sie sollten, wo immer das möglich ist, geschützt und gehegt werden.

Abschreckungswirkung haben auch Flaschen, die in den Gängen schräg in den Boden eingegraben werden. Sie müssen bis zum Halsansatz in der Erde stecken. Der Wind erzeugt einen Pfeifton,

den die Mäuse nicht leiden mögen. Als wirkungsvolle Abschreckung müssen allerdings reichlich viele dieser Flaschen im Garten eingegraben werden.
Was auch immer Sie unternehmen, um die Wühlmäuse aus dem Garten zu vertreiben: Sprechen Sie sich unbedingt mit den Nachbarn ab. Sonst jagt einer die Tiere in den Garten des anderen, und am Ende wird niemand die Wühlmausplage los.

● *Abwehrmaßnahmen:* Cumarinhaltige Köder, mit Gummihandschuhen an den Händen vorsichtig in Wühlmausgänge gelegt, sind die radikalste Abwehrmethode. Cumarin hemmt die Blutgerinnung, die Tiere sterben einen sanften, schmerzlosen Tod. Bevor zum härtesten Mittel gegriffen wird, gibt es aber auch noch ein paar andere Methoden:
Holunderblätter in die Gänge gelegt, Jauche aus Holunderblättern in den Laufgang gekippt – das vertreibt die Nager. Desgleichen abgeschnittene Fischköpfe, Blätter vom Walnußbaum und Zweige der Thuja. Wühlmausfallen dürfen nicht mit Speck bestückt werden, denn der wird auch von der nützlichen Spitzmaus gefressen. Ein Stück Gelbe Rübe oder etwas geröstetes Mehl hat sich bewährt. Wer die Tiere mit Hilfe einer Falle totschlägt, muß ganz sicher sein, daß er es wirklich mit einer Wühlmaus zu tun hat und nicht mit dem nützlichen Maulwurf. Die Unterscheidungsmerkmale sind von jedermann zu erkennen:
Der Maulwurf wirft große, deutlich sichtbare Hügel auf, die Wühlmaus nur kleine, flache. Wühlmausgänge sind glatt, jedes Würzelchen ist säuberlich abgefressen – im Maulwurfsgang hängen Wurzeln herum. Der Gang der Wühlmäuse ist im Durchmesser oval geformt wie ein Ei, der des Maulwurfs dagegen ganz rund. Der Ausgang der Wühlmäuse an die Erdoberfläche ist schräg senkrecht, Maulwürfe krabbeln fast waagrecht aus dem Boden. Ist und bleibt ein Gang offen, ist der Maulwurf ausgezogen. Wird er innerhalb einer halben Stunde wieder zugeschüttet, gehört er einer Wühlmaus. In Maulwurfsgänge dürfen niemals Fallen und Giftköder gelegt werden. Maulwürfe sind nützlich. Wenn sie sehr lästig werden, kann man den einen oder anderen davon mit denselben Mitteln wie die Wühlmaus vertreiben.

Raupen des Kohlweißlings

Wer irgendwo in einer vergessenen Gartenecke ein paar Brennesseln und andere Wildkräuter stehen hat, der kann über kurz oder lang die ganze wunderbare Formen- und Farbenvielfalt von Raupen erleben:
Die Palette reicht vom schlichten Schwarz über helleuchtendes Grün bis zu roten und gelben Punkten und Mustern. Die meisten dieser zukünftigen Schmetterlinge schädigen Kulturpflanzen nicht, sondern sind eine erfreuliche Bereicherung des Gartens. Worüber sich der Gartenbesitzer weniger freut, sind die grünen Raupen des Kohlweißlings, die sich auf allen Kohlarten und auf dem Meerrettich breitmachen.

● *Vorbeugender Pflanzenschutz:* Vögel und Schlupfwespen sind die ökologischen Gegenspieler der Raupen. Sie müssen gehütet und gefördert werden. Der Kohlweißling wird durch irritierende Gerüche von der Eiablage abgehalten. Mulchen mit Tomatenblättern läßt ihn verwirrt weiterflattern, auch Mischkultur von Kohlarten und Tomaten kann helfen. Wermut-Tee, über die Pflanzen gespritzt, mögen die Falter ebenfalls nicht.

● *Abwehrmaßnahmen:* Die einfachste Methode ist das Absammeln der Raupen und das Abstreifen der Eigelege. Wen davor ekelt, der kann Gummihandschuhe tragen. Die abgesammelten Raupen werden zerdrückt oder an Nachbars Hühner verfüttert. Algenkalk oder Steinmehl über den Kohl oder Meerrettich gestäubt, verdirbt den Raupen den Appetit. Die Methode hilft allerdings höchstens bis zum nächsten Regen. Bei akutem, schwerem Befall kann eine Schmierseifen-Spiritus-Lösung gespritzt werden. Wo auch das nichts mehr nützt, kann man es mit Pyrethrum- oder Pyrethrum-Rotenon-Präparaten versuchen.
Bei sehr starkem Befall kann ein Bacillus-thuringiensis-Präparat gespritzt werden. Das ist ein mikrobiologisches Mittel, das sich bereits seit den 60er Jahren bewährt hat und funktioniert so: Die Bazillen werden auf die Blätter gespritzt, die von der Raupe gefressen werden. Der Bazillus dringt nicht aktiv in die Raupe ein, sondern wird erst mit der Nahrung aufgenommen. Im Darm werden giftige Kristalle frei, die die Darmhaut zerstören. Bereits nach 24 Stunden hört die Raupe auf zu fressen, wenig später geht sie ein. Diese für Raupen giftigen Präparate sind für Menschen und Säugetiere vollkommen ungiftig. Sie dürfen allerdings nur bei ganz windstillem Wetter ausgebracht werden, denn sie können auch andere Raupen als die des Kohlweißlings schädigen. Damit die Raupe auch wirklich rasch genügend eingesprühte Blattmasse frißt, sollte die Temperatur über 15 Grad liegen. Die Wirkung des Bazillus thuringiensis ist desto besser, je kleiner die Raupen sind. Gesprüht wird, wenn absehbar ist, daß die Zahl der Raupen die Kohlpflanzung ernsthaft gefährdet, daß also die Schadensschwelle erreicht ist.

Glas und Folie

Mit Glas und Folie das Gartenjahr verlängern

Folien und Vliese, Frühbeete und Kleingewächshäuser sind aus dem Garten kaum mehr wegzudenken. Es gibt fast kein Jahr, das den Gärtner vom Frühjahr bis zum Herbst mit idealen Wetterbedingungen verwöhnen würde: Spätfröste bedrohen die frühen Kulturen, kalte Sommerwochen lassen das Wachstum stocken, früher Frosteinbruch im Herbst vernichtet über Nacht, was noch wochenlang hätte blühen und gedeihen sollen.

Unter Glas und Folie kann man dem Wetter ein Schnippchen schlagen, im Frühjahr zeitiger mit dem Säen und Pflanzen beginnen, Wochen eher ernten und das Gartenjahr bis weit in den Herbst hinein verlängern. Das Glas, traditioneller »Sonnenfänger« für zarte Pflänzchen und wärmeliebende Kulturen, wird in den letzten Jahren zunehmend von Kunststoffen abgelöst. Ob und in welchem Umfang sie im Privatgarten eingesetzt werden, muß jeder selbst entscheiden: Der Anblick von Plastik im naturgemäß gepflegten Garten stört manchen grundsätzlich. Wer den Einsatz von Folien und Platten mit seiner persönlichen Gartenästhetik vereinbaren kann, wird die Vorteile gerade für den biologischen Garten schätzen lernen: Verkürzung der Kulturzeit, Abmilderung von Kälteeinbrüchen, direkter Schutz vor einigen Schädlingen – das hilft dabei, Pflanzen gesund und ohne chemisch-synthetische Gifte großzuziehen.

Bei der Auswahl der Materialien sollte PVC gemieden werden: Es enthält chlorierte Kohlenwasserstoffe als Weichmacher, die aus dem Material abdunsten können – das PVC wird spröde und die Luftbelastung durch organische Verbindungen steigt. Beim Verbrennen von PVC wird Chlorwasserstoffgas abgespalten, ein für den Menschen gefährliches Gas, das wasserlöslich ist und daher auch ins Grundwasser gelangen kann.

Umweltfreundlicher ist Polyäthylen, das bei der Entsorgung nicht so große Probleme macht: Es kann fast rückstandsfrei in der Müllverbrennungsanlage verbrannt werden, ein wichtiger ökologischer Aspekt bei so schnell verschlissenen Produkten wie einer Flachfolie. Aber bitte nicht im Garten verbrennen: Die relative Umweltfreundlichkeit beim Verbrennen der PE-Folie wird nur durch die hohen Temperaturen erreicht, die in einer Müllverbrennungsanlage herrschen.

Gelochte Folie

Gelochte Folien, auf Saat- und Pflanzbeete gelegt, beschleunigen das Keimen wie das Anwachsen der Jungpflanzen. Je höher die Zahl der Löcher ist (bis zu 1000 pro Quadratmeter) desto besser ist der Luftaustausch unter der Folie. An heißen, sonnigen Tagen muß die Folie abgenommen werden, damit die Pflanzen keinen Schaden leiden. Gelochte Folie wird locker über das Beet gebreitet und an den Rändern mit etwas Erde oder Brettern beschwert. Bei Wassermangel kann auf die Folie gegossen werden. Bevor es den jungen Pflanzen unter der Folienhaut zu eng wird, muß sie entfernt werden, und zwar immer an einem bedeckten, windstillen Tag, damit die Pflanzen keinen Schock bekommen.

Schlitzfolie

Die Schlitzfolie ist durch ein besonderes Schnitt-Stanzverfahren mit vielen kurzen Schlitzen versehen. Dadurch kann sie sich dem Wachstum der

Von einem eigenen Gewächshaus träumen viele Gartenbesitzer: Zarte Jungpflanzen und wärmeliebende Kulturen gedeihen hier bestens. Spätfröste und verregnete Sommer sind halb so schlimm. Das Glashaus wirkt wie ein Sonnenkollektor: Sonnenstrahlen werden in Wachstumswärme verwandelt (rechts).

Kulturen anpassen: Je größer die Pflanzen werden, desto weiter dehnt sich die Folie, sie »wächst mit«. Gießen durch die Schlitze ist kein Problem, der Luftaustausch ist optimal. Schlitzfolie ist nicht so stabil wie Lochfolie: Zwar ist die Windstabilität durch die rund 30000 Schlitze pro Quadratmeter gut, aber beim Abnehmen reißt Schlitzfolie leicht. Wer sie also nicht gleich nach einer Gartensaison wegwerfen will, muß sehr vorsichtig vorgehen, anhaftende Erdreste sorgfältig entfernen, die Folie zusammenrollen und dunkel aufbewahren. Lichteinwirkung schadet der Elastizität.

Mulchfolie

Die schwarze Gurken- und Erdbeerfolie wird vor der Pflanzung über das Beet gebreitet und befestigt. An den Stellen, die eine Jungpflanze aufnehmen sollen, wird mit einem Messer ein gekreuzter Schlitz hineingeschnitten. Größer als handbreit sollte die Öffnung nicht sein. Der Setzling wird durch den Schlitz gepflanzt, die Folie bleibt während der gesamten Kulturzeit auf dem Beet. Durch die schwarze Farbe erwärmt sich der Boden unter der Folie stärker als auf dem offenen Beet – für Pflanzen, die »warme Füße« lieben wie Gurken und Erdbeeren sind das hervorragende Wachstumsbedingungen. Mulchfolie muß stets gut beschwert werden.

Schattierfolie

Geschlitzte weiße Schattierfolie wird für Spezialkulturen gebraucht, die Sommer wie Winter vor extremer Sonneneinstrahlung geschützt werden müssen. Luft und Wasser läßt sie durch.

Vlies

Kunststoff-Faservliese haben einige Vorteile. Sie sind äußerst windstabil, zu 75% lichtdurchlässig, dehnen sich mit dem Wachstum der Pflanzen und bieten im Gegensatz zu den normalen Flachfolien Frostschutz bis zu minus 5 Grad Celsius. Das Vlies besteht aus thermisch gebundenen Polypropylen-Fasern und ist frei von chemischen Bindern und Zusatzstoffen. Der Wärme- und Feuchtigkeitsaustausch ist sehr gut und das Vlies, unter der Bezeichnung Agryl P 17 im Handel, kann fast bis zur Ernte auf den Pflanzen verbleiben. Das stoffartige Vlies hält Kohlweißlinge, Zwiebel- und Möhrenfliege von der Eiablage ab. Es wird locker auf das Beet gebreitet – zukünftiges Pflanzenwachstum mitberechnen! –, der Rand handbreit nach außen umgeschlagen und mit Erde beschwert. Agryl P 17 gibt es auch in Schlauchform für die Kultur von Tomaten, Stangenbohnen, hochgebundenen Gurken und rankenden Erdbeeren.

Folien für Frühbeete und Tunnel

Wer ein Frühbeet oder einen Folientunnel selbst bauen möchte, bekommt dafür spezielle Folien. Sie sind UV-stabilisiert, halten also länger; sind mit 0,1 bis 0,2 Millimetern doppelt bis viermal so dick wie eine Flachfolie und halten Nachtfröste bis zu minus 6 Grad Celsius ab. Diese Folien gibt es auch gelocht, was sich besonders für exponierte, windige Lagen anbietet. Besonders stabil sind die UV-stabilisierten Gitterfolien mit verstärkten Nagelrändern, auf die die Hersteller bis zu drei Jahre Garantie geben.

Wärmedämmende Folien

Stegdoppel-Folien, Noppen- und Luftpolsterfolien werden von innen oder außen an Gewächshäusern und Frühbeeten angebracht, um eine besonders frühe oder späte Kultur zu ermöglichen. Sie halten kurzfristig auch stärkere Fröste ab, müssen aber mit speziellen Klebebändern lückenlos verlegt werden.

Folientunnel

Fertige Folientunnel, die es in vielen verschiedenen Variationen im Handel gibt, die aber auch mit ein paar stabilen Drahtbügeln leicht selbstgemacht werden können, haben den Vorteil, daß sie einfach und schnell versetzt werden können. Was früher der Wanderkasten, das tragbare Frühbeet war, ist heute der Folientunnel: Kurzfristiger Schutz für empfindliche Kulturen, längerfristige Bedeckung für höher wachsende Pflanzen, die durch Flachfolien nicht befriedigend abgedeckt werden können. Wer mit allzu hungrigen Vögeln zu tun hat, wählt einen Folientunnel mit zusätzlichen Vogelschutznetzen, die auch dann noch Schutz bieten, wenn die Folie zum Lüften ganz oder teilweise entfernt ist.

Frühbeete

Es gibt sie in vielen Ausführungen und sehr unterschiedlichen Preisen zu kaufen. Bei der Auswahl ist entscheidend, wozu es gebraucht wird: Soll das Frühbeet lediglich die Ernte um wenige Wochen vorverlegen oder empfindliche Pflanzen vor ungünstiger Witterung schützen, dann genügt ein

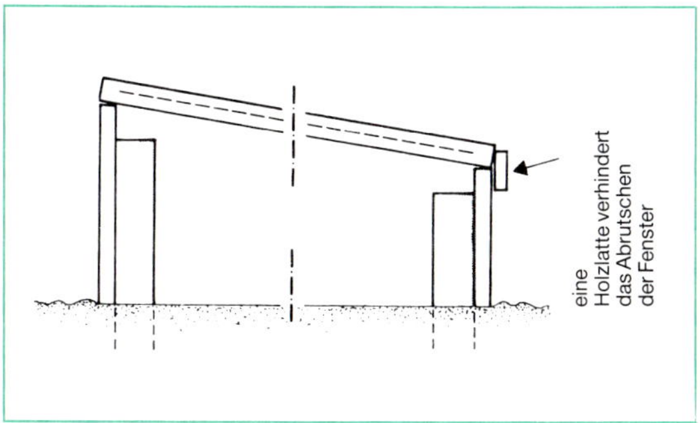

Seitenansicht eines Frühbeetkastens: Je steiler der Neigungswinkel, desto weniger Sonne wird abgespiegelt.

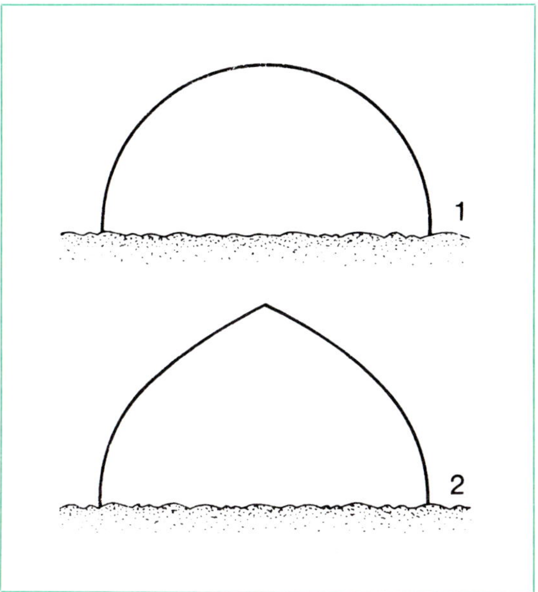

Das begehbare Folienhaus (Hochtunnel): Beim 1. halbrunden Tunnel sind auch die Seitenwege aufgerichtet begehbar. 2. Spitzbogentunnel sind in schneereichen Gegenden zu empfehlen; der Schnee kann leicht abrutschen.

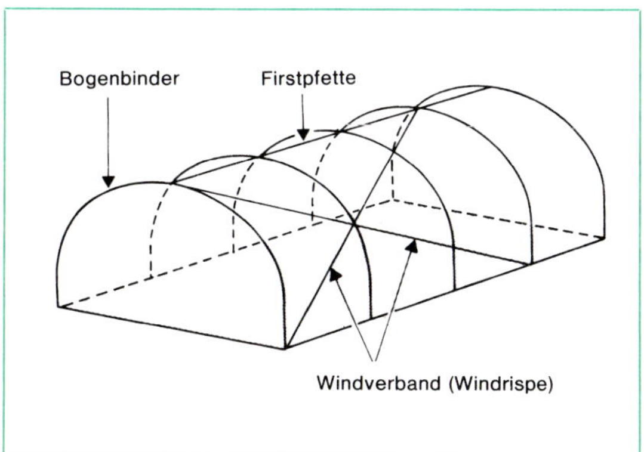

Windverband (Windrispe) als Diagonalversteifung verhindert das Umfallen in der Längsrichtung; er ist für Hauslängen ab 8 m zu empfehlen.

Holzrahmen mit Folienabdeckung. Wer ein Mistbeet packen will, braucht einen besonders starken Holzrahmen und Glasfenster. Besonders gut wärmeisoliert sind Frühbeete aus Stegdoppelplatten, isolierenden Doppelwandprofilen oder Hohlkammerprofilen. Selbst bauen kann man ortsfeste Frühbeete aus Beton oder Ziegel, wobei die Ziegel die Wärme besser speichern. Als Sonderzubehör für Frühbeete, nachträglich auch in Eigenkonstruktionen einzupassen, gibt es automatische Lüftungsvorrichtungen – eine Erleichterung für alle, die nicht mehrmals täglich nach ihrem Frühbeet schauen können. Arbeitserleichterung bieten auch selbstlüftende Frühbeetfenster, bei denen einzelne schmale Glasscheiben je nach Sonneneinstrahlung langsam senkrecht gestellt werden.
Ein Frühbeet muß immer in Ost-West-Richtung aufgestellt werden, die hohe Rückseite nach Norden. Windschutz durch eine Mauer oder dichte Hecke ist günstig. Ein großer Kasten ist auf Dauer vorteilhafter als ein kleiner, denn er hält die Wärme besser, macht kaum mehr Arbeit, bringt aber höhere Erträge.

Das Foliengewächshaus

Es hat den Vorzug, wesentlich billiger zu sein als Gewächshäuser aus Glas. Nachteile: Die Folien müssen je nach Stabilität im Durchschnitt alle drei Jahre erneuert werden. Wer nicht äußerste Sorgfalt beim Aufbau walten läßt, verletzt die Folie durch scharfe Kanten – es entsteht ein Loch, das rasch größer werden kann. Folienhäuser können nicht so gut gelüftet werden, weil es immer problematisch ist, die Bahnen aufzuschneiden und Fenster einzubauen: Der Wind greift hier zu gerne an. Die Folien beschlagen auch mehr als Glas, und der Tropfenfall macht auf Blumen und Zierpflanzen häßliche Flecke. Die Vorteile: Folie braucht nicht schattiert zu werden. Bei Hagel liegen keine Glasscherben in den Beeten. Feste Fundamentsockel sind im allgemeinen nicht erforderlich. Folienhäuser können leicht und sehr gut isoliert werden. Und der Preis pro Quadratmeter überdachter Fläche ist geringer.

Das Kleingewächshaus

Kleine leichte Gewächshäuser aus Aluminium mit Einfachverglasung sind schon für ein paar hundert Mark zu haben. Größere, teurere, bieten wesentlich mehr Komfort. Horst Wendt, der bekannte Gärtner und Autor, rechnet vor, daß allein für die Begehbarkeit 2 Quadratmeter gerechnet werden müssen, weitere 2 Quadratmeter Pflanzfläche fal-

len weg für die Gerätschaften von der Anzuchtkiste bis zur Gießkanne. Bei der Wahl der Gewächshausgröße muß noch etwas Entscheidendes bedacht werden: je größer das Haus, desto mehr Luftraum steht zur Verfügung, desto leichter ist es, den Pflanzen optimale Wachstumsbedingungen zu verschaffen. Und die brauchen sie, wenn sie im feuchtwarmen Gewächshausklima, in dem leicht Pilzerkrankungen auftreten können, gesund und stabil wachsen, blühen und fruchten sollen. Weiter spielt beim biologisch bewirtschafteten Gewächshaus die Isolierung eine Rolle, vor allem wenn es beheizt werden soll. Je besser die Wärmedämmung, desto weniger Heizenergie wird verbraucht – ein wichtiger ökologischer Aspekt. Die schlechtesten Wärmedämm-Werte weist die Einfachverglasung auf, die besten Isolierglas, Stegdoppel- und Dreifachplatten. Eine nachträgliche Isolierung mit Luftpolsterfolie ist möglich. Die Lüftung ist von besonderer Bedeutung. Im sonnenbeschienenen Kleingewächshaus werden rasch 45 Grad Celsius und mehr erreicht – eine tödliche Temperatur für Pflanzen. Durchgehende First- und Seitenlüftungen gibt es beim Kleingewächshaus nicht, erst bei größerem Rauminhalt und professionellen Abmessungen.

Linke Seite (von oben nach unten):
Der spät gesäte Kopfsalat ist im Frühbeetkasten vor frühen Frösten geschützt und kann noch lange frisch geerntet werden. Der Feldsalat ist jetzt noch klein. Ab November kann auch er geschnitten werden. Die Scheiben des selbstlüftenden Frühbeets öffnen sich automatisch, wenn die Sonne warm genug scheint. Ein dreieckiger Folientunnel, aus Holzlatten und Folie selbst gezimmert, schützt empfindliche Jungpflanzen vor Spätfrösten. Flachfolie, gelocht oder geschlitzt, sorgt dafür, daß sich die Erde auf dem Beet schneller erwärmt.

Rechte Seite:
Ein Folientunnel aus kunststoffummantelten Metallbügeln und einer dicken Spezialfolie kann nach Bedarf auf den Beeten versetzt werden. So werden jeweils die schutzbedürftigsten Kulturen gewärmt (oben). Ein Baustahlgeflecht wird in Tunnelform über ein Beet gesteckt. Bei Bedarf kann es mit Folie oder mit einem Vogelschutznetz überzogen werden (links unten). Schon zeitig im Jahr können im selbstgemachten Folientunnel die kälteempfindlichen Buschbohnen ausgesät werden (rechts unten).

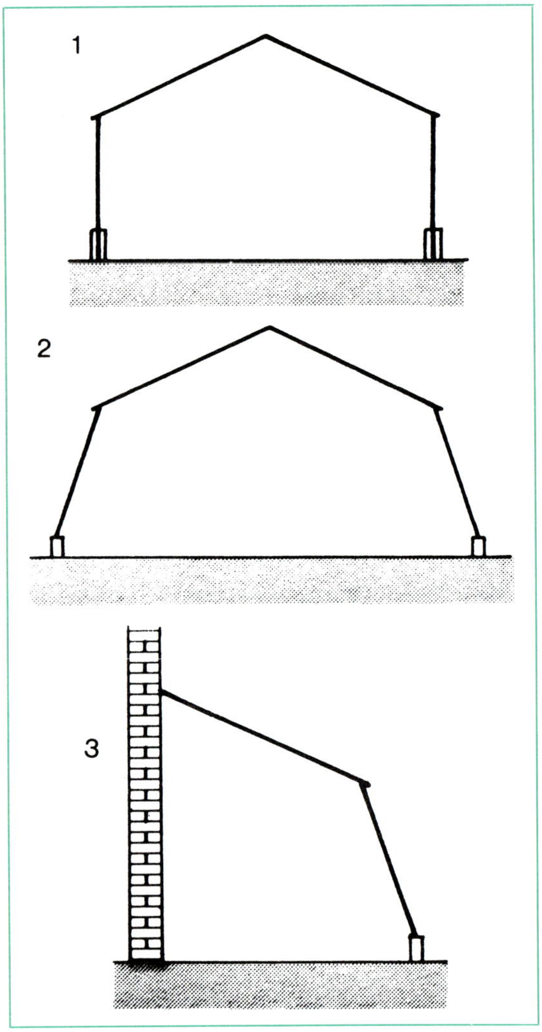

Gewächshausformen: 1. Satteldach mit senkrechter Stehwand. 2. Satteldach mit geneigter Stehwand. 3. Pultdach als Anbau.

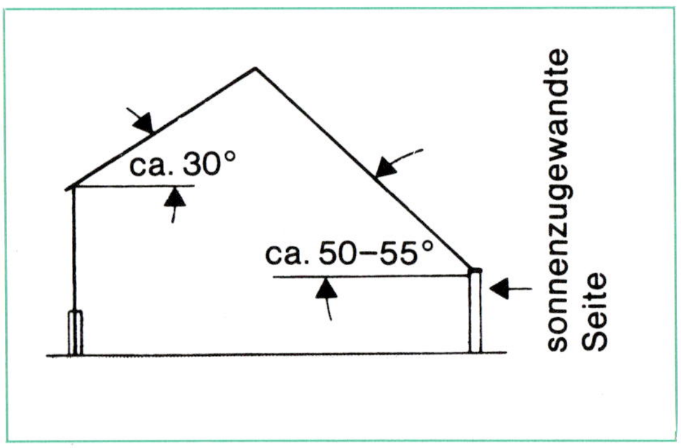

Solarhaus (schematisch): Großflächiges Einstrahlen der Sonne mit möglichst geringer Abspiegelung.

Zwei Firstfenster und eine Giebeltür sind die Mindestausstattung. Je mehr Luftklappen, desto besser – so läßt sich zugfrei lüften. Zugluft würde bei empfindlichen Gewächsen wie Gurken oder Stangenbohnen umgehend einen Befall mit Spinnmilben zur Folge haben.

Das Solargewächshaus

Jedes Gewächshaus ist ein passiv solar beheizter Raum, ein Sonnenkollektor. Richtig konstruiert und isoliert, kann das Solargewächshaus sogar Wärme abgeben, wenn es an ein Wohnhaus angebaut wird. Das Solargewächshaus steht entweder frei, oder es ist an eine Garagen- oder Hauswand angelehnt. Das Besondere daran ist die einseitig herabgezogene Dachfläche: Auf der sonnenzugewandten Seite beträgt der Neigungswinkel 50 bis 55 Grad, die Dachfläche ist fast doppelt so groß wie bei einem gleich langen Haus herkömmlicher Bauart. Das Solarhaus muß grundsätzlich in Ost-West-Richtung aufgestellt werden. Unter den Boden können geeignete große Steine (z. B. Basalt) gelegt werden, die die Sonnenwärme des Tages speichern und nachts dosiert wieder abgeben. Auch die Rückwand beim Anlehn-Solargewächshaus dient als Sonnenspeicher. Große Wassertonnen, in denen sogar Fische gezogen werden können, speichern ebenfalls Wärme. Versuche mit bestimmten Salzen – z. B. Glaubersalz –, die in gebrannten Ton eingelassen sind und Wärme ganz ausgezeichnet halten sollen, laufen. Geschickt gebaut und gut isoliert, erreicht ein Solargewächshaus ganz ohne Heizung mit Strom oder fossilen Brennstoffen Wärmewerte des temperierten Hauses – energiesparend und umweltfreundlich.

Gewächshaus – Zubehör

Sinnvolles Zubehör ist kein Luxus – es hilft Pflanzen gesund erhalten.
Zusätzliche Fenster verbessern die Lüftung im Glasgewächshaus, ebenso ein *Ventilator.* Er ist im Solargewächshaus besonders wichtig, um entstehende hohe Temperaturen abzufangen und die gewonnene Sonnenenergie gezielt dorthin zu befördern, wo sie gebraucht wird. *Automatische Fensteröffner,* die ohne Strom über eine Ausdehnungsflüssigkeit arbeiten, helfen Lüftungsfehler verhindern. Eine *Trennwand* kann im größeren Haus eingebaut werden, um verschiedene Klimazonen zu schaffen. Wichtig zum Beispiel, wenn Gurken und Tomaten zusammen kultiviert werden sollen: Gurken mögen hohe Luftfeuchtigkeit, Tomaten nicht – einer von beiden wird meist

krank. Eine Trennwand löst das Problem. Eine *Außenschattierung* ist unbedingt nötig bei Glashäusern, kann auch bei kunststoffgedeckten Modellen zum Verhindern überhoher Temperaturen eingesetzt werden.
Schattierungsmatten aus Naturmaterialien sind leicht und halten viele Sommer lang. Ein *Hygrometer* gibt Auskunft über die Luftfeuchtigkeit im Gewächshaus – wichtig zur Vorbeugung von Pilzerkrankungen. Das Minimum-Maximum-Thermometer zeigt die augenblickliche Temperatur, die höchste Tages- und die niedrigste Nachttemperatur an. So können beispielsweise bei drohenden Frösten rechtzeitig Schutzmaßnahmen getroffen werden. *Regenwasserbecken* oder -tonnen sammeln an Ort und Stelle das Gießwasser für das Gewächshaus. Erhöht aufgestellte Sammelbehälter können *Bewässerungssysteme* wie die Tröpfchenbewässerung speisen. Spaghettidünne Schläuche leiten über Automatikventile oder handgesteuert das Wasser gezielt in den Bereich der Pflanzenwurzeln. Sprühberegnung ist nur beim Anbau sehr luftfeuchtigskeitsliebender Pflanzen zu empfehlen. Eine *Gießkanne* mit feiner Brausetülle, ein Gartenschlauch mit sanftem Wasserverteiler, sorgen für feinfühlige Bewässerung von Hand. Spezial-*Gewächshausleuchten* sind für Spezialkulturen nötig. Der biologisch arbeitende Gärtner wird beim Anbau von Gemüse darauf verzichten: In den Wintermonaten Januar und Februar ist der Gemüseanbau im Gewächshaus ohnehin nicht empfehlenswert wegen der starken Nitratanreicherung. Bei der Auswahl von *Tischen, Hängeregalen und Tabletten* muß vor allem auf ausreichende Möglichkeiten der Luftzirkulation geachtet werden.

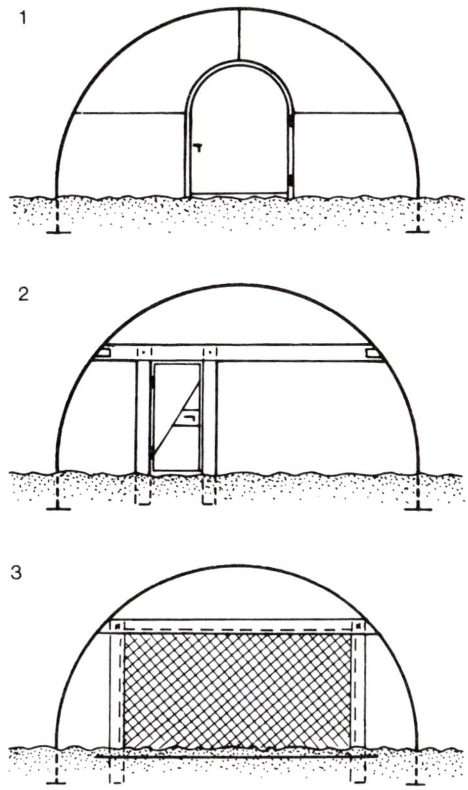

Giebelgestaltung: 1. Eingeschweißte Holzkonstruktion. 2. Holztürkonstruktion: Bretter dienen als Türstock und zum Aufnageln von Leisten zur Folienbefestigung. 3. Aufrollbare Giebelwand: Am Querbrett wird eine Gitterfolie aufgehängt, die – z. B. mittels einer Bambusstange – auf- und abgerollt wird.

Die Gewächshausheizung

Ob man eine Heizung braucht oder nicht, muß schon vor der Anschaffung eines Gewächshauses entschieden werden. Denn viele Heizungsvarianten sind hinterher baulich nicht mehr oder nur mit hohem Aufwand machbar. Wer ökologisch denkt, wird den Verbrauch an Strom und fossilen Brennstoffen so niedrig wie möglich halten oder ganz vermeiden. So läßt sich die Luftumwälzung in einem Solargewächshaus beispielsweise mit einem durch Solarzellen betriebenen Ventilator erreichen. Und die Heizung in diesem Satteldachhaus ist ebenfalls die umweltfreundlichste, die wir kennen.
Verschiedene Heizungssysteme mit Unterbodenrohren, Rippenheizkörpern, Kohleöfen, Petroleumbrennern oder Heizkabeln decken alle Wünsche des Gewächshausbesitzers ab: Das Warmhaus, das jahraus, jahrein eine Mindesttemperatur in der Nacht von 13 Grad hat und für die Zucht empfindlicher Spezialkulturen wie Orchideen, Blatt- und Blütenpflanzen geeignet ist, braucht die aufwendigste Heizung und die meiste Energie. Das kühle oder temperierte Haus kommt mit einer Nachtmindesttemperatur von 5 Grad Celsius aus, wird also gerade frostfrei gehalten. Hier können subtropische Pflanzen überwintern, in den lichtintensiveren Herbst- und zeitigen Frühjahrsmonaten kann Gemüse kultiviert werden; hier haben die Jungpflanzen, die unter Glas vorgezogen werden, die besten Wachstumschancen. Im Kalthaus, das im Winter frostfeste Gemüse enthält, wird auf die Heizung ganz verzichtet.

Den Sommer verlängern kann der Gärtner mit einem Gewächshaus aus Glas.

Im stabilen Gewächshaus aus Stegdoppelplatten können Tomaten an Schnüren aufgeleitet werden.

Preiswert und hübsch ist ein Gewächshaus aus Kunststoffolie. Die Folie hält mindestens vier Jahre.

Tomaten, Paprika und Gurken gedeihen in dem Gewächshaus aus Gitterfolie.

Um ein gut isoliertes Gewächshaus zu temperieren, genügt eine bescheiden ausgelegte Heizung, ein Heizlüfter etwa oder ein Sparbrenner für das kleinere Haus. Kostenlose Energie liefert eine selbstgemachte Kompost-Heizung: Wer in seinem Gewächshaus ein oder mehrere Hügelbeete anlegt (vgl. »Spezialmethoden«), nützt die Wärme des verrottenden organischen Materials. In Vaterstetten bei München entsteht ein Spezial-Gewächshaus, das nach diesem Prinzip funktioniert: Es wird über Spezialbehälter im Vier-Wochen-Rhythmus immer wieder mit frischem organischem Material beschickt, so daß sich eine heiße Rotte-Phase an die andere anschließt. Wenn das System serienreif ist, wird es speziell für biologisch arbeitende Gärtner interessant sein. Bis dahin kann man ein Hügelbeet oder im Gewächshaus einen Mistgraben anlegen, der nach dem Prinzip des Mistbeets funktioniert: Frischer Mist – am besten Pferdemist – entwickelt eine enorme Hitze und liefert die Starterwärme für Jungpflanzen. Wie ein Mistbeet gepackt wird, darüber unten mehr.

Eine Sonnenheizung, die ebenfalls ganz ohne künstliche Energie auskommt, ist der Beta-Solar-Wärmespeicher. Schwarze, wassergefüllte Kunststoffschläuche werden im 30-Zentimeter-Abstand zwischen den Pflanzreihen ausgelegt. Sie speichern tagsüber die Sonnenenergie und geben sie nachts dosiert wieder ab – verblüffend einfach und meist ein ausreichender Schutz vor Frühjahrs-Nachtfrösten.

Gärtnern unter Glas und Folie

Frühbeet und Mistbeet

Um die Ernte der ersten Frühlingsgemüse zwei oder drei Wochen vorzuverlegen, genügt ein kalter Frühbeetkasten. Hier werden sehr frühe, wenig frostempfindliche Sorten direkt ausgesät und später die am Fensterbrett vorgezogenen Setzlinge abgehärtet, bevor sie ins Freiland dürfen. Eine dicke Abdeckung aus Strohmatten schützt vor Nachtkälte. Sie darf erst abgenommen werden, wenn die Sonne intensiv auf das Frühbeet scheint. Sobald sich die Luft im Kasten erwärmt hat, wird vorsichtig gelüftet – an sehr kalten Tagen so, daß ein schmales Lüftungshölzchen zwischen Kasten und Fenster geklemmt wird und die Abdeckmatten über den entstehenden Lüftungsschlitz hängen. Ausreichende Frischluftzufuhr ist wichtig, denn die Pflanzen brauchen Nachschub an Sauerstoff und Kohlendioxid und müssen ihre Abdünstungen loswerden. Für Gärtner mit wenig Zeit hat sich eine Automatiklüftung des Frühbeetes bewährt.

Von großer Bedeutung für den naturgemäß arbeitenden Gärtner ist das Mistbeet, das auch in kalten Wintermonaten die Voranzucht von Jungpflanzen und eine frühe Gemüsetreiberei ab März erlaubt, und zwar ganz ohne den Einsatz umweltbelastender Energieformen.

Die Wände des Mistbeetkastens müssen mindestens 3, besser 5 Zentimeter stark sein, wenn sie aus Brettern bestehen. Stegdoppelplatten eignen sich ebenso gut. Die Mistbeetgrube muß an allen Seiten 30 Zentimeter größer sein als das Frühbeet, das später daraufgestellt wird. Die Grube wird 60 Zentimeter tief ausgehoben. Auf den Boden kommt eine dicke Schicht Laub, die als Isolierung nach unten dient. Dann wird der Mist eingefüllt: 20 Zentimeter hoch, gut festtreten, eine dünne Schicht Laub darüber und darauf die nächste Mistschicht. Das gleichmäßige Festtreten ist wichtig, damit später keine kalten Stellen entstehen, an denen Pflanzen mickern. Der Laubzuschlag verhindert, daß der Mist allzu schnell verrottet. Pferdemist eignet sich am besten, er sollte aber immer frisch aus dem Stall geholt und gleichmäßig feucht sein. Keinen vom Misthaufen nehmen, der seine heiße Rottephase womöglich schon hinter sich hat! Sind so viele Laub- und Mistschichten eingefüllt und festgetreten, daß die Erdoberfläche erreicht ist, wird der Kasten in die Mitte der Mistgrube gestellt, bis zum Rand locker mit Mist gefüllt und das Fenster aufgelegt. Wer jetzt noch genügend Mist zur Verfügung hat, wendet einen alten Gärtnertrick an: den Umschlag. Rund um den Kasten wird eine 30 Zentimeter starke Schicht von Mist bis zum Rand des Fensters abgefüllt. Diese dicke Schicht isoliert und heizt zugleich. Für empfindliche Kulturen wird sie alle vier Wochen gegen frischen, heißen Mist ausgetauscht. Nach drei bis vier Tagen wird das Fenster abgenommen, die entstandenen Ammoniakdämpfe entweichen. Den Mist gut festtreten, mit einer Schicht Reifkompost bedecken und mit 20 Zentimetern guter Gartenerde auffüllen. Diese muß in der Mitte einen kleinen Hügel bilden, denn in den nächsten Wochen setzt sie sich noch. Wenn sich die Erde gut erwärmt hat, nach ungefähr einer Woche, kann gesät oder gepflanzt werden.

Der Lüftung des Mistbeets gebührt noch mehr Aufmerksamkeit als dem kalten Kasten. Am besten morgens den Deckel kurz anheben und die verbrauchte Luft entweichen lassen. Dann wird nach den gleichen Prinzipien gelüftet wie beim kalten Kasten: Melonen, Gurken und Salat vorsichtig und weniger; Radieschen, Karotten und Frühkartoffeln brauchen mehr frische Luft, damit sie schwaches Laub und kräftige Knollen entwickeln.

Die Pflanzerde

Für Gewächshäuser und Frühbeete sind die besten Erden gerade gut genug: Sie müssen reich an Ton-Humus-Komplexen, gar und krümelig sein. Eine mindestens fingerdicke Schicht guten, reifen Komposts pro Jahr ist besonders wichtig. Er muß vollkommen frei von Wildkräutersamen sein, die unter Glas rasch zur Plage werden. Steinmehl als Langzeitdünger, Bodenverbesserer und vorbeugendes Pflanzenschutzmittel darf im Gewächshaus in jeder Menge angewandt werden. Über Aussaaterden vgl. »Säen, pflanzen, pflegen«. Erde im Gewächshaus muß immer gelockert werden. Eine dünne Mulchschicht, die öfter erneuert wird, hält Feuchtigkeitsverluste klein und spart Gießarbeit.

Das Kleinklima

Die Luft im Gewächshaus, im Folientunnel und Frühbeet ist feuchter und wärmer als die draußen: sie ist »gespannt«. Pflanzen dürfen nicht schlagartig normaler Luft ausgesetzt werden, sollen sie nicht mit Wachstumsstockungen oder Erkrankungen reagieren. Richtiges und ausreichendes Lüften ist deshalb wichtig. Die Lüftung muß vor allem zugfrei sein. Für kleinere Temperaturschwankungen reicht der automatische Fensterlüfter aus, der genau auf die gewünschte Lüftungstemperatur eingestellt werden kann. Starken Überhitzungen begegnet man durch Öffnen der Tür oder Schattieren. Die Luftfeuchtigkeit muß laufend kontrolliert werden: Ist sie zu hoch, erkranken sensible Pflanzen – es muß gelüftet, eventuell die Bewässerung umgestellt werden. Ist die Luftfeuchtigkeit zu niedrig, wird sie mit einem Hand- oder Drucksprüher erhöht. Für große Häuser gibt es elektrische Luftbefeuchter.

Saatgut und Setzlinge

Wer früh oder spät im Jahr Gemüse im Gewächshaus ziehen möchte, und während des Sommers dort wärmeliebende Kulturen wie Tomaten, Paprika, Gurken und Melonen unterbringt, der muß bei der Auswahl des Saatguts besonders sorgfältig vorgehen: Ausschließlich solche Samen nehmen, die ausdrücklich für den Unterglasanbau gedacht sind; die sich für die Lichtverhältnisse in den Anbaumonaten eignen und die genügend genbedingte Resistenzen gegen typische Gewächshauskrankheiten wie Pilzerkrankungen mitbringen. Dasselbe gilt für Jungpflanzen, die zugekauft werden, für alle Blumen und Gemüse.

Pflanzenschutz

Der vorbeugende Pflanzenschutz ist im Kleingewächshaus extrem wichtig. Krankheitserreger wie Viren oder der Kohlherniepilz sind ohne aufwendige Aktionen wie beispielsweise Austausch der Gewächshauserde auf biologischem Weg nicht zu vernichten.

Vor allem dem Schachtelhalm kommt deshalb große Bedeutung zu: Schachtelhalmbrühe wird grundsätzlich vorbeugend über die gesamte Gewächshauserde gegossen und im Lauf der Vegetationsperiode immer wieder über Pflanzen und Boden gesprüht. Magermilchspritzungen haben ebenfalls eine pilzhemmende Wirkung. Pflanzen, die hohe Luftfeuchtigkeit schlecht vertragen, wie Tomaten, werden regelmäßig mit Steinmehl überpudert.

Die direkte Schädlingsabwehr kann im Gewächshaus mit denselben Methoden erfolgen wie im Freilandbau (vgl. »Abwehr von Schädlingen und Krankheiten«). Unter Glas und Folie hat der Gartenbesitzer bei stärkerem Befall außerdem die Möglichkeit, gezielt die natürlichen Gegenspieler von Schaderregern einzusetzen. Das 2 Millimeter große Gallmückenweibchen legt seine orangeroten Eier in der Nähe von Blattlauskolonien ab. Die Larven ernähren sich von den Blattläusen und verpuppen sich später im Boden. Gallmücken werden als Puppen geliefert, eingebettet in feuchten Torf, der einfach in Häufchen gleichmäßig unter den befallenen Pflanzen verteilt wird. Schlupfwespen, mit ihren 0,6 Millimetern Länge mit bloßem Auge kaum zu erkennen, legen pro Weibchen etwa 50 Eier. Sie plazieren diese Eier einzeln in die Larven der Weißen Fliege. Die ausschlüpfenden Wespenlarven fressen ihre »Wirte« von innen auf.

Raubmilben sind von Spinnmilben einfach zu unterscheiden: Sie sind leuchtend rot und ganz schön flink. Bei hoher Luftfeuchtigkeit und Temperaturen über 18 Grad Celsius legt das Raubmilbenweibchen 40 bis 60 Eier, aus denen in 2 bis 3 Tagen junge Milben schlüpfen. Sie ernähren sich von den schädlichen Spinnmilben. Raubmilben werden auf Bohnenblättern verschickt.

Die Gemeine Florfliege legt ihre Eier an fadenartigen, etwa 5 Millimeter langen Stielchen. Die Larven ernähren sich von Blattläusen.

Spezialmethoden

Das Hügelbeet

Das Hügelbeet wurde Mitte des Jahrhunderts von Hermann Andrä entwickelt. Er probierte und experimentierte viele Jahre lang mit seiner Hügelkultur, viereinhalb Jahre auch in einem Garten in Brasilien, bis er seine Methode perfektioniert hatte. Sein 1962 veröffentlichtes Büchlein »Hügelkultur statt Flachkultur« fiel durch einen Zufall Hans Beba in die Hände, der die Idee des fruchtbaren Hügels großartig fand, weiterentwickelte und verbesserte. Die Hügelkultur nach Beba/Andrä findet immer mehr Freunde, vor allem in kleinen Stadtgärten, denn sie vergrößert die Beetfläche erheblich und ist eine große Hilfe, wenn ein Garten auf biologische Anbauweise umgestellt werden soll.

Der Aufbau des Hügelbeetes

Ein Hügelbeet wird möglichst in Nord-Süd-Richtung aufgebaut, ist an der Basis 1,50 bis 1,60 Meter breit und mindestens 3 Meter lang. Je nach Größe des Gartens kann der Hügel beliebig verlängert werden. Zunächst wird ein sauberes Rechteck in der gewünschten Hügelbeet-Größe abgesteckt und einen Spaten tief ausgehoben. Soll der Hügel auf einer Beet-Fläche wachsen, wird die ausgehobene Erde sorgfältig beiseite gelegt – sie wird später gebraucht. Ist eine Wiese die Grundlage, werden viereckige Grassoden flach abgestochen und beiseite gelegt, bevor die Erde einen Spaten tief ausgehoben wird. Dann wird grob zerkleinertes Reisig aller Art – Obstbaum- und Strauchschnitt, Staudenstengel, Kohlstrünke – längs der Mittellinie zu einem flach gerundeten Haufen aufgeschichtet. Der Reisigberg ist einen halben Meter hoch und muß von den Hügelenden 60 bis 70 Zentimeter, von den Längsseiten 50 Zentimeter entfernt aufhören. Auf diesen Hügelkern kommen, mit dem Gras nach unten, die ausgehobenen Grassoden. Wer keine hat, muß Heu, Grasschnitt, Stroh und Gartenabfälle 15 Zentimeter dick aufbringen. Einige Spaten voll Erde darüber werfen und festklopfen, damit sich langsam die Hügelform herausbildet. Als nächstes folgt eine 25 Zentimeter dicke Schicht Herbstlaub von Buchen, Linden, Birken oder Obstbäumen. Die Laubschicht läßt sich leichter aufbringen, wenn sie mit etwas Erde vermischt wurde. Den Abschluß des Hügelkerns bildet eine 5 Zentimeter starke Erdschicht. Schön fest und glatt in Hügelform festklopfen. Es folgt eine 5 Zentimeter starke Schicht mit gut verrottetem Mistkompost, der von Regenwürmern nur so wimmeln soll – die sind nämlich die Hauptsache an dieser Schicht. Wer Regenwürmer in einer Wurmkiste züchtet, ist fein heraus. Darüber kommt eine 10 Zentimeter starke Schicht Rindenkompost, Strohkompost (Bihutherm) oder selbst produzierter Grobkompost. Die oberste Schicht – 15 bis 20 Zentimeter stark – besteht aus Reifkompost, guter Gartenerde und etwas Steinmehl. Der ganze Hügel wird noch einmal formgerecht festgeklopft und geharkt, die Umgebung des Hügels gesäubert und mit Trittplatten belegt. Das ist wichtig, damit er im Frühling sehr zeitig trockenen Fußes bearbeitet werden kann. Das frischaufgesetzte Hügelbeet ist fast einen Meter hoch, sinkt aber in den nächsten Wochen zusammen. Deshalb ist es günstig, den Hügel im Herbst aufzubauen. Mit einer Mulchschicht aus Grobkompost abgedeckt, überwintert er warm und geschützt. Im Frühjahr wer-

Ein Hügelbeet macht mehr aus dem Garten: Mit Hilfe der fruchtbaren Hügel läßt sich die Anbaufläche erheblich vergrößern. Wer Probleme mit dem Säen hat, kann den Hügel wie auf diesem Bild bepflanzen: Unten wurden Kopfsalatsetzlinge gepflanzt, dann folgen Steckzwiebeln. Oben gedeihen Tomaten. Nur der Ring aus Radieschen unterhalb der Tomaten wurde gesät (links).

Das Hügelbeet

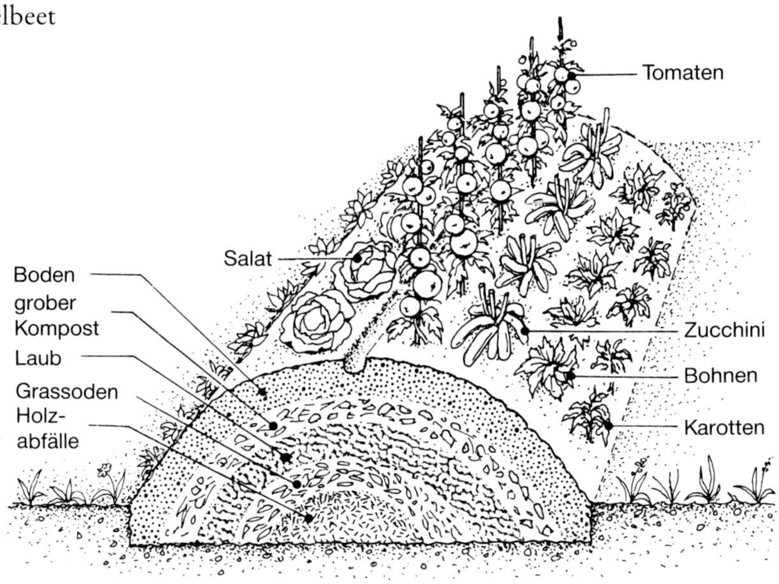

den alle groben Reste abgerecht, der Hügel besät oder bepflanzt.

Die Bepflanzung des Hügelbeetes

Bei der Bepflanzung geht man nach den Regeln der Mischkultur vor (vgl. »Mischkultur und Fruchtwechsel«), mit einer Ausnahme: Im ersten Jahr der Bestellung dürfen weder Spinat, Schnittsalat, frühe Kopfsalatsorten noch Rote Rüben auf das Beet. Das Hügelbeet ist eine »Nährstoffbombe«, und in den ersten Monaten nach dem Aufbau besteht die Gefahr einer starken Nitratanreicherung durch dazu prädestinierte Pflanzen – ein Problem, das den Erfindern des Hügelbeets nicht bekannt war. Wie nitrathaltig Gemüsepflanzen sind, kann jeder Gartenbesitzer mit Hilfe von Teststäbchen selbst prüfen, die es für wenig Geld in der Apotheke gibt.
Wer noch nie einen dieser fruchtbaren Hügel besessen hat, zieht am besten Jungpflanzen vor oder kauft sie beim Gärtner und verzichtet auf die Direktsaat. Geübtere Gärtner und Gärtnerinnen können auch auf den schrägen Seitenwänden des Hügels problemlos säen. Die Pflanz- oder Saatreihen laufen in ovalen Ringen um den Hügel herum. Obenauf kommen Starkzehrer wie Tomaten, die auf dem Hügelbeet besonders gut gedeihen. Das Hügelbeet kann früher bepflanzt, von ihm kann länger geerntet werden als von einem Flachbeet, denn es entwickelt eine langsam fließende Wärme, die den Pflanzen optimale Wachstumsbedingungen garantiert. Für den Gemüseanbau läßt sich das Hügelbeet etwa 4 Jahre lang benützen. Dann ist es so stark zusammengesunken, daß es gerade noch 30 Zentimeter hoch ist. Jetzt kann es noch 2 Jahre lang für den Anbau von Erdbeeren benützt werden, bevor das Hügelbeet eingeebnet und neu aufgebaut wird.

Die Bewässerung des Hügelbeetes

Die Hügelkultur mit ihrer großen Beetfläche trocknet schneller aus als ein Flachbeet und verbraucht mehr Wasser. Damit das Gießwasser nicht nutzlos an den Seiten herunterrinnt, wird oben auf dem Hügel über die ganze Länge eine kleine Gießrinne eingedrückt. Selbstverständlich können auch mit gutem Erfolg automatische Bewässerungssysteme eingesetzt werden. Falls sie durch einen Wasserbehälter gespeist werden und nicht durch den Wasserhahn, muß darauf geachtet werden, daß der Behälter wesentlich höher steht als der Kamm des Hügels. Eine eigene Bewässerungsmethode hat Hans Beba entwickelt: Er füllt leere Flaschen mit Wasser und steckt sie umgekehrt so weit in die Erde, daß sie gerade nicht umfallen. Durstige Pflanzen wie Tomaten und Sellerie bekommen noch eine Extra-Flasche an ihre Füße. Selbst bei anhaltender Trockenheit brauchen diese Flaschen mit einem Liter Inhalt oder größer nur alle zwei bis drei Tage nachgefüllt zu werden. Wenn es zwischendurch regnet, sogar nur alle 8 Tage.

Die Vorteile und die Nachteile des Hügelbeetes

- *Die Vorteile* des Hügelbeetes schätzen vor allem Gärtner in der Stadt: Auch ein kleiner Hausgarten kann zum Selbstversorgerparadies werden, denn das Hügelbeet vergrößert die Anbaufläche wesentlich. Durch die frühere Erwärmung des Bodens und das schnellere Abtrocknen kann der Hügel zeitiger im Jahr bepflanzt und länger abgeerntet werden. Die Arbeitserleichterung durch den Hügel macht die Anstrengung des Aufbaus mehr als wett: Wer konsequent mulcht und die Reihen mit den nur auf dem Hügel geringen Pflanzabständen von 10 bis 15 Zentimetern setzt, der braucht kaum aufkommende Wildkräuter zu hacken. Eine aufwendige Düngung entfällt ebenfalls: Das Hügelbeet hat so viele Nährstoffreserven, daß etwas Kompost oder Steinmehl genügt, um die Fruchtbarkeit über Jahre zu erhalten. Auf Böden mit Staunässe löst der Hügel alle Probleme durch den lockeren Reisigkern, seine eingebaute Drainage. Und schließlich hilft er bei der Umstellung auf biologische Anbauweise: Der Hügel versorgt die Familie mit Gemüse, während der übrige Gartenboden mit Gründüngern oder Flächenkompostierung verbessert werden kann. Ist das Hügelbeet nach 6 Jahren fast verschwunden, bleibt eine starke humusreiche Schicht übrig.
- *Die Nachteile* liegen vor allem in der schon erwähnten Gefahr der Nitratanreicherung, der durch eine sorgfältige Sortenwahl begegnet werden muß. Fruchtgemüse und Starkzehrer pflanzen, das löst das Problem. Auch der vermehrte Gießwasserbedarf muß bedacht werden. Wühlmäuse und andere Nager benützen den Hügel gerne als Unterschlupf. Dem kann in gefährdeten Gebieten vorgebeugt werden, indem auf die Sohle des Hügelbeets vor dem Aufbau des Reisigkerns ein engmaschiger Maschendraht ausgelegt und etwas an den Seiten hochgezogen wird.

Das chinesische Hügelbeet

Die Chinesen betreiben seit mehr als 4000 Jahren Gartenbau, und ihre Erde ist heute so fruchtbar wie eh und je. Sehr sorgfältige Kompostwirtschaft, ein sanfter und schonender Umgang mit allem, was die Natur uns schenkt, der Verzicht auf jeden brutalen Eingriff in das Gefüge des Gartens sind ihre Geheimnis. F. H. King, ehemaliger Professor der Agrarwissenschaft und im Landwirtschaftsministerium der USA tätig, war tief beeindruckt von dieser naturgemäßen und ressourcenschonenden Methode, die er bei einer Reise durch den Fernen Osten 1909 kennenlernte. In einer Zeit, da sich die schrecklichen Folgen der Bodenerosion in Amerika schon abzeichneten, arbeitete der Landbau in China ohne Humusverluste – und ohne Kunstdünger. Eine wichtige Grundlage chinesischer Gartenarbeit ist der sogenannte Chinesenhügel, eine Spezialmethode, die der Chinese Peter Chan in die USA mitbrachte und dort populär machte. »Die chinesischen Bauern«, so Peter Chan, »müssen recht erfindungsreich sein, um hohe Erträge auf kleinen Flächen zu erwirtschaften. So haben sie gelernt, wie man anbaut, ohne Platz zu verschwenden, und es ist ihnen möglich, mehrere Ernten im Jahr zu erzielen. Und trotz der intensiven Nutzung erhalten sie den Boden gut und fruchtbar.«

Die Anlage des chinesischen Hügelbeetes

Die Beetbreite beträgt 1,25 Meter, die Länge ist beliebig. Es wird mit Hilfe von Pflanzenschnüren abgesteckt und der Boden umgegraben. Dabei wird er sorgfältig von Gras, Wurzeln, Wildkräutern und größeren Steinen gesäubert. Reifkompost kommt hinzu, bei Bedarf auch Kalk. Jetzt wird die Erde von den Rändern weg 15 Zentimeter hoch zur Mitte hin angehäuft. Es entsteht ein flacher, sehr sanft gerundeter Hügel, der mit dem Rechen sorgfältig geglättet und in Form gebracht wird. Das chinesische Hügelbeet ist fertig – und darf ab sofort nie mehr betreten werden! An den Rändern sind Rillen entstanden, die überschüssiges Gießwasser aufnehmen. Der niedrige Chinesenhügel kann auch an den Rändern leicht eingesät werden und wird nach den Regeln der Mischkultur in Reihen bepflanzt. Gedüngt wird mit Kompost und organischen Düngern. Wem der Aufbau eines Hügelbeetes nach Beba/Andrä zu aufwendig erscheint, der kann es mit solchen runden flachen Hügeln versuchen – sie sehen, wie Peter Chan betont, auch besonders hübsch aus im Garten.

Das Hochbeet

Das Hochbeet ist eine Entwicklung von Hertha Kalaus-Zimmermann, die viele Jahre lang mit dieser speziellen Beetform experimentierte. Nach der Reaktorkatastrophe von Tschernobyl bebaute sie ihre Hochbeete weiter »ohne Angst, denn meine Beete waren ja alle abgedeckt, teils mit Brettern, teils mit Pappe«.

Ein perfekt aufgebautes Hochbeet. Gemulcht wird mit Brettern.

Mit Folie übertunnelte Hochbeete gedeihen besonders üppig.

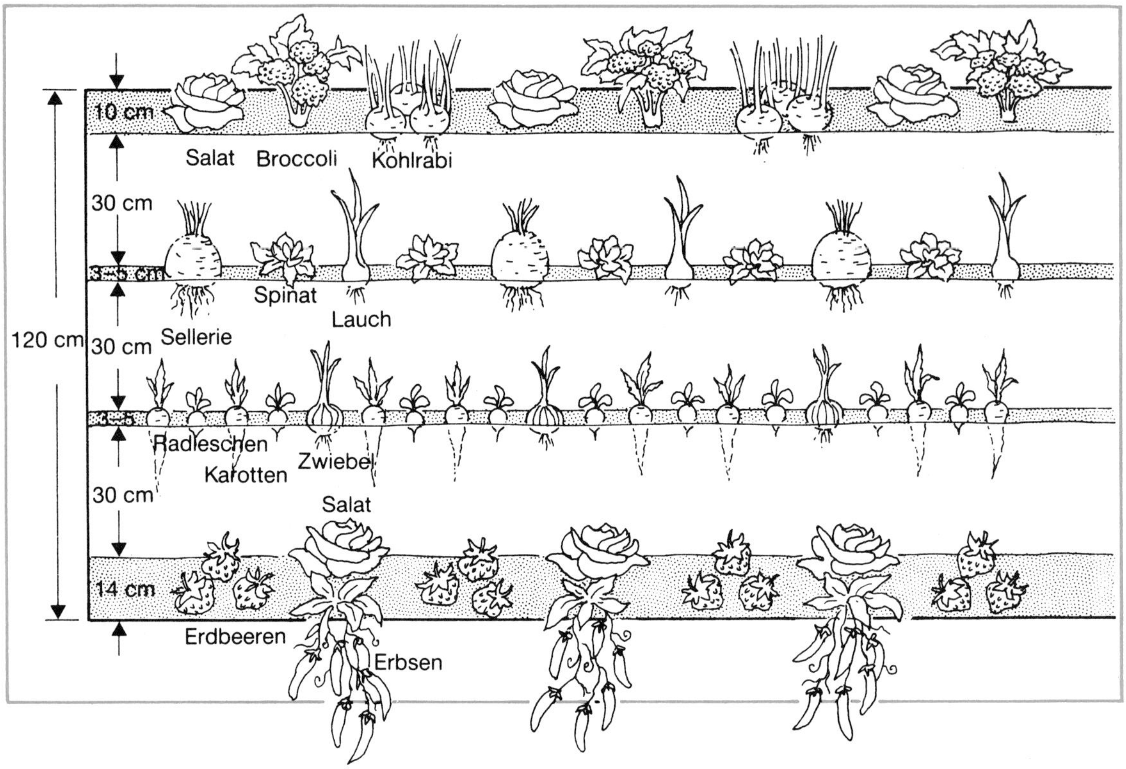

Schematische Darstellung der Grundregeln zur Bepflanzung von Hochbeeten: An der Nordseite stehen die hoch werdenden Starkzehrer – wie Brokkoli, Blumenkohl, Sellerie und Porree – mit zwischengepflanzten Kohlrabi und Salaten, also Arten mit kurzer Kulturzeit. Dort kommt auch mehr Kompost hin. In der zweiten und dritten Reihe folgen Zwiebeln, Radieschen, Karotten und Salate, in der vierten Reihe an der Südseite wachsen Erdbeeren und Erbsen, die auch an der Wand herunterranken können. Abstand von den Wänden immer 10 cm, so daß sich Reihenabstände von rund 33 cm ergeben.

Das Hochbeet ist keinesfalls einfach ein eingefaßtes Hügelbeet. Es ist ganz anders aufgebaut und bringt deshalb auch nicht die Probleme mit der Nitratanreicherung mit sich. Ein Hochbeet wird stets in Ost-West-Richtung angelegt und ist an der Nordseite um 15 Zentimeter erhöht. Als Einfassung können stabile Holzbalken, Rundhölzer und Hohlblocksteine verwendet werden. Alte Eisenbahnschwellen eignen sich für den biologischen Gartenbau nicht: Sie wurden mit chemischen Holzschutzmitteln und unter Umständen mehrfach mit Insektiziden behandelt. Die Beetfläche – Breite 1,20 Meter, Länge beliebig – wird mit Gründünger eingesät, der später untergegraben wird. Dann hebt man eine beetgroße, 30 Zentimeter tiefe Grube aus und lockert den Boden darunter oder gräbt ihn um. Jetzt wird eine solide Einfassung aufgebaut, die dem Druck der Füllung standhält. Die Seiten werden mit Folie ausgekleidet, als Schutz gegen Erdabschwemmung. Als unterste Schicht kommt eine bis zu 40 Zentimeter starke Lage aus Ästen und Reisig hinein. Hier wird Erde mit viel Wasser gründlich eingeschlämmt, damit keine Hohlräume bleiben. So stellt man Kontakt zum Unterboden her, und es kann Feuchtigkeit aufsteigen. Darauf kommen 10 Zentimeter verrotteter Schafmist und 25 Zentimeter Mutterboden, der nach Norden ansteigen muß, damit man die gewünschte Schräge erreicht. Darin eingebettet wird ein enger Maschendraht zum Schutz gegen Wühlmäuse. 10 Zentimeter guter, reifer Kompost und 10 Zentimeter bester Gartenboden vervollständigen das Hochbeet, das durch seine schräge Beetfläche bequem zu pflegen ist, eine etwas vergrößerte Anbaufläche besitzt und die Sonneneinstrahlung voll ausnützt. Je nach Kultivierungswunsch wird es mit einem Folientunnel überdacht, wodurch es im Frühjahr besonders zeitig bestellt werden kann. Besonders wichtig ist die Abdeckung zwischen den Pflanzreihen mit Mulch. Hertha Kalaus-Zimmermann nimmt statt dessen lieber ein schwarzes Vlies, eine schwarze Abdeckfolie oder 12 Zentimeter breite Bretter oder Latten, die knapp übereinanderliegen. Darunter bleibt der Boden länger feucht und kann auch bei größter Hitze begossen werden. Umgegraben werden die Beete nie. Als Düngung dient eine 15 Zentimeter starke Schicht eineinhalbjährigen Komposts, der im Herbst über die Beetoberfläche gebreitet wird.

Permakultur

Den Begriff »Permakultur« prägte der Australier Bill Mollison als Abkürzung von »permanent agriculture«. Mollison, ein Bauer, Trapper, Fischer, Holzfäller und 1981 Träger des »Alternativen Nobelpreises«, bezeichnet sein System als »eine lebende Uhr, die niemals abläuft – solange die Sonne scheint und die Erde sich dreht«. Sonne und Wind, Menschen und Tiere, Gebäude und Wasser, Pflanzen und Steine werden einbezogen in ein vernetztes System von Gartenbau und Landwirtschaft, das sehr wenig Arbeit macht und im Idealfall sogar die benötigte Energie selbst erzeugt. Mollisons Vorbild waren australische Urwaldkulturen, die permanent produktiv sind. Diese Urwälder erhalten seit vielen Generationen sich selbst und ihre Bewohner – ohne daß der Mensch einen Finger krumm machen müßte um sie zu pflegen. So manches schöne Beispiel aus Bill Mollisons Büchern (siehe Anhang) scheitert hierzulande an den anderen klimatischen Voraussetzungen als in Australien. Anderes kann man ausprobieren, variieren, auf eigene Verhältnisse zuschneiden: »Die ideale Permakultur speichert Regenwasser und Sonnenenergie, nutzt sie sparsam und effektiv, verbessert die Bodenfruchtbarkeit und verwendet die Abfälle der einen Tier- und Pflanzenart als Rohstoffe für die nächste. Sie ordnet Tiere und Pflanzen so zueinander, daß ihre Bedürfnisse ohne menschliches Zutun erfüllt sind. Das heißt, das Prinzip des Urwalds – eines autonomen Ökosystems – auf Nutzpflanzen und -tiere zu übertragen.« So definieren Declan und Margrit Kennedy vom Permakultur Institut Berlin Mollisons System. »Permakultursysteme zeigen, wie sich jeder mit einem geringen Platz- und Zeitaufwand, aber einem neuen Verständnis für natürliche Kreisläufe, selbst versorgen und gleichzeitig Energie, Wasser und nicht erneuerbare Rohstoffe sparen kann.« Mollisons Bücher sind voll von Anregungen. Ein ausgewähltes Beispiel mag verdeutlichen, wie Permakultur auch in unseren Breiten funktioniert: In einem gut isolierten Anlehngewächshaus (Solargewächshaus) werden nicht nur Tomaten gezüchtet, sondern auch Fische. Die Buntbarsche (Tilapia), reine Pflanzenfresser, ernähren sich unter anderem von Wasserlinsen, die in einem Teich vor dem Gewächshaus gedeihen. Der Teich ist so angelegt, daß er vor allem im Winter wie ein riesiger Spiegel wirkt und die Sonnenstrahlen reflektiert – eine willkommene Zusatzheizung für das Gewächshaus. Im Gewächshaus stehen zwei große Polyäthylen-Tonnen. Eine, worin die Fische leben; eine zweite, die mit Wasserpflanzen besetzt ist. Das Wasser aus der Fischtonne wird mit einer kleinen, durch Solarzellen oder ein Windrad betriebenen Pumpe in die erhöht stehende Pflanzentonne befördert. Es wird im Wurzelbereich der Pflanzen gereinigt und fließt wieder in die Fischtonnen zurück. Das Fischwasser kann auch direkt entnommen und als Flüssigdünger für die Gewächshauspflanzen verwendet werden. Das System der Permakultur liefert viele Denkanstöße. Nicht nur für Besitzer großer Gärten: so manche Idee läßt sich auch auf einem Garagendach oder in einem Vorgarten umsetzen.

Gartengeräte und Zubehör

Die wichtigsten Gartenwerkzeuge

Der *Spaten*, für viele Gärtner das wichtigste Gerät, wird im biologischen Gartenbau wenig gebraucht: Wo Beete im Herbst nicht durch Umgraben auf den Kopf gestellt, sondern nur sanft gelockert werden, ist der Spaten nur noch für die Anlage von Wegen, Hoch- und Hügelbeeten und zur Kompostbearbeitung wichtig. Den »Spaten aller Spaten« entdeckte Jürgen Dahl, phantasievoller und philosophischer Gartenkolumnist der Zeitschrift »natur« (7/86) bei einem englischen Hersteller: »Blatt und Tülle sind aus einem Stück aus Stahl geschmiedet und rosten nie und nimmer; der Stiel ist aus absolut bruchfestem Kunststoff und überlebt den Gärtner ganz gewiß; Stahl und Stiel sind so fest ineinandergefügt, daß der Spaten aus einem Guß zu sein scheint.« Mehrere Gartengeräte, auch eine *Grabgabel,* gibt es in englischer Qualität, die leider fast zehnmal so teuer ist wie herkömmliche Geräte. Mit ihren vier flachgeschmiedeten Stahlzinken ist sie unentbehrlich zum Bodenlockern, Kompost aufsetzen, Wurzelgemüse ernten. Die *Doppelgrabgabel* hat eine dreifache Arbeitsbreite und ist ausschließlich zum Lockern und Lüften gedacht. Für sie benötigt man allerdings einige körperliche Kräfte. Der *Sauzahn,* ein meist verkupfertes einschariges Bodenbearbeitungsgerät, ist wichtig für den biologisch arbeitenden Gärtner und vor allem für die Gärtnerin: Mit dem Sauzahn wird der Boden tief und sehr kräftesparend gelockert, was durch die eiförmige Biegung und das angesetzte scharfe

Kleine Geräteausstattung für den Garten (von links): Spaten, Grabgabel, Sauzahn, Kultivator, Fächerbesen zum Entfernen von Laub (oben).

Ein paar stabile Eimer aus dem Baubedarfshandel und eine solide Schubkarre gehören zur Grundausstattung des Gärtners (unten).

Ein ausgedientes Holzfaß wird zur dekorativen Regenwassertonne (links). Solche Fässer bekommt man in Brauereien und Spezialgeschäften. In der Regentonne sollte immer ein Holzbrettchen schwimmen: Wenn eine Biene oder Schwebfliege ins Wasser stürzt, kann sie sich selbst wieder retten.

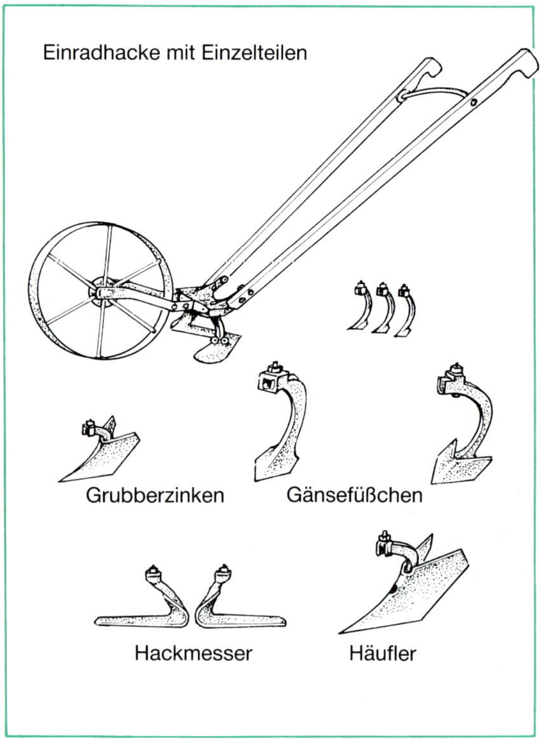

Ein »Schredder« (es sind Geräte unterschiedlicher Konstruktion, verschiedener Größen, mit Elektro- oder Benzinmotor, am Markt) ist nützlich in Gärten mit hohem Anteil holzartiger Abfälle (unten).

Die Radhacke erleichtert vor allem in großen Gärten die Arbeit sehr. Mit dem kleinen Häufelpflug, einem oder mehreren Grubberzinken und der Gänsefußschar wird der Boden gelockert und gehackt (mittlere Reihe, von links nach rechts). Die scharfen Hackmesser jäten zwei Reihen gleichzeitig. Der große Häufelpflug eignet sich für die Pflege des Kartoffelbeets (untere Reihe, von links nach rechts).

Rechte Seite: Rautenförmig wird der Sauzahn durch den Boden gezogen (links). Die Grabgabel wird in regelmäßigen Abständen in den Boden eingestochen und hin- und herbewegt (rechts).

Blatt erreicht wird. Ein *Karst* ist eine Hacke mit zwei besonders kräftigen Zinken, die im biologischen Garten hoffentlich so gut wie nie gebraucht wird: Sie dringt auch dort noch in steinige und verkarstete Böden ein, wo der Sauzahn hängenbleibt und der Spaten stumpf wird. Der *Krail* ist ein äußerst praktisches Gerät. Mit seinen vier nach unten gebogenen, kräftigen Zinken ist er nützlich zum Lockern, Einebnen, Zertrümmern grober Erdschollen, zum Roden oder zum Einarbeiten von Mist oder Kompost. *Gartenhacken* sind die meistbenützten Geräte während des Sommers: zur Entfernung von Wildkräutern, zum Rillenziehen, zum Bodenlockern vor dem Pflanzen. Schlaghacken brauchen sehr viel Kraft. Bügelzughacken sind für lockeren, garen Boden viel besser geeignet: Sie schneiden Wildkrautwurzeln dicht unter der Erdoberfläche ab und lockern den Boden ohne großen Kraftaufwand. Einen *Kultivator* gibt es mit einem, drei oder fünf Zinken, starr oder federnd. Am Ende jedes Zinkens sitzt eine lanzenartige Schar, der Gänsefuß. Ähnlich wie der Kultivator, aber ohne Gänsefuß, ist der *Grubber*, der speziell in schmalen Pflanzreihen zum Lockern und Lüften eingesetzt werden kann. Eine *Mistgabel* ist kein Muß im Garten, aber ein praktisches Gerät für den Besitzer einer Blumenwiese, der langes Gras und Heu zu verarbeiten, womöglich auf den Kompost aufzusetzen hat. Eine *Schaufel* ist für viele Arbeiten praktischer als der Spaten. Eine *Sternfräse* krümelt die Erde an der Beetoberfläche fein und reißt gleichzeitig junge Wildkräuter mit heraus. Eine *Pflanzschnur* für schnurgerade Reihen kann man aus zwei Stöcken und einer Paketschnur selbst machen. Komfortablere Modelle sind im Handel. Ein *Rillenzieher* mit einzeln hochklappbaren Scharen zieht gleich mehrere schnurgerade Saatrillen in einem Arbeitsgang. *Handsämaschinen* gibt es in vielen Variationen, von der einfachen Kunststoffschaufel mit unterschiedlich gelochten Einsätzen über die klei-

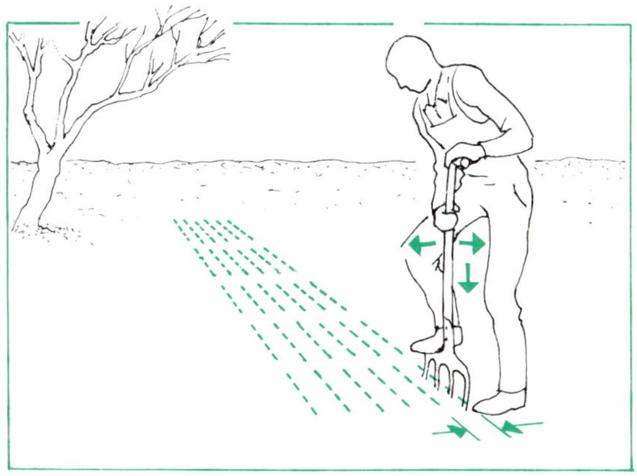

ne Trommel, an einen Kombistiel anzukoppeln, bis hin zur vierreihigen Sämaschine, die sich allerdings erst für einen sehr großen Garten lohnt. Ein *Rechen* (Harke) aus Metall mit möglichst großer Arbeitsbreite dient zum Glätten von Beeten und Saatrillen. Er eignet sich auch für das Zusammenrechen von Rasenschnitt, nicht aber für eine Blumenwiese. Hier benötigt man einen Holzrechen, der nicht ständig im langen Gras hängenbleibt. Eine gute *Sense* ist für eine Blumenwiese wichtig, praktisch aber auch beim Sammeln von Brennesseln und Wildkräutern am Wald- oder Wegrand. Ein *Schubkarren* darf in keinem Garten fehlen.

Auswahlkriterien für Gartengeräte

Die Stiftung Warentest hat Kriterien erarbeitet (Sonderheft »Garten«, 1987), die bei der Auswahl von Gartenwerkzeugen wichtig sind:
»Schwachpunkt der meisten Geräte ist die Verbindung zwischen Stiel und Werkzeug – vor allem wenn sie wie Spaten oder Grabgabel große Belastungen aushalten müssen. Machen Verbindungen einen schwachen Eindruck oder wackeln sie gar, dann Finger weg! Dülle oder Schwanenhals, die vom Stiel zum Werkzeug überleiten, dürfen nicht zu kurz und auf keinen Fall angestückelt sein. Schweißstellen oder dünne Verbindungsstifte sollten den Käufer mißtrauisch machen.«
Jedes Gerät muß der Käufer im Laden so in die Hand nehmen, wie er es später benutzt: Stimmt die Stiellänge, liegt der Griff gut in der Hand? Wenn mehrere unterschiedlich große Menschen mit einem Gartengerät arbeiten sollen, sind Systemgeräte mit zwei unterschiedlich langen Stielen sinnvoll. Sie sparen Platz und Geld, müssen aber stabile Steck-, Schraub- oder Einhakverbindungen aufweisen.

Kleingeräte

Eine stabile *Pflanzschaufel* ist wichtig. Ihr Griff darf sich nicht bei der ersten größeren Belastung butterweich umbiegen, und er darf auch nicht nur aus zusammengebogenem Metall mit Lücken bestehen – das schmerzt mit der Zeit in der Hand. Ein *Pflanzer* mit gebogenem Griff erleichtert die Arbeit, ein *Blumenzwiebelpflanzer* ist unentbehrlich für Gärtner mit großem Ziergarten.

Scheren, Messer, Häcksler

Bei der Anschaffung von *Rosenscheren, Astscheren* und einer *Heckenschere* darf man nicht sparen: Die Verletzungsgefahr bei solchen Geräten ist hoch, und das beste ist gerade gut genug. Im Märzheft 1985 prüfte die Stiftung Warentest 21 Gartenscheren – nur eine schnitt mit »sehr gut« ab. 12 bekamen die Note »gut«, 7 »zufriedenstellend« und eine wurde mit »mangelhaft« abgewertet. Mit allen Scheren muß man ermüdungs- und blasenfrei arbeiten können, sie dürfen keine Zweige und Stiele quetschen.
Eine *Baumsäge,* womöglich mit Verlängerungsstiel, und ein scharfes gebogenes Messer, die *Hippe,* gehören zur Baumpflege.
Mit *Axt* und *Hackklotz* zerkleinert der Besitzer eines kleineren Gartens seine Kompostmaterialien. Für große Gärten kann sich die Anschaffung eines Häckslers lohnen.
Ein Handhäcksler beißt mühelos auch dicke Äste klein. Ein Motorhäcksler guter Qualität ist nicht billig. Er soll leise sein, allen Sicherheitskriterien genügen, im großen Garten besonders stark sein und verstopfungsfrei arbeiten.
Die besten Noten bei Tests bekamen die Hammermühlen, leider immer noch relativ laut, aber sehr kräftig.

Ein Bauerngarten mit vielfältiger Mischkultur.

Zwischen den Beeten werden nach Bedarf Bretter ausgelegt.

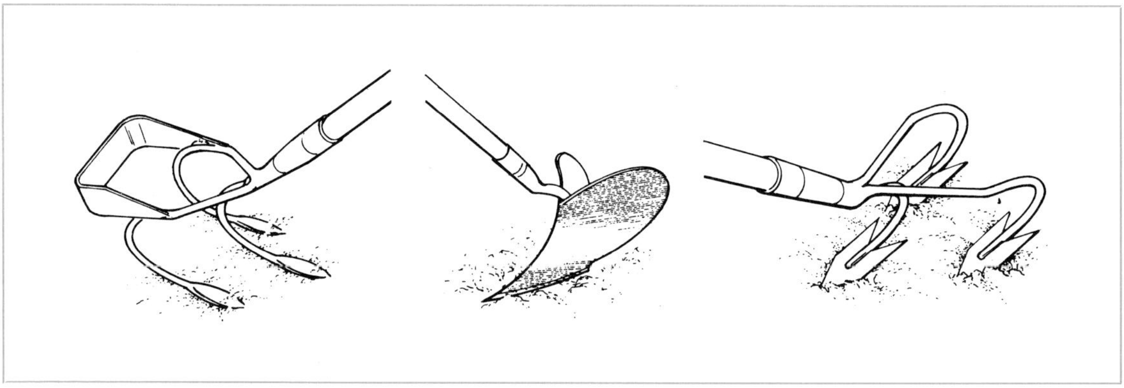

Eine Kombination aus Grubberzinken und Pendelmesser lockert den Boden und schneidet Wildkräuter ab. Mit dem Häufelpflug wird gleichzeitig gehackt und angehäufelt. Der Kultivator lockert den Boden und reißt Wildkräuter los (von links nach rechts).

Regenwassersammler und Bewässerungssysteme

Ein schönes altes Holzfaß zum Sammeln von Regenwasser – davon träumen viele. Leider sind solche Fässer rar geworden. Wer keines auftreiben kann, bekommt *Regenwassertonnen* in verschiedenen Ausführungen. Von der einfachen Kunststofftonne mit oder ohne Deckel, bis zum Modell mit Auslaufhahn, oder dem Regenwasserspeicher, der unter dem Gartenboden eingegraben wird und unsichtbar für große Wasservorräte sorgt. Tonnen aus PVC sollten im biologischen Garten nicht stehen, nur solche aus Polyäthylen. Eine Kompromißlösung ist ein Regenfaß aus braun imprägnierten Hölzern, durch ein Stahlseil zusammengehalten, das mit einem Sack aus Teichfolie ausgekleidet ist. Es läßt sich besonders leicht einwintern. Unterschiedlich ausgestattet sind die *Regenwassersammler,* die das Wasser aus der Dachrinne in die Tonne fließen lassen. Welches Modell Sie auch wählen – es muß nur verschließbar sein, damit der Schmutz vom Dach erst einige Minuten lang in die Kanalisation laufen kann, bevor Gießwasser aufgefangen wird.
Bewässerungssysteme gibt es in vielen Variationen. Die aufwendigste und komfortabelste ist die computergesteuerte Tropfbewässerung. Große Rohre können dabei im Boden verlegt werden, Tropfer und Zuleitungsrohre bleiben sichtbar. Mit dem gleichen System werden Micro-Regner zur feinsprühenden Flächenbewässerung betrieben. Das System kann auch über Feuchtefühler im Boden gesteuert werden. Das economic-System läßt sich im Garten oder im Gewächshaus aufbauen. Der Tropf-Blumat, eigentlich für Balkonkästen gedacht, läßt sich auch im Gewächshaus einsetzen, z.B. bei der Jungpflanzenanzucht. Er wird entweder mit einem Druckreduzierer an den Wasserhahn angeschlossen oder über einen Hochbehälter gespeist. Ein Keramiksensor, der neben den Pflanzen in die Erde gesteckt wird, steuert die Wasserzufuhr. Das System BETA 8 wässert Gewächshaus und Gartenbeet. Die Tropfventile sind aus einem speziellen Holz, das sich je nach Feuchtigkeit ausdehnt oder zusammenzieht und so die Bewässerung steuert. Für größere Gärten eignet sich das System BETA 15. Ein *Gartenschlauch* sollte immer ein Gewebeschlauch sein, auch wenn er in der Anschaffung teurer ist: Bei durchsichtigen Plastikschläuchen, die einen Sommer lang im Freien liegen, setzt bald eine heftige Algenbildung ein, die Sprühdüsen und Schlauch total verstopfen kann. Die *Gießkanne* wird meist aus Kunststoff sein – eine verzinkte mit langem Hals wäre schöner, wenngleich schwerer.

Spezialgeräte

Die *Radhacke* ist ein traditionelles Gerät, das eine Zeitlang in Vergessenheit geraten war. Zu Unrecht: Mit ihr läßt sich sauber, rationell und genau arbeiten. Auch kräftesparend: Die Arbeit mit einer Radhacke ist bis zu 8mal leichter als die mit der Handhacke. Verschiedenartige Anbaugeräte – vom Pendelmesser, Gänsefußmesser und Kultivator bis zum Häufelpflug – ermöglichen die leichte Bearbeitung auch großer Flächen ohne Motorkraft. Ein *Kompostsieb* ist eigentlich nur für das Sieben von feinem Reifkompost nötig. Wer gar keine gröberen Teilchen auf den Beeten duldet, braucht daneben noch ein *Durchwurfsieb. Druckspritzen* gibt es für den biologischen Garten mit einer speziellen Siebeinrichtung und vergrößerten Sprühdüsen, damit die Brühen und Jauchen ohne

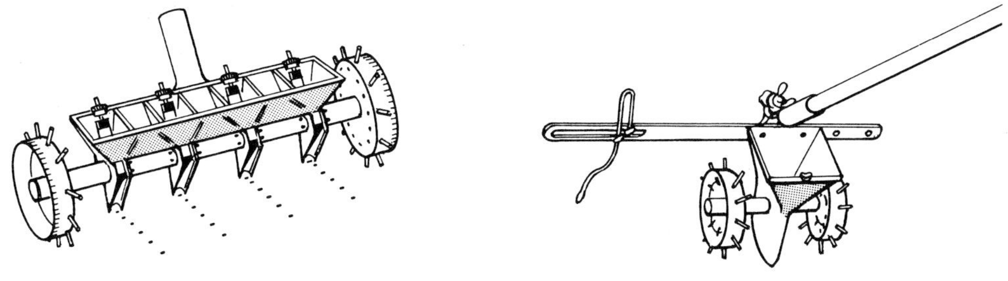

Eine mehrreihige Sämaschine ermöglicht präzise Saat in schnurgeraden Reihen. Die Maschine ist nicht billig und deshalb eher eine Anschaffung für den großen Garten (links). Eine einreihige Sämaschine ermöglicht ebenfalls eine präzise Aussaat. Sie kann je nach Samengröße verstellt werden (rechts).

ständiges Verstopfen gespritzt werden können. Ein *Zerstäuber* für Steinmehl ist besonders praktisch für Gewächshausbesitzer, er eignet sich jedoch auch für Freilandbeete. Eine Handpresse für *Erdpresslinge* ermöglicht die rasche Herstellung von torffreien Anzucht- und Pikiergefäßen aus reiner Erde, in denen die Erdpreßlinge ohne Wurzelirritationen später ausgepflanzt werden können. Es gibt diese Pressen für verschiedene Topfgrößen, mit und ohne Säloch in der Mitte des Erdpreßlings. Ein *Abflammgerät* in Einfachausführung mit Rückentrage erleichtert die Wildkräuterbekämpfung. Komfortablere Modelle reichen vom Handgerät mit Führungsrad bis zum Anbaumodell an den Geräteträger oder Schlepper.

Naturmaterialien statt Plastik

In den Prospekten des Gartenfachhandels gibt es viele komfortable Sachen, vom Staudenhalter über das Etiketten-Stecktäfelchen und den Bindedraht bis zum Blumenbast – alles aus Kunststoffen. Plastik läßt sich in vielen Fällen schlecht ersetzen. Wo es aber wirklich überflüssig ist, sollten wir doch auf Naturmaterialien zurückgreifen: *Bast,* der aus Pflanzenfasern besteht, *Schnur* aus Sisal, statt Staudenhalter ein Bambusrohr oder ein Rundholz, und *Stecketiketten* aus einem glatten Stück Holz oder einer gespaltenen Dachschindel. Diesen Vorschlag finden wir besonders schön: Keramiktäfelchen aus dem Hobbyladen zu benutzen, die sich abwischbar beschriften lassen.

Sonnenenergie zur Stromerzeugung

Ein ökologisch denkender Gartenbesitzer wird den Einsatz von Strom auf das Notwendigste beschränken. Solange die Energie der Sonne – von der täglich nur 1 Prozent auf der Erde tatsächlich von Pflanzen und Tieren verbraucht wird – nicht in großem Stil zur Stromerzeugung nutzbar gemacht werden kann, heißt es Energiesparen. Es gibt jetzt aber Geräte, mit denen sich der Gärtner die Arbeit erleichtern und Sonnenenergie im Garten nutzbar machen kann. Ein *Ladegerät,* das mit Solarzellen arbeitet, kann verbrauchte Batterien wieder aufladen. Achten Sie schon beim Kauf darauf, daß Sie wiederaufladbare Batterien bekommen, also Nickel-Cadmium-Akkumulatoren. Es gibt sie als Mignon-Akkus, Baby-Akkus oder Batterien vom Ausmaß einer Autobatterie. *Teichpumpen* können über Solarzellen angetrieben werden. So lange die Sonne scheint, sprudelt der Springbrunnen! Es gibt schon Modelle, die auch bei diesigem Wetter arbeiten. *Solarmodule* erzeugen Strom, der in Batterien gespeichert wird; sie lassen sich nach dem Baukastensystem erweitern – je nachdem, wieviel Leistung benötigt wird. Ob man zum Beispiel nur ab und zu beim Hacken Radio hören möchte oder ob die Kettensäge mit Sonnenstrom laufen soll. Mit kleinen *Sonnenkraftwerken* können auch solche Gartenhäuser mit Strom versorgt werden, die weitab von jedem gewöhnlichen Stromanschluß liegen: Von der Beleuchtung über den Fernsehapparat bis zum Kühlschrank wird alles mit Sonnenenergie gespeist. Wer Tiere im Garten hält, kann sogar den *Weidezaun* mit Sonne betreiben. Zum Betreiben von Wasserpumpen beispielsweise gibt es *Windkraftanlagen* als Bausätze oder fertig montiert. Sie benötigen aber in der Regel eine Baugenehmigung, sind also nicht überall zu installieren.

Gesundheitsschutz im Garten

Einige Gefahrenquellen

Biologisch arbeitende Gärtner gefährden ihre Gesundheit viel seltener als andere: Sie arbeiten nicht mit beißenden Düngemitteln, sie spritzen kein chemisch-synthetisches Gift. Dennoch gibt es auch im biologischen Garten ein paar Sicherheitsvorkehrungen, die jeder treffen sollte, damit er sich wirklich ungetrübt an seinem Garten freuen kann und die Gartenarbeit zum erholsamen Ausgleich in der Freizeit wird.

Leitern sind ein nicht versiegender Quell von Unfällen. Erstens, wenn sie nicht benutzt werden und der Gartenbesitzer statt dessen auf aufeinandergestapelten Obstkisten oder einem Haufen Ziegelsteinen herumturnt. Zweitens, wenn zwar eine Leiter benutzt wird, aber die falsche. Eine Haushaltsleiter mit einer Höhe von 1,10 Metern eignet sich halt nicht für die Kirschenernte an einem großen alten Baum. Drittens, wenn die Leiter falsch angestellt wird. Vermieden werden solche Unfallgefahren, indem eine standsichere Leiter gekauft wird, die nicht zu sehr durchfedert oder sich gar dauerhaft verformt; die auf ihren Sprossen eine rutschsichere Trittauflage hat, weder scharfe Ecken noch Kanten aufweist, und keine offenen Gelenke hat, die schwergängig werden können und die Verletzungsgefahr erhöhen.

Leitern sind eine stete Gefahrenquelle. Die Stehleitern für die Kirschenernte auf diesem Bild sind solide und stabil. Solche Qualitätsleitern werden leider nicht überall verwendet: Wackelige, ausgediente Modelle sind allzu häufig. Die Anschaffung einer TÜV-getesteten, sicheren Leiter lohnt sich in jedem Fall, damit lebensgefährliche Unfälle vermieden werden (links).

Eine Leiter muß gründlich kontrolliert werden, ob sie richtig angelegt ist, bevor sie bestiegen wird. Lederhandschuhe sind unbedingt notwendig bei groben Arbeiten wie dem Zerkleinern von Kompostmaterial, bei der Arbeit mit einer *Heckenschere* oder der *Kettensäge*, beim Umgang mit dem *motorbetriebenen Häcksler.* Hier muß außerdem auf jeden Fall eine Schutzbrille getragen werden, denn bei so manchem Modell schleudert der Häcksler Teile wieder oben heraus. Feste Schuhe beim *Rasenmähen* und beim Mähen der Wiese mit der *Sense* haben schon manchen bösen Unfall verhütet. Ein Mundschutz ist beim Umgang mit *staubigen Substanzen wie Kalk* sinnvoll. Nie ungelöschten, ätzenden Kalk nehmen, er verätzt auch die Atemwege. Schwere Gifte benützt der biologische Gärtner nicht. Aber *pflanzliche Gifte* müssen unbedingt vor Kindern gesichert aufbewahrt werden, desgleichen einige Zutaten zu biologischen Pflanzenschutzmitteln wie der *Brennspiritus* zum Beispiel.

Bandscheibenschonend arbeiten

Die richtige Technik beim Umgang mit Spaten und Schubkarren erspart so manchen Besuch beim Arzt. Beim Schubkarrenfahren werden die Arme gestreckt gehalten, der Gärtner geht in die Knie und hebt die Karre mit der Kraft seiner Beine hoch – nicht aus den Armen und dem Rücken! Auch gefahren wird so: die Beine tragen die Hauptlast. Beim Ausheben von Rasensoden oder Umsetzen eines Komposthaufens wird der Spaten nicht mit Armkraft in den Boden gestochen, sondern angesetzt, ein Fuß darauf gesetzt, so daß das Körpergewicht hilft, den Spaten in den Boden zu treiben. Der Rücken bleibt dabei ganz gerade, ebenso beim Ausheben der Grassode, wobei wiederum Beinkraft eingesetzt wird.

Goldene Regeln zur Sicherheit im Garten

Fünf »goldene Regeln« hat die Stiftung Warentest für die Arbeit im Garten ausgearbeitet, die leider – die Unfallstatistiken der Krankenkassen belegen es – viel zu wenig beachtet werden:

- *Alle Geräte sollten nur zu dem Zweck benützt werden, für den sie vorgesehen sind.* Wer zum Beispiel versucht, mit seinem Rasenmäher Holzabfälle zu zerhäckseln, läuft dabei Gefahr, seinen Rasenmäher zu ruinieren, und durch umherfliegende Holzstücke verletzt zu werden.
- *Alle Gärtner müssen mit ihren Geräten vorsichtig umgehen.* Nur wer sich ganz auf seine Arbeit konzentriert, kann Verletzungen vermeiden. Deshalb sollten auch kleinere Kinder im Garten ferngehalten werden, wenn mit gefährlichen Geräten gearbeitet wird.
- *Alle Geräte sollten nach dem Gebrauch aufgeräumt werden.* So läßt sich vermeiden, daß jemand auf die berühmte Harke tritt.
- *Alle Geräte sollten gepflegt werden.* Maschinen dürfen nicht schwergängig, Messerklingen nicht stumpf sein. Nur ordentlich gewartete Geräte ermöglichen leichtes und gefahrloses Arbeiten.
- *Reparaturen müssen fachgerecht ausgeführt werden.* Es genügt nicht, beim versehentlich zerschnittenen Elektrokabel die einzelnen Drähte miteinander zu verdrillen und mit Isolierband zu umwickeln, denn Elektrokabel im Garten sind im allgemeinen einer starken mechanischen Belastung ausgesetzt, kommen aber auch mit nassem Gras und dergleichen in Kontakt. Da kann eine schlechte Isolierung tödliche Folgen haben.

Holzschutz und Lackanstriche im Garten

Zu einer direkten Gefährdung des Gärtners kann es kommen, wenn er seinen Gartenzaun, die Tomatenpfähle oder die Gartenmöbel mit Holzschutzmitteln oder Lackfarben streicht. Viele der Produkte enthalten Stoffe, die gesundheitlich bedenklich sind, vor allem Lösemittel und Fluroide, die beim Streichen verdunsten und vom Gärtner eingeatmet werden. Bedenklich sind auch Stoffe, die nach dem Austrocknen durch behandeltes Holz abgegeben werden. Dazu zählt vor allem Pentachlorphenol (PCP), ein chlorierter Kohlenwasserstoff. Kopfschmerzen und Brechreiz, Übelkeit, Reizung der Atemwege und allergische Reaktionen können die Folge einer PCP-Anwendung sein.

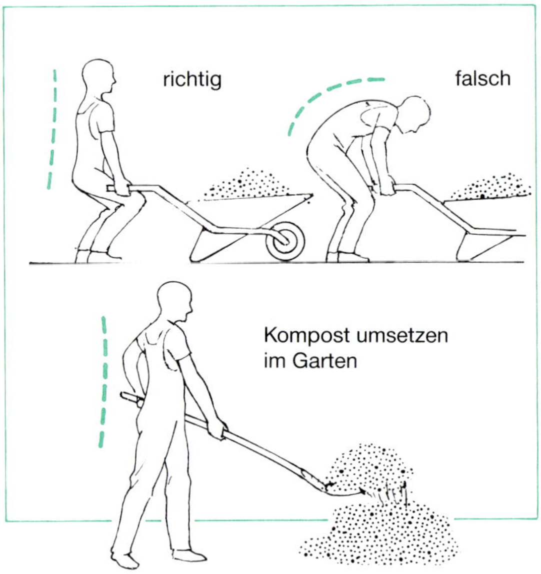

Mit den Beinen wird die Hauptarbeit geleistet, wenn der Schubkarren bewegt werden muß (oben links). Kreuzschmerzen sind die Folge, wenn der Gärtner statt dessen den Rücken krumm macht (oben rechts). Kompost ansetzen ohne Rückenschmerzen (unten): Der Rücken bleibt gerade, die Last wird aus den Knien heraus gestemmt.

Pflanzen vertragen frisch imprägnierte Hölzer übrigens ebenfalls schlecht: Sie reagieren mit Mikkerwachstum oder sterben ab.

Konstruktiver Holzschutz

Ziel des konstruktiven Holzschutzes ist es, Wasser entweder gar nicht erst an das Holz herankommen zu lassen, oder es besonders schnell wieder abzuführen. Das Umweltbundesamt empfiehlt für die Verarbeitung von Holz im Garten:

- Holz nicht in die Erde graben, sondern auf Stahlfüße in Betonfundamenten so aufzustellen, daß zwischen Erdoberfläche und Holz mindestens 5 cm Luftraum sind.
- Hirnholzfächen, die nach oben stehen, z. B. Zaunpfähle, müssen abgeschrägt werden, so daß auftreffendes Wasser ablaufen kann. Vorsicht mit aufgesetzten Kappen: Wenn sie nicht wirklich dicht sind, sammelt sich unter ihnen Feuchtigkeit und zerstört das Holz.
- Holzteile an Mauern, Wänden usw. nicht direkt anschließen, sondern nur mit Abstandshaltern, am besten aus Kunststoff, so daß das Holz belüftet wird und Wasser sich nicht ansammeln kann.
- Nägel und Schrauben von unten oder seitlich in das Holz führen; wenn Verschraubungen von

oben unumgänglich sind, die Schrauben und Nägel versenken und die Löcher mit Silikon-Dichtungsmasse verschließen.
Wenn das Holz in den Boden eingegraben werden muß – zum Bespiel bei Palisaden – können die Prinzipien des konstruktiven Holzschutzes nicht angewandt werden. Hier empfiehlt es sich, kesseldruckimprägniertes Holz zu verwenden. Es kann viele Jahre lang ohne jeden Schutzanstrich Wind und Wetter ausgesetzt werden. Kesseldruckimprägnierte Hölzer eignen sich auch gut für Zäune oder Bodenplatten.

Dekorativer Holzschutz ohne Gesundheitsgefährdung

Sollen Holzschutzmittel oder Lacke verwendet werden, so sind die folgenden Regeln des Umweltbundesamts zu beachten, damit nicht die Gesundheit des Gärtners und seiner Angehörigen beim Verarbeiten oder später durch ausdünstende Bestandteile der Mittel gefährdet wird.

- Keine Holzschutzmittel nach Vorschriften für tragende Konstruktionen einsetzen, wo es nicht nötig ist, da diese Produkte wegen der hohen Anforderungen der zugrundeliegenden Norm (DIN 68800) entsprechend hohe Umweltbelastungen verursachen. Der dadurch erreichte Schutz, insbesondere gegen Schädlinge, ist für den vorgesehenen Zweck absolut überflüssig. Auch solche bekannten Produkte wie zum Beispiel Carbolineum (Teeröldestillate), die unter anderem auch als Schutzanstrich für Jägerzäune angeboten werden, sind nicht nur stark hautreizend, sondern auch sonst keineswegs umweltfreundlich.
- Keine Dünnschichtlasuren anwenden (man erkennt sie an ihrer Dünnflüssigkeit), sie müssen zu oft erneuert werden. Dadurch wird mehr Chemie als notwendig während der Lebensdauer der Holzkonstruktion eingesetzt.
- Keine lösungsmittelhaltigen Klarlacke (oft als Luft-Bootslack oder Polyurethan-Siegel bezeichnet) einsetzen, da diese nach dem derzeit festgeschriebenen Stand der Technik zum Schutz von Holz, das der direkten Witterung ausgesetzt ist, nicht geeignet sind.

Eine Ausnahme hiervon bilden einige wenige Spezialprodukte, die allerdings nur als Hartholzschutz (z.B. für Eichenhölzer und tropische Harthölzer) geeignet sind. In einem Vierschichtaufbau bieten diese Produkte einen wirksamen Langzeitschutz, ohne biologisch wirkende Schadstoffe einsetzen zu müssen.

- Geeignet zum umwelt- und gesundheitsschonenden Langzeitholzschutz sind viele der in großer Zahl angebotenen Acryllacke mit dem blauen Umweltengel. Diese haben leider den einen Nachteil, daß sie lackähnlich wirken und damit die Struktur des natürlich gewachsenen Baustoffs Holz nicht mehr erkennen lassen. Ein Ausweg sind farblose Acryllacke.
- Für den dekorativen Schutz von Holz im Außenbereich sind unter den Gesichtspunkten der möglichst geringen Umwelt- und Gesundheitsbelastung, einem werkstoffgerechten Aussehen und unter wirtschaftlicher Betrachtung Dickschichtlasuren mit dem Blauen Umweltengel besonders zu empfehlen. Über Jahrzehnte bewährt haben sich norwegische bzw. skandinavische Produkte, die aufgrund ihrer speziellen Bindemittelkombination (auf Basis Acrylat und Alkydharzöl) mit weniger Giftstoffen mehr Schutzwirkung erreichen.

Vergiftungen durch Giftpflanzen

So manche sehr dekorative Pflanze, mancher Strauch, aber auch Gemüse im Garten können giftig sein. Gefährdet sind vor allem kleine Kinder, die gerne alles irgendwie eßbar Erscheinende in den Mund stecken.

- *Grüne Bohnen* sind giftig, wenn sie roh gegessen werden. Schon fünf Stück genügen, um ein Kleinkind in Lebensgefahr zu bringen. Grüne Bohnen müssen mindestens 15 Minuten gekocht werden, dann sind die gefährlichsten Substanzen zerstört.
- *Kartoffeln* sollten ebenfalls nicht roh gegessen werden.
- *Holunderbeeren* ergeben eine wunderbare Marmelade. Roh genossen, können sie zu schweren Durchfällen führen.
- *Maiglöckchen,* die Samen ausbilden, entwikkeln hübsche rote Beeren. Sie sind giftig.
- *Goldregen* mit seinen Schoten, die Erbsen ähnlich sehen, dürfen ebenfalls nicht gegessen werden.
- *Roßkastanien* sind giftig, wenn unreife Früchte oder grüne Samenschalen gekaut werden.
- *Besenginster* mit seinen Schoten, die Erbsen ähneln, ist ebenfalls giftig.

Vor dem Kauf eines Strauchs oder einer Staude sollten sich Eltern unbedingt erkundigen, ob die Pflanze ganz oder in Teilen giftig ist. Solange Kinder klein sind, muß im Garten auf solche Pflanzen verzichtet werden – auch wenn sie noch so dekorativ sind.

Der Nutzgarten

Die Anlage des Nutzgartens

Mit der Natur zu gärtnern, heißt keineswegs, ihr freien Lauf zu lassen. Die Ordnung des Gärtners, erprobt in einer langen Tradition vom Klostergarten über den herrschaftlichen Küchengarten bis hin zum Bauerngärtchen, hat ihren Sinn – auch im modernen, biologisch bearbeiteten Garten des 20. Jahrhunderts. Wege ermöglichen es, trockenen Fußes zu pflanzen und zu ernten; schnurgerade Saatlinien erleichtern das Hacken und Pflegen; ein sauberer Kompostplatz macht die Arbeit daran zur Freude. An vieles muß bei der Planung des Nutzgartens gedacht werden. Ein Garten ist ein Lebensraum, der von vielen Faktoren beeinflußt wird: Von Sonne, Wind, Hecken, Mauern, Bäumen, vorbeiführenden Straßen. Ein maßstabsgerechter Gartenplan hilft viele Fehler zu vermeiden und kann in den kommenden Jahren geändert, ergänzt, verbessert werden.

Das Kleinklima im Garten

Jeder Garten hat sein spezifisches Kleinklima. Wahre Künstler im Schaffen eines idealen Kleinklimas waren vor vielen Jahrhunderten Mönche, die ihre Klostergärten ganz bewußt unterschiedlich umfriedeten: Der wärmeliebende Kräutergarten lag zwischen schützenden, massiven, die Sonne reflektierenden Klostermauern; der Gemüsegarten bekam einen stabilen Zaun und der Obstgarten eine luftige Hecke als Einfassung. Im Kleinen kann der biologische Gärtner von heute diese Prinzipien nachahmen, seinen Pflanzen Licht, Wärme und günstige Wachstumsbedingungen verschaffen.

Bäume bremsen den austrocknenden warmen wie kalten Wind. Sie dürfen aber nur in den Norden des Gartens, denn nur dort nehmen sie kein Licht weg. Spalierbäume dagegen können eine natürliche, luftige Umfriedung des Gartens bilden. Ein stabiler Bretterzaun verrichtet den gleichen Dienst. Maschendrahtzäune sind nicht besonders schön und haben auch kaum positiven Einfluß auf das Kleinklima. Eine Himbeerhecke im Westen oder Norden schützt und liefert eine eßbare Ernte. Eine naturgemäß aufgebaute Mischhecke (vgl. »Biotope im Garten«) nimmt Stürmen die Spitze und bremst unerwünschte Winde – obwohl sie keineswegs so massiv erscheint wie Thujenmauern oder Fichtenwälle. Richtige Mauern, aus Stein oder Ziegeln gebaut, speichern Sonnenwärme und schaffen geschützte Räume. Trockenmauern (vgl. ebenfalls »Biotope im Garten«) bieten Schutz und Heimat für viele Nützlinge. Eine Mauer ist oft nicht gewünscht, in vielen Fällen aber nicht zu umgehen: An einer vielbefahrenen Straße, als Schutz gegen Lärm und Abgase. Ein Teich im Garten erhöht die Luftfeuchtigkeit in seiner Umgebung, speichert tags den Sonnenschein und gibt die Wärme nachts langsam wieder ab – er mildert Klimaschwankungen und wirkt als Sonnenreflektor. Große ausdauernde Kräuter- oder Blumenstauden grenzen kleine Räume ab, werfen wenig Schatten, bieten aber viel Schutz.

Schatten darf es im Nutzgarten so wenig wie möglich geben. Er braucht Licht, Wärme und vor allem Windschutz, sonst verweht der nahrhafte Kohlendioxid-Teppich aus Boden und Mulchdecke ungenutzt; sonst dörrt der Wind den Boden aus und kühlt Pflanzen ab bis zum Wachstumsstop.

Üppiges Gemüse, würzige Kräuter und farbenfrohe Blumen gedeihen im Nutzgarten friedlich nebeneinander. Gesund und schön sind die Pflanzen, wenn sie nach allen Regeln der biologischen Anbau-Kunst zueinandergepflanzt, liebevoll gehegt und gepflegt werden. Hecken und Bäume sorgen hier für das richtige Kleinklima (links).

Besonders sorgfältig muß ein Garten in Hanglage geplant werden. Kalte Luft kriecht den Hang herunter, sammelt sich im Tal und in jeder Mulde zu einem Kältesee. Obstbäume erfrieren viel leichter im Tal als am Hang – Gemüse wächst besser am Berg als in der Talsohle, wo es unter Kälteeinbrüchen leidet.

Beete oder nicht?

Wer nach dem Mischkulturen-Prinzip von Gertrud Franck gärtnert, braucht im Gemüseland selbst keine Beete: Die Spinat-Mulchreihen sind seine Trampelpfade. Wer Beete anlegt, macht sie 1,20 Meter breit und beliebig lang. Ist ein Hügelbeet geplant, muß es von Norden nach Süden verlaufen; soll ein Hochbeet gebaut werden, ist die Ost-West-Richtung unerläßlich. Ein kleines Freiland-Saatbeet ist wichtig, am besten umgeben von einem Schneckenzaun, um die empfindlichen Keimlinge zu schützen.

Wege im Garten

Die Hauptwege sollten immer befestigt werden. Dazu genügt es, Natursteine, Flußsteine, Ziegel (müssen Fröste aushalten können) oder Waschbetonplatten in ein Sandbett zu verlegen. Kieswege lassen sich mit Schubkarren nicht gut befahren, auch Wege mit Rindenmulch sind zu weich. Natursteine sind sehr schön im Garten. Industriell gefertigte Wegeelemente sollten asbestfrei sein. Wenn es Beton sein soll, so können auch U-Steine oder ähnliche Formen gewählt werden, die die Beete gleichzeitig mit einer erhöhten Kante einfassen. Das verhindert das Abschwemmen von Erde auf die Wege. Befestigte Wege müssen mindestens eine Breite von 30 Zentimetern haben. Auf den Hauptwegen muß auch der Kompostplatz bequem mit dem Schubkarren zu erreichen sein.
Zwischen den Beeten genügen Bretter, die immer dorthin gelegt werden, wo sie gerade als Tritthilfe gebraucht werden. Noch einfacher ist es, Wege festzutreten. Sie werden allerdings nach Regenfällen leicht zu einem kleinen Sumpf. Trampelpfade kann man auch mit etwas sauberem Stroh bedekken, das nach einiger Zeit verrottet. Oder mit Rindenmulch, das sieht hübsch aus.

Was sonst noch im Garten gebraucht wird

Der Standort des Kompostplatzes muß sorgfältig ausgesucht werden. Er darf auf keinen Fall in eine vollschattige, zugige Ecke und muß leicht zugänglich sein. Ist ein schwerer oder ortsfester Frühbeetkasten geplant, so muß er seinen nach Süden ausgerichteten, windgeschützten Platz bekommen. Auch ein Kleingewächshaus, das vielleicht erst in einigen Jahren angeschafft werden soll, kann jetzt schon im Gartenplan berücksichtigt werden: An diese Stelle kommen keine Dauerkulturen und keine schattenwerfenden Bäume. Wer im Herbst eine Miete aufbauen möchte, in der er seine Kartoffeln und das Wurzelgemüse frostfrei überwintern lassen kann, der muß sich lange vorher überlegen, wohin sie soll – damit nicht im Oktober auf diesem Platz der Winter-Feldsalat oder die Frühlingszwiebeln stehen. Desgleichen eine kleine gemauerte oder mit Brettern ausgekleidete Grube, ein Erdkeller, der wie die Miete vor allem in Hausnähe liegen muß. Er soll nicht in der prallen Sonne, besser an der Nordseite gelegen sein. Liegt der Nutzgarten sehr weit vom Haus entfernt, ist ein kleiner Schuppen oder ein Gerätehaus sinnvoll, in dem Gartenwerkzeuge, Kalk, Steinmehl und was sonst noch gebraucht wird, trocken aufbewahrt werden können.

Der Platzbedarf für Obst und Gemüse

Ein Garten macht Arbeit und braucht Zeit, besonders ein intensiv bewirtschafteter Nutzgarten. Das sollte bei der Planung ebenfalls bedacht werden. Je nach Intensität des Anbaus, nach Gemüsevielfalt und gärtnerischer Erfahrung kann pro Gartenjahr mit ein bis zwei Stunden Arbeitszeit pro Quadratmeter Beetfläche gerechnet werden. Von 100 Quadratmetern erntet ein Gärtner bis zu 300 Kilo Gemüse und Beerenobst. Von 200 Quadratmetern reiner Beetfläche, intensiv bewirtschaftet, kann eine vierköpfige Familie ihren Frühjahrs-, Sommer- und Herbstbedarf an Beerenobst und Gemüse decken. Für Lagergemüse und Kartoffeln wird die Fläche nicht ausreichen, Obstbäume brauchen einen gesonderten Platz.

Der Gemüse-Anbauplan

Während es draußen noch friert und schneit, wird der Anbauplan für das kommende Gartenjahr erstellt. Wenn die Ernte so früh wie möglich beginnt, wenn bis spät in den Herbst und noch im Winter fertiges Gemüse auf den Beeten bereit steht, wenn es keine Schwemme einzelner Obst- oder Gemüsearten gibt, die von der Küche nicht verarbeitet werden kann, dann ist der Bedarf der Familie richtig berechnet worden. Schwankungen gibt es immer – in einem Jahr geht ein Teil der Saat nicht auf, weil das Frühjahr naß und kalt ist, in einem anderen kann sich der Gärtner nicht so intensiv wie sonst um seinen Garten kümmern, im dritten wird die eine oder andere Sorte neu ausprobiert und liefert Rekorderträge. Für den Bedarf eines Haushalts oder einer Familie ist es jedenfalls immer besser, mehrere kleine Ernten einzuplanen als eine große.

Gemüse und Salate

Ackersalat

s. Feldsalat.

Artischocke

Diese prächtige Pflanze gedeiht nur an sonnigen, warmen Plätzen. Ausgesät wird unter Glas von Februar bis April, nach den Maifrösten werden die Jungpflanzen ins Freiland gesetzt. Das Delikateßgemüse braucht viel Platz: 80×80 Zentimeter. Die voll entwickelten Knospen werden kurz vor der Blüte von August bis Oktober geerntet. Gegessen werden die fleischigen Blattansätze und der delikate Artischockenboden. Pro Pflanze kann mit 4 bis 8 Blüten gerechnet werden. Artischokken brauchen einen gut mit Kompost versorgten Boden und sind für regelmäßige Jauchegüsse dankbar.

Aubergine (Eierfrucht)

Die Aubergine keimt bei 20 bis 25 Grad und wird von Februar bis März unter Glas vorgezogen. Pikiert wird in 9-Zentimeter-Töpfe. Ins Frühbeet oder Gewächshaus darf die wärmeliebende Aubergine Mitte bis Ende April. Sie gedeiht dort besonders gut. Ins Freiland darf sie nicht vor Ende Mai. Pflanzabstand: 40×40 Zentimeter. Die Pflanzen dürfen nur 3 bis 4 Triebe behalten, sonst reifen die Früchte nicht aus. Auberginen gehören zu den Mittelzehrern. Geerntet werden die violetten, glänzenden Früchte von August bis Oktober.

Balkontomaten

Kleinfrüchtige Tomaten, mit besonders süßem, fruchtigem Aroma, die auch in Töpfen und großen Balkonkästen gezogen werden können (s. Fleischtomate).

Blattmangold

Er wird im April an Ort und Stelle ausgesät, auf ein gut mit Kompost und organischem Dünger oder verrottetem Mist versorgtes Beet. Später auf 20 Zentimeter vereinzeln. Reihenabstand: 30 Zentimeter. Das Beet wird mit Schachtelhalmbrühe begossen, um Mehltauerkrankungen vorzubeugen. Beim Blattmangold werden regelmäßig die äußeren Blätter abgeschnitten und verwendet wie Spinat. Sie lassen sich auch blanchiert einfrieren. Die regelmäßige Ernte ist wichtig, sonst bekommen die Pflanzen Platznot.

Bleichsellerie (Stangensellerie)

Der Sellerie wird von Februar bis März am Fensterbrett oder im geheizten Gewächshaus oder warmen Mistbeet in Kistchen ausgesät. Der Samen ist sehr fein, die Jungpflänzchen empfindlich. Sie müssen ein- bis zweimal pikiert werden. Mitte bis Ende Mai auf 40 × 40 Zentimeter ins Freiland pflanzen, auf ein kräftig gedüngtes Beet: Sellerie ist ein Starkzehrer. Die Pflanzen werden ab August hoch mit Erde angehäufelt oder mit schwarzer Mulchfolie umwickelt, damit die Stiele bleichen. Geerntet wird von September bis Oktober.

Blumenkohl

Die ersten Blumenkohlpflanzen werden ab März unter Glas ausgesät, Folgesaaten kommen ins Freilandsaatbeet. April/Mai werden vorgezogene Pflanzen auf 50×50 Zentimeter auf ein gut gedüngtes, aber nie mit frischem Mist versehenes Beet gesetzt. Blumenkohl ist ein Starkzehrer, nimmt aber Jauchegüsse über Pflanzenteile übel: Er stinkt im Kochtopf. Die Jauche also nur rund um die Pflanze auf die Erde gießen. Früher Blumenkohl gedeiht auch gut im kalten Gewächshaus. Damit die Blumen weiß bleiben, werden die Deckblätter vorsichtig über dem Kopf zusammengebunden. Nie abknicken und nicht zu fest zubinden, sonst fault der Blumenkohl. Die neuen Blumenkohlsorten mit grünen Köpfen brauchen solche Sorgfalt nicht. Mit der Ernte nicht zu lange warten, sonst werden die Röschen locker.

Bohnen

s. Buschbohnen, Feuerbohnen, Stangenbohnen.

Brokkoli (Spargelkohl)

Brokkoli wird im April ins Freiland gesät und Ende Mai bis Juni auf 40 × 50 Zentimeter Abstand ausgepflanzt. Brokkoli ist ein Starkzehrer, der reiche Ernte bringt: Die blau-grünen Knospen werden mitsamt einem Stück Stiel von Juli bis in den Frühwinter regelmäßig abgeschnitten. Neue Knospen treiben aus den Blattachseln laufend nach. Ernten Sie regelmäßig, sonst fängt der Brokkoli an zu blühen und wird ungenießbar. Er läßt sich blanchiert einfrieren.

Buschbohnen

Ganz frühe Buschbohnen werden ab April unter Glas vorgezogen und reifen im Gewächshaus heran. Bei Freilandaussaat dürfen die kälteempfindlichen Buschbohnen nicht vor Anfang bis Mitte Mai in den Boden. Folgesaaten sind bis Juli möglich. Reihenabstand ist 30 Zentimeter, der Abstand in der Reihe 5 bis 7 Zentimeter. Buschbohnen werden aber meist in Horsten gelegt: Alle 30 Zentimeter in der Reihe 4 bis 6 Bohnen 2 bis 3 Zentimeter tief in einem kleinen Kreis in den Boden stecken. Die wachsgelben oder grünen Bohnen werden ab Juli laufend geerntet, so lange sie noch jung und zart sind. Wer laufend erntet, kann bis zu 1,8 Kilo pro Quadratmeter einheimsen. Buschbohnen zählen zu den Schwachzehrern und dürfen niemals auf ein frisch gedüngtes Beet. Wer etwas Bohnenkraut dazwischenpflanzt, hat das passende Gewürz immer gleich zur Hand und wehrt Läuse ab.

Buschtomaten

Die einzige Tomatensorte, die ohne Haltestäbe auskommt. Buschtomaten werden ab Ende Februar bis Ende März am Fensterbrett ausgesät und zweimal pikiert. Dabei wird die Pflanze jedesmal so tief wie möglich in die Erde gesetzt. So bildet sie am Stengel neue Wurzeln und kann noch mehr Nährstoffe aufnehmen. Mitte bis Ende Mai wird sie auf ein gut mit Kompost und Dünger – Starkzehrer! – vorbereitetes Beet gesetzt. Buschtomaten werden nicht aufgebunden und normalerweise auch nicht ausgegeizt. Nur wenn die Pflanze allzusehr in die Breite wuchert, statt Fruchtansätze zu bilden, können Geiztriebe entfernt werden. Buschtomaten bringen große Erträge. Damit die Früchte nicht faulen, empfiehlt sich Mulchen mit trockenem Stroh.

Butterkohl

Butterkohl ähnelt dem Wirsing, schmeckt aber mit seinen blasigen, gelbgrünen Blättern viel feiner. Er wird ab März ins Frühbeet gesät und auf 40 × 40 Zentimeter ausgepflanzt. Tief pflanzen, etwas anhäufeln. Butterkohl braucht viel Wasser und Nährstoffe und ist eines der ersten Kohlgemüse, die im Gartenjahr reifen.

Cardy

Cardy wird von März bis April am Fensterbrett in Töpfchen ausgesät oder ab Mai direkt ins Freie. Die dekorative, distelähnliche Pflanze braucht viele Nährstoffe und mindestens 100 × 100 Zentimeter Platz. Sie wird bis zu 2 Meter hoch und ist winterhart. Cardy wird ab August mit Mulchfolie umwickelt. Die gebleichten Stiele werden geschält, in Stücke geschnitten und gargedünstet.

Chicorée

Chicorée versorgt den Gärtner auch im Winter mit frischem, knackigem Salat. Er wird im Mai mit 30 Zentimeter Reihenabstand auf ein Mittelzehrer-Beet gesät und später in der Reihe auf 20 Zentimeter ausgedünnt. Mit stark verdünnter Jauche düngen. Ende Oktober werden die Wurzeln mit der Grabgabel vorsichtig angehoben, aber noch im Beet belassen. Erst nach einigen Tagen, wenn die Blätter sichtlich welken, werden die Wurzeln herausgeholt und das Blattwerk abgeschnitten. Das Herz darf nicht verletzt werden! Sie werden in Kisten oder Eimern (Abzugsloch für das Gießwasser nicht vergessen) aufrecht in feuchten Sand eingeschlagen und sehr kühl gestellt. Zum Treiben kommen sie in einen Kellerraum mit 10 bis 18 Grad Raumtemperatur. Die Eimer müssen mit dichter schwarzer Folie abgedeckt werden. Im dunklen Eimer wachsen die bekannten gelb-weißen Chicorée-Zapfen. Neu ist der Chicorée Secosa, der ohne Deckerde auskommt. Das gibt saubere Zapfen und ist bequemer einzuschlagen. Dunkelheit und die richtige Temperatur braucht auch dieser Chicorée: Sonst entwickelt er nur lockere Zapfen und bekommt Blattläuse.

Chinakohl

Chinakohl darf erst Mitte Juli bis Anfang August ins Freiland ausgesät werden. Wird früher gesät, schießt der Kohl leicht. Ende August werden die Jungpflanzen auf 30 × 30 Zentimeter vereinzelt. Chinakohl wächst gut als Nachkultur auf einem abgeernteten Beet, braucht aber eine ordentliche Portion Kompost und Jauche zur Nährstoffversorgung. Geerntet wird von Oktober bis November. Chinakohl hält Kältegrade bis zu minus 5 Grad aus. Wird er mit einem hohen Folientunnel überdacht, kann er lange im Freien bleiben. Pro

Tomaten, Lycopersicum esculentum, Solanaceae

Stangenbohne, Phaseolus vulgaris, Leguminosae

Zucchini, Curcurbita pepo, Cucurbitaceae

Kopfsalat (Lactuca sativa), Möhren (Dancus carota)

Gurke, Cucumis sativus, Curcurbitaceae

Chinakohl, Brassica pekinensis, Cruciferae

Quadratmeter können bis zu 18 Kilo Chinakohl geerntet werden. Da er sich auch im Keller, in Zeitungspapier eingeschlagen, noch lange hält, ist er ein guter Wintersalat und ein feines Gemüse.

Cocktailtomaten

s. Balkontomaten

Einlegegurken

Die kleinen Einlegegurken für Gewürzgurken und die dicken Schälgurken (für Senfgurken) werden Anfang bis Mitte Mai ins Freiland gesät. Das Beet der starkzehrenden Gurken wird schon im Herbst gut mit verrottetem Mist und Kompost versorgt. Gründüngung ist auch gut, reicht aber alleine zur Nährstoffversorgung nicht ganz aus. Im Frühjahr wird auf dem Gurkenbeet spatentief und -breit ein Graben ausgehoben, der mit Pferdemist, mit Schaf-, Ziegen- oder Hühnermist gefüllt wird. Er muß gut feucht sein. Darauf kommt der ausgehobene Mutterboden. Auf den Gurkenhügel werden jetzt alle 20 Zentimeter 2 bis 3 Kerne in den Boden gedrückt. Nur die kräftigsten Jungpflanzen dürfen später im 40-Zentimeter-Abstand stehenbleiben. Der Reihenabstand beträgt einen Meter – mit einer Gurkenreihe ist ein normales Beet also voll. Wenn sich das fünfte Blatt entwikkelt, werden die Spitzen der Jungpflanzen vorsichtig herausgekniffen, damit sich Seitentriebe mit vielen Früchten entwickeln können, und die Gurken angehäufelt. Gurken haben einen großen Wasserbedarf. Werden sie nicht rechtzeitig gegossen, bleiben sie klein und bitter. Mulchen hilft bei der Wasserversorgung, ebenso die Pflanzung auf schwarze Schlitz-Mulchfolie.

In Gegenden mit rauhem Klima werden Gurken am besten im Frühbeet oder Gewächshaus gezogen. Dafür gibt es spezielle Kastengurken. Zur Vorbeugung gegen Mehltau regelmäßig mit Schachtelhalmbrühe gießen. Sehr gut und weniger von Pilzkrankheiten bedroht wachsen Gurken auf einer Gitterunterlage. Dazu wird der Gurkenwall an der einen Längsseite des Beetes angelegt. Auf der gegenüberliegenden Seite werden Holzpflökke in den Boden getrieben, an denen ein weitmaschiger Maschendraht befestigt wird. Das andere Ende des Drahtstückes wird den angehäufelten, ausgekniffenen Jungpflanzen »zu Füßen gelegt«. Sie wachsen jetzt auf einer schrägen Ebene empor.

Eissalat

Er wird von Mai bis Anfang Juli ins Freiland ausgesät und auf 35 × 35 Zentimeter ausgepflanzt oder vereinzelt. Eissalat ist der hungrigste aller Salate und für einzelne Güsse mit Brennesseljauche auf den Boden um die Pflanze dankbar. Er ist der ideale Sommersalat, denn er schießt sehr spät, hält viel Hitze aus und liefert ergiebige, schwere Köpfe.

Endiviensalat

Sommerendivien werden wie Kopfsalat ab März ausgesät und weitergepflegt. Winterendivie wird erst ab Juni ausgesät und Ende Juli bis Anfang August an Ort und Stelle gepflanzt. Endivie ist ein Mittelzehrer, braucht aber Kompost und organischen Dünger, da er auf abgeerntete Beete kommt. Besonders zart ist der fein- und dichtgekrauste Frisee-Endivien. Andere Sorten bleichen sich selbst, denn die gelben Herzblätter sind zwar nicht so vitaminreich, aber besonders begehrt. Winterendivien halten sich, in Zeitungspapier gewickelt oder im Frühbeetkasten eingeschlagen, bis Weihnachten. An feuchten Herbsttagen können die letzten Köpfe im Freiland mit Steinmehl bestäubt werden, dann faulen sie nicht so leicht. Das empfiehlt sich auch beim Anbau im Gewächshaus.

Erbsen

Buscherbsen, Reiserbsen und Palerbsen werden ab März ausgesät, Zucker- und Markerbsen sind frostempfindlich und dürfen erst Mitte/Ende April in den Boden. In kalten Jahren lieber etwas länger warten, die Pflanzen holen den Wachstumsrückstand später leicht auf. Stecken Sie neben der Erbsenreihe vor dem Säen Reiser als Kletterhilfe in den Boden. Oder bauen Sie ein Gerüst aus Holzpflöcken und Maschendraht, an dem die Pflanzen später hochranken können. Auf der Sonnenseite werden die Körner mit 3 Zentimeter Abstand 5 Zentimeter tief in den Boden gelegt. Falls Tauben in der Nähe sind: glänzende Folienstreifen an den Maschendraht binden oder die Saat mit alten Säcken bedecken, bis sich der erste Keim zeigt. Notfalls müssen auch Vogelschutznetze verwendet werden. Erbsen brauchen als Schwachzehrer keine besondere Düngung. Wenn sie 10 Zentimeter hoch sind, werden die Pflanzen angehäufelt. Nach der Ernte im Herbst die Ranken über dem Boden abschneiden. Die Wurzeln mit den stickstoffsammelnden Knöllchen bleiben in der Erde.

Feldsalat

Er wird breitwürfig oder in Reihen mit 15 Zentimeter Abstand von August bis September ausgesät. Diese Nachkultur, die auf fast allen Beeten Platz hat, benötigt nur etwas Kompost als Beetvorbereitung. Der Samen braucht festen Bodenschluß und wird nach der Saat festgeklopft, mit dem Rechen oder einem Brettchen angedrückt. Herbstsorten können ab Anfang Oktober, winterharte im nächsten Frühjahr geerntet werden. Wird der Feldsalat im Freien mit Reisig abgedeckt oder gleich im Gewächshaus oder Frühbeet ausgesät, kann auch während des Winters abgeerntet werden. In der Abtei Fulda wurde der Feldsalat vor Jahren unter ausdauernden Stauden ausgesät. Einige Pflanzen gehen immer in Samen. So wird Feldsalat jedes Jahr ohne zusätzliche Arbeit geerntet.

Fenchel

s. Knollenfenchel

Feuerbohne

Sie ist eine rotblühende Stangenbohne, die auch in rauheren Gegenden gut gedeiht. Feuerbohne wird gerne als Sicht- und Windschutz gepflanzt. Die Bohnen müssen rechtzeitig geerntet werden, da sie sonst rauh und weniger wohlschmeckend werden. Kultur s. Stangenbohnen.

Fleischtomate

Sie wird ab Februar in Töpfchen am Fensterbrett vorgezogen und ab Ende Mai ausgepflanzt. Vorher zweimal pikieren, Pflanzen immer so tief wie möglich in den Boden setzen. Fleischtomaten sind Starkzehrer, brauchen ein gutgedüngtes Beet und wöchentliche Jauchegüsse. Pflanzabstand: 80 × 60 Zentimeter. Da Stabtomaten viele und schwere Früchte hervorbringen, empfiehlt es sich, zwei kräftige Holzpflöcke als Stützen zu benutzen. Die Pflanzen werden laufend daran festgebunden, die in den Blattachseln erscheinenden Geiztriebe mit zwei Fingern ausgekniffen. Ende September die obersten Blütenrispen abbrechen, sie reifen nicht mehr aus. Zur Vorbeugung gegen Pilzerkrankungen können Tomatenjungpflanzen mehrmals kräftig mit Magermilch besprüht werden. Schachtelhalmbrühe, auf Boden und Pflanzen gegossen, hilft ebenfalls vorbeugen. Wachsen die Tomaten im Gewächshaus, werden sie regelmäßig mit Steinmehl überstäubt – vor allem dann, wenn sich auf den Blättern Tröpfchen bilden. Unter Glas und Folie wachsen Tomaten grundsätzlich besser, denn sie brauchen viel Wärme. Ein einfaches Dach aus vier Holzpfosten und einem Stück stabiler Folie tut es zur Not auch. Es hält wenigstens allzuviel Sommerregen ab.

Frühkartoffeln

s. Kartoffeln

Gelbe Rüben (Karotten, Möhren)

Gelbe Rüben der verschiedensten Variationen – von den Babymöhren über die Frühkarotten bis zu den Lagersorten – sind Mittelzehrer und vertragen keinen frischen Mist. Kompost und tiefgründig gelockerter Boden sind für die Kultur wichtig. Tiefwurzelnde Gründüngungspflanzen sind deshalb eine ideale Vorfrucht. Holzasche und Steinmehl bekommen den Pflanzen besonders gut. Gelbe Rüben brauchen enorm lange zum Keimen – bis zu vier Wochen. Legen Sie als Markierungssaat deshalb alle 20 Zentimeter einen Radieschensamen oder einen Dillsamen in die Reihe, dann können die Kulturen rechtzeitig gehackt werden. Die Markiersaat nicht einfach mit dem Rübensamen vermischen! Der Abstand der Reihen beträgt 20 Zentimeter, die Pflänzchen werden nach dem Aufgehen auf 3 bis 5 Zentimeter, je nach späterer Rübengröße, vereinzelt. Frühe Möhrensorten können schon ab Februar, wenn es der Boden erlaubt, ausgesät werden. Üblich ist aber Ende März, April. Gelbe Rüben brauchen eine regelmäßige Wasserversorgung, sonst platzen die Wurzeln auf. Sollen Gelbe Rüben gelagert werden, dürfen die Wurzeln auf keinen Fall gewaschen werden. Man läßt sie etwas an der Luft trocknen und schlägt sie dann in Sand ein.

Grünkohl

Er ist weitgehend winterfest und braucht sogar den ersten Frost, damit er so richtig schmeckt. Er wird von Mai bis Juni ins Freilandbeet gesät und laufend, spätestens aber Anfang August, auf 40 × 50 Zentimeter Abstand ausgepflanzt. Kompost, gut verrotteten Mist oder organischen Dünger vor dem Pflanzen in die Beetoberfläche einarbeiten, nach dem Pflanzen etwas anhäufeln. Geerntet werden die Blätter von unten nach oben. Der Stamm bleibt stehen. War der Frost nicht allzu »bissig«, wachsen aus den Blattachseln im Frühjahr neue, delikate Sprosse.

Grünspargel

Er ist viel einfacher anzubauen als der weiße Spargel und durch seinen hohen Vitamin- und

Feldsalat, Valerianella locusta, Valerianaceae

Erbsen, Pisum sativum, Leguminosae

Paprika, Capsicum annuum, Solanaceae

Spinat, Spinacia oleracea, Chenopodiaceae

Grünkohl, Brassica oleracea var. acephala, C.

Schnitt-Mangold, Beta vulgaris, Chenopodiaceae

Rosenkohl, Brassica oleracea var. gemmifera, C.

Brokkoli, Brassica oleracea var. asparagoides, C.

Chinakohl, Brassica pekinensis, Cruciferae

Blumenkohl, Brassica oleracea var. botrytis, C.

Kohlrabi, Brassica oleracea var. gongylodes, C.

Weißkohl, Brassica oleracea var. capitata f. alba, C.

Mineralstoffgehalt auch gesünder. Grünspargel werden als Wurzelstöcke verkauft, die ab April gepflanzt werden. Dazu wird auf einem Beet ein 40 Zentimeter breiter Graben spatentief ausgehoben. Guter, ganz reifer, gesiebter Kompost wird hineingegeben – falls nicht genügend da ist, werden nur alle 40 Zentimeter Häufchen gemacht – und die Wurzelstöcke darauf ausgebreitet. Die ausgehobene Erde wird mit Kompost und etwas Kalk – Algenkalk ist besonders mild – vermischt und über die Wurzeln gehäuft. Reihenabstand: 1 Meter. Zwei Jahre Geduld braucht der Gärtner: gießen, hacken, mulchen, das Spargellaub im Spätherbst abschneiden. Ab dem dritten Jahr wird geerntet: Die grünen Stangen über dem Boden abschneiden, wenn sie 20 Zentimeter hoch sind. So eine Spargelanlage hält bis zu 15 Jahre.

Gurken

s. Einlegegurken, Schlangengurken

Karotten

s. Gelbe Rüben

Kartoffeln

Zarte Frühkartoffeln aus eigener Ernte – das ist ein wahrer Genuß. Die Saatkartoffeln werden je nach Witterung im Februar oder im März in ein Obstkistchen gelegt, das hell und luftig bei 10 °C aufgestellt wird, die Seite mit den meisten Augen nach oben. Anfang April werden auf dem Kartoffelbeet Furchen im Abstand von 50 Zentimeter gezogen und mit Reifkompost ausgefüttert. Darauf werden alle 40 Zentimeter die Saatkartoffeln gelegt, die vorgekeimten Augen nach oben. Mit etwas Steinmehl bestäuben und mit Erde überdecken. Die Kartoffeln dürfen nicht tiefer als 5 Zentimeter liegen. Sobald das Kraut durch die Erde wächst, wird angehäufelt, zweimal, so daß kleine Erdwälle entstehen. Sie werden gehackt, später gemulcht und mit Schachtelhalmtee zur Vorbeugung gegen Pilzerkrankungen gegossen. Geerntet wird, sobald das Laub abgestorben ist und sich die Haut nicht mehr von den Frühkartoffeln reiben läßt – je nach Sorte ab Mitte Juni. Lagerkartoffeln, mittelfrühe und späte Sorten, kommen bis spätestens Anfang Mai in den Boden und werden ebenso gepflegt. Geerntet wird, sobald das Laub abstirbt, vom Mittsommer bis Herbst. Wird der Reihenabstand auf 75 Zentimeter vergrößert, kann die Kartoffel in Mischkultur angebaut werden. Bedenken Sie bei der Planung aber, daß die Kartoffeln zweimal angehäufelt werden müssen, also reichlich Erde brauchen. Kohl, der ebenfalls angehäufelt wird, eignet sich gut. Frischen Mist verträgt die Kartoffel nicht – sie fault und ist kaum lagerfähig. Statt der Mulchdecke kann nach dem zweiten Häufeln auch Spinat auf die Kartoffelfurchen gesät werden, als lebende Bodenbedeckung. Wer keinen Platz im Garten hat, kann Kartoffeln auch in einem alten Faß ansäen oder in einer eigens gebauten Kartoffelkiste. Dazu wird der Boden mit nahrhafter Erde aufgefüllt, pro Quadratmeter 3 Knollen darauf plaziert und 5 Zentimeter hoch mit Erde bedeckt. Sobald das Kraut herausschaut, kommt wieder Erde darauf, dreimal insgesamt. Dann darf die Kartoffel in Ruhe weiterwachsen. Die Ernteerträge in solchen 60 Zentimeter hohen Fässern oder Kisten sind oft erstaunlich.

Kirschtomaten

s. Balkontomaten

Knoblauch

Knoblauch ist ein Mittelzehrer und wächst gut bei Versorgung mit Kompost und Holzasche. Die Knoblauchzwiebel wird zerteilt und alle 15 Zentimeter in den Boden gesteckt, etwa 5 Zentimeter tief. Das geht im Frühjahr, sobald der Boden offen ist. Im Herbst gesteckt, wird der Knoblauch zeitiger reif, braucht aber in rauhen Gegenden Winterschutz. Staunässe und kalte Böden verträgt der Knoblauch gar nicht. Da er sehr wärmebedürftig ist, wächst er auch gut im Gewächshaus. Er kann aber auch einfach dort gesteckt werden, wo Platz ist: Zwischen den Erdbeeren zum Beispiel. Geerntet wird ab Juli, wenn das Laub vergilbt ist.

Knollenfenchel

Fenchel, ein Mittelzehrer, wird ab Juni gesät. Frühere Aussaaten schießen. Das Beet wird vor der Aussaat mit Reifkompost versorgt. Nach Starkzehrern sollte der Fenchel nicht angebaut werden. Ausgesät wird mit einem Reihenabstand von 35 Zentimetern, die Pflanzen werden später auf 25 Zentimeter vereinzelt. Fenchel braucht Windschutz, Wärme, eine regelmäßige Wasserversorgung und muß leicht angehäufelt werden. Geerntet wird im Oktober, einzelne Knollen können aber bis November draußen bleiben – die ersten Nachtfröste schaden nicht.

Kohl

Kohlgemüse muß als Starkzehrer auf ein gut mit Kompost, verrottetem Mist oder organischem

Dünger und Steinmehl versorgtes Beet. Während des Wachstums müssen sie regelmäßig mit Brennnesseljauche als Kopfdüngung versorgt werden. Weißkohl, Rotkohl und Wirsing können ab Februar am Fensterbrett oder im Mistbeet ausgesät werden. Ab April können die gut abgehärteten Pflanzen ins Freiland. Späte Sorten werden zu dieser Zeit auf dem Freiland-Saatbeet ausgesät und im Mai/Juni ausgepflanzt. Alle Kopfkohlarten brauchen viel Platz: frühe Sorten 40 × 40, späte 60 × 50 Zentimeter. Die kleinen Kohlpflänzchen werden immer tief in den Boden gesetzt und später etwas angehäufelt. Verdünnte Brennesseljauche eine Woche nach dem Pflanzen tut ihnen gut. Die Beete vorbeugend mit Schachtelhalmtee übersprühen, gegen die gefürchtete Kohlhernie. Wegen dieser Pilzerkrankung darf Kohl niemals zwei Jahre hintereinander auf das gleiche Beet. Kopfkohlarten halten leichten Frost aus. In milden Gegenden können sie sogar überwintern: Aussaat August, Auspflanzen im Oktober oder März.

Kohlrabi

Die schnellwachsenden Kohlrabi liefern zeitig im Jahr frisches Gemüse und Rohkost. Es gibt blaue und grüne Sorten, solche für Früh- wie für Sommeranbau. Auf die richtige Sortenwahl achten, sonst werden die Kohlrabi leicht holzig! Das passiert auch, wenn sie nicht regelmäßig gewässert werden. Frühe Sorten wachsen gut unter Glas und Folie und werden auf 25 × 30 Zentimeter ausgepflanzt. Voranzucht am Fensterbrett ab Februar. Ab April wird ins Freiland gesät. Sommer-Kohlrabi brauchen mehr Platz: 30 × 40 Zentimeter. Kohlrabi darf nicht zu tief gepflanzt werden, sonst bildet er keine richtigen Knollen aus und entwickelt zu viel Blattmasse. Kohlrabi eignen sich auch gut als Randbepflanzung und Zwischenfrucht, denn sie brauchen nur wenige Wochen bis zur Ernte.

Kopfsalat

Kopfsalate in allen Variationen kann man fast das ganze Jahr über anbauen. Versuchen Sie auch Sorten mit roten oder rot gemusterten Blättern – das bringt Farbe in die Salatschüssel. Frühe Sorten wie Maikönig werden ab Februar am Fensterbrett vorgezogen und ab März ins Mistbeet oder ins temperierte Gewächshaus ausgepflanzt. Letzter Aussaattermin ist Juli, mit Auspflanzen im August. Wintersalat kann noch im September in Furchen ausgepflanzt werden. Mit Reisig als Frostschutz abdecken. Er wächst im Frühling weiter und gibt zeitig feste, schwere Köpfe. Vorgezogene Pflänzchen werden am besten mit Topfballen ausgesetzt, dann wachsen sie rasch und ohne Stocken weiter. Nicht zu tief setzen, sonst fault der Salat. Es macht nichts, wenn er anfangs wacklig auf dem Beet steht. Die Nährstoffansprüche des Kopfsalats sind als Mittelzehrer nicht besonders groß. Er kann auch ohne weiteres als Lückenbüßer während des ganzen Sommers an frei gewordene Stellen gepflanzt werden. Nur Sonne braucht er: Steht der Kopfsalat länger als einen halben Tag im Schatten, bildet er keine festen Köpfe aus. Am besten wächst er in der vollen Sonne.

Kresse

Kresse keimt so schnell wie kein anderes Gewächs im Garten und ist in wenigen Tagen schnittreif. Sie kann ausgesät werden, wo Platz ist, am besten in der Nähe von Radieschen, zur Verbesserung des Aromas. Aber Vorsicht: Wo Kresse gewachsen ist, sterben empfindliche Pflanzen danach ab. Deshalb sparsam säen und nur so viel, wie tatsächlich in Kürze gebraucht wird. Brunnenkresse wächst auch am Gartenteich und ist besonders aromatisch.

Kürbis

Er braucht Platz, Mengen an Nährstoffen und Wasser. Deshalb wird er meist nicht auf ein eigenes Beet gesetzt, sondern an den Rand einer Kompostmiete oder irgendwo außen im Gemüserevier, wo sich der Kürbis ausbreiten kann. Kürbis wird entweder Anfang Mai ausgesät oder ab April am Fensterbrett vorgezogen. Nicht zu früh – er wächst sehr rasch. Mitte bis Ende Mai wird ausgepflanzt. Die ersten Wochen den Kürbis laufend beobachten: Schnecken lieben ihn sehr und fressen gern die Blüten. Da hilft nur Absammeln oder ein kleiner Schneckenzaun, bis der Kürbis auch den überwuchert. Eine einzige Pflanze braucht bis zu 3 Quadratmeter Platz. Etwas bescheidener in seinen Ansprüchen ist der Ölkürbis mit seinen grün und gelb gestreiften Früchten. Er hat gutes Fleisch und ein bemerkenswertes Innenleben: Die Kerne des Ölkürbis sind die einzigen, die keine Schalen haben und direkt so gegessen werden können. Ausgepreßt ergeben sie das dunkelgrüne, intensiv nussig schmeckende Kürbiskernöl. Bei allen Kürbissen müssen die Früchte vor Nässe geschützt werden, damit sie nicht faulen. Unter die Früchte ein dickes Bündel Stroh, ein Holzbrett oder ein paar Ziegelsteine schieben. Geerntet wird, wenn die Kugeln beim Anklopfen hohl klingen, spätestens vor dem ersten Frost. Bei kühler Lagerung halten sie sich monatelang im Keller.

Lauch

Lauch wird ab Mitte März ins Frühbeet gesät oder ab April ins Freilandsaatbeet. Eine Folgesaat für den Herbst- und Winterbedarf kann von Mai bis Juni erfolgen, Pflanzung im August. Früher Lauch wird ab Mai entweder in 15 Zentimeter tiefe Furchen gepflanzt die je nach Pflanzenwachstum zu- und angehäufelt werden. Oder man setzt ihn in tiefe Löcher und häufelt später an. Das gibt allerdings nicht ganz so lange weiße Schäfte. Zu lange Wurzeln der Setzlinge werden vor dem Pflanzen mit dem Fingernagel abgezwickt und die Pflänzchen mit Wasser angegossen. Auch während des Wachstums ist der Nährstoffbedarf des Lauchs hoch: Er braucht ein gut mit Kompost, organischem Dünger oder verrottetem Mist versorgtes Beet und Kopfdüngung mit Brennesseljauche. Junge Lauchpflanzen, den dünnen Babylauch, kann man schon nach wenigen Wochen ernten. Die übrige Lauchernte geht vom Frühherbst bis zum nächsten Frühjahr, wenn winterharte Sorten gepflanzt werden.

Lauchzwiebel

Für frühesten Anbau unter Glas und Folie. Das Saatgut wird je nach Witterung schon ab Februar ausgesät und ergibt bis zu 50 Zentimeter hohe Pflanzen mit langem, weißem lauchähnlichem Schaft ohne zwiebelige Verdickung. Die Nährstoffansprüche der Lauchzwiebeln sind bescheidener als die der Zwiebel, die Pflegemaßnahmen dieselben.

Mairüben

Die Mairüben schmecken wie ein Mittelding zwischen Radieschen und Kohlrabi, können roh oder als Gemüse gegessen werden. Ausgesät wird von Februar bis Oktober unter Glas, von Ende März bis Anfang August im Freiland. Kultur wie Radieschen.

Mangold

s. Blattmangold

Markerbsen

s. Erbsen

Melde

Melde ist ein anspruchsloses Gemüse, das dem Ackerwildkraut Melde sehr ähnlich sieht, aber besser schmeckt. Mit der bescheidenen Melde kann man auch im Sommer spinatartige Gemüse kochen. Kultur wie Spinat.

Melonen

Sie reifen in unseren Breitengraden nur unter Glas und Folie aus. In rauhem Klima sind Anbauversuche wenig lohnend, außer das Gewächshaus ist beheizt. Melonenkerne werden ab April in Töpfchen auf dem Fensterbrett vorkultiviert und Ende Mai in ihr Beet gesetzt. Kultur und Nährstoffansprüche wie bei Gurken, nur der Wärmebedarf ist höher. Schwierigkeiten beim Unterglasanbau kann es mit der Bestäubung geben. Ein Melonenpollen ist nur kurze Zeit befruchtungsfähig. Bei zu großer Hitze trocknet er ein, bei zu hoher Luftfeuchtigkeit verklebt er. Bienen finden deshalb oft keinen Nektar, die Befruchtung findet nicht statt. Der Gärtner sollte also – am besten vormittags – mit einem sehr weichen Pinsel künstlich bestäuben.

Möhren

s. Gelbe Rüben

Neuseeländer Spinat

Ein anspruchsloses Blattgemüse, von dem 2 bis 3 Pflanzen reichen, um den Familienbedarf zu dekken. Sie werden ab März am Fensterbrett vorgezogen und Ende Mai auf 50 × 50 Zentimeter ausgepflanzt. Kompost deckt die Nährstoffansprüche. Geerntet werden laufend die jungen Triebspitzen und Blätter, die dicker und rauher sind als die vom Spinat.

Pak Choy (Chinesischer Senfkohl)

Er wird Juli bis Anfang August ausgesät, Ernte ist von September bis November. Es können die ganzen Köpfe geerntet werden oder nur jeweils die äußeren Blätter gepflückt – neue wachsen nach. Kultur wie Chinakohl.

Palerbsen

s. Erbsen

Paprika

Der wärmebedürftige Paprika wächst am besten im Gewächshaus, wo er gut zu Tomaten gepflanzt

Lauch (Porree), Allium porrum, Liliaceae

Fenchel, Foeniculum vulgare, Umbelliferae

Zwiebel, Allium cepa, Liliaceae

Knoblauch, Allium sativum, Liliaceae

Gesunde Genüsse aus dem eigenen Garten: Biologisch gezogene Gemüsepflanzen sind besonders wertvoll.

Rote Rübe, Beta vulgaris var. esculenta, Ch.

werden kann. Seine Nährstoff- und Wärmeansprüche sind dieselben, und er wird ebenso vorgezogen und kultiviert. Paprikapflanzen an einen kurzen Stab anbinden, damit sie nicht von der Last ihrer Früchte umgedrückt werden. Nur mit dem Keimen kann es beim Paprika Schwierigkeiten geben: Das Saatgut braucht 22 bis 25 Grad als Keimtemperatur. Schneller geht der Keimvorgang, wenn Paprikasamen vor der Aussaat über Nacht in zimmerwarmem Wasser badet.

Pflücksalat

Er wird kultiviert wie Kopfsalat, nur anders geerntet: Die äußeren Blätter von unten nach oben laufend abpflücken, das Herz bleibt stehen. So liefert der Pflücksalat lange Nachschub von einer einzigen Pflanze.

Porree

s. Lauch

Portulak

Dieser Wintersalat ähnelt dem Feldsalat und wird ebenso kultiviert. Wenn die kleinen weißen Blüten erscheinen, können sie mitgegessen werden.

Prunkbohnen

s. Feuerbohnen

Puffbohne

Sie heißt auch Ackerbohne, Saubohne oder Dicke Bohne und ist ein anspruchsloser Lieferant von pflanzlichem Eiweiß. Sie muß so früh wie möglich, Februar/März, in den Boden. Reihenabstand 40, Abstand in der Reihe 20 Zentimeter tief gesteckt und später die kräftigste Bohne stehengelassen. Die jungen Pflanzen anhäufeln und gut gießen. Geerntet wird, wenn die weißen Bohnenkerne, die ohne Schote gegessen werden, noch zart und schmackhaft sind.

Radicchio

Dieser dekorative Freilandsalat mit seinen festen roten Köpfen bringt Farbe auf den winterlichen Salatteller. Ausgesät wird schon von Mitte Mai bis Mitte Juni, Reihenabstand 25 Zentimeter. Nach dem Auflaufen werden die Pflänzchen auf 20 Zentimeter vereinzelt. Gedüngt und gepflegt wird der Radicchio bis zum Herbst wie Kopfsalat. Dann werden die Blätter bis auf 5 Zentimeter abgeschnitten. Das Herz muß unverletzt bleiben. Erst danach bildet der Salat die charakteristischen kleinen, festen roten Köpfe; einige Sorten schon im Herbst, andere später. Mit Reisig abdecken, dann kann auch bei Schnee geerntet werden.

Radieschen

Die runden und länglichen Radieschen gehören zu den frühesten Gemüsen. Ganz frühe Treibsorten kommen ab Februar ins Mistbeet, Frühjahrs- und Sommersorten dürfen ab April ins Freiland. Sie müssen 5 Zentimeter auseinanderstehen. Nicht zu eng säen, sonst bilden sie keine runden Knollen aus. Die Wasserversorgung ist wichtig, sonst werden Radieschen holzig und scharf. Sie sind nach 5 bis 8 Wochen erntereif.

Rapunzel

s. Feldsalat

Rettich

Er wird kultiviert wie Radieschen, hat aber als Mittelzehrer etwas höhere Nährstoffansprüche. Pflanzweite je nach Sorte 10 bis 25 Zentimeter. Eine Besonderheit sind die schwarzen Winterrettiche, die Juni und Juli ausgesät werden. Sie halten sich im Sandeinschlag den ganzen Winter frisch. Rettiche brauchen immer tiefgründigen, humosen Boden. Wachsen sie schief, krumm oder notorisch zweibeinig, braucht der Boden noch einige Zeit biologischer Pflege, bis er wirklich in hervorragendem Zustand ist.

Rosenkohl

Rosenkohl wird ab Anfang Mai ins Freilandsaatbeet gesät und wird bis spätestens Mitte Juni ausgepflanzt auf 50 × 50 Zentimeter. Der Pflanztermin ist wichtig: Zu früh gepflanzt, bildet der Kohl lockere Röschen, die leicht faulen, aber zu spät gesetzt bildet er keine Röschen aus. Gepflegt wird der Rosenkohl wie die anderen großen Krautsorten (s. Kohl). Nur braucht er nicht ganz so viele Nährstoffe. Eine Überdüngung ergibt Rosenkohl mit lockeren Röschen. Wenn die Röschen bis September noch nicht ausgebildet sind, werden die Pflanzen entspitzt. Mitte September wird dazu der Vegetationspunkt, also die Spitzenknospe ausgebrochen. Seitenblätter dranlassen! In sehr rauhen Gegenden ist es besser, den Rosenkohl im Frühbeet einzuschlagen. Normalerweise ist er winterhart und kann während des ganzen Winters geerntet werden.

Rote Rüben (Rote Bete)

Rote Rüben haben nur bescheidene Ansprüche: Sie wachsen auch, wenn Boden- und Klimaverhältnisse einmal nicht optimal sind, und gedeihen sogar im Halbschatten. Gesät wird nicht vor April, direkt an Ort und Stelle oder ins Saatbeet zur späteren Pflanzung. Reihenabstand 25 Zentimeter, Abstand in der Reihe 10 Zentimeter. Rüben zum Einlagern für den Winter werden Mitte bis Ende Juni ausgesät. Rote Rüben sind Mittelzehrer und für eine Kopfdüngung mit Beinwellbrühe dankbar.

Rotkohl

s. Kohl

Römischer Salat (Bindesalat)

Er braucht mit einer Standweite von 35 × 35 Zentimeter mehr Platz als der Kopfsalat, wird im übrigen wie Kopfsalat kultiviert. Römischer Salat kann Köpfe bis zu einem Gewicht von 1 Kilo hervorbringen und ist besonders schoßfest.

Schlangengurken

Es gibt Sorten für den Freilandanbau, die aber nur in Gegenden mit Weinbauklima oder in sehr warmen Sommern wirklich befriedigende Erträge versprechen. Empfehlenswerter ist daher der Anbau im Kleingewächshaus. Dort darf bereits Anfang bis Mitte Mai gepflanzt werden, und zwar mit derselben Bodenvorbereitung wie bei den Einlegegurken (siehe dort). Schlangengurken sollen im Gewächshaus in die Höhe ranken können. Gurken können an rauhen Schnüren hochgeleitet werden, in Foliengewächshäusern ist das manchmal schwierig. Dort kann ein Stück Baustahlmatte, mit Holzpflöcken gestützt, als Klettergerüst angeboten werden. Jede Gurke wird so zeitig wie möglich geerntet – desto größer ist der Gesamtertrag.

Schnittsalat

Ein sehr zarter Salat, der rasch wächst und besonders für den Frühjahrsanbau geeignet ist. Schnittsalat wird in Reihen gesät mit 25 Zentimetern Reihenabstand. Er bildet keine Köpfe, sondern wird einfach abgeschnitten, wenn die Blätter groß genug sind. Werden immer nur die äußersten Blätter geerntet, kann eine Pflanze lange Salat liefern. Er kann auch als Lückenbüßer während des Sommers an freigewordene Stellen gesät werden. Pflege und Kultur s. Kopfsalat.

Schwarzwurzeln

Je lockerer und besser der Boden, desto schöner wachsen Schwarzwurzeln – bis zu 30 Zentimeter lang. Sie werden bereits Anfang März mit 30 Zentimeter Reihenabstand gesät. Nach dem Aufgehen wird auf 4 bis 6 Zentimeter vereinzelt. Falls sich Blütenstengel bilden, müssen sie sofort abgeschnitten werden. Oktober/November beginnen die Blätter abzusterben. Jetzt kann geerntet werden: Neben der Schwarzwurzelreihe mit der Grabgabel einen Graben ausheben und die Wurzeln vorsichtig seitlich herauslösen. Abgebrochene Wurzeln können auch eingelagert werden. Für den Winter müssen frisch geerntete Schwarzwurzeln sofort in Sand eingeschlagen werden. Das feine Gemüse ist winterhart und kann auch bei offenem Boden während der kalten Jahreszeit frisch geerntet werden. Etwas anfällig sind Schwarzwurzeln gegen Pilzkrankheiten wie Rost und Mehltau. Vorbeugend den Boden mit Schachtelhalmbrühe gießen, die Pflanzen mit Schachtelhalmtee übersprühen. Das ist besonders bei der zweiten Anbauart wichtig, wenn Schwarzwurzeln während des Spätsommers ausgesät werden, als junge Pflanzen überwintern und im nächsten Jahr eine zeitige Ernte abgeben.

Sellerie

Knollensellerie wird Mitte bis Ende März unter Glas vorgezogen. Die Keimlinge haben einen hohen Wärmebedarf. Ausgepflanzt werden die kräftigen, einmal pikierten Jungpflanzen Ende Mai, Anfang Juni mit einem Pflanzabstand von 40 × 40 Zentimeter. Sellerie ist ein Starkzehrer, braucht ein gutgedüngtes, bereits im Herbst mit Kompost, verrottetem Stallmist oder organischem Dünger gut versorgtes Beet, Ende Juni und Anfang August eine Kopfdüngung mit Brennesseljauche. Die Pflanzen müssen hoch gepflanzt werden. Sie dürfen ruhig wackelig stehen. Wird Sellerie zu tief gesetzt, bildet er keine Knollen. Schachtelhalmtee als Vorbeugung gegen Pilzkrankheiten empfiehlt sich, außerdem Mischkultur mit Lauch zur Abwehr der Möhrenfliege. Im Herbst wird geerntet, aber nicht zu zeitig, denn im Oktober legen die gut lagerfähigen Knollen noch einmal kräftig zu.

Spinat

Er wird von März bis Mai oder von August bis Oktober ausgesät. Reihenabstand 20 Zentimeter, nicht zu dicht säen, sonst wächst die Mehltau-Gefahr. Vor der Saat wird die Saatrille mit einem Brett angedrückt, damit die Samenkörner guten Bodenschluß haben. Nach der Saat die Reihen gut mit dem Rechen oder einem Brett andrücken. Geerntet wird so früh wie möglich. Wenn immer nur die äußeren Blätter genommen werden, ist eine zweimalige Ernte möglich. Wenn der Spinat schießt, ist er bitter und ungenießbar. Bei der Saatgutauswahl besonders auf mehltauresistente Sorten achten. Die Spinatwurzeln mit ihrem hohen Gehalt an Saponinen verbessern den Boden und sollten nach der Ernte in der Erde bleiben.

Stabtomaten

s. Fleischtomaten

Stangenbohnen

Stangenbohnen werden erst gesät, wenn sich der Boden im Frühjahr gut erwärmt hat. Mitte bis Ende Mai werden Bohnenstangen aus Holz oder Welldraht mit einem Abstand von 100 × 50 Zentimeter senkrecht in den Boden gesteckt. In windigen Gegenden empfiehlt es sich, die Bohnenstangen kreuzweise aufzustellen und oben durch eine quergelegte Stange zu stabilisieren. Auch der Anbau in Zeltform – wie ein Indianerwigwam – ist möglich und besonders für Kinder-Beete schön. Rund um die Stangen werden 6 bis 8 Körner 3 Zentimeter tief in den Boden gelegt. Kompost, Holzasche und Knochenmehl reichen zur Versorgung der Stangenbohnen. Laufende Ernten bis zum Frostbeginn sind möglich, wenn Mitte Mai bis Ende Juni noch eine Folgesaat vorgenommen wird. Stangenbohnen halten sich normalerweise selbst an den Stangen fest. In windigen Lagen empfiehlt es sich aber, die Pflanzen mit Bast zu fixieren.

Stangensellerie

s. Bleichsellerie

Stielmangold

s. Mangold

Tomaten

Es werden runde rote, gelbfrüchtige, Saft-, Busch-, Balkon-, Kirsch- und Cocktailtomaten angeboten. Kultur s. Fleischtomaten.

Topinambur (Erd-Artischocke)

Eine anspruchslose Knollenfrucht aus der Familie der Sonnenblumen. Sie eignet sich auch als Zaun- und Windschutzpflanzung. Wählen Sie ein Beet, auf dem Topinambur lange stehenbleiben kann – er ist nur schwer wieder aus dem Boden zu entfernen. Im Frühjahr werden die Knollen 20 Zentimeter tief mit 1 Meter Abstand in den Boden gelegt. Die Pflanzen wachsen 2 bis 3 Meter hoch und bilden in warmen Sommern gelbe Blüten aus. Geerntet werden die Knollen im Oktober/November und während des ganzen Winters, so lange der Boden offen ist. Topinambur ist frosthart, läßt sich aber nicht lange lagern. Ernten Sie alle Knollen, die Sie finden können – der Topinambur wird im nächsten Frühjahr dennoch wieder austreiben. Bleiben die Knollen im Boden, werden die Pflanzen jährlich mehr, aber dünn und schwächlich.

Wassermelonen

s. Melonen

Weißkraut

s. Kohl

Winterheckenzwiebel

Die Winterheckenzwiebel ist mehrjährig und frosthart und bildet kleine, ziemlich harte Luftzwiebelchen aus. Die Winterheckenzwiebel liefert im Frühjahr mit ihren Zwiebelröhren das früheste Zwiebelgewürz. Vermehrt wird sie durch Stockteilung älterer Pflanzen. Sie kann auch im August gesät und später in Büscheln ausgepflanzt werden.

Winterzwiebeln

Sie werden bereits Ende August bis Anfang September an Ort und Stelle ausgesät. Reihenabstand 25 Zentimeter, auf 3 Zentimeter in der Reihe vereinzeln. Vor dem Überwintern werden alle Wildkräuter entfernt. Winterzwiebeln ergeben sehr frühe Ernten im Mai und Juni.

Bunte, duftende Vielfalt im Kräutergarten: Lauch und Zitronenmelisse, Borretsch und Salbei, Estragon und Dill, Petersilie und Oregano wachsen einträchtig nebeneinander in dem kleinen Küchenkräuterbeet. Heilkräuter wie Malve und Ringelblume ergänzen das duftende Sortiment.

Zucchini

Sie werden kultiviert wie Kürbis (siehe dort) und brauchen in manchen Gegenden vor allem Schutz vor Schnecken. Die Früchte sollten geerntet werden, solange sie noch klein und zart sind – so schmecken sie am besten. Die Pflanze bildet dann fortlaufend bis zum Frost wieder neue Früchte.

Zuckererbsen

Sie sind die einzige Erbsenart, die mit der Schote geerntet und gegessen wird. Siehe Erbsen.

Zuckerhut

Er wird Mitte bis Ende Juni gesät und auf 35 × 40 Zentimeter ausgepflanzt beziehungsweise verzogen. Direktsaat empfiehlt sich eher, die Pfahlwurzel wächst nur schlecht an. Kultur und Pflege wie Kopfsalat. Zuckerhut kann lange auf dem Beet bleiben, denn er verträgt Frost bis −7 Grad. Mitte November wird er mitsamt dem Wurzelballen ausgestochen und kann in einem kühlen, frostfreien Raum, kopfüber aufgehängt, monatelang aufbewahrt werden.

Zuckermais

Er läßt sich auch als Windschutzbepflanzung und als Sichtschutz verwenden. Nicht zu wenige Pflanzen setzen, sonst klappt die Bestäubung nicht. Zuckermais ist ein Starkzehrer. Anfang Mai wird er in Töpfen vorgezogen und Ende Mai mit einem Reihenabstand von 80 Zentimetern und 40 Zentimetern in der Reihe ausgepflanzt. Es sollten wegen der Bestäubung immer mindestens zwei Reihen gepflanzt werden. Anfang August sind die ersten Kolben erntereif. Wird direkt auf das Beet gesät, ist die Ernte drei Wochen später.

Zuckermelonen

s. Melonen

Zwiebeln

Steckzwiebeln sind bequem zu handhaben, für Lagerzwiebeln empfiehlt sich eher die Zwiebelsaat. Steckzwiebeln werden im April mit 10 Zentimeter Abstand und einem Reihenabstand von 25 Zentimetern in den Boden gesteckt, und zwar so hoch, daß knapp ein Drittel der Zwiebel noch aus dem Boden herausschaut. Die Reihe öfter kontrollieren: Sind die Steckzwiebeln am nächsten Morgen aus der Erde herausgeworfen, dann waren die Regenwürmer am Werk: Sie sind ganz wild auf die trockenen Zwiebelschalen. Den Steckzwiebeln selbst tun sie nichts. Ausgesät wird ab Mitte März. Die Pflänzchen später vereinzeln. Zwiebeln sind Mittelzehrer und vertragen keinen frischen Mist. Geerntet wird, wenn das Laub vergilbt. Die Zwiebeln werden aus dem Boden geholt und dürfen bei trockenem Wetter noch einige Tage auf dem Beet liegenbleiben. Sicherer trocknen sie auf einem luftigen Gestell. Siehe auch Winterheckenzwiebel, Winterzwiebel.

Der Kräutergarten

Ein kleines Beet mit heimischen Gewürzkräutern, ein paar Heilkräuter in einem eigenen Kräutergarten oder bunt zwischen das Gemüse und die Blumen gepflanzt, dürfen in keinem biologischen Garten fehlen. Zum Essen, für Tees und Salben, als Zusatz für die Jauchetonne sind Kräuter unentbehrlich. Unverzichtbar sind sie auch für die Vielfalt des Lebens im Garten: Falter, Bienen, unzählige Insekten finden hier Nahrung, eine Brutstätte, ihr Jagdgebiet. Kräuter kann man aus Samen anziehen. Das ist allerdings nicht bei jeder Pflanze einfach. Wer sichergehen möchte, kauft empfindliche Würz- und Heilkräuter als Jungpflanzen. Die meisten Kräuter stellen keine besonderen Ansprüche an die Düngung: Sie gehören zu den Schwachzehrern. Schwieriger zu befriedigen sind schon ihre Bedürfnisse, was Sonne, Licht, Feuchtigkeit und Bodenbeschaffenheit angeht. Das liegt daran, daß ein Teil unserer Kräuter seine Heimat im Mittelmeerraum hat und ein anderer Teil aus Nordeuropa stammt. Ein Kräutergarten muß deshalb unterschiedlich abgegrenzte Lebensräume bieten: ein Beet für Kräuter, die auf gutem Gartenboden wachsen; eins für solche, die ein sandig-durchlässiges Substrat bevorzugen; ein sonniges Fleckchen mit nahrhaftem Boden für die hungrigeren Kräuter; und ein Beet mit feuchtem Untergrund für die, die am besten am Wasser gedeihen. Wege nur festzutreten, empfiehlt sich nicht. Steinplatten, im Sandbett verlegt, trennen die unterschiedlichen Lebensbereiche besser voneinander und speichern überdies Sonnenenergie für die besonders wärmeliebenden Kräuter.

Die Kräuterspirale

Eine interessante Methode, jedem Kräutlein auf engstem Raum seine spezifischen Standort-Ansprüche zu erfüllen, hat Bill Mollison (vgl. »Spe-

zialmethoden – Permakultur«) entwickelt: Eine spiralförmig aufgebaute Trockenmauer, verfüllt mit unterschiedlich zusammengesetzten Substraten.
Benötigt wird ein sonniger Platz, am besten in der Nähe des Hauses und der Küchentür, mit einem Durchmesser von zwei bis drei Meter. Er wird abgesteckt und die Erde spatentief ausgehoben. Mit Natursteinen wird ohne Mörtel eine spiralförmige Trockenmauer aufgesetzt, die innen, an ihrem höchsten Punkt, etwa 80 Zentimeter hoch ist und nach außen, an der Südostseite, auf Bodenniveau abflacht. Am flachen Ende der Kräuterspirale wird eine Grube ausgehoben, die mit Teichfolie ausgekleidet wird. Die Ränder der Folie müssen flach nach außen gelegt werden. Dadurch zieht der umgebende Boden Feuchtigkeit aus dem kleinen Teich. Jetzt werden aus Sand, Kies, Reifkompost und der ausgehobenen Gartenerde verschiedene Substrate gemischt:

- Sand und Kies mit sehr wenig Gartenerde wird am Gipfel der Spirale eingefüllt. Es entsteht ein sonniger, trockener und nährstoffarmer Standort, auf dem zum Beispiel Rosmarin, Thymian, Oregano, Lavendel und Wermut gedeihen.
- Ein Stück weiter abwärts kommt zum Sand und wenig Kies etwas mehr Muttererde. Hier wachsen Weinraute und Salbei.
- Das dritte Substrat besteht aus gleichen Teilen Sand, Gartenerde und Reifkompost. Gepflanzt werden Basilikum, Majoran, Koriander, Pimpinelle, Estragon, Ysop, Zitronenmelisse.
- Der vierte Abschnitt der Kräuterspirale ist der nährstoffreichste, verfüllt mit Gartenerde, der reichlich Reifkompost beigegeben wird, und einer kleinen Beimengung von Sand. Petersilie, Schnittlauch, Kerbel und Liebstöckel finden hier die optimalen Standortbedingungen.
- Am Ende der Spirale, in dem feuchten Einzugsgebiet des kleinen Teiches, wachsen Pfefferminze, Poleiminze, Apfelminze auf nahrhaftem Gartenboden mit Reifkompost.

Pflanzen Sie zuerst die mehrjährigen Kräuter. Da einige von ihnen sehr groß werden können – Zitronenmelisse und Liebstöckel zum Beispiel –, müssen sie unter Umständen alle ein oder zwei Jahre geteilt werden. Ergänzen kann man die Bepflanzung mit den einjährigen Kräutern – je nach Geschmack und Bedarf – in der Küche. Die Mühe, eine solche Kräuterspirale aufzubauen, wird belohnt mit besonders würzigen und aromatischen Kräutern. Außerdem ist mit der Spirale im Garten ein kleines Biotop entstanden, Lebensraum für Eidechsen, Kröten, Spinnen und viele nützliche Tiere.

Heil- und Würzkräuter für den Garten

Basilikum

Basilikum ist einjährig und sehr frostempfindlich. Es wird am Fensterbrett vorgezogen, büschelweise in kleine Töpfe pikiert und Ende Mai mit 20 Zentimeter Reihenabstand ins Freiland ausgepflanzt. Soll an Ort und Stelle gesät werden, darf dies nicht vor Mitte Mai geschehen. Basilikum ist ein Lichtkeimer, darf also nach der Saat nur angedrückt oder hauchfein mit Erde übersiebt werden. Es gedeiht auch gut im Gewächshaus. Kleinblättriges Basilikum wächst buschig und bleibt niedrig, Großblättriges wächst kräftig und ist für rauhere Lagen geeignet. Neu sind rotblättrige Züchtungen, die wie das Großblättrige Basilikum etwas derber sind und nicht ganz so fein schmecken. Die Blätter werden den ganzen Sommer über nach Bedarf gepflückt. Kurz vor und während der Blüte kann es zum Trocknen geschnitten werden, verliert dabei aber Aroma. Basilikum paßt zu Tomaten, Hammel- und Lammfleisch, zu weißen Bohnen und zur italienischen Küche. Es wirkt appetitanregend und entkrampfend.

Beifuß

Der ausdauernde Beifuß wird bis zu 150 Zentimeter hoch. Er wird Februar/März unter Glas angesät oder als Jungpflanze gekauft und März/April oder im Herbst auf 50 × 50 Zentimeter ausgepflanzt. Kurz vor dem Aufbrechen der Blüten werden die Blütenstände etwa 30 Zentimeter hoch geschnitten, gebündelt und getrocknet. Blätter werden nicht benutzt, denn sie sind sehr bitter. Beifuß wird meistens getrocknet verwendet. Er ist aromatisch, leicht bitterlich, fördert die Verdauung und paßt zu fettem Fleisch, Gänsen, Enten, Hammel- und Schweinebraten.

Beinwell (Comfrey)

Beinwell, Beinwurz, Wallwurz, Schmalzwurz oder Beinheil ist eine ausdauernde Heilpflanze, von der verschiedene Arten verwendet werden: Das bei uns wildwachsende Symphytum officinale, das S. asperum oder asperrimum und S. peregrinum, eine aus der Ukraine stammende besondere Art. Für den Garten wird am besten S. peregrinum, der Comfrey, gewählt. Wurzelstükke ohne Sprossen werden mit 100 Zentimeter Pflanzabstand 5 bis 7 Zentimeter tief in den Boden gesteckt, sobald der Boden offen ist. Comfrey braucht viel Feuchtigkeit. Kompost und etwas

Steinmehl genügen als Düngung. Bevor der Blütenstengel über die Blätter hinauswächst, wird zum erstenmal geschnitten, anschließend gedüngt. Junge Blätter können in kleinen Mengen unter Salate und Blattgemüse gemengt werden. Getrocknete Blätter werden für Tees verwendet. Die Wurzeln, die Januar bis März oder im Spätherbst, wenn sie am gehaltvollsten sind, geerntet werden können, sind getrocknet oder frisch Basis für heilende Salben und Umschläge. Comfrey enthält das für die Zellbildung wichtige Allantoin, wirkt entzündungshemmend und blutverbessernd. Comfreyblätter ergeben eine sehr kalireiche Jauche und sind ein gutes Mulchmaterial. Die dekorativen blauvioletten Blüten sind eine hervorragende Bienenweide.

Bohnenkraut

Das einjährige Bohnenkraut ist frostempfindlich und wird Mitte Mai mit 20 Zentimeter Reihenabstand ins Freiland gesät. Nicht zu dicht säen und später auf 20 Zentimeter in der Reihe auslichten. Bohnenkraut ist ein Lichtkeimer und kommt mit Reifkompost als Düngung aus. Frische Blätter können während des ganzen Sommers gepflückt werden. Zum Trocknen wird Bohnenkraut kurz vor und während der Blüte über dem Boden abgeschnitten oder ganz aus dem Boden gezogen und kopfüber im Schatten zum Trocknen aufgehängt. Außer dem einjährigen Bohnenkraut gibt es das Bergbohnenkraut. Es ist ausdauernd, etwas herber und besonders kräftig im Aroma.

Borretsch (Gurkenkraut)

Die einjährige Pflanze wird bis zu 60 Zentimeter hoch. Ausgesät wird im April und in Folgesätzen alle 14 Tage, um immer zarte junge Blätter zur Verfügung zu haben. Die großen Samen gleich in 25 Zentimeter Abstand in den Boden legen. Borretsch wurzelt flach und muß bei Trockenheit gut gegossen werden. Borretsch ist mit seinen blauen Blüten eine hervorragende Bienenweide. Wenn eine Pflanze in Samen geht, sät sie sich selbst aus. Die jungen Blätter mit ihrem gurkenähnlichen Geschmack werden frisch zu Salaten, Kohlgemüsen und Remouladen gegeben. Konservieren läßt sich der Borretsch nicht.

Comfrey

s. Beinwell

Dill

Der einjährige Dill wird bis zu 80 Zentimeter hoch. Er wird im April mit 25 Zentimetern Reihenabstand ins Freiland gesät. Folgesaaten im Abstand von 4 Wochen sorgen laufend für Nachschub an frischem Blattwerk. Dill braucht viel Sonne und gleichmäßige Feuchtigkeit im Bereich der Wurzeln. Die frischen zarten Blattspitzen passen zu Salaten und Saucen. Die Blütenstände und die Samen werden für eingelegte Gurken und Fisch verwendet. Zum Trocknen wird das Kraut kurz vor der Blüte mitsamt der Wurzel aus dem Boden gezogen. Reife Samen werden vor dem Ausfallen durch Abschneiden der Dolden geerntet. Sie müssen auf Tüchern nachtrocknen. Junger zarter Dill läßt sich auch einfrieren.

Dost

s. Majoran

Estragon

Der ausdauernde Estragon wird bis zu 150 Zentimeter hoch. Russischer Estragon kann angesät werden. Er ist allerdings wenig aromatisch. Der deutsche aromatische Estragon kann sortenecht nur durch Pflanzen vermehrt werden. Er wird im April oder August/September gepflanzt und braucht in rauhen Gegenden etwas Winterschutz. Alle vier Jahre muß er umgepflanzt werden. Der kräftig wachsende Estragon braucht Kompost und etwas organischen Dünger. In windigen Lagen muß die Staude angebunden werden. Blätter und Triebspitzen können laufend geerntet werden. Beim Trocknen verliert Estragon sehr an Aroma. Frisch wird er verwendet für Kräuteressig und -öle, für Marinaden, Salate, Saucen und Suppen. Estragon wirkt durch seinen Gehalt an Bitterstoffen und ätherischen Ölen appetitanregend.

Kamille

Die Kamille braucht einen nährstoffarmen Boden und viel Sonne. Sie wird bis zu 50 Zentimeter hoch und gibt sich mit einem bescheidenen Platz an einem Beetrand zufrieden. Zwischen Mai und August werden die Blütenköpfe geerntet und getrocknet. Die ganze Heilpflanze kann für Kräuterjauchen verwendet werden. Kamille wirkt entzündungshemmend und krampflösend.

Kapuzinerkresse

Die frostempfindliche einjährige Kapuzinerkresse wird nicht vor Anfang Mai ausgesät. Sie darf nur mit etwas Kompost gedüngt werden – bei zu üppiger Ernährung bildet sie kaum Blüten aus. Es

Wermut, Artemisia absinthium, Compositae

Ysop, Hyssopus officinalis, Labiatae

Thymian, Thymus vulgaris, Labiatae

Salbei, Salvia officinalis, Labiatae

Rosmarin, Rosmarinus officinalis, Labiatae

Oregano, Origanum vulgare, Labiatae

gibt rankende Kapuzinerkresse und solche, die runde Blütenpolster bildet und sich gut für die Bepflanzung von Baumscheiben eignet. Die großen Samenkörner werden mit einem Reihenabstand von 20 Zentimeter und einem Abstand in der Reihe von 10 Zentimeter, in den Boden gelegt. Die jungen Blätter schmecken ähnlich wie Gartenkresse, sind aber bitterer. Auch Blüten und Knospen sind eßbar. Durch ihren Gehalt an Schwefelölen regt Kapuzinerkresse die Verdauung an und wirkt leicht abführend. Konservieren läßt sich Kapuzinerkresse nicht.

Kerbel

Der einjährige Kerbel wird im zeitigen Frühjahr mit 20 Zentimeter Reihenabstand ins Freiland gesät. Der Samen wird nur dünn mit Erde bedeckt und muß feucht gehalten werden. Ein halbschattiger Platz und Kompost als Düngung lassen das zierlich gefiederte Kraut gut gedeihen. Kerbel wird vor der Blüte geerntet, wenn er ungefähr 30 Zentimeter hoch ist. Wird er größer, verliert er sein anisähnliches, etwas süßes Aroma. Deshalb empfehlen sich Folgesaaten im Abstand von 14 Tagen. Für Suppe, weiße und grüne Saucen und Salatdressings wird Kerbel stets frisch verwendet. Konservieren kann man ihn nicht.

Koriander

Die einjährige Pflanze braucht einen sonnigen, nährstoffarmen Platz und höchstens etwas Kompost zur Nährstoffversorgung. Koriander wird ab März am Fensterbrett vorgezogen und Mitte Mai ins Freiland gesetzt. Koriander kann auch breitwürfig oder in Reihen mit 25 Zentimeter Abstand im April direkt ins Freiland gesät werden. In rauheren Gegenden empfiehlt sich diese Methode nicht, denn dort kommt er nur bei Voranzucht unter Glas bis zur Samenreife. Koriander wird bis zu 70 Zentimeter hoch. Die Dolden werden kurz bevor die Samen ganz reif sind abgeschnitten. Die hellbraunen runden Samen werden auf Tüchern nachgetrocknet. Koriander ist ein klassisches Brotgewürz und paßt zu Fisch, Wild, Rindfleisch und Weihnachtsgebäck. Wer den Geschmack mag, kann auch einige junge Blättchen fein wiegen und unter die Salatsauce mengen.

Kümmel

Kümmel ist eine zweijährige Pflanze. Er wird im April gesät. Den Samen nur dünn mit Erde bedekken, denn Kümmel ist ein Lichtkeimer. Er braucht einen Reihenabstand von 35 Zentimetern. Im ersten Jahr erscheint eine Blattrosette. Im zweiten Jahr bildet der Kümmel bis zu 120 Zentimeter hohe Stengel mit den Blüten aus. Die Dolden werden abgeschnitten, wenn sich die Samen braun verfärben, und auf einem Tuch nachgetrocknet. Kümmel paßt zu Kohlgerichten und Quark und wirkt gegen Blähungen.

Lavendel

Lavendel ist eine ausdauernde, polsterbildende Pflanze, die bis zu 60 Zentimeter hoch wird. Er wird ab März am Fensterbrett in Schalen ausgesät. Sicherer ist es, Jungpflanzen zu kaufen und Ende Mai mit 30 × 30 Zentimeter Pflanzabstand ins Freiland zu pflanzen. Gedüngt wird nur mit Kompost. Der Halbstrauch braucht einen sonnigen, windgeschützten Platz und gedeiht gut im Rosenbeet. Geerntet werden junge Blätter und Triebe. Die Blüten müssen schnell getrocknet werden, damit sie ihre Farbe behalten. Nach der Blüte wird der Lavendel etwas zurückgeschnitten, das fördert den neuen Austrieb. In rauhen Lagen braucht er Winterschutz. Abgefrorene Zweige im Frühjahr bis ins gesunde Holz zurückschneiden. Lavendel ist ein beliebtes Duftkraut und wird in der Küche zum Würzen von Kochfisch und Hammelfleisch verwendet.

Liebstöckel

Die ausdauernde Pflanze wird bis zu 2 Meter hoch und braucht einen nährstoffreichen und feuchten Standort. Liebstöckel gedeiht auch im Halbschatten. Liebstöckel kann im Frühherbst ins Freiland gesät werden. Einfacher ist es, eine Jungpflanze zu setzen. Liebstöckel kann bis zu 15 Jahre an seinem Standort bleiben und braucht pro Pflanze mindestens einen Viertelquadratmeter Platz. Zarte Blätter und Triebe können während der gesamten Vegetationsperiode geschnitten und frisch zu Suppen, Saucen und Salaten verwendet werden. Im Juni/Juli kann man die Sprosse handhoch über dem Boden abschneiden. Der Liebstöckel treibt dann noch einmal aus. Das harntreibende Würzkraut kann auch getrocknet werden und gibt eine ausgezeichnete Suppenwürze.

Majoran

Der einjährige Majoran ist frostempfindlich und wird nicht vor Mitte Mai mit 25 Zentimeter Reihenabstand ausgesät und nur sehr dünn mit Erde übersiebt. Er kann auch ab März unter Glas vorgezogen werden. Ende Mai werden dann je 3 Pflänzchen mit 15 Zentimeter Abstand ausgepflanzt. Das Majoranbeet sollte mit Kompost und etwas organischem Dünger versorgt sein. Der wilde Majoran, der Dost oder Oregano, ist noch intensiver im Geschmack und ausdauernd. Zum Trocknen wird die Pflanze kurz vor Aufbrechen der Blütenknospen über dem Boden abgeschnitten und gebündelt aufgehängt.

Meerrettich

Die ausdauernde Pflanze wird bis zu 125 Zentimeter hoch und braucht einen sonnigen, tiefgründigen und humusreichen Standort. Die ausladende Pflanze benötigt eine Pflanzweite von 40 × 80 Zentimeter. Von einer starken Meerrettichwurzel werden die fingerdicken Seitenwurzeln abgeschnitten und etwas schräg so in den Boden gelegt, daß das obere Wurzelende dicht an der Beetoberfläche liegt. Sobald sich Triebe bilden, werden alle schwachen entfernt. Im Herbst wird die aromatische, brennend scharfe Wurzel ausgegraben und zum Überwintern in Sand eingeschlagen. Die dünnen Seitenwurzeln werden in der Küche verwendet oder für eine weitere Pflanzung in Sand eingeschlagen überwintert.

Melisse

s. Zitronenmelisse

Petersilie

Petersilie ist eine zweijährige Pflanze. Im ersten Jahr können die Blätter geerntet werden, im zweiten die Samen. Wer keine Samen möchte, baut Petersilie nur einjährig an. Die glatte, besonders aromatische Petersilie, die krausblättrigen Sorten und die Wurzelpetersilie werden ab März in Reihen mit 10 bis 15 Zentimeter Abstand ausgesät. Legen Sie ein paar Radieschensamen als Markiersaat dazwischen, denn Petersilie braucht 3 bis 4 Wochen zum Keimen. Wurzelpetersilie wird nach dem Aufgehen der Saat auf 8 Zentimeter Abstand in der Reihe ausgedünnt. Petersilie braucht gleichmäßige Feuchtigkeit und hat einen Nährstoffbedarf wie ein Mittelzehrer. Frischen Mist verträgt sie aber nicht. Das Beet wird deshalb mit Kompost und organischem Dünger gut vorbereitet. Blattpetersilie wird laufend geerntet, kann getrocknet oder eingefroren werden. Wurzelpetersilie wird vor dem ersten Frost ausgegraben und für den Winterbedarf in Sand eingeschlagen.

Pfefferminze

Pfefferminze wird durch Ableger oder Teilung von Wurzelstöcken vermehrt. Sie braucht einen humosen, nährstoffreichen und sehr feuchten Standort. Die ausdauernde Pflanze wird bis zu 80 Zentimeter hoch. Wurzelableger werden im Frühjahr mit 30 Zentimetern Abstand in den Boden gelegt. Pfefferminze wuchert sehr, bildet unter- und oberirdische Ausläufer, die ähnlich wie Erdbeeren wandern. Wenn sich die ersten Blütenknospen zeigen, werden die Stengel handbreit über dem Boden abgeschnitten und getrocknet. Frische Pfefferminze gibt einen hervorragenden Tee und paßt zu Fischgerichten, Wild und Kräuteressig. Die Gerb- und Bitterstoffe der Pfefferminze wirken krampflösend. Es lohnt sich, auch andere Minzen auszuprobieren: Die Wildformen Bach- und Krauseminze, oder Apfel-, Ananas-, Mitcham- oder die Poleiminze.

Pimpinelle

Die ausdauernde Pflanze wird bis zu 60 Zentimeter hoch und braucht einen sonnigen, nicht besonders nährstoffreichen Boden. Sie wird im April in Reihen mit 30 Zentimeter Abstand ins Freiland gesät. Nach dem Aufgehen der Saat werden die Pflänzchen auf 25 Zentimeter Abstand vereinzelt. Die an Vitamin C reichen Blätter werden laufend frisch geerntet. Sobald die Blüten erscheinen, werden sie ausgeknipst, damit läßt sich die Blatternte etwas verlängern. Pimpinelle paßt zu Salaten, Suppen, Fisch und Gemüse. Sie kann nicht konserviert werden.

Portulak

Der einjährige Portulak ist frostempfindlich und wird nicht vor Mitte/Ende Mai ins Freiland gesät. Die feinen Samen nur flach säen, gar nicht oder nur sehr dünn mit Erde bedecken. 3 bis 4 Wochen nach der Aussaat kann der vitaminreiche Portulak geerntet und als Salat verwendet werden. Dazu werden die ganzen Pflanzen aus dem Boden gezogen und die Blätter abgepflückt. Portulak soll nicht zum Blühen kommen. Um ständig frisch ernten zu können, sind Folgesaaten im Abstand von 14 Tagen notwendig. Portulak läßt sich nicht konservieren.

Rosmarin

Die ausdauernde Pflanze wird bis zu 70 Zentimeter hoch und braucht einen sonnigen, windgeschützten, nährstoffarmen Standort. Rosmarin

Schnittlauch, Allium schoenoprasum, Liliaceae

Dill, Anethum graveolens, Umbelliferae

Petersilie, Petroselinum crispum, Umbelliferae

Borretsch, Borago officinalis, Boraginaceae

Liebstöckel, Levisticum officinale, Umbelliferae

Estragon, Artemisia dracunculus, Compositae

Bohnenkraut, Satureja hortensis, Labiatae

Beifuß, Artemisia vulgaris, Compositae

Majoran, Majorana hortensis, Labiatae

Basilikum, Ocimum basilicum, Labiatae

Zitronenmelisse, Melissa officinalis, Labiatae

Kerbel, Anthriscus cerefolium, Umbelliferae

wird ab Februar unter Glas vorgezogen oder aus Stecklingen herangezogen. Ab Mitte Mai werden die jungen Pflanzen mit 50 Zentimeter Pflanzabstand ins Freiland gesetzt. Im September werden die Pflanzen ausgegraben, eingetopft, kühl und frostfrei im Haus überwintert. Vor dem Auspflanzen im nächsten Frühjahr die Triebe etwas einkürzen, damit die Pflanze buschiger wächst. Rosmarinblätter werden laufend gepflückt und zu Wild-, Fleisch- und Geflügelgerichten verwendet.

Salbei

Die ausdauernde Pflanze wird bis zu 50 Zentimeter hoch und braucht einen trockenen, durchlässigen und sonnigen Standort. Salbei wird ab Februar unter Glas vorgezogen und Ende Mai ins Freiland ausgepflanzt, Pflanzabstand 35 × 40 Zentimeter. Im Herbst werden die Triebe um die Hälfte eingekürzt und der Salbei mit Reisig abgedeckt. Im Frühjahr die Sprosse bis auf Handbreite herunterschneiden, dann treiben sie zeitig wieder aus. Salbeiblätter werden laufend frisch gepflückt. An einem trockenen Tag werden die Triebe vor Beginn der Blüte zur Hälfte abgeschnitten und vorsichtig aufgehängt und getrocknet. Das sehr aromatische Gewürz wird sparsam in der italienischen Küche, zu Gans und Ente, Schweine- und Hammelfleisch verwendet. Salbeitee hilft bei Hals- und Zahnfleischentzündungen.

Schnittlauch

Der ausdauernde Schnittlauch braucht guten Gartenboden und eine regelmäßige Versorgung mit Kompost. Er wird ab Februar unter Glas vorgezogen oder durch Teilung alter Pflanzen vermehrt. Sämlinge werden ab Mai in kleinen Büscheln mit 25 Zentimeter Abstand ins Freiland gepflanzt. Sie brauchen viel Wasser. Die Schnittlauchröhren werden laufend abgeschnitten, damit die Pflanze nicht zu blühen anfängt. Sie behalten ihr Aroma, wenn sie eingefroren werden. Für den Winterbedarf werden im Herbst kräftige Stauden in Töpfe gepflanzt, die so groß sein müssen, daß der Wurzelballen eben hineinpaßt. Einmal durchfrieren lassen und später auf dem Fensterbrett antreiben. Diese Pflanzen dürfen im Frühjahr wieder in den Garten, brauchen aber Schonzeit bis zum ersten Schnitt. Eine Besonderheit ist der Koblauch-Schnittlauch, der ein besonders intensives, an Knoblauch erinnerndes Aroma hat.

Thymian

Der immergrüne, ausdauernde Halbstrauch wächst 20 bis 30 Zentimeter hoch. Er wird ab März unter Glas vorgezogen. Der feine Samen wird nur hauchdünn mit Erde abgedeckt und gleichmäßig feuchtgehalten. Ausgepflanzt wird der Thymian ab Mitte Mai, mit 20 Zentimeter Abstand. Er braucht einen sonnigen, warmen und trockenen Standort und ist für jährliche Kompostgaben und etwas Kalk dankbar. In feuchten Sommern kann Thymian eingehen. Kurz vor der Blüte werden die Triebe handbreit über dem Boden abgeschnitten und zum Trocknen aufgehängt. Von dem neuen Austrieb kann bis August noch eine weitere Ernte erwartet werden. Danach nicht mehr schneiden und für den Winter mit Reisig abdecken. Thymian paßt zu Fleisch, Wurst, Saucen und Geflügel. Er wirkt desinfizierend und wird bei Husten und Halsentzündungen als Tee zubereitet.

Weinraute

Die ausdauernde Pflanze wird 80 Zentimeter hoch und braucht einen vollsonnigen, windgeschützten, warmen Platz. Die Weinraute wird ab Februar unter Glas ausgesät und Ende Mai mit einem Pflanzabstand von 30 Zentimetern ins Freiland gesetzt. Man kann zur Vermehrung auch alte Wurzelstöcke teilen. Jährliche Kompostgaben und etwas Kalk bekommen der Pflanze gut. Die Weinraute ist eine alte Heilpflanze, die Verdauung und Appetit anregt und gegen Mundgeruch wirkt.

Wermut

Die ausdauernde Pflanze wächst bis zu einem Meter hoch und braucht einen sonnigen Standort. Der sehr feine Samen wird ab Februar unter Glas ausgesät und schwach mit Erde bedeckt. Ab Mitte Mai kommen die Jungpflanzen ins Freilandbeet. Pflanzabstand 50 Zentimeter. Gelegentliche Kompostgaben genügen der anspruchslosen Pflanze. Für den Frischverbrauch können laufend Blätter geerntet werden. Als Wintervorrat werden unverholzte Sprosse geschnitten und getrocknet. Wermut mit seinem bitter-würzigen Aroma paßt in kleinen Mengen zu Wild, Geflügel, Schweine- und Hammelfleisch. Im Garten ist das Kraut unentbehrlich für Wermutjauchen, -brühen oder -tees.

Ysop

Der ausdauernde Halbstrauch wird 50 Zentimeter hoch und braucht einen sonnigen, trockenen, kalkhaltigen Standort. Die feinen Samen werden ab Februar unter Glas ausgesät und nur schwach mit Erde abgedeckt. Ab Mitte Mai werden sie mit 30 Zentimeter Abstand ins Freie ausgepflanzt. Blätter und junge Triebe werden während des ganzen Sommers frisch geerntet. Zum Trocknen die Triebe vor der Blüte handbreit über dem Boden abschneiden und aufhängen. Wenn die eine oder andere Pflanze blühen darf, ist sie eine hervorragende Bienenweide. Der verdauungsfördernde Ysop paßt gut zu Marinaden, Kräuteressig und Salaten.

Zitronenmelisse

Die ausdauernde Pflanze wird 60 Zentimeter hoch und braucht einen sonnigen, windgeschützten Platz. Frischen Mist verträgt sie nicht. Jährliche Kompostgaben erfüllen ihre Nährstoffansprüche ausreichend. Ab Mitte Februar wird Zitronenmelisse unter Glas ausgesät und Ende Mai mit 40 Zentimeter Abstand ausgepflanzt. Frische Blätter und Triebspitzen können laufend geerntet werden. Für den Wintervorrat kurz vor der Blüte die Sprosse auf halber Höhe abschneiden, die Blätter abpflücken und trocknen. Das feine Zitronenaroma paßt zu Salaten, Kräuterbutter, Suppen, Quark und Süßspeisen.

Pilze züchten im Garten

Seit der Reaktorkatastrophe von Tschernobyl sind viele Waldpilze hoch radioaktiv belastet. Andere – unter ihnen ausgerechnet die beliebten Wiesenchampignons – waren schon vorher durch eine hohe Cadmiumanreicherung eine Gesundheitsgefahr für den Menschen. Zuchtpilze werfen solche Probleme nicht auf.
Die Pilzzucht im eigenen Garten ist nicht schwierig und auch auf engstem Raum möglich. Pilze wachsen auf Stroh, auf Holz und auf speziellen Fertigsubstraten. Wer Pilzbrut kaufen und bei der Zucht Erfolg haben möchte, muß darauf achten, daß

- der Hersteller eine genaue Gebrauchsanweisung mitliefert,
- daß Pilzbrut und/oder Substrat von einwandfreier Qualität sind.

Letzteres ist leider nicht selbstverständlich. Pilzbrut ist empfindlich und bei Zimmertemperatur nur etwa 2 bis 3 Wochen lagerfähig. Wenn die Packung also schon wochenlang bei 20 Grad Celsius im Regal des Gartencenters steht, ist die Pilzbrut nicht mehr keimfähig. Wer Pilzbrut kauft und sie nicht sofort verwendet, muß sie bei 2 bis 6 Grad im Kühlschrank lagern. Ob die Brut noch keimfähig oder schon überaltert ist, kann man leider nicht sehen. Mit bloßem Auge aber kann geprüft werden, ob die Packung mit Schimmel infiziert ist: Grüne, rote oder braune Stellen sind ein Alarmzeichen. Solche Pilzbrut wächst, wenn überhaupt, nur mangelhaft an. Wird die Packung geöffnet, muß der Inhalt angenehm würzig riechen. Die Shiitake-Pilzbrut riecht sogar intensiv nach Mandeln. Muffig oder modrig riechende Packungen sollte man nicht kaufen.

Qualitätstest für Pilzbrut

Um sich Enttäuschungen zu ersparen, kann man die Pilzbrut zu Hause testen. Pilzzüchter Werner Karrasch schlägt dazu folgendes Verfahren vor: Ein farbiges Löschblatt in den umgedrehten Deckel eines Einmachglases legen und befeuchten. Darauf kommen 10 bis 14 mit weißem Pilzmyzel durchwachsene Körner oder Strohhalme. Das Einmachglas darüberstülpen und 3 bis 4 Tage lang an einem gleichmäßig warmen Platz bei 20 Grad aufstellen. Das Löschblatt vorsichtig mit einem Wassersprüher feuchthalten. Wenn die Brut von tadelloser Qualität ist, muß sie sich nach dieser Zeit auf dem Löschblatt ausgebreitet haben. Die Körner oder Strohhalme und stellenweise auch das Löschblatt sind dann weiß behaart.

Braunkappenzucht auf Strohballen

Die Braunkappe, der Rotbraune Riesenträuschling oder Kulturträuschling, sieht dem Steinpilz ähnlich, hat aber keine Röhren, sondern Lamellen. Zur Zucht werden zwei Ballen Weizen-, Roggen- oder Gerstenstroh benötigt. Haferstroh ist nicht geeignet. Das Stroh darf nicht feucht gelagert worden sein und auch nicht mit einem Fungizid gespritzt. Am sichersten ist es deshalb, sich Stroh von einem kontrolliert biologisch wirtschaftenden Landwirt zu besorgen (Adressen der Erzeugerorganisationen s. Anhang). Auch bei manchen Pilzbrut-Erzeugern kann man einwandfreies Stroh bekommen. Die Strohballen werden im Garten an einen halbschattigen feuchten Platz gelegt und eine Woche lang täglich so lange gegossen, bis unten Wasser austritt. Man kann die Ballen auch in ein großes Gefäß packen und zwei Tage lang unter Wasser setzen. Aber Vorsicht: Die Ballen werden sehr schwer und sind schlecht herauszuheben. Wichtig ist, daß der Strohballen Erdkontakt hat. Mit einem Pflanzholz werden Löcher in den Strohballen gestochen. Die Pilzbrut wird in walnußgroße Stücke zerpflückt und 20 Zentimeter tief in diese Löcher gedrückt, die anschließend mit etwas Stroh wieder verschlossen werden. Die Pilzkultur kann von März bis November angelegt werden. Nach zwei bis drei Monaten wird eine Schicht aus Gartenerde und Reifkompost auf die Strohballen aufgebracht. Je nach Wetter und Außentemperaturen erscheinen die ersten Pilze frühestens nach 4 bis 5 Monaten auf dem Stroh. Sie werden beim Ernten vorsichtig herausgedreht, um das Pilzmyzel nicht zu verletzen.

Bei einer anderen Zuchtmethode wird ein 1 Meter breites Beet 20 Zentimeter tief ausgehoben, Länge nach Bedarf. Das Stroh wird gewässert und in einer 15 Zentimeter dicken Schicht in das ausgehobene Beet gelegt, mit der Pilzbrut geimpft und mit einer zweiten, ebenso dicken Schicht Stroh abgedeckt. Das Ganze wird festgetreten und mit gelochter Folie abgedeckt. Nach zwei Monaten wird die Folie entfernt und das Pilzbeet mit einer Schicht Deckerde abgedeckt. Die Pilze können sich Wasser und einige Nährstoffe direkt aus dem Boden holen und trocknen nicht so schnell aus.

Austernpilze auf Stroh

Der Austernpilz, Austernseitling oder Muschelpilz, kommt als Sommer- und Wintertyp vor. Der Sommeraustenpilz wird im März angebaut, der Winteraustenpilz ab September. Alle Pilze wachsen auch im Gewächshaus. Ist es entsprechend temperiert, ist eine Pilzernte während des ganzen Jahres möglich.

Der Austernpilz wächst auf allen Stroharten, nur nicht auf Haferstroh. Der Ballen wird aufgeschnitten und das Stroh mit einem Gartenhäcksler zerkleinert. Es kann auch auf dem Boden ausgebreitet und mit Hilfe des Rasenmähers in 2 bis 4 Zentimeter lange Stücke zerhäckselt werden. Das Stroh kommt in einen wassergefüllten Behälter und wird mit Holzlatten beschwert. Nach 24 Stunden hat es die nötige Feuchtigkeit von 75%. Das Wasser abschütten, das Stroh abtropfen lassen. Anschließend wird die Pilzbrut so gleichmäßig wie möglich mit dem feuchten Stroh vermischt. Das Gemisch wird in Plastiksäcke abgefüllt, die zugebunden und mit Luftlöchern versehen werden. Löcher am Boden des Sackes verhindern Staunässe. Das geimpfte Stroh wird 6 Wochen lang bei 15 bis 20 Grad gelagert und kommt anschließend an einen schattigen Platz im Garten. Jetzt wird entweder die Plastikfolie völlig entfernt, was häufigeres Gießen nötig macht, oder es werden lediglich eigroße Löcher hineingeschnitten, aus denen die Pilze direkt herauswachsen. Nach rund 2 Wochen erscheinen die ersten Fruchtkörper und wachsen innerhalb von 8 bis 10 Tagen zu großen Austernpilzen heran.

Austernpilz, Shiitake, Samtfußrübling, Stockschwämmchen und Südlicher Schüppling auf Holz

Die Anbaumethoden für diese Pilzarten sind gleich, es wird lediglich unterschiedliches Holz verwendet.

- *Der Austernpilz* wächst am besten auf Buchenholz, Obstbäumen, Weide, Pappel.
- *Der Shiitake,* ein japanischer Edelpilz von hoher Qualität, braucht Eiche, Buche, Birke oder Erle.
- *Stockschwämmchen, Samtfußrübling und Südlicher Schüppling,* einheimische Pilze, gedeihen auf Pappel, Weide, Ahorn und Birke.

Die Stämme sollen einen Mindestdurchmesser von 15 Zentimeter haben und 40 bis 50 Zentimeter lang sein. Die Bäume dürfen nicht vor mehr als 4 Monaten gefällt worden sein, da sich sonst Fremdpilze angesiedelt haben, die den ganzen Kulturerfolg in Frage stellen können. Das Holz muß auch noch genügend Feuchtigkeit in sich haben. Hat das Holz an den Stirnseiten Risse, wird es zwei Tage in einen wassergefüllten Behälter gelegt und beschwert.

Zum Impfen wird mit einer Säge parallel zur Stirnseite ein 2 Zentimeter breiter, keilförmiger Einschnitt gemacht. Den Stamm um 180 Grad drehen und auf der anderen Seite ebenfalls einen solchen Einschnitt anbringen. Die beiden Keilschnitte werden mit Pilzbrut aufgefüllt und mit einem Klebeband oder mit einer durch Reißzwekken befestigten Folie verschlossen. Wenn alle Hölzer beimpft sind, werden sie an einem schattigen Platz auf den Boden gelegt und mit Stroh oder Erde abgedeckt. Darüber kommt eine Loch- oder Schlitzfolie. Die Stämme ruhen jetzt 6 Monate lang. Das Pilzmyzel durchwächst den ganzen Baumstamm, dessen Stirnseiten mit der Zeit weiß werden. Nach der Durchwachszeit werden die Stämme an einem schattigen Platz 5 Zentimeter tief senkrecht in die Erde gegraben. Falls es nicht ausreichend regnet, muß gelegentlich gegossen werden. Je nach Pilzart, Jahreszeit und Außentemperatur wachsen jetzt 6 bis 8 Jahre lang regelmäßig Pilze, bis das Holz aufgebraucht ist und in sich zusammensackt. Erntezeit für den Austernpilz ist April bis Dezember; für den Shiitake von Mai bis zum Herbst; für den Samtfußrübling von

Im Garten oder auf dem Balkon lassen sich Pilze auf Strohballen züchten. Eine Delikatesse für Feinschmecker ist der Austernpilz (oben). Er wird auch Austernseitling oder Muschelpilz genannt und wächst auf allen Stroharten außer auf Haferstroh. Die Braunkappe, auch Kulturträuschling genannt, wächst am besten im Freien, im Schatten von Bäumen oder Sträuchern (unten). Für Schnecken sind die knackigen Pilze ebenfalls eine Delikatesse. Die Ballen müssen deshalb konsequent vor den Tieren geschützt werden. Braunkappen können direkt auf dem geschlossenen, gepreßten Strohballen gezüchtet werden. Das Stroh muß sich einige Tage lang mit Wasser vollsaugen können, bis es mit der Pilzbrut geimpft wird. Die Ernte beginnt einige Monate später.

Der japanische Shiitake-Pilz wächst bestens auf Laubholz. In ein möglichst frisch geschnittenes Stück vom Stamm einer Eiche, Buche, Birke oder Erle wird ein handbreiter Einschnitt gesägt. Er wird mit Pilzbrut gefüllt (oben) und sorgfältig verschlossen. Bis sich die ersten Pilze zeigen (unten), dauert es mehr als 6 Monate. Dafür kann man von dem Holz 6 bis 8 Jahre lang den japanischen Edelpilz ernten. Dann ist das Holz aufgebraucht und sackt in sich zusammen. Erntezeit für den Shiitake ist vom Mai bis in den Herbst. Auch die Holzstämme sollten sicherheitshalber mit einem Schneckenzaun geschützt werden.

November bis März; für das Stockschwämmchen von Mai bis Juni und noch einmal im Herbst; und der Südliche Schüppling wird von Mai bis Oktober geerntet.

Pilzzucht auf Fertigsubstraten

Außer der Pilzbrut, die zum Impfen von Holz oder Stroh benötigt wird, gibt es auch bereits fertig beimpfte und durchwachsene Baumstämme zu kaufen. Wer Schwierigkeiten hat, sich Stroh oder Hölzer zu besorgen, kann auch fertige Pilzzucht-Substrate bekommen. Sie werden nach Gebrauchsanleitung gewässert und geimpft. Mit solchen Substraten, die im Plastiksack bleiben, in ein eigenes Gartenbeet gefüllt werden oder in alte Obstkistchen geschüttet werden können, lassen sich Pilze auch auf Terrassen, Balkons und zum Teil sogar im Keller züchten.

Schneckenschutz für Zuchtpilze

Schnecken lieben Pilze, und sie fressen die feinen Züchtungen oft schneller als der Gärtner ernten kann. Jede Pilzzucht sollte deshalb mit einem selbstgemachten oder gekauften Schneckenzaun geschützt sein (vgl. »Schädlingsabwehr und Krankheiten«). Wer einen alten Tisch hat, kann zumindest Braunkappen nach der Methode von Pilzzüchter Karrasch vor gefräßigen Schnecken schützen: Die Braunkappenkultur im Strohballen wird auf einen Tisch gestellt, dessen Füße in Wassergläsern stehen. Wasser nachfüllen nicht vergessen!

Der Obstgarten

Obst aus dem eigenen Garten schmeckt wesentlich besser als das aus dem Supermarkt. Das hat Gründe: Die Ware, die Hunderte oder gar Tausende von Kilometern weit hertransportiert wird, muß halbreif geerntet werden, um den Transport zu überstehen. Viele Obstarten würden trotz der verfrühten Ernte faulen. Sie müssen deshalb zusätzlich chemisch konserviert werden. Im eigenen Garten pflückt man vollreife Äpfel und saftige Beeren, die ein weit besseres Aroma und einen höheren Anteil an Vitaminen und Mineralstoffen haben als die Früchte, die lange Reisen und Lagerzeiten hinter sich haben. Im biologischen Garten wird das Obst auch nicht mit chemisch-synthetischen Spritzmitteln behandelt. Im erwerbsmäßigen, nichtbiologischen Obstbau ist das anders: Da bekommt ein Apfel vom Knospenstadium bis zur Ernte um die 28 Spritzungen!

Wer einen Obstgarten besitzt, muß dafür etwas weniger Zeit und Arbeit aufwenden als für den Gemüsegarten. Wo kein Platz ist für eine eigene Obstanlage, sollte wenigstens ein Beet für Erdbeeren reserviert werden, ein Platz am Zaun für einige Rhabarberstauden und Beerensträucher, und wo immer das machbar ist, sollte statt der beliebten Koniferen ein Obstbaum gepflanzt werden. Das bereichert nicht nur den Speisezettel des Gartenbesitzers, sondern auch die ökologische Vielfalt im Garten.

Das Beerenobst

Erdbeeren

Erdbeerpflanzen werden ab Mitte Juli bis Mitte August im Abstand von 30 Zentimetern gepflanzt. Sie dürfen nicht zu tief in den Boden gesetzt werden, sonst fault das Herz der Pflanze. Der Abstand zwischen den Reihen sollte 80 Zentimeter betragen. So ist Raum für Mischkultur – zum Beispiel mit Zwiebeln, Knoblauch, Lauch –, und man kann bequem ernten. Besonders gut gedeihen Erdbeeren auf einem Beet, das zuvor mit Frühkartoffeln belegt war, denn diese hinterlassen einen tiefgründig gelockerten Boden. Man kann die Beeren auch auf ein Hügelbeet setzen (vgl. »Spezialmethoden«), was sich besonders in Gärten mit Staunässe empfiehlt. Erdbeeren wurzeln flach und reagieren empfindlich auf wiederholtes Hacken. Unerwünschten Wildkräuterwuchs unterdrückt man deshalb durch eine Mulchdecke aus angerottetem Laub, Nadelstreu, Stroh oder schwarze Mulchfolie. Der Boden des Erdbeerbeetes sollte wie auch das Mulchmaterial etwas sauer sein, denn die süßen Beeren sind in ihren Wildformen in Wäldern zu Hause. Und der Boden im Wald ist immer leicht sauer. Wenn die ersten Erdbeeren reifen, braucht das Beet eine besonders trockene und saubere Mulchdecke, damit die Früchte nicht faulen oder durch hochspritzende Erde verschmutzt werden. Wenn gegossen werden muß, dann bekommen Erdbeeren immer abgestandenes Wasser – kein kalkiges direkt aus der Leitung! – und werden morgens in den Wurzelbereich gegossen. Wer abends gießt, fördert Pilzkrankheiten.

Erdbeeren beginnen im Mai zu blühen. Kurz darauf wachsen auch die ersten Ableger. Wer Erdbeeren selbst vermehren möchte, markiert die

Pflanzen, die am besten tragen, und nimmt später von diesen Mutterpflanzen die stärksten Ableger ab. Sie werden auf ein Extrabeet oder in kleine Töpfe gepflanzt, bis sie sich gut bewurzelt haben. Für etwas Schatten sorgen, dann wachsen sie besonders gut an. Mit den Jungpflanzen kann man dann ab Mitte Juli wieder ein neues Beet anlegen. Alle Ableger, die nicht gebraucht werden, müssen abgetrennt werden. Sie kosten die Pflanze nur Kraft. Nach der Ernte werden die Pflanzen noch einmal von den restlichen Ablegern befreit. Das Beet wird gesäubert und gedüngt. Erdbeeren brauchen kräftige Nahrung durch reifen Kompost und organische Dünger. Im Handel gibt es spezielle biologische Erdbeerdünger, die dem Bedürfnis der Pflanze nach saurem Milieu Rechnung tragen. Wer hat, nimmt gut verrotteten Rinder- oder Pferdemist zur Düngung. Kompost oder organischer Dünger werden auf den Boden aufgebracht und nur sehr oberflächlich eingearbeitet. Eine tiefere mechanische Bodenbearbeitung muß bei den Flachwurzlern vermieden werden. Nach dem Düngen wird das Erdbeerbeet wieder mit einer Mulchschicht bedeckt.
Gartenerdbeeren werden in reicher Auswahl angeboten. Es gibt die verschiedensten Sorten, reichtragende und solche mit besonders großen Früchten. Ob der Ertrag nicht auf Kosten des Aromas gesteigert wurde, muß der Gärtner selbst prüfen. Zwei bis drei Sommer lang tragen Erdbeeren zufriedenstellend, dann kann – bei Bedarf mit einer neuen Sorte von Jungpflanzen – an einem anderen Standort ein neues Erdbeerbeet angelegt werden. Probieren Sie auch einmal mehrmals tragende Sorten: Der Ertrag ist geringer, dafür fruchten diese Sorten vom Juni bis zum Herbst.
Monatserdbeeren kann man aus Samen selbst ziehen. Das sehr feine Saatgut wird ab April in Kistchen gesät, die Jungpflanzen später pikiert und ins Freiland ausgepflanzt. Monatserdbeeren sind klein und haben ein ganz besonders feines, an Walderdbeeren erinnerndes Aroma. Sie bilden keine Ausläufer und fruchten vom Juni bis zum Spätherbst. Rankende Erdbeeren wachsen am Gartenzaun und können bei Platzmangel sogar in Töpfen gehalten werden.

Himbeeren

Himbeeren können wie eine Hecke am Zaun entlang gepflanzt werden. Sollen sie frei stehen, brauchen die Himbeeren ein Spalier: An den beiden Enden einer Himbeerreihe werden je zwei 170 Zentimeter lange Pfähle in den Boden getrieben, zwischen denen Drähte gespannt werden. Drei doppelte Drähte, durch die junge Himbeerruten einfach durchgesteckt werden, bieten genügend Halt. Die Drähte sollten zwischen 80 und 150 Zentimeter vom Boden entfernt sein. Anbinden der Ruten ist überflüssig. Wer ein einfaches Drahtspalier baut, muß die Ruten mit Bast an die Drähte heften.
Die Himbeeren werden mit einem Abstand von 50 Zentimetern gepflanzt. Der Reihenabstand sollte 160 bis 180 Zentimeter betragen, damit die Himbeeren bequem gepflegt und geerntet werden können. Himbeeren neigen zum Wuchern. Wurzelausläufer müssen regelmäßig entfernt werden. Der Boden sollte ebenso wie bei den Erdbeeren leicht sauer sein (pH 5). Besonders wichtig ist bei der Himbeere die Mulchschicht aus angerottetem Laub, Nadelstreu oder Stroh. Als Düngung genügen Kompostgaben und ab und zu etwas Holzasche. Man kann auch Gründünger einsäen, der über Winter abfriert und liegenbleibt. Nach der Ernte werden die abgetragenen Himbeerruten dicht über dem Boden abgeschnitten und verbrannt, um der Himbeerrutenkrankheit vorzubeugen. Von den neuen Trieben, die im kommenden Sommer blühen und fruchten, bleiben pro Pflanze 5 bis 7 der stärksten stehen. Junge Himbeeren werden geschont: Sie dürfen nur 3 Triebe behalten. Die Beeren selbst zu vermehren, ist einfach: Wurzelausläufer ausgraben und an der gewünschten Stelle wieder in den Boden setzen.
Einmal tragende Himbeeren geben großen Ertrag und aromatische Beeren. Bei den zweimal tragenden schmecken die Beeren der Herbsternte unter Umständen etwas wäßrig, wenn es früh im Jahr kühl wird. Diese Sorten werden erst im kommenden Frühjahr zurückgeschnitten.

Brombeeren

Sie gedeihen am besten an einer warmen Haus- oder Garagenwand, möglichst an der Südseite. Zu empfehlen sind dornenlose Brombeeren, die eine schmerzfreie Ernte ermöglichen. Die an Vitamin A reichen Beeren benötigen an der Hauswand ein einfaches Spalier. Sollen sie frei stehen, wird für sie ein Spalier nach dem Muster der Himbeeranlage gebaut. Es muß stabil und etwas höher sein. Gepflanzt wird im März/April oder Mitte Oktober. Der Pflanzabstand stachelloser Brombeeren liegt bei 120 Zentimetern. Beeren mit Stacheln brauchen 2 bis 3 Meter Abstand. Nach dem Pflanzen werden die jungen Ruten auf 30 Zentimeter zurückgeschnitten. Aus jedem Wurzelstock dürfen jährlich 6 Triebe wachsen, die an das Spalier gebunden werden. Schwache und überzählige Triebe werden abgeschnitten. Seitentriebe an den Ruten werden im Frühjahr auf 1 bis 2 Knospen eingekürzt. Wachsen sie sehr stark, muß die Prozedur im Frühsommer wiederholt werden. Nach der Ernte werden alle abgetragenen Ruten über der Erde abgeschnitten. Wer Brombeeren nicht regelmäßig schneidet, hat bald ein undurchdringliches, dorniges Gestrüpp. Bei der Anlage einer naturnahen Hecke kann man sich diese Eigenschaft der Brombeere durchaus zunutze machen.

Brombeeren haben einen höheren Kalkbedarf als Himbeeren. Sie wachsen gut in normaler Gartenerde und müssen reichlich mit Kompost versorgt werden. Besonders wichtig ist die Mulchdecke, die bei dieser Waldpflanze nie fehlen sollte.

Johannisbeeren

Es gibt rote, weiße und schwarze Johannisbeeren. Sie tragen auch im Halbschatten bei guter Pflege reiche Frucht und können deshalb im Obstgarten auch zwischen Obstbäumen stehen. Der Abstand zur Baumscheibe muß in diesem Fall einen Meter betragen. Sollen die Sträucher in einer Reihe gepflanzt werden, muß die Pflanzung in Nord-Süd-Richtung angelegt werden, mit Pflanzabständen von 2 bis 2,50 Metern bei den schwarzen, 1,5 bis 1,8 Metern bei den roten und weißen Sorten. Die Abstände zwischen den Reihen sollen 2 bis 2,50 Meter betragen. Johannisbeeren brauchen als Flachwurzler viel Feuchtigkeit, Staunässe vertragen sie aber gar nicht. Gedüngt wird mit Kompost und Holzasche. Für Brennesseljauche im Frühjahr und im Herbst sind die Sträucher dankbar. Auch etwas Algenkalk kann man im Herbst streuen. Die Mulchschicht, die nie fehlen darf, kann aus Stroh, angewelktem Gras, Brennesseln oder abgemähten Gründüngungspflanzen bestehen. Besonders gut bekommt den Sträuchern eine Mulchdecke aus kalireichen Comfreyblättern. Vor dem Pflanzen werden die Wurzeln etwas eingekürzt, beschädigte werden entfernt. Die Pflanzgrube wird tief ausgehoben – die Johannisbeere soll etwas tiefer gesetzt werden, als sie vorher stand, damit sie reichlich neue Triebe bildet. Reifer Kompost und Steinmehl geben dem jungen Strauch eine gute Starthilfe. Wird im Frühjahr gepflanzt, werden die Triebe um zwei Drittel zurückgeschnitten. Wird im Herbst gepflanzt, macht man diesen Schnitt erst im nächsten Frühling. Ältere Johannisbeeren brauchen nach der Ernte oder im Herbst, wenn die Blätter abgefallen sind, einen Rückschnitt. Johannisbeeren tragen

Gelbe Stachelbeere, Ribes uva-crispa, Saxifragaceae

Rote Stachelbeere, Ribes uva-crispa, Saxifragaceae

Monatserdbeere, Fragaria vesca var. semperflorens, R.

Himbeere, Rubus idaeus, Rosaceae

Rote Johannisbeere, Ribes rubrum, Saxifragaceae

Brombeere, Rubus fruticosus, Rosaceae

Schwarze Johannisbeere, Ribes nigrum, Saxifragaceae

Erdbeere, Fragaria X ananassa, Rosaceae

Heidelbeere, Vaccinium corymbosum, Ericaceae

am zwei- und dreijährigen Holz. Ältere Äste sind dunkler und haben kaum noch Knospen. Sie werden über dem Boden abgeschnitten. 2 bis 3 kräftige Jungtriebe dürfen jährlich nachwachsen, alle schwächlichen werden entfernt. 8 bis 12 Haupttriebe soll der Strauch haben. Starke Seitentriebe, die ins Innere des Strauches wachsen, werden eingekürzt. Der Johannisbeerstrauch muß auch im Inneren Luft und Licht bekommen. Von den abgeschnittenen einjährigen Zweigen kann man Stecklinge machen: Unterhalb eines kräftigen Auges wird ein 20 Zentimeter langes Stück schräg abgeschnitten und schräg in die Erde gesteckt. Die Triebspitze sollte ungefähr 8 Zentimeter aus dem Boden herausschauen. Ein Jahr müssen die Stecklinge, die man im Frühjahr oder im Herbst schneiden kann, im Boden bleiben. Dann werden sie herausgenommen und an Ort und Stelle eingepflanzt.

Johannisbeeren werden als Sträucher, als Halb- und Hochstämmchen angeboten. Die Kultur der Sträucher ist am einfachsten und besonders für rauhe Lagen empfehlenswert, denn die Stämmchen sind etwas frostempfindlich. Sie müssen auch abgestützt werden, wenn sie besonders reich Früchte tragen. Ein luftiger Kronenaufbau ist bei den Stämmchen wichtig, denn alle Johannisbeeren sind anfällig gegen Pilzkrankheiten. Zur Vorbeugung gegen den Säulchenrost empfehlen sich vorbeugende Spritzungen mit Schachtelhalmtee und Wermut als Nachbarpflanze. Seine Blätter können auch zum Mulchen genommen werden.

Stachelbeeren

Stachelbeeren haben ähnliche Ansprüche an den Standort wie die Johannisbeeren. Sie brauchen guten Gartenboden (pH 7), Holzasche und Kompost als Dünger und eine ganzjährige Mulchdekke, am besten aus Comfrey- oder Farnblättern. Auch gepflanzt, geschnitten und vermehrt wird die Stachelbeere ebenso wie die Johannisbeere. 8 bis 12 ein- und zweijährige Triebe soll ein erwachsener Strauch haben, damit er luftig wächst und gesund bleibt. Bei Befall mit Stachelbeermehltau helfen vorbeugende Spritzungen mit Schachtelhalmtee und Einkürzen der Triebspitzen bis ins gesunde Holz, damit der Pilz dort nicht überwintern kann.

Heidelbeere

Die Gartenheidelbeere gedeiht auf ganz saurem Boden (pH 4,3 bis 5,5) und ist auch mit einem schattigen, feuchten Standort zufrieden. Sie braucht etwas Kompost als Dünger und unbedingt eine ständige Mulchdecke, am besten aus Laubkompost, Sägemehl, angerotteten Holzabfällen oder Nadelstreu. Sie blüht im Mai und bringt im Juli und August Beeren, die größer sind als die Waldheidelbeeren. Bei einigen Gartenheidelbeeren erreichen sie Kirschengröße. Sie wird jährlich geschnitten und ausgelichtet wie die Johannisbeeren und ebenso vermehrt.

Schalenobst

Haselnüsse

Haselnußsträucher bieten den Bienen mit der Kätzchenblüte eine der ersten Nahrungsquellen im Frühjahr. Sie müssen mit 3 Meter Pflanzabstand gesetzt werden, denn so ein Strauch kann sehr groß werden. Haselnüsse sind mit sich selbst unfruchtbar und Windbestäuber. Wenn der Nachbar keine Hasel besitzt, müssen Sie also zwei davon pflanzen. Besondere Ansprüche an Boden und Standort stellt die genügsame Haselnuß nicht. Wenn sie im Herbst so ausgelichtet wird, daß sie sechs kräftige Hauptäste behält, wird die Haselnuß lange schöne Ernten liefern. Angeboten werden Haselnußsträucher mit grünen Blättern und Bluthaseln mit dunkelrotem Laub. Sie können auch als Bestandteil einer Hecke gepflanzt werden.

Walnüsse

Die Walnuß war früher ein traditioneller Hausbaum. An Standorten mit mildem Klima wird der Baum 20 Meter hoch und entwickelt eine ausladende Krone. Das muß vor der Pflanzung berücksichtigt werden: Die Walnuß benötigt einen Pflanzabstand zum nächsten Baum von 15 Metern. Ein Walnußbaum braucht lange, bis er trägt – 15 Jahre oder länger. Es werden auch Walnüsse auf schwächer wachsenden Unterlagen angeboten, die sehr viel früher fruchten. Sie sind aber nur für Weinbauklima geeignet – in rauheren Lagen erfrieren sie. Vor der Pflanzung wird der Boden tief gelockert, reichlich mit Kompost und Steinmehl versorgt. Eine jährliche Kompostgabe bekommt dem Baum gut.

Obstbäume

Wer einen Obstbaum pflanzen möchte, der muß sorgfältig planen. Fehler bei Sorten- und Standortwahl haben noch viele Jahre Nachwirkungen –

schlechte Ernten, Anfälligkeit für Krankheiten und Schädlinge. Um einen Obstbaum naturgemäß hegen und pflegen zu können, muß er sich wohlfühlen in Ihrem Garten.

Standort und Kleinklima

In Süd- und Ostlagen gedeihen Obstbäume am besten, an der schattigen Nordseite eines Hauses am schlechtesten. Sie brauchen Schutz vor starkem Wind. Suchen Sie einen geschützten Platz aus oder sorgen Sie für Windschutz durch eine locker aufgebaute Mischhecke (vgl. »Biotope im Garten«). In Mulden sollte kein Baum gepflanzt werden – hier können durch kalte Luft »Kälteseen« entstehen, die die Blüte verzögern oder gar bedrohen. Bei der Wahl des Standorts muß auch berücksichtigt werden, daß die meisten Obstbäume auf Kreuzbestäubung angewiesen sind: Es muß ein zweiter Baum derselben Art da sein, der auch ungefähr zum gleichen Zeitpunkt blüht. Wo in der Nachbarschaft Bäume stehen, ist das weiter kein Problem, die Pollen werden von den Bienen weit umhergetragen. Wo weit und breit kein Obstbaum blüht, hilft nur eines: Im eigenen Garten zwei Bäume setzen. Lassen Sie sich bei der Auswahl in einer guten Baumschule beraten.

Boden und Bodenbearbeitung

Ein Obstbaum wächst in jedem Gartenboden; in einem guten, humosen natürlich besser als in einem verarmten. Der Boden wird nur einmal tiefgründig gelockert, nämlich vor der Pflanzung. Eine mechanische Bearbeitung des Bodens ist dann in der Regel nicht mehr nötig. Die Voraussetzung dafür ist eine Mulchdecke, die die Baumscheibe immer bedeckt hält. Wer sie bepflanzen möchte – zum Beispiel mit Kapuzinerkresse oder Gründüngungspflanzen –, sollte so flach wie möglich arbeiten. Die feinen Saugwurzeln eines Obstbaumes reichen bis dicht unter die Erdoberfläche. Hacken oder Aufgraben schadet ihnen. Regelmäßige Gaben von Kompost und nach Bedarf Kalk und Steinmehl decken den Nährstoffbedarf der meisten Obstbäume ab.

Arten- und Sortenwahl, Baumformen

Für jedes Klima, für jeden Standort gibt es geeignete Obstbaumarten und -sorten. Lassen Sie sich bei der Sortenwahl nicht von dem Angebot an Äpfeln, Kirschen, Birnen usw. leiten, das im Supermarkt liegt: Der Erwerbsobstbau verwendet nur wenige erprobte Sorten, denen leider oft ein wichtiges Qualitätsmerkmal fehlt: das Aroma. Lassen Sie sich unbedingt in einer ortsansässigen Baumschule beraten. Dort werden Jungbäume gezogen, die das Klima am Ort vertragen. Und dort gibt es auch die Chance, eine alte lokale Sorte zu finden, die vielleicht kleinere, aber wunderbar aromatische Früchte bringt. Altbewährte Apfel-, Birnen- und Kirschensorten finden Sie vielleicht auch im Garten eines Nachbarn oder in einem Bauerngarten der Umgebung. Reiser von solchen Bäumen können auf in der Baumschule gekaufte Unterlagen gepfropft werden, eine Kunst, bei der sich der Anfänger unbedingt von einem erfahrenen Fachmann helfen lassen sollte. Obstbäume werden auf verschiedene Unterlagen veredelt, die schwächer oder stärker wachsen. Am kleinsten bleiben die Spindelbuschformen, die lediglich eine Stammhöhe von 60 Zentimetern erreichen und insgesamt nicht größer werden als 2 bis 3 Meter. Sie eignen sich auch für den kleinsten Garten. Vor allem Äpfel und Birnen gibt es in dieser Baumform. Spalierbäume haben ebenfalls eine schwachwachsende Unterlage und werden in der Baumschule so erzogen, daß sie nur an zwei Seiten Zweige und Äste entwickeln. Der Buschbaum erreicht eine Stammhöhe von 80 Zentimetern und braucht 4 bis 5 Meter Pflanzabstand. Sauerkirschen und Pfirsiche werden in dieser Form angeboten. Der Niederstamm erreicht eine Stammhöhe von ungefähr einem Meter. In dieser Form gibt es beispielsweise Süßkirschen. Der Halb- und der Hochstamm sind nur etwas für große Gärten. Sie haben Stammhöhen von 150 beziehungsweise 180 Zentimetern. Sie brauchen viel Platz, müssen frei stehen und fruchten später als Obstbäume auf schwachwachsenden Unterlagen. Auch die Ernte ist schwieriger. Dafür gibt es im Garten nichts Prächtigeres als solch einen großen Baum in voller Blüte oder über und über mit Früchten behangen. Er ist Heimat, Nahrungsgrundlage, Lebensraum für Tausende von Insekten, Vögeln und Kleinsäugern wie Haselmaus, Siebenschläfer und Fledermaus. Wer die Möglichkeit dazu hat, sollte sich überlegen, ob er nicht doch solch einen hohen Baum pflanzt – auch wenn ihn erst die nächste Generation in seiner vollen Pracht bewundern kann.

Die Pflanzung

Am besten wachsen Obstbäume, wenn Sie im Frühjahr am Pflanzort eine Gründüngungspflanzenmischung säen. Sie muß den Boden tief lockern und mit Stickstoff anreichern. Man kann

Linke Seite:
Ein Obstspalier schafft auch im kleinsten Garten die Möglichkeit, eigenes Obst zu ernten.
Es kann freistehend (oben) oder an eine Hauswand gebaut werden.
Nistkästen helfen auch seltenere Vogelarten im Garten heimisch zu machen.
Wenn sie vor Katzen geschützt werden, können sie direkt am Obstbaum angebracht werden (unten).

Rechte Seite:
Im Frühjahr wird eine Wiese mit Obstbäumen zum Blütentraum (oben).
Schön anzusehen und gleichzeitig begehrte Leckerbissen: die appetitlichen Sauerkirschen, die im Gegensatz zu den von unserer wilden Vogelkirsche abstammenden Süßkirschen früher in Südeuropa und Westasien beheimatet waren (unten).

auch den Boden mit der Grabgabel lockern, von Wildkräutern befreien und den Sommer über mit einer dicken Decke aus Grobkompost, abgedeckt mit Mulchmaterial wie Grasschnitt, ruhen lassen. Im Herbst wird der Obstbaum gepflanzt. Eine Pflanzung ist aber auch im Frühjahr möglich. Zuerst wird eine Pflanzgrube ein bis zwei Spaten tief ausgehoben. Sie muß doppelt so breit sein wie der Wurzel- bzw. Ballendurchmesser und etwa 20–30 Zentimeter tiefer als die Ballen- bzw. Wurzelhöhe, so daß die Wurzeln des jungen Baumes bequem darin Platz haben. Auf der Wetterseite der Baumgrube wird ein Holzpfahl in den Boden geschlagen, der dem Baum später Halt und dem Stamm etwas Schatten geben soll. Der Obstbaum muß gründlich gewässert werden, bevor er in den Boden kommt. In die Pflanzgrube wird etwas Steinmehl gestreut, wo vorhanden auch etwas Holzasche, die wegen ihres Kalireichtums allen Obstbäumen gut bekommt. Dann wird der Baum in die Grube gestellt und die Wurzeln werden nach allen Seiten sorgfältig ausgebreitet. Er muß so hoch gepflanzt werden, daß die Veredelungsstelle über der Erdoberfläche liegt.

Wird dieser Wulst am Stammende mit Erde bedeckt, so bildet der Baum hier Wurzeln aus und »umgeht« sozusagen die Unterlage. Pflanzen Sie deshalb einen Obstbaum immer ein wenig höher, als er in der Baumschule im Boden stand. Die ausgehobene Gartenerde wird mit Steinmehl und Reifkompost gut vermischt und sorgfältig in das Pflanzloch gefüllt. Vor allem bei den ballenlosen Pflanzen muß überall zwischen den Wurzeln Erde sein. Das Bäumchen muß danach kerzengerade stehen, etwa 10 Zentimeter vom Stützpfahl entfernt. Die Erdmischung wird mit den Stiefeln vorsichtig festgetreten, so daß sich am Rand der Baumscheibe eine Rinne bildet. Jetzt wird gründlich gewässert, damit sich die Erde dicht an die feinen Würzelchen des Bäumchens setzt. Binden Sie jetzt den Stamm in Form einer Acht am Stützpfahl fest. Dazu nehmen Sie ein doppelt gefaltetes Stück Stoff, einen Kokosstrick oder ein im Handel erhältliches Stück Plastikband. Eine normale Schnur, ein harter Lederriemen oder gar Draht dürfen niemals verwendet werden. Sie schneiden ein und können mit der Zeit ins Holz wachsen. Die Baumscheibe bekommt eine Mulchdecke aus angewelktem Gras oder Laub, aus Stroh oder dem abgemähten Gründünger vom Frühjahr.

Der Pflanzschnitt

In einer guten Baumschule werden die jungen Bäume gleich so gestutzt, daß sich der Pflanzschnitt erübrigt. Alle Triebe, die nach innen wachsen, sich kreuzen oder zu tief – unterhalb der späteren Krone – angesetzt sind, werden mit einer Astschere eng am Stamm abgeschnitten. Die Rinde darf dabei nicht verletzt werden. Die Triebe, die bestehen bleiben, werden um rund ein Drittel eingekürzt. Man schneidet auf eine Knospe zurück, die kräftig ausgebildet ist und nach außen weist. Eine Ausnahme machen Containerpflanzen: Sie werden mit einem kompletten Wurzelballen samt Erde geliefert. Hier entfallen der Wurzel- wie der Pflanzschnitt.

Der Baumschnitt

Es dauert viele Jahre, bis ein Laie die hohe Kunst des Obstbaumschnitts erlernt hat. Er braucht dazu Einfühlungsvermögen und einige Fachkenntnis. Vor allem aber benötigt er eine praktische Anleitung unter Aufsicht eines erfahrenen Fachmannes. Eine noch so gute Beschreibung in einem Buch kann niemals ersetzen, was man in der Praxis sieht, macht und lernt. Kurse im Obstbaumschnitt bieten die Gartenbauvereine und die Volkshochschulen an, hie und da auch die Erzeuger/Verbraucherorganisationen des kontrollierten biologischen Land- und Gartenbaus. Es empfiehlt sich dringend, mehrere solcher Kurse zu besuchen. Wer sich nicht ganz sicher fühlt, sollte sich lieber einen Fachmann zum Schneiden in den Garten holen. Das ist besser als seine Obstbäume durch einen falschen Schnitt auf Jahre, wenn nicht für immer zu verderben. Hier werden nur die Grundzüge des Obstbaumschnitts erläutert, die wichtigsten Handgriffe und Maßnahmen.

Vor dem Schneiden, das in den Wintermonaten bei höchstens mäßigem Frost vorgenommen wird, muß man den Baum gründlich anschauen und sich seine Form einprägen. Ziel ist der Aufbau einer lichten, luftigen Krone. Deshalb wird auch mit dem Auslichten angefangen: Alles tote Holz, alle nach innen wachsenden Äste und die senkrecht hochwachsenden Wasserschosse oder Geiltriebe werden dicht am Stamm oder Zweig abgeschnitten. Es dürfen keine Stummel stehenbleiben. Wenn sich zwei Zweige reiben oder über Kreuz wachsen, muß einer entfernt werden. Achten Sie dabei auf die Knospen, damit Sie nicht den falschen der beiden wegschneiden: Aus spitzen Knospen wachsen später Blätter, runde Knospen bergen die Blüten. Wenn Konkurrenztriebe an der Spitze eines Astes in Form einer Gabel auftreten, wird in der Regel der schwächere entfernt. Hat der schwächere aber die günstigere Wuchsrichtung, muß der stärkere weichen.

Pflanzschnitt, Erziehungs-, Erhaltungs- und Verjüngungsschnitt haben ihre eigenen Regeln. Grundsätzlich gilt: Ein scharfer Rückschnitt fördert das Holzwachstum. Ziel eines jeden Baumschnitts muß es sein, eine nach allen Seiten ausladende, licht- und luftdurchlässige Krone zu erhalten, die gut mit Fruchtholz bestückt ist. Eine alte Gärtnerregel heißt: Man muß nach dem Schnitt einen Hut durch die Krone werfen können, ohne daß er hängenbleibt. Wunden, die größer als ein 5-Mark-Stück sind, müssen mit Baumwachs verschlossen werden.

Spindelbüsche schneiden

Im ersten Frühjahr wird lediglich der Mitteltrieb auf 40 Zentimeter eingekürzt. Der Konkurrenztrieb, der hier in Form einer Gabel auftritt, wird abgeschnitten. 3 bis 5 Seitenzweige, die gleichmäßig verteilt und in möglichst flachem Winkel aus dem Stamm wachsen, dürfen stehenbleiben. Alle anderen Seitenzweige werden entfernt. Ab Juni können Sie die Seitenzweige, die stehengeblieben sind, vorsichtig waagrecht binden. Sie fruchten dann früher. In den nächsten Jahren wird der Haupttrieb immer etwas eingekürzt – nicht zu viel, sonst wächst er zu stark – und alle Zweige werden entfernt, die nach innen wachsen. Sobald sich Fruchtholz ausgebildet hat, wird der Baum blühen und Frucht tragen.

Buschbäume, Halb- und Hochstämme schneiden

Der Buschbaum braucht einen besonders scharfen Rückschnitt bei der Pflanzung, damit er sich gut entwickelt. Die 4 Zweige, die stehenbleiben dürfen und das Gerüst der künftigen Krone bilden, werden auf 4 Augen zurückgeschnitten. Der Buschbaum treibt nach einer solchen Behandlung stark aus und wird in den folgenden Jahren geschnitten wie ein Halb- oder Hochstamm. Diese haben neben dem Haupttrieb 3 Leittriebe, das Grundgerüst der Krone. Sie sollen möglichst flach aus dem Stamm herauswachsen und locker in Abständen von ungefähr 50 Zentimetern um den Stamm verteilt sein. Beim ersten Schnitt werden diese Triebe stark eingekürzt, schwächere noch schärfer zurückgeschnitten als stärkere, um das Wachstum entsprechend anzuregen. In den kommenden Jahren wird systematisch die Krone aufgebaut, die überall Sonne und Luft hereinlassen soll, was die Anfälligkeit gegen Krankheiten stark vermindert.

Ein Spalier schneiden

Spaliere sind eine wunderbare Möglichkeit, eine Hauswand zu begrünen, einen Zaun zu beleben und in einem kleinen Garten Platz für einen Obstbaum zu schaffen. Der Spalierschnitt ist allerdings eine besondere Kunst. Unsere Vorfahren beherrschten sie perfekt, wenngleich ihre strengen Spalierformen vielleicht nicht mehr ganz den heutigen Geschmack treffen. Diese Formen sind sehr arbeitsaufwendig, denn die Bäume müssen öfter während des Sommers entspitzt werden, um das Triebwachstum zu bremsen. Der Herzstamm, die sogenannte einfache Palmette, oder einfach eine Fächerform sind die heute gebräuchlichsten Spalierformen. Beim ersten Schnitt wird der Konkurrenztrieb zum Mitteltrieb entfernt.
Die 2 bis 4 Leitäste, die stehenbleiben sollen, werden stark eingekürzt. Nach dem ersten Standjahr werden steil wachsende Konkurrenztriebe entfernt und die 3 bis 5 Leittriebe etwas eingekürzt. Schwächere und nach außen wachsende Triebe bleiben als Fruchtholz stehen. Bei jeder Schnittmaßnahme ist wichtig, daß immer auf ein nach oben oder außen weisendes Auge geschnitten wird, damit die neuen Triebe in die richtige Richtung wachsen. Lassen Sie den Baum in den ersten beiden Jahren unangebunden stehen. Nur der Stamm wird an das Spalier angeheftet. Im dritten Standjahr werden die seitlichen Leittriebe in einem Winkel von 60 Grad an das Holzspalier oder den Spanndraht gebunden. Sie werden mit einem Kokosstrick oder einem speziellen Plastikband fixiert. Jetzt werden jeweils die Konkurrenztriebe entfernt und der Mitteltrieb etwas eingekürzt. Alles andere bleibt ungeschnitten stehen. Statt ein Spalier an eine Hauswand anzubringen, kann nach demselben Schema auch eine Kernobsthecke formiert werden. Damit sie nicht zu hoch wächst, wird der Mitteltrieb waagrecht gebunden, sobald er den ersten Spanndraht erreicht hat. Die Wasserschosse, die sich darauf bilden und senkrecht hochwachsen, werden abgeschnitten oder ebenfalls waagrecht gebunden. Zur Verjüngung wird das abgetragene, hängende Fruchtholz ausgeschnitten. Jungtriebe nicht einkürzen. Sie sollen langsam wachsen und Fruchtholz abgeben.

Die Streuobstwiese

Eine Wiese, auf die Obstbäume gepflanzt waren, gehörte früher zu jedem Bauernhof. Wer eine solche Streuobstwiese sein eigen nennt, besitzt ein Biotop mit einer ganz eigenen, typischen Flora und Fauna. Es muß naturgemäß gepflegt werden,

Apfel, Malus sylvestris var. domesticus, Rosaceae

Süßkirsche, Prunus avium, Rosaceae

Birne, Pyrus communis, Rosaceae

Sauerkirsche, Prunus cerasus, Rosaceae

Quitte, Cydonia oblonga, Rosaceae

Pfirsich, Prunus persica, Rosaceae

Aprikose, Prunus armeniaca, Rosaceae

Pflaume, Prunus domestica, Rosaceae

Zwetschge, Prunus domestica, Rosaceae

Reneklode, Prunus insititia var. italica, Rosaceae

Obstbäume gedeihen in jedem Gartenboden. Je nach Klima und Standort sollten unterschiedliche Arten und Sorten gewählt werden. Was in der Gegend am besten wächst, wissen ortsansässige Baumschulen in der Regel ganz genau. Mancherorts gedeihen auch noch alte Obstsorten, die oft besonders aromatisch sind. Ihre Früchte sind vielleicht kleiner, aber sie haben sich bestens an den Standort angepaßt und bleiben gesund.

Mirabelle, Prunus insititia var. syriaca, Rosaceae

damit die Artenvielfalt, das bunte Leben auf diesem Fleckchen Erde erhalten bleibt. Wer einen Obstbaum in eine Blumenwiese im Garten setzt, pflegt ihn ebenso wie die Bäume der Streuobstwiese gepflegt werden.
Wo keine offene Baumscheibe vorhanden ist und das Gras bis an den Stamm heranwachsen darf, wird eine starkwüchsige Unterlage gebraucht. Setzen Sie Halb- oder Hochstämme. Geschnitten und gepflegt werden die Bäume wie jeder andere Obstbaum auch. Zum Düngen wird im Herbst Reifkompost oder verrotteter Mist um den Baum gebreitet, bei Bedarf streut man auch Kalk oder Steinmehl. Eventuelle grobe Reste kann man im Sommer abrechen. Das Mulchen entfällt auf der Wiese. Wer einen Mulchmäher besitzt – ein Mähgerät also, das das Gras schneidet und sofort kleinhäckselt –, kann den gehäckselten Wiesenschnitt rund um den Baum liegenlassen. Er sorgt so für natürliche Nährstoffzufuhr. Die Wiese mit Obstbäumen wird zweimal im Jahr gemäht, im Juni und im September. Mit diesen Mähterminen wird Rücksicht auf Bodenbrüter genommen, die ihre Nester gerne auf naturgemäßen Wiesen anlegen. Das Laub muß von der Wiese nicht entfernt werden. Es verrottet rasch und ist im Frühjahr meist schon nicht mehr zu sehen.

Der Apfel

Die frühesten Sorten, der Klarapfel zum Beispiel, werden im Juli reif. Lagerfähige wie den Boskop kann man bis zum nächsten Frühjahr aufbewahren. Achten Sie bei der Sortenwahl auch auf Frostfestigkeit. Der Apfel braucht unbedingt einen zweiten Baum zum Bestäuben in der Nachbarschaft. Bei niederen Formen mit offenen Baumscheiben kann man Kapuzinerkresse auf die Baumscheibe pflanzen. Sie zieht die Blutläuse an und halten sie so vom Baum fern.

Aprikosen

Sie brauchen noch mehr Wärme, Windschutz, durchlässigen Boden als der Pfirsich. Die Aprikose hat nur eine Chance im Weinbauklima.

Die Birne

Sie wachsen in die Höhe und sind nicht so ausladend wie Apfelbäume. Birnen eignen sich besonders gut als Spalierbäume. Mit ihren langen Pfahlwurzeln reichen sie bis zum Grundwasser und überstehen Trockenheit besonders gut. Staunässe vertragen sie nicht. Auch Birnen brauchen einen zweiten Baum zum Bestäuben.

Pfirsich

Er ist ein ausgesprochen wärmeliebender Baum, der gut als Spalier an der Südwand eines Hauses steht. Pfirsiche wachsen befriedigend nur in Gegenden mit Weinbauklima. Spätfröste sind eine große Gefahr für diese schon im März und April blühenden Bäume. Pfirsiche tragen wie die Schattenmorellen am einjährigen Holz und müssen jedes Jahr zurückgeschnitten werden. Dabei werden die sogenannten wahren Fruchttriebe – Zweige mit Blüten- und Holzknospen – um die Hälfte eingekürzt. Die falschen Fruchttriebe tragen nur Blütenknospen und setzen schlecht an. Was sich hier an Früchten entwickelt, ist klein und sauer. Die falschen Fruchttriebe werden auf 1 bis 2 Augen zurückgeschnitten. Triebe, die ausschließlich Laubknospen besitzen, werden auf 3 bis 5 Augen eingekürzt.

Die Quitte

Sie kann als Bestandteil einer gemischten Hecke gepflanzt werden oder als freistehender Baum. In der Regel wird sie als Buschbaum angeboten. Apfel- und Birnenquitten mit ihren runden und länglichen Früchten kann man nur gekocht essen und z.B. köstliche Gelees aus den Früchten machen. Quitten befruchten sich selbst.

Renekloden, Mirabellen

Sie unterscheiden sich in der Größe ihrer Früchte. Ihre Ansprüche an Standort und Boden sind dieselben: Sie sind nicht besonders anspruchsvoll, brauchen aber mehr Wärme als die genügsame Zwetschge. Zur Befruchtung genügt ein anderer Steinobstbaum in der Nähe.

Sauerkirschen

Sie werden als kleine Baumformen angeboten und sind relativ anspruchslos. Die am häufigsten gepflanzte Sorte ist die Schattenmorelle. Sauerkirschen tragen am einjährigen Holz. Deshalb werden die abgetragenen Triebe jedes Jahr zurückgeschnitten, nur ein nachwachsender junger Trieb bleibt stehen. Diese Art des Schnitts gibt es sonst nur noch beim Pfirsich. Wenn dieser regelmäßige Schnitt nicht durchgeführt wird, blüht und fruchtet der Baum nur noch an den Triebspitzen. Die Bäume verkahlen innen. Ein kräftiger Rückschnitt kann den Baum verjüngen.

Süßkirschen

Süßkirschen gibt es als Nieder- und Hochstamm. Selbst der Niederstamm ist noch eine relativ große Baumform. Die Süßkirsche paßt deshalb nur in große Gärten. Die weichen Herzkirschen und die festen Knorpelkirschen brauchen nach der Pflanzung bis zu 8 Jahre, bis sie tragen. Staunässe bekommt den Bäumen nicht. Kirschen reagieren empfindlich auf Bodenversauerung – sie bekommen tiefe Risse. Regelmäßige Kalkgaben sind daher wichtig. Kirschen brauchen einen zweiten Baum als Befruchter.

Zwetschgen, Pflaumen

Sie werden als Halb- und Hochstämme angeboten. Es gibt frühe und späte Sorten. Achten Sie beim Kauf darauf, daß Sie eine Sorte bekommen, bei der sich das Fruchtfleisch gut vom Kern löst. Es gibt selbstfruchtbare und selbstunfruchtbare Bäume – auch darauf muß geachtet werden.

Der Blumengarten

Blütenpracht für einen Sommer

Tagetes und Ringelblumen sind keineswegs die einzigen Blumen, die in einem biologisch gepflegten Garten das Hausrecht haben. Hier darf wachsen und blühen, was Gärtnerin und Gärtner lieben und was unter ihrer Pflege gedeiht. Unentbehrlich sind die einjährigen Sommerblumen. Sie werden aus Samen selbst gezogen. Robuste Sorten, die auch einem ersten Ansturm der Schnecken standhalten können, werden an Ort und Stelle ausgesät und später bei Bedarf so weit ausgelichtet, daß sie sich frei und gesund entfalten können. Zu diesen dankbaren Blühern zählen die Sonnenblumen, Trichtermalven, Löwenmäulchen und Ringelblumen. Zinnien werden besser vorgezogen, ebenso Tagetes, Schmuckkörbchen und Astern.
Wer empfindliche Sommerblumen am Fensterbrett, im Frühbeet oder im Gewächshaus aussähen möchte, der geht genauso vor wie bei der Anzucht von Gemüsen (vgl. »Der Nutzgarten«). Ziehen Sie immer etwas mehr Blumen an, als Sie eigentlich brauchen. So läßt sich manche unverhoffte Lücke in einem Blumenbeet rasch schließen. Sommerblüher können auch auf ein Freilandsaatbeet gesät werden, das wie für die Anzucht von Gemüse mit Kompost und etwas Steinmehl versorgt wurde. Die Samen werden nicht zu dicht gesät und dünn mit Erde übersiebt. Das Beet muß immer feuchtgehalten und nach Möglichkeit mit einem Schneckenzaun geschützt werden. Sobald die Pflänzchen kräftig genug sind, werden sie in dem auf dem Samentütchen angegebenen Pflanzabstand ausgepflanzt. Das wird normalerweise in der zweiten Maihälfte der Fall sein. Ob die einjährigen Blüher an den Rand eines Gemüsegärtchens gesetzt werden, ob sie ein eigenes Beet bekommen oder nur Lückenbüßer in der Rabatte der Stauden bilden – sie brauchen immer einen vollsonnigen Platz. Der Boden muß im Herbst durch Kompost vorbereitet sein. Im Juni und Juli können die Einjahresblumen je eine Kopfdüngung mit Brennesseljauche bekommen. Mehr Düngung tut ihnen nicht gut: Wenn die Stickstoff-Gaben allzu reichlich ausfallen, entwickeln die Blumen zwar reichlich dunkelgrüne Blätter, aber kaum Blüten. Die Blütezeit der Einjährigen wird sehr verlängert, wenn regelmäßig alle verwelkten Blüten abgeschnitten werden. Sie dürfen ruhig an Ort und Stelle auf den Boden fallen und dort verrotten. Das ergibt eine Mulchdecke, die auch Blumen gut bekommt.

Auftakt für die Blütenpracht des Gartenjahres: Im Frühjahr lassen die ersten, langersehnten Blüten ahnen, wie prachtvoll der Garten im Sommer aussehen wird. Zwiebeln und Knollen für die Frühlingsblüte werden im Vorjahr gesteckt (links).

Zweijährige Sommerblüher

Sie werden zwischen Juni und Juli auf ein leicht schattiges Freilandbeet ausgesät und im Herbst an Ort und Stelle gepflanzt. Sie blühen im folgenden Jahr. Eine Kompostgabe im Mai und eine Kopfdüngung mit Brennesseljauche Anfang Juli lassen sie besonders schön gedeihen.

Blütenpracht für viele Sommer – die ausdauernden Stauden

Die Auswahl in dieser Pflanzengruppe ist groß. Es gibt Beet- und Prachtstauden, die in Jahrhunderten gärtnerischer Arbeit aus Wildformen entwikkelt und veredelt wurden und heute mit ihren wilden Schwestern fast gar nichts mehr gemein haben.
Zu dieser Gruppe zählen der Rittersporn, die

Einjährige Sommerblumen

Name	Blütezeit	Blütenfarbe	Standort	Anmerkungen
Aster (Callistephus chinensis)	Juli–November	weiß bis lila	○	Schachtelhalmtee gegen Sternwelke spritzen
Atlasblume (Godetia)	Juni–September	rot, weiß	○◑	Wird 40 cm hoch
Balsamine (Impatiens balsamina)	Juli–Oktober	rot, weiß	○◑	Frostempfindlich
Flockenblume (Centaurea)	Juli–September	weiß bis lila	○	Haltbare Schnittblume
Gauklerblume (Mimulus)	Juni–Oktober	rot, gelb	○	Braucht viel Feuchtigkeit
Heliotrop (Heliotropium arborescens)	Juni–Oktober	blau, weiß, rosa, rot	○	Wird bis 60 cm hoch
Kokardenblume (Gaillardia pulchella)	Juni–Oktober	rotbraun, orange	○	Kann in Weinbauklima überwintern
Levkoje (Matthiola incana)	Juni–September	weiß, gelb, rot, lila	○	Trockener Boden
Löwenmäulchen (Antirrhinum majus)	Juli–Oktober	rosa, rot, weiß	○	Sät sich selbst aus
Mohn (Papaver)	Juni–September	rosa, weiß, rot	○	Sät sich selbst aus; einfach und gefüllt blühend
Petunie (Petunia)	Mai–November	weiß, blau, rosa, rot	○	Lichtkeimer
Portulakröschen (Portulaca grandiflora)	Juni–Oktober	rot, gelb, weiß	○	Sandiger, trockener Boden
Reseda (Reseda odorata)	Juni–Oktober	rot, orange	○	Duftet besonders gut
Ringelblume (Calendula officinalis)	Juni–November	orange, gelb	○◑	Heilpflanze
Schleifenblume (Iberis)	April–Mai	weiß, lila, rosa	○	Herbstaussaat, sät sich selbst aus
Schmuckkörbchen (Cosmos bipinnatus)	Juni–November	rot, rosa, weiß	○◑	
Sonnenblume (Helianthus annuus)	Juli–Oktober	gelb, rotbraun	○	Ein- und mehrblumige Sorten
Sonnenhut (Rudbeckia hirta)	August–Oktober	gelb, braun	○	Überwintert in Weinbauklima
Studentenblume (Tagetes)	Mai–November	gelb, braun	○	Wirkt gegen Nematoden im Boden
Trichtermalve (Malope trifida)	Juli–Oktober	weiß, rot, rosa	○	Gute Schnittblume
Zinnie (Zinnia elegans)	Juni–Oktober	weiß, gelb, rot, rosa	○	Wärmebedürftig, gefährdet durch Schnecken

Zweijährige Sommerblumen

Name	Blütezeit	Blütenfarbe	Standort	Anmerkungen
Bartnelke (Dianthus barbatus)	Juni–September	rot, rosa, weiß	○◑	Sät sich selbst aus
Fingerhut (Digitalis purpurea)	Juni–Oktober	rosa, gelb, rot	◑●	Vorsicht: giftig!

Zweijährige Sommerblumen (Fortsetzung)

Name	Blütezeit	Blütenfarbe	Standort	Anmerkungen
Goldlack (Cheiranthus cheiri)	April–Juni	gelb, orange, braun	○	In Weinbauklima mehrjährig
Königskerze (Verbascum)	Juli–August	gelb	○	Verträgt keine Staunässe
Marienglockenblume (Campanula medium)	Juni–Juli	blau, weiß, rosa	○	Gute Schnittblume
Maßliebchen (Bellis perennis)	März–Juni	blau, weiß, rosa, rot	○◑	Sät sich selbst aus
Stiefmütterchen (Viola wittrockiana)	März–Mai	blau, gelb, rosa, rot	○◑	In milden Lagen mehrjährig
Stockrose (Alcea rosea)	Juli–September	rosa, rot, weiß, gelb	○	Spritzen mit Schachtelhalmbrühe gegen Malvenrost
Vergißmeinnicht (Myosotis)	Mai–Juni	blau, rosa, weiß	◑●	Braucht frischen Boden
Wiesenmargerite (Chrysanthemum leucanthemum)	Juni–September	weiß	○	Paßt gut in eine Wildstauden-Rabatte

Pfingstrose, der Phlox, die Chrysantheme. Andere Stauden ähneln ihren Wildformen noch sehr. Meist sind nur die Blüten größer, die Farben intensiver als bei ihren Vorfahren. Dazu zählen die Schafgarbe, die Akelei, die Taglilie, die Astilbe. Und viele kleinwüchsige Blüher wie Primel und Veilchen.

Vor der Anlage eines Staudenbeetes muß der Boden gründlich gelockert und von allen Wurzelwildkräutern gesäubert werden. Sie lassen sich nur noch schwer entfernen, wenn die Stauden erst einmal eingewachsen sind. Bei der Auswahl der Stauden müssen Wuchshöhe, Farbe und die Ansprüche an Sonne oder Halbschatten berücksichtigt werden. Eine Hilfe bei der Auswahl bietet unsere Tabelle. Prachtstauden brauchen Raum, um zu wirken. Der Boden um die Pfingstrosen, Dahlien, Schwertlilien und Astern wird mit einer Mulchdecke abgedeckt. Wer noch hartnäckige Wurzelwildkräuter in seinem Beet vermutet, deckt die Zwischenräume im ersten Jahr mit einer Lage fester Pappe oder dick mit Zeitungspapier ab. Darauf kommt ein wenig Erde, damit Papier und Karton optisch verschwinden. Kompost und Steinmehl und ein langsam wirkender organischer Dünger wie Hornspäne (kein Mehl, das setzt sich zu schnell um) versorgen den Boden mit allen wichtigen Pflanzennährstoffen. Regelmäßige Kompostgaben im Herbst sind das einzige, was so ein Staudenbeet später braucht. Besonders hungrige Pflanzen können noch gezielt eine Kopfdüngung mit Brennesseljauche im Juni/Juli bekommen. Aber tun Sie nicht zuviel des Guten: Zu viel Stickstoff verursacht mastiges Blattwachstum auf Kosten der Blütenbildung. Prachtstauden breiten sich im Laufe der Zeit aus. Sie können zwar viele Jahre am selben Standort bleiben, müssen aber geteilt werden, wenn sie zu groß sind. Dazu wird der ganze Wurzelballen vorsichtig ausgegraben, geteilt und eine Hälfte wird wieder eingepflanzt. Diese Methode ist schonender, als die Wurzeln einfach mit dem Spaten auseinander zu hacken.

Stauden, die noch eher ihren Wildformen ähneln, können ruhig dicht zusammenwachsen. Enge Nachbarschaft stört sie nicht, beeinträchtigt weder Wachstum noch Blütenbildung. In den ersten Jahren wird der Boden mit einer Mulchdecke versehen. Später ist das nicht mehr nötig: Die Pflanzen sorgen für Schattengare. Die Pflanzendecke schließt sich noch schneller, wenn zwischen die Stauden bodenbedeckende Pflanzen gesetzt werden. Katzenminze, Waldmeister und Sonnenröschen sind nur einige Vertreter aus dieser großen Pflanzenfamilie.

Sonnenblume, Helianthus annuus, Compositae

Türk. Mohn, Papaver orientale, P.

Löwenmaul, Antirrhinum majus, Scrophulariaceae

Islandmohn, Papaver nudicaule, Papareraceae

Trichtermalve, Malope trifida, Malvaceae

Sonnenhut, Rudbeckia hirta, Compositae

Linke Seite: Blütenpracht für einen Sommer zaubern einjährige Sommerblumen in den Garten. Unzählige Variationen an Farben, Formen und Düften können den Garten jedes Jahr anders und ganz neu aussehen lassen. Einjährige Sommerblüher stellen keine großen Ansprüche an Düngung und Pflege. Wer die Samen einsammelt, kann bei vielen Arten im nächsten Jahr problemlos wieder aussäen.

Stockrose, Althaea rosea, Malvaceae

Phlox, Phlox paniculata, Polemoniaceae

Marienglockenblume, Campanula medium, Camp.

Rechte Seite: Zweijährige Stauden werden im Sommer vor der Blüte ausgesät. Nach dem Erstarken werden die Jungpflanzen an Ort und Stelle gesetzt. Viele zweijährige Sommerblüher samen sich selbst aus: Wer sie einmal im Garten hat, braucht nicht mehr für Nachschub zu sorgen. In warmen Gegenden kann aus der zweijährigen Pflanze durch Überwinterung auch eine mehrjährige Staude werden.

Fingerhut, Digitalis purpurea, Scrophulariaceae

Mehrjährige Stauden

Name	Blütezeit	Blütenfarbe	Standort	Anmerkungen
Akelei (Aquilegia)	Mai–Juni	lila, rosa, weiß	○◑	Sät sich selbst aus
Aster (Aster dumosus u. a.)	September–Oktober	weiß, rot, lila	○	Gute Schnittblume
Bergenie (Bergenia)	April–Mai	rot, rosa	○◑	Anspruchslos, Wildstaudencharakter
Blaukissen (Aubrieta)	April–Mai	rot, rosa, lila	○	Anspruchslos
Christrose (Helleborus)	Januar–März	weiß, rosa	○	Blüht erst nach einigen Jahren üppig
Chrysantheme (Chrysanthemum)	August–November	weiß, gelb, rot, rosa	○	Staude sollte öfter geteilt werden
Dachwurz (Sempervivum)	Juni–Juli	rot, rosa	○	Sehr trockener, sandiger Boden
Federnelke (Dianthus plumarius)	Mai–Juni	weiß, rosa, rot	○	Verträgt keine Staunässe
Funkie (Hosta)	Juli–August	weiß, rosa, lila	○◑	Anspruchslos
Glockenblume (Campanula)	Juni–August	blau, rosa, weiß	○◑	Wildstaudencharakter
Iris (Iris germanica)	Juni–August	weiß, gelb, rosa, rot	○	Braucht frischen Boden
Lupine (Lupinus)	Mai–Juni	rosa, rot, blau, lila	○◑	Leguminose
Margerite (Chrysanthemum maximum)	Juli–August	weiß	○◑	Wildstaudencharakter
Pfingstrose (Paeonia)	Mai–Juni	rosa, rot, weiß	○	Beginnen erst nach 2–3 Jahren üppig zu blühen
Phlox (Phlox paniculata)	Juni–September	rosa, rot	○◑	Starker Duft
Rittersporn (Delphinium)	Juni–Oktober	blau, rosa, weiß	○	Wildstaudencharakter
Schafgarbe (Achillea)	Juni–September	gelb	○	Wildstaudencharakter
Sonnenhut (Rudbeckia)	Juli–Oktober	gelb, orange	○◑	Gute Schnittblume
Taglilie (Hemerocallis)	Juni–September	gelb, orange, rosa	○	Wildstaudencharakter
Veronika (Veronica)	Juni–August	blau, rosa	○	Wildstaudencharakter

Blüten aus Zwiebeln und Knollen

Die ersten blühenden Frühlingsboten, die dankbaren Sommer- und Herbstblüher, dürfen in keinem Staudenbeet fehlen. In einem biologisch gepflegten Garten kann man sie aber auch vor Gehölze und in die Wiese setzen: die Blumen aus Zwiebeln und Knollen. Es gibt frostempfindliche, die im Sommer aus dem Boden geholt werden müssen und erst im nächsten Frühjahr wieder gepflanzt werden, wie Dahlien, Freesien, und Gladiolen. Es gibt frostharte, die im Boden bleiben können wie einige Tulpensorten, dann aber dazu neigen, jährlich kleinere Blüten zu bekommen. Sie werden nach einigen Jahren aus dem Boden genommen, die Brutzwiebeln abgetrennt und alle Tulpen in gebührendem Abstand neu gesetzt. Und schließlich gibt es Zwiebelpflanzen, die verwildern: Sie können jahrelang am selben Standort bleiben und vermehren sich von selbst. Narzissen, Schneeglöckchen, Winterlinge und botanische Tulpen zählen zu diesen Blumen. Sie fühlen sich unter einer Decke aus Bodendeckern wohl und haben auch keine Schwierigkeiten, im Frühling durchzuwachsen. Sie können vor Gehölze oder unter die Hecke gepflanzt werden und erobern von dort aus Rasen und Wiese. Viel Pflege brauchen sie nicht. Wie bei allen Zwiebel- und Knollengewächsen ist eins aber besonders wichtig: Nach dem Verblühen darf das grüne Laub nicht sofort abgeschnitten werden! Die Pflanze braucht Zeit, Nährstoffe zu tanken für die Blüte im nächsten Jahr. Erst wenn das Laub vergilbt, darf es abgeschnitten werden. Bei verwilderten Zwiebelblühern in Rasen und Wiese bedeutet das, daß die Blumeninsel so lange nicht gemäht werden darf, bis das Laub braun wird.

Rosen

Rosen haben chinesische Gärtner schon vor 5000 Jahren fasziniert. Und noch heute können wir Sorten pflanzen, die nachweislich bereits vor 2000 Jahren in Europa kultiviert wurden. Moderne Rosensorten sind anders als diese historischen Sträucher. Sie haben leuchtende Farben, perfekt geformte feste Blüten, und viele remontieren, das heißt sie bringen im Laufe eines Gartenjahres immer wieder neue Blüten hervor. In Gesellschaft von Lavendel, Rittersporn, Schleierkraut und Salbei, den einen oder anderen Zwiebelblüher zu Füßen, gedeihen sie naturgemäßer und gesünder als in Monokultur. Besonders schön aber sind für den biologischen Garten die historischen Rosen und die Wildrosen: Ihre Blüten mit den gerafften und gefältelten Blumenblättern, den zarten Farben und dem unvergleichlich süßen Duft, der bei der Züchtung moderner Rosen oft verlorengegangen ist, bezaubern heute wie vor Tausenden von Jahren.

Edelrosen zeichnen sich durch große, perfekt geformte einzelne Blüten aus. *Polyantha-* und *Floribundarosen* werden auch Beetrosen genannt. Ihre Blüten wachsen in Büscheln und entwickeln eine weit imposantere Farbenpracht als die Edelrosen. *Kletterrosen* brauchen ein Spalier, an dem sie festgebunden werden. Sie überziehen Hauswände, Pergolen oder Rosenbögen mit einer leuchtenden Blütendecke. *Bodendecker-Rosen* sind Züchtungen, die ganz niedrig bleiben und mit ihren Ranken im Laufe der Zeit eine blühende Bodendecke bilden. *Park- und Wildrosen* brauchen viel Platz. Sie können einzeln stehen oder als Bestandteil einer Hecke gepflanzt werden. Alte botanische Sorten entfalten ihre ganze Schönheit am besten als Solitärpflanze an einem vollsonnigen Standort. Alte *historische Rosen* werden vereinzelt von Rosenzüchtern wieder angeboten. Pionierarbeit leistete auf diesem Gebiet Ingwer J. Jensen (s. Anhang). Die dicht gefüllten Blüten dieser Rosen, milchweiß, gestreift oder in allen Rosatönen leuchtend, und ihr unvergleichlicher Duft machen sie zu strahlenden Bewohnern des biologischen Gartens.

Pflanzung, Pflege, Schnitt

Die beste Pflanzzeit für Rosen ist der Herbst, nach dem natürlichen Blattfall zwischen Oktober und November. In besonders rauhen Gegenden werden sie besser zwischen März und April gesetzt. Suchen Sie einen vollsonnigen Standort aus mit gutem Gartenboden. Stark sandige oder saure Böden mögen Rosen nicht – sie müßten vor der Pflanzung verbessert werden. Viel Kompost und Steinmehl sind die beste Starthilfe für den Rosenstrauch. Die Pflanzgrube wird so breit und tief ausgehoben, daß die Wurzeln der Rose darin Platz finden ohne umgebogen zu werden. Vor dem Pflanzen muß die Rose gründlich gewässert werden. Stellen Sie sie für mehrere Stunden in einen Eimer mit Wasser. Jetzt werden die stärksten Wurzeln etwas eingekürzt, ungefähr um ein Drittel, und die Rose ins Pflanzloch gesetzt. Die Veredelungsstelle, ein Wulst oder Knoten am Wurzelhals, muß 5 Zentimeter unter der Erdoberfläche zu liegen kommen. Die Triebe werden erst im Frühjahr geschnitten. Wird die Rose in sehr leichten, sandigen Boden gesetzt, empfiehlt es sich, die Wurzeln bis zur Veredelungsstelle in einen Brei aus Lehm und Schachtelhalmtee zu tauchen. Die ausgehobene Erde, die mit Kompost und Steinmehl vermischt wurde, wird vorsichtig in die Pflanzgrube eingefüllt und festgetreten. Danach die Rose gut angießen und zum Schutz vor der Winterkälte mit Erde anhäufeln. Dazu darf auf keinen Fall Torf verwendet werden – er schützt die Pflanzen nicht vor Frost und macht auf Dauer den Boden sauer, was Rosen gar nicht mögen. Auch bei der Frühjahrspflanzung wird die Rose für einige Zeit angehäufelt, zum Schutz vor Spätfrösten und Austrocknung. Im Winter werden die über der Erde liegenden Triebe der Rose zum Teil zurückfrieren. Deshalb werden sie grundsätzlich erst im Frühjahr geschnitten. Neu gepflanzte Rosen bekommen einen kräftigen Rückschnitt – sie dürfen nur noch ein Drittel ihrer Höhe haben. Bei älteren Rosen werden alle erfrorenen, abgestorbenen und nach innen wachsenden Zweige entfernt. Edelrosen werden dann auf 2 bis 3 kräftige Augen an gesunden Trieben zurückgeschnitten. Polyantharosen dürfen 3 bis 5 Augen je Trieb behalten. Strauchrosen werden nur ausgelichtet. Bei Kletterrosen werden überalterte Äste dicht über dem Boden abgeschnitten.

Sommermargerite, Chrysanthemum maximum, Co.

Pfingstrose, Paeonia suffruticosa, Paeoniaceae

Glockenblume, Campanula carpatica, Camp.

Lupine, Lupinus angustifolius, Leguminosae

Christrose, Helleborus niger, Ranunculaceae

Phlox, Phlox paniculata, Polemoniaceae

Akelei, Aquilegia vulgaris, Ranunculaceae

Rittersporn, Delphinium ajacis, Ranunculaceae

Chrysantheme, Chrysanthemum indicum, Comp.

Aster, Aster amellus, Compositae

Jedes Frühjahr treiben sie von neuem aus und beleben den Garten mit ihrem Blütenflor: Ausdauernde Stauden sind während des ganzen Sommers eine Augenweide.
Wenn ein Staudenbeet geschickt bepflanzt wird, blüht es vom Vorfrühling bis in den Herbst. Den Anfang macht die Christrose, die allerdings manchmal Jahre braucht, bis sie zum erstenmal blüht. Pfingstrosen, Lupinen und Akelei blühen im Frühjahr. Margeriten und Rittersporn öffnen im Sommer ihre Blüten. Vom späten Sommer bis weit in den Herbst hinein zeigen Chrysanthemen, Phlox, Schafgarbe und die Aster ihre prachtvollen Blüten.

Edelschafgarbe, Achillea ptarmica, Compositae

Zierpflanzen zur Fassadenbegrünung

Arten		max. Höhe in m	Blüten-farbe	Blüten-monat	Standort	Besonderheiten
Akebie (Akebia quinata)	S	3 bis 5	Purpur	4 bis 5	○●	
Baumwürger (Celastrus orbiculatus)	S	10		6	○◐	Männliche und weibliche Pflanzen auswählen
Blauregen (Wisteria floribunda »Macro-botrys«)	S	8	Blau-violett	5 bis 6	○	Blütentrauben bis 60 cm frei-hängend, wärmebedürftig
Blauregen (Wisteria sinensis)	S	6 bis 10	Violett Weiß	5 bis 8	○	Kleine Blütentrauben, Duft, nicht so wärmebedürftig
Doldenrebe (Ampelopsis aconiti-folia)	R	4		7 bis 8	○●	
Efeu (Hedera helix)	W	30		9 bis 10	◐●	Immergrün, dicht, 1 bis 3 m Wachstum pro Jahr
Felsenmispel (Cotoneaster horizon-talis)	K	1,5		6	○●	Drückt sich auch ohne Stütze an der Wand hoch
Feuerdorn (Pyracantha coccinea)	Sp	3	Weiß	5 bis 6	○●	Immergrün
Geißblatt (Lonicera x heckrottii)	S	3 bis 4	Gelbl. Purpur	6 bis 9	◐●	Duft
Heimisches Geißblatt (Lonicera xylosteum)	S W	3	Gelbl.	6 bis 9	◐●	Duft
Jasmintrompete (Campsis radicans)	S W	10	Orange Rot	7 bis 9	○	Frostempfindlich
Kletterhortensie (Hydrangea anomala)	W	17	Weiß	6 bis 7	◐●	Kriecht auch auf dem Boden
Kriechspindel (Euonymus fortunei ‘vegetus)	W	2			◐●	Immergrün
Pfeifenwinde (Aristolochia durior)	S	10	Grün Gelb	5 bis 6	◐●	Seltsame Blütenform
Schlingenknöterich (Bilderdykia aubertii)	S	8 bis 15	Weiß	8 bis 10	○◐	Wächst 2 bis 5 m pro Jahr, wuchert, blüht lange
Alpenwaldrebe (Clematis alpina)	R H	1 bis 2	Violett	5 bis 7	○◐	Hauptsächlich hängend
Einheimische Waldrebe (Clematis vitalba)	R H	10	Weiß	7 bis 9	○◐	Auch auf trockenem Boden, bildet hängende Schleppen
Anemonenwaldrebe (Clematis montana)	R H	10	Rosa	5	○◐	Frühe Blüten, dicht, beliebte Vogelnistplätze

Zierpflanzen zur Fassadenbegrünung (Fortsetzung)

Arten		max. Höhe in m	Blüten-farbe	Blüten-monat	Standort	Besonderheiten
Winterjasmin (Jasminum nudiflorum)	K H	2 bis 5	gelb	1 bis 3	○◐	Die ersten Blüten im Jahr
Staudenwicke (Lathyrus latifolius)	R	2	rosa	7 bis 9	○	Dauerblüher

Zeichenerklärung:
S = Schlingpflanze; schlingt mit dem ganzen Sproß
Sp = Spalierpflanze; muß überall angebunden werden
K = Spreizklimmer; muß geleitet werden
W = Wurzelkletterer; braucht keine Kletterhilfe
R = Rankpflanze; klettert mit Ranken
H = auch zum Herabhängen geeignet

Standortansprüche:
○ = Volle Sonne, Wand – Ausrichtung nach SO, S, SW
◐ = Halbschatten, Wand – Ausrichtung nach SW, W, NW oder NO, O, SO
● = Vollschatten, Wand – Ausrichtung nach NW, N, NO

An jüngeren Ruten – nicht an einjährigen! – werden die Seitentriebe auf 3 bis 4 Augen zurückgenommen.
Die beste Düngung für Rosen ist verrotteter Pferde- oder Rindermist. Außerdem brauchen sie Kompost. Wo kein Mist vorhanden ist, wird neben dem Kompost ein organischer Dünger wie Guano oder Horn-Blut-Knochenmehl gestreut. Neben dieser Grunddüngung im März bekommt den Rosen eine zweite Gabe nach der ersten Blüte gut, vielleicht ergänzt durch Brennesseljauche. Ab August darf keine Rose mehr gedüngt werden. Die jungen Triebe müssen jetzt ausreifen. Verholzen sie nicht gründlich genug, weil die Düngung zu triebig ist, dann erfrieren die Triebe.
Ein lockerer Boden, mit einer Mulchdecke geschützt, beugt Krankheiten vor. Gegen Pilzkrankheiten kann man vorbeugend Schachtelhalmbrühe spritzen. Alles Verblühte und Verwelkte muß regelmäßig abgeschnitten werden. Remontierende Rosen dürfen im Herbst einige Hagebutten behalten – als Wintervorrat für hungrige Vögel.

Rank- und Kletterpflanzen

An Pergolen und Gartenhäuschen, an der Garage und so mancher Hauswand ist Platz für rankende, kletternde, immergrüne oder blühende Pflanzen. Sie bilden ein luftiges grünes Dach über Lauben, bremsen den Wind, halten Regen ab und können sogar etwas Lärm dämmen. Besonders wertvoll sind die Rank- und Kletterpflanzen als Fassadenbewuchs am Haus. Hier wirken sie zusätzlich als Wärmedämmung. Das Umweltbundesamt hat nachgemessen: Ein Luftpolster zwischen Blattwerk und Wand von 5 Zentimetern Stärke entspricht in seiner Wärmedämmung ungefähr einer Doppelglasscheibe. An Windseiten sollte der Bewuchs besonders dick sein, dann ist seine Schutzwirkung sehr gut. An den Wetterseiten schützt so ein »grüner Pelz« vor Schlagregen und Fassadenauswaschungen. Der lebendige Bewuchs einer Wand ist ein Refugium für Vögel und Insekten, ein zusätzlicher Lebensraum, der die Funktion eines Gartens als ökologische Nische erweitert.

● *Selbständige Wurzelkletterer* wie der Efeu, die Kriechspindel oder die selbstkletternde Jungfernrebe brauchen kein Gerüst. Sie halten sich mit Hilfe von Haftscheiben fest. Einige haben kleine Würzelchen, die in winzige Spalten eindringen und anschwellen. Wurzelkletterer wachsen langsamer als die Gerüstranker. Vor allem die immergrünen Arten wie der Efeu brauchen Jahre, bis sie eine Wand begrünt haben. Dafür brauchen sie kaum beschnitten zu werden. Sie bilden einen dichten, schuppenartigen Blatt-Teppich aus, an dem der Regen herabläuft.

- *Schlinger* brauchen Halt durch Drähte, Schnüre oder Latten, die mit Distanz an der Hauswand angebracht sein müssen. Sie drehen sich um die Kletterhilfen und wachsen senkrecht hoch. Waagrechte Kletterhilfen werden nicht bewachsen.
- *Ranker* halten sich mit Ranken, mit Blättern oder Blütenstielen an Drähten und Latten fest. Sie wachsen nach allen Seiten.
- *Spreizklimmer* entwickeln Stacheln, Dorne oder kurze Seitentriebe, mit denen sie sich an einem Spalier halten. Sie müssen oft geschnitten werden, wenn sie nicht allzu wild wachsen sollen.
- *Einjährige Gemüsekulturen* wie Feuer- oder Stangenbohnen und Erbsen eignen sich auch als Fassadenbewuchs. An einer schützenden Wand bringen sie besonders gute Ernten. Sie zählen zu den Schlingern.

Alle Arten können so geführt werden, wie sie wachsen sollen. Achten Sie auf eine dichte Verflechtung der Triebe. Denn im Herbst werfen die meisten Arten ihr Laub ab. Um den Klimaschutz zu erhalten, sollten die Triebe ein möglichst dichtes Netz bilden.

An die Südseite eines Hauses muß eine blattabwerfende Pflanze, damit sich die Mauern durch die Wintersonne erwärmen können. Sie kann auch für einen Bewuchs durch ein Obstspalier genützt werden.

An die Westseite, die Wetterseite, gehört ein immergrüner, selbstkletternder Bewuchs, der einen dichten, grünen Teppich bildet. Auch ein Gerüst mit starkem Bewuchs und guter Verflechtung der Triebe ist geeignet.

An die Ostseite kommen ähnliche Pflanzen wie an die Westseite. Weil diese Wände im Regenschatten liegen und weil hier durch die Strahlen der Morgensonne der Tau am schnellsten verdunstet, sollten keine allzu durstigen Pflanzen gewählt werden. Solange sie jung sind, müssen sie gegebenenfalls gewässert werden.

Pflege

Rank- und Kletterpflanzen erbringen zum Teil gewaltige Wuchsleistungen und entwickeln Jahr für Jahr enorme Blattmassen. Deshalb brauchen sie gute Ernährung durch Kompost, organischen Dünger und Pflanzenjauchen. Machen Sie das Pflanzloch nicht zu klein. Die Pflanzen sollten in 15 Zentimeter Abstand von der Wand gesetzt werden. Das Pflanzloch soll 30 × 30 Zentimeter groß und 50 Zentimeter tief sein. Erde ausheben, gut mit Kompost, Steinmehl und langsam fließenden organischem Dünger wie Hornspäne vermischen. Eventuell wird wieder etwas Erde zurückgefüllt damit die Pflanze nicht zu tief im Boden sitzt. Die Wurzeln der Pflanze sollten unbedingt die Möglichkeit haben, ins Erdreich der Umgebung vorzudringen, auch wenn es aus nicht viel mehr als Bauschutt besteht. Alle Klettergehölze brauchen Schatten im Wurzelbereich. Sie sind empfindlich gegen Bodenwärme. Eine Mulchschicht muß immer das Erdreich über den Wurzeln abdecken. Wo noch Platz ist, können vor den Stamm auch kleine immergrüne Stauden oder Gehölze gesetzt werden, die den Boden dauerhaft beschatten.

Ziersträucher

In den biologischen Garten passen als Ziersträucher am besten solche, die noch viel von ihrem ursprünglichen Wildcharakter bewahrt haben. Sträucher, die nicht nur durch ihre Blütenpracht das Auge erfreuen, sondern die Lebensraum sind für Vögel und Kleinlebewesen. Solche blühenden und fruchtenden Gartensträucher wurden wenig oder gar nicht züchterisch bearbeitet und sind sehr anspruchslos. Sie gedeihen in der Sonne ebensogut wie im Halbschatten. Außer einem sparsamen Rückschnitt und gelegentlichem Auslichten brauchen sie keine Pflege. Zur Nährstoffversorgung genügen jährliche Kompostgaben. Solche Ziersträucher sind beispielsweise die Berberitze, der Hartriegel, die Schneebeere, die Felsenbirne, der Holunder, die Zwerg- und Felsenmispel und der Flieder. Viele Sträucher passen gut in eine naturgemäß zusammengestellte Mischhecke (vgl. »Biotope im Garten«). Bedenken Sie beim Pflanzen, daß einige dieser Sträucher eine stattliche Größe erreichen können. Sie werden je nach Art und Sorte zwischen 2 und 4 Meter hoch.

Rechte Seite, links (von oben nach unten): Lilie, Kaiserkrone und Dahlie sind Blumen, die aus Knollen wachsen. Die Dahlie ist frostempfindlich. Die Kaiserkrone ist winterhart, ebenso wie die meisten Liliensorten.
Rechte Seite, rechts (von oben nach unten): Ob wilde Heckenrose oder Tee-Hybride oder Strauchrose – Rosen verzaubern jeden Garten. Heckenrosen liefern im Herbst eßbare Früchte als Winterfutter für Vögel – oder für Hagebuttenmark.

Lilie, Lilium umbellatum, Liliaceae

Heckenrose, Rosa canina, Rosaceae

Kaiserkrone, Fritillaria imperialis, Liliaceae

Edelrose, Rasa dilecta (»Polarstern«), Rosaceae

Mignondahlie, Dahlia pinnata, Compositae

Strauchrose, Rosa moschata, Rosaceae

Bäume

Zu jedem Haus gehört ein Baum – so war es früher. Heute sind die Häuser größer und die Gärten kleiner geworden. Raum auszugeben für einen Baum, ist nicht mehr selbstverständlich. Im biologischen Garten sollte das anders sein. Bäume haben eine wichtige Funktion in der Lebensgemeinschaft Garten. Sie bieten Nahrung und Nistplätze, Schutz und Schatten für Tausende von Tierarten. Sie filtern Schadstoffe und Staub aus der Luft, sie bremsen Wind und Lärm. Ein Laubbaum, 80 Jahre alt, mit einem Kronendurchmesser von 15 bis 20 Metern, erzeugt pro Jahr soviel Sauerstoff, wie zehn Menschen in diesem Zeitraum zum Atmen brauchen. Messungen des Bayerischen Umweltministeriums ergaben, daß in einer Straße, an der rechts und links Bäume stehen, der Staubanteil der Luft um 60 bis 70 Prozent niedriger ist als an einer nicht von Bäumen gesäumten Straße. Das ist eine Zahl, die ahnen läßt, wieviel staubförmige Imissionen – auch die gefürchteten Schwermetalle – so ein Baum der Lunge des Gartenbesitzers erspart.
Nadelgehölze behalten ihre Nadeln bis zu sechs Jahren – sie leiden als erste unter der Luftverschmutzung, schneller als ein Laubbaum, der seine Blätter jedes Jahr abwirft. Vor allem in Städten und Ballungsgebieten sind sie gefährdet. Nadelgehölze sind ihrer Natur nach Waldbäume. Sie gedeihen in der engen Nachbarschaft anderer Bäume und Sträucher, unter den Lichtverhältnissen, dem leicht sauren Boden und der hohen Luftfeuchtigkeit des Waldes am besten. Noch schwieriger für Pflanzen ist ein Gartenleben, wenn sich der Gartenbesitzer Koniferen ausgesucht hat, die nicht in den Wäldern der Umgebung heimisch sind und vielleicht aus kargen und extremen Klimagebieten kommen. Dieter Wieland, Autor, Regisseur und profunder Kenner von Landschaft und Gartengrün: »Bäume, von Natur her ausgestattet, wochenlange Trockenheit und Hitze zu ertragen. Bäume, die auf Hochgebirgsfelsen stehen und in ganz anderen Klimazonen. Die mit einem Fingerhut von Humus noch gedeihen können. Diese Hungerkünstler also stellen wir in unser mildes Klima in den Garten und mästen sie mit Dünger, Mist und Gartenschlauch, daß sie aufgehen wie eine Mastsau im Fertigstall. Und in ihrer Heimat haben sie geduftet.«
Bedenken Sie bei Auswahl und Kauf, daß so ein Baum ein Gärtnerleben lang stehenbleibt, wie groß er wird und für welche Gartengröße er gedacht ist. In Versandkatalogen findet sich oft der Hinweis »industriefest« bei bestimmten Arten. Solche Bäume halten vor allem die Rauchbelastung in Ballungsgebieten besser aus als andere. Wer in der Baumschule kauft, bekommt dort geeignete Arten und Sorten empfohlen.

Ahorn

Ahorn gibt es in vielen Arten, vom zierlichen kleinen Strauch bis zum mächtigen Baum. Sie gedeihen in jedem guten Gartenboden. Neben den grün- gibt es dekorative rotblättrige Bäume. Der heimische Feldahorn wird etwa 15 Meter hoch.

Birke

Sie wachsen besonders schnell und bilden nur schmale Kronen. Sie vertragen auch Sand und etwas sauren Boden. Birkenblätter bereichern den Frühlingssalat. Birken werfen lichten Schatten und wirken besonders apart durch ihre schwarzweiße Rinde.

Buche

Buchen sind nur für große Gärten geeignet – noch die zierlichste wird 15 Meter hoch.

Eberesche

Die Gemeine Eberesche ist auch unter der Bezeichnung »Vogelbeerbaum« bekannt. Und als Nahrungslieferant für Vögel, die die roten Beeren im Winter schätzen, ist der Baum wichtig.

Esche

Die Gemeine Esche, die stattliche 40 Meter Höhe erreicht, ist für den Garten zu groß. Geeignet ist eher die Traueresche, die bis zu 10 Meter hoch wird, und die Blumenesche.

Hainbuche

Sie verträgt auch Schatten und wächst auf jedem Boden. Hainbuchen sind beliebte Heckenpflanzen. Als Solitärbaum erreicht sie bis zu 20 Meter Wuchshöhe.

Kastanie

Roßkastanien mit ihren weißen oder roten Blütenkerzen erreichen einen Kronendurchmesser von 12 Metern und werden bis zu 25 Meter hoch.

Linde

Der zur Blütezeit süßduftende Lindenbaum ist ein Magnet für Bienen. In normalen Hausgärten ist allerdings selten Platz für den ausladenden Baum, der 30 Meter hoch und viele hundert Jahre alt werden kann. Die Sommerlinde hat größere Blätter als die Winterlinde.

Robinie

Kugelakazien werden nur 4 Meter hoch und bilden runde Kronen. Die Strauch-Akazie blüht rosa, wird 3 Meter hoch und hat einen strauchartig lockeren Wuchs.

Salweide

Die »Kätzchenweide« blüht sehr früh und bietet den Bienen die erste Nahrung im Jahr. Die Salweide wird 3 bis 8 Meter hoch und liebt wie alle Weiden einen feuchten Standort. Falls sie zu groß wird, kann sie problemlos geschnitten werden.

Rasen und Wiese

Einen einheitsgrünen Rasen, weder von einem Kleeblättchen noch von einem Gänseblümchen verunziert, wird man in einem biologisch gepflegten Garten kaum finden. Solch eine Gras-Monokultur, ein reiner Zierrasen, paßt nicht hierher. In einem biologisch gepflegten Rasen stören ein paar Wildkräuter nicht. Wer ausdrücklich keine Wiese, sondern einen Rasen haben möchte – zum Betreten, Spielen, Toben –, der wählt am besten eine Sport- oder Spielrasenmischung. Gesät wird im Frühjahr, wenn keine Frostgefahr mehr besteht, am besten an einem bedeckten Tag. Der Boden wird gelockert und eventuell mit Kompost angereichert. Dann wird die künftige Rasenfläche mit dem Rechen geglättet und anschließend planiert. Dann wird breitwürfig gesät. Nehmen Sie nicht mehr Saatgut, als auf der Packung angegeben ist. Danach wird die Fläche am besten mit einer Walze angedrückt, die man sich beim Gärtner oder bei einem Gartenbauverein ausleihen kann. Jetzt muß die gesamte Fläche gut feuchtgehalten werden. Das ist einfacher, wenn sie mit Schlitzfolie abgedeckt wird. Wenn die Gräser 10 Zentimeter hoch sind, wird zum erstenmal gemäht. Das geschieht am besten mit einer Sense. Beim ersten Schnitt werden nur die Spitzen entfernt.

Rasenflächen brauchen nach dem ersten Sensenschnitt eine stickstoffbetonte Düngung. Gießen mit Brennesseljauche an einem trüben Tag ist die billigste Maßnahme. Danach ist die Düngung überflüssig. Wer einen Mulchmäher besitzt, der das Gras gleich kleinhäckselt, oder wer einfach öfter mäht und das kurze Gras liegen läßt, sorgt für Nahrungsnachschub für das Bodenleben unter dem Rasen. Gemäht werden muß in diesem Fall bei sonnigem Wetter.

Wenn der Rasen nicht zum Fußballspielen oder Toben gebraucht wird, wenn er öfter gemäht werden soll und dennoch blühen darf, nehmen Sie eine fertige Blumenrasen-Mischung. Sie enthält niedrige, ausdauernde Blumen wie Gänseblümchen, Duftveilchen und Kissenprimeln. In eine solche Blumenrasen-Fläche können Sie noch die Zwiebeln von Schneeglöckchen, Krokus und Winterlingen stecken. Sie verwildern bei sorgsamer Behandlung und bilden immer größere Blütenkissen. Wichtig ist, daß das Laub nach dem Abblühen noch so lange stehenbleibt, bis es vergilbt. Erst dann darf gemäht werden.

Eine Blumenwiesen-Mischung enthält langsam wachsende niedrige Rasengräser und die Samen von Wiesenblumen und Kräutern wie Margeriten, Kornblumen, Grasnelken, Wiesensalbei, Inkarnatklee und Klatschmohn. Der Boden darf vor der Aussaat keinesfalls gedüngt werden, sonst sind die Blüher im zweiten Jahr verschwunden. Mischen Sie das Saatgut mit Sand, dann läßt es sich gleichmäßiger ausstreuen. Die Blumenwiese wird ein- bis zweimal gemäht. Zum erstenmal im Juni, das zweitemal im Oktober. Wichtig ist, daß sich die Gräser und Blumen vor dem Mähen aussamen können. Eine Blumenwiese darf nicht mit stickstoffhaltigen Düngern behandelt werden. Eine gelegentliche Gabe von Steinmehl, bei Bedarf auch von Kalk, ist das einzige, was sie eventuell braucht. Wer aus seinem Rasen eine Blumenwiese machen möchte, düngt ihn schon im Vorjahr nicht mehr. Die alte Grasnarbe muß aufgerissen und stellenweise entfernt werden, damit die Blumen- und Kräutersamen Platz finden. Diese Arbeit kann man von Hand oder mit einer Fräse erledigen. Dann wird das Saatgut mit Sand vermischt, über die ganze Fläche ausgestreut und gewalzt. Möglicherweise muß die Aussaat im zweiten Jahr wiederholt werden. Dann haben sich in den Rasenböden solch große Stickstoffvorräte angesammelt, daß die Blumen und Kräuter nur einen Sommer überstehen. Auch die zum Teil hochwachsenden Gräser eines normalen Rasens stören in diesem Fall. Um aus einem Rasen eine Blumenwiese zu machen, braucht man Geduld – und kein Gramm Dünger. Außerdem kann auf Dauer nur das blühen, was im jeweiligen Klima und bei den herrschenden Bodenverhältnissen gedeiht.

Biotope im Garten

Ein Biotop im Garten – Lebensraum und ökologische Lernhilfe

Ein Biotop im Garten ist Lebensraum für spezifische Tier- und Pflanzengemeinschaften, die hier einen selten gewordenen Zufluchtsort finden. Es ist eine ökologische Nische, ein Knoten im Netz solcher Refugien für die immer stärker bedrohte Flora und Fauna. Sinnliche Wahrnehmung der Natur, der Wechsel von Jahreszeiten, von Wachsen und Vergehen ist hier in einer Weise möglich wie nirgends sonst im kultivierten Garten. Hier können wir lernen, die Natur zu fühlen, Zusammenhänge zu durchschauen, Freude an ihr zu haben.

Unser Bewußtsein ist weitgehend geprägt von der Industriegesellschaft, vom Zeitrhythmus der Arbeit, von Lärm und Technik. Es bietet Gelegenheit, Grundregeln des Naturgeschehens zu durchschauen, die sich über Millionen Jahre hinweg zwar veränderten und entwickelten, die aber nie die Lebensgrundlagen des Gesamtsystems in Frage stellten. Die Vernetzung von Stoff- und Energieflüssen, die Prinzipien von Mehrfachnutzung und Symbiosen werden erkennbar und helfen, uns zu lösen vom gewohnten linearen Denken (»Anfang« – »Ende») und uns zu öffnen für ein Kreislaufdenken, das den Prinzipien der Natur entspricht. Ein Biotop anzulegen, das ist auch unverzichtbarer Optimismus, daß angesichts gewaltiger ökologischer Probleme nicht alles zu spät und verloren ist; daß es Sinn macht, Ökologie in Form von biologischem Gartenbau zu praktizieren.

Ein wunderschönes Gestaltungselement für den Garten und ein Biotop zugleich ist der Gartenteich. Gelbe Iris und Lilien, Akelei und Tannenwedel, Seerosen und viele Wildkräuter gedeihen am Wasser. Große Steine befestigen die Teichfolie am Rand und dienen Fröschen und Molchen als Kletterhilfe beim Ausstieg aus dem Wasser (links).

Die Dauerwiese

Im Kapitel »Der Blumengarten« haben wir gesehen, wie aus einem Einheitsrasen mit Hilfe fertiger Samenmischungen eine Blumenwiese werden kann. Solche Wiesen sind vor allem im ersten Jahr besonders schön. Der leuchtende Klatschmohn und die blauen Kornblumen verschwinden leider im zweiten Jahr, mehrjährige Stauden und Gräser überwiegen. Deshalb sollten in so einer Samenpackung auch mehrjährige Arten vorhanden sein. Der Boden unter dem Rasen, der zur Wiese wird, verliert nicht von heute auf morgen seine Nährstoffvorräte. Deshalb wird der Gartenbesitzer in den ersten Jahren eine Fettwiese in seinem Garten haben. Sie ist nicht so artenreich und bunt wie die Magerwiese. Aber sie eignet sich zum Anpflanzen von Obstbäumen. Die dürfen niemals auf eine Magerwiese, denn sie brauchen einen nährstoffreichen Boden, Kompost und gelegentliche Jauchedüngung. Eine Fettwiese wird 2- bis 3mal im Jahr gemäht. Wird dazu ein Mulchmäher verwendet, kann das Gras liegenbleiben. Soll die Fettwiese im Laufe der Zeit in eine Magerwiese verwandelt werden, muß der Grasschnitt unbedingt abtransportiert werden. Er eignet sich als Mulchmaterial für Baumscheiben und Hecken und zum Kompostieren. Für Gemüsebeete kann er nicht verwendet werden, denn er enthält zu viele Samen von Wildkräutern und Gräsern. Sie können aber aus diesem wertvollen, eiweißreichen Schnittgut Heu machen.

Es dauert durchschnittlich 5 Jahre, bis aus einem Rasen ohne zusätzliche Einsaat eine Wiese geworden ist. Der Rasen wird nicht mehr gedüngt, nur

Bunt und vielfältig ist das Leben auf einer Blumenwiese. Schmetterlinge, Bienen und Vögel gaukeln und schwirren darüber. Frösche, Käfer und der Maulwurf finden hier eine Heimat.

1 Schwalbenschwanz
2 Kleebunteule
3 Tagpfauenauge
4 Blutströpfchen
5 Kohlweißlingsraupe
6 Gr. Kohlweißling
7 Spannerraupe
8 Erdhummel
9 Wegwespe
10 Schwebfliege
11 Honigbiene
12 Feldlerche
13 Marienkäfer
14 Saumwanze
15 Weichkäfer
16 Kohlschnake
17 Grasfrosch
18 Maulwurf

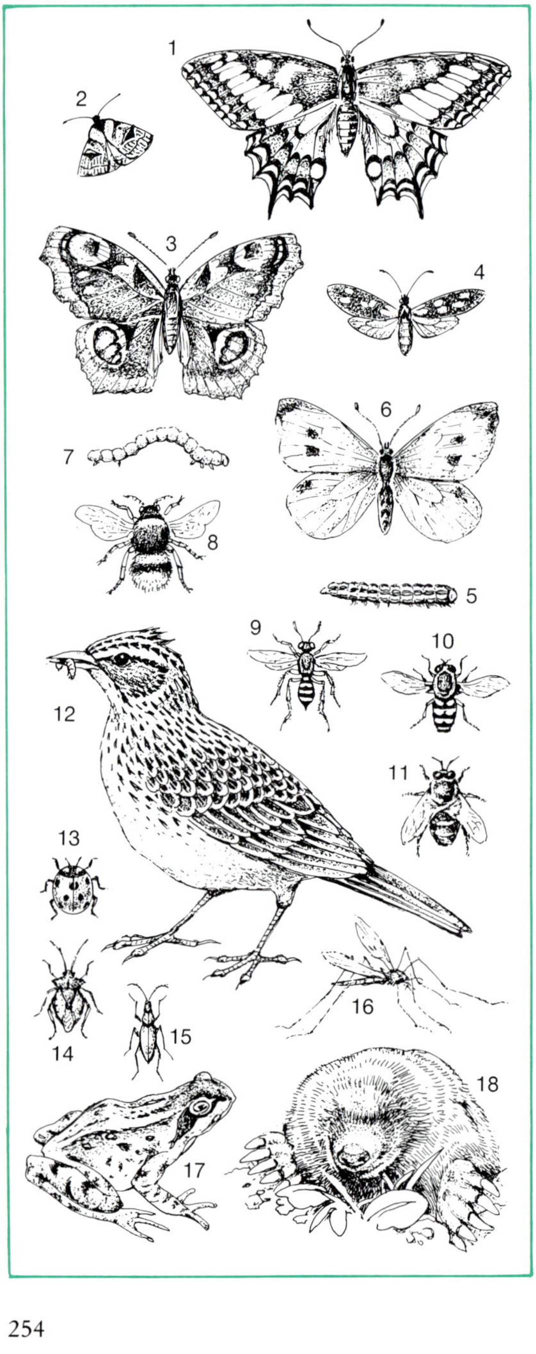

noch 3mal im Jahr gemäht und das Schnittgut abtransportiert. Weitere Jahre vergehen, bis aus der Fett- eine Magerwiese geworden ist und sich deren typische Artenvielfalt stabilisiert hat. Wer nicht so viel Geduld aufbringt, kann die Entwicklung beschleunigen. Dazu wird der alte Rasen 6 bis 8 Zentimeter tief abgetragen. Auf dem nun offenen Boden dürfen Steine liegenbleiben. Ist er sehr humos, wird Sand eingearbeitet. Im ersten Jahr werden sich Wildkräuter ansiedeln, im zweiten Gräser und Blumen. Wer sich nicht nur auf zufliegende Samen verlassen möchte, kann die Samen vieler Wildblumen kaufen (s. Anhang). Er kann auch von Spaziergängen in der Umgebung hin und wieder selbst gesammeltes Saatgut mitbringen und ausstreuen. Was er nie tun sollte: Wildpflanzen ausgraben und zu Hause wieder einsetzen. Sie fehlen an ihrem natürlichen Standort. Und selbst wenn sie aus der näheren Umgebung stammen, ist gar nicht gesagt, daß sie sich in einem Garten wohlfühlen. Sie brauchen vielleicht ein ganz spezifisches Kleinklima, ganz bestimmte Bodenverhältnisse, um zu gedeihen.

Wer seinen alten Rasen komplett abträgt, muß 2 bis 4 Jahre warten, bis er eine relativ magere Wiese im Garten hat. Die Methode ist leider sehr arbeitsintensiv. Leichter – und für aufmerksame Beobachter der Natur im Garten sicher interessanter – ist die Methode des langsamen Abmagerns. Der Gartenbesitzer kann sich dabei jedes Jahr über neue Wildkräuter, nie zuvor dort gesehene Blumen und Schmetterlinge freuen.

Das Mähen einer Dauerwiese

Zum Mähen nimmt man am besten eine scharfe Sense. Für große Flächen eignet sich ein Motormäher mit Mähbalken. Mähen Sie große Wiesen nicht auf einmal, damit kleinere Tiere sich rechtzeitig in Sicherheit bringen können. Alles Gras muß entfernt werden. Fettwiesen werden im Juni gemäht und ein zweitesmal Anfang Oktober. Bei Magerwiesen läßt man die Pflanzen aussamen und mäht nur noch einmal, im September. Als Heu ist dieser Schnitt nicht mehr viel wert. Er ist dürr und eiweißarm. Aber zum Kompostieren oder als Mulchmaterial für eine junge Hecke eignet er sich allemal. Wer eine große Wiese hat, der kann sie viele Monate des Sommers nicht betreten. Das wird lästig, wenn dadurch der Zugang zu anderen Teilen des Gartens erschwert oder unmöglich gemacht wird. Mähen Sie einfach mähbalkenbreite Rasenwege in die Wiese. Sie werden regelmäßig kurzgehalten. So können Sie auch entfernte Winkel des Gartens aufsuchen und haben dabei die

Gelegenheit, im Vorbeigehen die Flora und Fauna der Wiese genauer anzuschauen.

Die artenreiche Magerwiese

Die Magerwiese wächst am langsamsten und ist am artenreichsten. Blindschleiche und Zauneidechse, Grille und Heuschrecke finden hier ihren Lebensraum. Ein Dutzend Arten von Insekten können sich auf einer einzigen Dolde des Bärenklau versammeln. Alle Gartenschmetterlinge tummeln sich auf der Wiese. Je magerer und artenreicher sie wird, desto mehr typische Wiesenschmetterlinge finden sich ein: das Ochsenauge, das Schachbrett, der Hauhechelbläuling. Bienen, Käfer und Fliegen in reicher Zahl locken Vögel an, die sonst keinen Fuß in Ihren Garten gesetzt hätten, wie zum Beispiel den Grauschnäpper.
Eine Blumenwiese lockt im allgemeinen ungefähr viermal mehr Vogelarten an als der einheitsgrüne Gartenrasen.

Der Gartenteich

Der Gartenteich bietet eine Überlebenschance für Tiere und Pflanzen, die auf stehende Wasserflächen angewiesen sind. Solche Gewässer und Sumpfzonen sind in der freien Natur lebensbedrohend selten geworden. Ein ökologisch sinnvoller Teich ist mehr als ein wassergefülltes Loch: Er bietet mit unterschiedlichen Wassertiefen und Uferbereichen ganz verschiedene Lebensräume. Er wird mit Pflanzen eingefaßt und bepflanzt, die nicht nur dekorativ sind, sondern auch Nutzen für die Tiere im und am Teich haben. Er ist ein unerschöpfliches Studienobjekt für alle, die etwas über und von der Natur lernen wollen. Und mit all seinen Libellen, Käfern, Blüten, Gräsern ist er ganz einfach wunderschön!

Der Standort

Wird der Teich im Schatten angelegt, so entsteht ein pflanzenarmer Weihertyp, der so ähnlich aussieht wie ein Waldweiher. Für ganz bestimmte Tierarten wie zum Beispiel Bergmolch oder Erdkröte ist er ein angemessener Lebensraum. Liegt der Teich in der vollen Sonne, so wachsen Algen und Wasserpflanzen am stärksten. Das kann Probleme geben, weil der Teich leicht völlig zuwächst. In und um einen solchen Teich siedeln sich gerne Wasserfrosch und Libelle an. Optimal für den Gartenteich ist ein Standort im Halbschat-

In der Blumenwiese dürfen sie ungestört leben: Schermaus und Schnecke sind im übrigen Garten nicht besonders gern gesehene Gäste. Haben sie eine Wiese als Lebensraum, lassen sie die Beete meist unangetastet.

19 Maulwurfsgrille
20 Feldgrille
21 Ohrwurm
22 Ameisen
23 Regenwurm
24 Gr. grünes Heupferd
25 Feldheuschrecke
26 Weberknecht
27 Schnirkelschnecke
28 Gr. Wegschnecke
29 Kreuzspinne
30 Totengräber
31 Wolfsspinne
32 Feldmaus
33 Schermaus

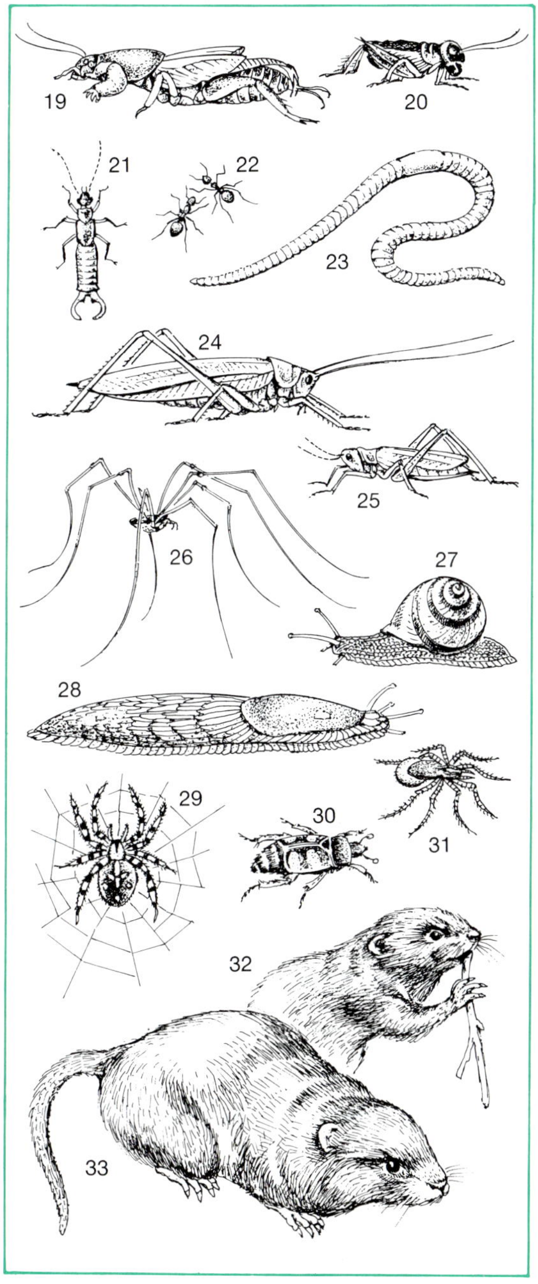

Wiesenpflanzen und ihre Standortansprüche

Bach-Nelkenwurz	*feucht*	Märzenbecher	*feucht*
Blutstorchschnabel	*trocken*	Odermennig	*mager, trocken*
Blutweiderich	*feucht*	Pechnelke	*trocken, kalkfliehend*
Brunelle	*anspruchslos*	Pfennigkraut	*feucht*
Bärenklau	*lehmig, feucht*	Prachtnelke	*feucht*
Echtes Labkraut	*trocken, sandig*	Schafgarbe	*mager, trocken*
Echtes Mädesüß	*feucht*	Scharfer Hahnenfuß	*fett, leicht feucht*
Elfenkrokus	*mager, trocken*	Schneeglöckchen	*feucht*
Esparsette	*trocken, kalkhaltig*	Silberdistel	*mager, trocken*
Frühlingskrokus	*feucht*	Skabiosen-Flockenblume	*nicht zu trocken*
Gamander-Ehrenpreis	*fett, leicht feucht*	Spitzwegerich	*leicht feucht*
Gewöhnlicher Frauenmantel	*fett, leicht feucht*	Trollblume	*feucht*
		Trompeternarzisse	*feucht*
Grasnelke	*mager, sandig*	Vogelwicke	*fett, leicht feucht*
Gundermann	*feucht*	Wegwarte	*trocken*
Guter Heinrich	*trocken*	Wiesen-Flockenblume	*trocken*
Gänseblümchen	*fett, leicht feucht*	Wiesen-Glockenblume	*fett, leicht feucht*
Günsel	*feucht*	Wiesenbocksbart	*lehmig, leicht feucht*
Hahnenfuß	*feucht*	Wieseniris	*feucht*
Hauhechel	*trocken*	Wiesenkerbel	*fett, leicht feucht*
Heidenelke	*sandig, trocken*	Wiesenknöterich	*feucht*
Hohe Schlüsselblume	*feucht*	Wiesenkümmel	*feucht*
Hornklee	*trocken*	Wiesenlabkraut	*feucht*
Johanniskraut	*leicht, trocken, sauer*	Wiesenmargerite	*mager, trocken*
Karthäusernelke	*kalkhaltig, mager, trocken*	Wiesenpippau	*feucht*
Klatschmohn	*anspruchslos*	Wiesenplatterbse	*feucht*
Klee	*trocken, mager*	Wiesenraute	*feucht*
Kleine Bibernelle	*anspruchslos*	Wiesensalbei	*kalkhaltig*
Kleiner Wiesenknopf	*kalkhaltig*	Wiesensauerampfer	*fett, leicht feucht*
Knäuel-Glockenblume	*feucht, kalkhaltig*	Wiesenschaumkraut	*feucht*
Kronwicke	*mager, trocken*	Wilde Möhre	*fett, leicht feucht*
Kuckucks-Lichtnelke	*feucht*	Witwenblume	*fett, feucht*
Leimkraut	*trocken*	Wundklee	*kalkhaltig*
Löwenzahn	*fett, leicht feucht*		

ten. Dort wachsen Pflanzen gut, ohne gleich zu wuchern. Und die Artenvielfalt unter den Tieren, die sich einfinden, ist am größten. Der Halbschatten wird am besten dadurch erreicht, daß der Teich in Hausnähe angelegt und vom Haus zu bestimmten Tageszeiten beschattet wird. Ein Baum oder Sträucher eignen sich nicht als Schattenspender: Ihr Laub fällt im Herbst in den Teich und sorgt für unerwünschte Nährstoffzufuhr. Ihre Wurzeln können die Abdichtung des Teiches angreifen. Schließlich muß vor dem Bau noch berücksichtigt werden, wie der Teich gespeist werden soll – zum Beispiel durch Regenwasser vom Dach –, wo der Wasserzulauf liegt, wo – falls nötig – ein Überlauf oder eine Verlandungszone geschaffen werden könnte. Gartenteiche darf man in der Regel ohne Baugenehmigung bauen. Man sollte aber auf gebührenden Abstand zum Nachbargrundstück achten. Wenn ein großer und tiefer Weiher angelegt werden soll, kann eine behördliche Genehmigung nötig werden. Ein Anruf bei der Stadtverwaltung oder dem Landratsamt klärt diese Frage.

Der Bau des Gartenteichs

Früher wurden Gartenteiche betoniert. Die Zeiten der armierten Betonbecken sind vorbei: Billiger und leichter selbst zu machen sind Teiche, die mit Folie abgedichtet werden. Bei geeignetem Untergrund kann auch eine Abdichtung mit Ton versucht werden. Fertige Fiberglasschalen eignen sich nur für kleine Teiche. Sie haben den Nachteil, daß der Gartenbesitzer hier nicht in der Lage ist, die Form seines Teiches selbst zu gestalten, harmonisch dem Garten und der Umgebung anzupassen.

Wenn der Standort des Gartenteichs festgelegt ist, wird die Form abgesteckt und die Grube ausgehoben. Das Loch wird dabei etwas größer und tiefer gemacht, als der fertige Teich später werden soll. Die Ufer des Teiches sollten zumindest an einer Seite flach verlaufen. Steile Wände erschweren das Bepflanzen, denn die Erde rutscht leicht von der glatten Folie. Und sie verhindern die Ansiedlung so mancher Tierart. Für Igel zum Beispiel sind Steilufer eine tödliche Gefahr: Sie ertrinken in so einem wie eine Suppenschüssel geformten Teich, obwohl sie recht gute Schwimmer sind. Auch Vögel brauchen ein flaches Ufer, wenn sie zum Trinken und Baden an den Teich kommen sollen.
Die Größe eines Teiches richtet sich nach der Gartengröße und den Wünschen des Gartenbesitzers. Als Faustregel kann gelten, daß ein Teich mit 2 Metern Durchmesser 50 bis 60 Zentimeter tief sein sollte. Diese Tiefe bietet vielen Kleintieren und Larven ausreichenden Schutz zum Überwintern. Sollen Fische im Teich gehalten werden, ist eine Mindesttiefe von 80 bis 150 Zentimetern nötig, damit sie frostsicher über den Winter kommen. Ein solcher Weiher sollte, damit die Ufer nicht zu steil werden, ungefähr 8 Meter Durchmesser haben. Eine dauerhaft freie Wasserfläche bekommt man nur in Teichen mit mehr als 3 Metern Tiefe, denn so weit unten wurzelt keine Wasserpflanze. Eine solche Wasserfläche ist allerdings auch nicht dagegen gefeit, mit Wasserlinsen oder schwimmenden Wasserpflanzen zuzuwachsen. Der Teich muß nicht an allen Stellen seine maximale Tiefe haben. Es genügt, die Grube an einer Stelle so tief auszuheben. Sie können bei der Anlage des Teiches auch gleich eine Sumpfzone mit einplanen. Sie sollte allerdings keine direkte Verbindung mit dem Teich haben, denn das Wasser wird sonst leicht mit ausgewaschenen Mineralstoffen aus der Gartenerde überdüngt. Wer keinen Platz für eine ausgedehnte Sumpfzone hat, zieht die Teichfolie an einem Ufer hoch und läßt sie noch ein Stück flach weiterlaufen, bevor sie endgültig abgebogen und beschwert wird. So entsteht ein kleiner Verlandungsstreifen, der mit Sumpfpflanzen besetzt werden kann.
Wenn die Grube ausgehoben ist, werden alle spitzen Steine abgesammelt und der Boden festgetreten oder festgeklopft. Zum Schutz der Teichfolie wird der Boden mit einer 5 Zentimeter starken Sandschicht abgedeckt. Falls Wühlmäuse in der Nähe sind, muß unter diese Sandschicht noch ein Maschendrahtgitter zum Schutz gegen die Nager.
Zum Abdichten des Teiches könnte man theoretisch Baufolie nehmen. Besser, wenn auch teurer, sind spezielle Teichfolien aus Polyäthylen, die keine für Pflanzen oder Tiere bedenklichen Stoffe ausscheiden. Folien gibt es in unterschiedlichen Stärken. Je größer der Teich ist, desto dicker sollte die Folie sein – sie soll schließlich viele Jahre halten. Seit neuestem gibt es Profilfolien mit winzig kleinen Noppen. Sie sind angenehm zu bepflanzen, denn die Erde rutscht nicht mehr so

Ein Ufer des Gartenteichs sollte flach verlaufen, damit Frösche und Lurche an Land kriechen können (unten). Wird der Teich an einer Stelle mindestens 80 cm tief ausgehoben, können Amphibien unbeschadet überwintern.

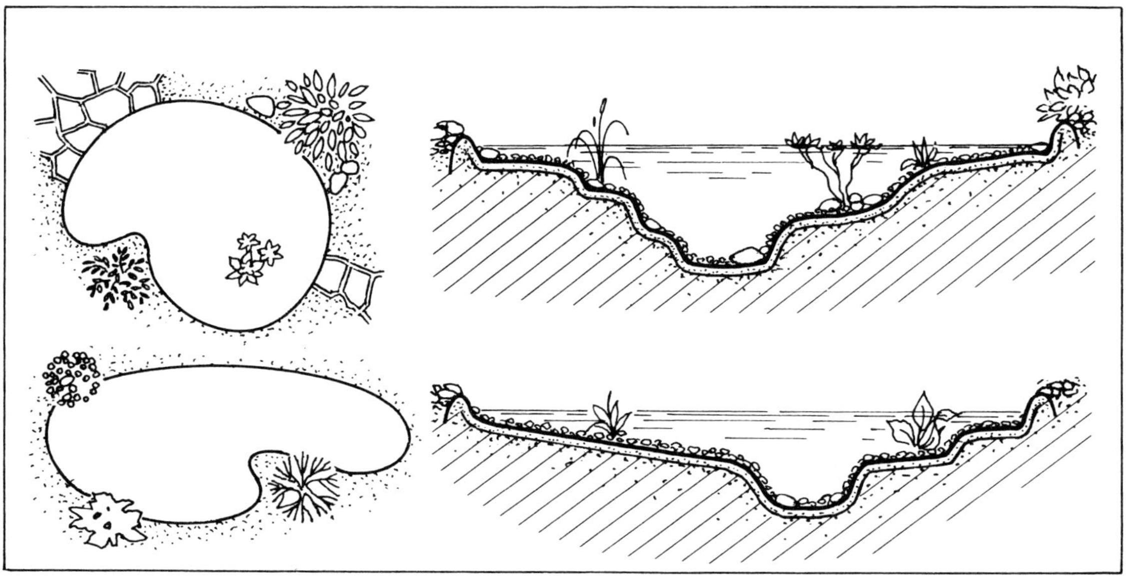

Pflanzen für den Gartenteich

Namen	Wassertiefe (cm)	Standort	Bemerkungen
Schwimmpflanzen			
Froschbiß (Hydrocaris morsus ramae)	ab 15	○	Seerosenähnliche Blätter, blüht weiß von Mai bis August
Krebsschere (Stratiotes)	ab 20–100	○	Prächtige weiße Blüten; große, sternförmige Pflanze
Teichlinse (Spirodela polyrhiza)	ab 5	–	Leicht wuchernd, Nahrungskonkurrent von Algen
Wassernuß (Trapa natans)	ab 10	sauerst. Wasser	Einjährig, sät sich selbst aus, rötliche Herbstfärbung
Schwimmblattpflanzen			
Schwimmendes Laichkraut (Potamogeton natans)	10–100	–	Muß in die Erde eingepflanzt werden; schöne eiförmige, rotbraune, auf der Wasseroberfläche schwimmende Blätter
Seekanne (Nymphoides peltata)	10–100	○◑	Seerosenähnliche Pflanze mit goldgelben Blüten v. Juli–Sept.
Seerose (Nymphaea)	20–90	○	Viele verschiedene Sorten im Handel; rot, gelb oder weiß blühend
Teichrose (Nuphar lutea)	80–120	○	Kleine gelbe Blüten; zahlreiche Unterwasserblätter
Wasserknöterich (Polygonum amphibium)	0–50	○◑	Schöne schwimmende Blätter bei einer Wassertiefe von mehr als 50 cm. Rosa Blüten in der Zeit von Juni–Sept.
Wasserhahnenfuß (Ranunculus aquatilis)	10–50	–	Kleine Schwimmblätter und weiße Blüten
Pflanzenauswahl für feuchte Uferzonen			
Blutweiderich (Lythrum salicaria)	0–20	○◑	Dekorative Pflanze, lila Blütenkerzen; Blütezeit Juli–Sept.
Münzkraut (Lysimachia nummularia)	0–10	○◑	Wächst unter dem Wasser und auf dem Land, goldene Blütenfarbe; Blütezeit Mai–Juni
Sumpfdotterblume (Caltha palustris)	0–20	○◑	Blüht im zeitigen Frühjahr wunderschön gelb
Sumpffarn (Thelypteris palustris)	0–3	○◑	Braucht humosen Boden
Sumpfvergißmeinnicht (Myosotis palustris)	30–50	○◑	Blüht den ganzen Sommer mit blauen Blüten
Wasserlilie (Iris pseudacorus)	0–20	○◑	Blütezeit Juni–Juli. Zahlreiche Sorten und Hybriden
Unterwasserpflanzen zum Wasserklären			
Armleuchtergewächs (Chara fragilis)	20–100		Wurzellose Unterwasserpflanze
Hornkraut (Ceratophyllum demersum)	15–100		Wurzellose Schwimmpflanze, auch für Fischbecken geeignet
Tausendblatt (Myriophyllum spicatum)	20–100		Wintergrüne Unterwasserpflanze

Pflanzen für den Gartenteich (Fortsetzung)

Namen	Wassertiefe (cm)	Standort	Bemerkungen
Wasserpest (Eleodea canadensis)	10–150		Sauerstoffspendende Unterwasserpflanze, besonders gut geeignet für Fischbecken
Wasserfeder (Hottonia palustris)	10–50		Schöne Unterwasserpflanze mit gefiederten Blättern und rosa Blüten, die über das Wasser ragen
Wasserquirl (Hydrilla verticillata)	20–100		Sauerstoffspendende und wasserreinigende Pflanze, auch fürs Fischbecken
Wasserstern (Callitriche palustris)	10–70	○◑	Wasserpflanze mit hellgrünen, kleinen Sternchen an der Wasseroberfläche

Zeichenerklärung:
○ = sonnig
◑ = halbschattig

leicht in die Tiefe wie bei der glatten Folie. Speziell zum Befestigen von Steilufern und Rändern werden Kunststoffmatten angeboten, die denselben Effekt haben. Direkt bepflanzen kann man Taschen aus Jute oder ähnlichen Naturmaterialien, die über den Teichrand gehängt werden und verhindern, daß bei niederem Wasserstand die Folie herausschaut.

Die Größe der Folie wird so bemessen: Sie zählen zur Länge und zur Breite jeweils die doppelte Teichtiefe dazu. Die Folie muß auf jeder Seite noch ein gutes Stück herausragen. Nehmen Sie, wo immer es geht, eine Teichfolie an einem Stück. Meterware zu verarbeiten, ist erstens für den Laien nicht ganz einfach. Und zweitens sind die Dämpfe des Quellschweißmittels, mit dem die einzelnen Bahnen miteinander verklebt werden, beim Einatmen gesundheitsgefährdend.

Die Folie wird vorsichtig über den Teichboden gebreitet. Wo gepflanzt werden soll, muß Erde aufgebracht werden. Humose Gartenerde ist dafür jedoch nicht geeignet, sie ist viel zu nährstoffreich.

Sand oder eine magere Sand-Lehm-Mischung haben sich besser bewährt. Jetzt wird Wasser eingelassen, sehr langsam, sehr vorsichtig, damit die Erde nicht sofort hochgewirbelt wird. Die erste Füllung sollte immer mit dem Gartenschlauch vorgenommen werden, auch wenn der Teich später durch Regenwasser gespeist wird. Ist der Teich voll, soll sich das Wasser erst einige Tage erwärmen und abstehen, bevor gepflanzt wird.

Bei der Gestaltung der Teichränder muß bedacht werden, wie feucht oder trocken sie gehalten werden sollen. Wird die Folie senkrecht hochgezogen und abgeschnitten, bleibt das Wasser im Teich und die Ränder sind trocken. Wird die Folie umgebogen und flach unter die Randbepflanzung gezogen, entsteht eine Dochtwirkung: Das Wasser wird langsam in das umgebende Erdreich gezogen, der Teich leert sich allmählich. Wo dieser Vorgang möglich und erwünscht ist, können so sehr schöne Verlandungszonen entstehen. Wer seinen Teich nicht ständig nachfüllen kann oder will, wird diese Dochtwirkung vermeiden.

Für kleine Tümpel kann man statt der Folie auch Ton als Abdichtungsmaterial nehmen. Die Grube wird ausgehoben und gut festgestampft. Dann kommt eine 20 bis 30 Zentimeter starke Ton- oder Ton-Lehm-Schicht auf den Teichboden, die ebenfalls gut festgestampft werden muß. Während der Bearbeitung soll der Ton unbedingt feucht gehalten werden, sonst wird er hart und rissig. Bei größeren Flächen und Arbeitspausen deshalb den Ton unbedingt mit einer Folie abdecken. Ist die Tonschicht fertig, werden 10 bis 15 Zentimeter Sand oder sandiger Kies aufgebracht, in dem später Wasserpflanzen wurzeln können. Ton kann man übrigens in Ziegeleien oder von Baustoffhändlern bekommen.

Wasserpflanzen setzen

Geeignete Pflanzen für den Teich selbst und seine verschiedenen Uferzonen bekommt man in guten spezialisierten Gärtnereien (s. Anhang). Die eine oder andere Wildpflanze wird sich auch ganz von alleine ansiedeln. Wildpflanzen einfach ausgraben und an seinem Teich wieder einsetzen sollte man niemals!

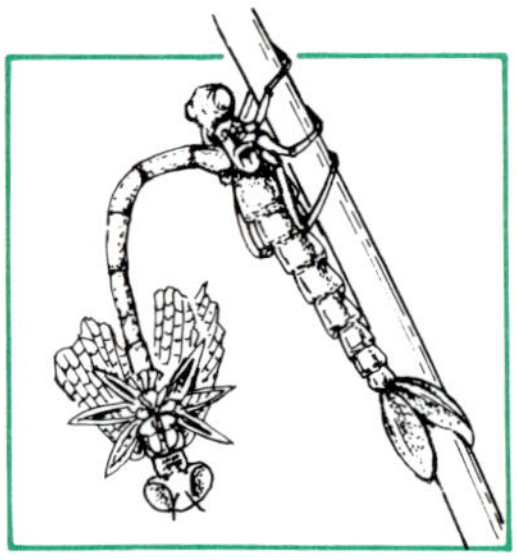

Kleinlibellenlarve …

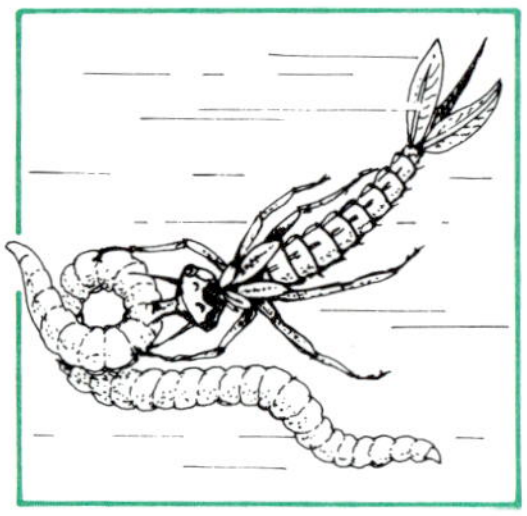

… und Regenwurm

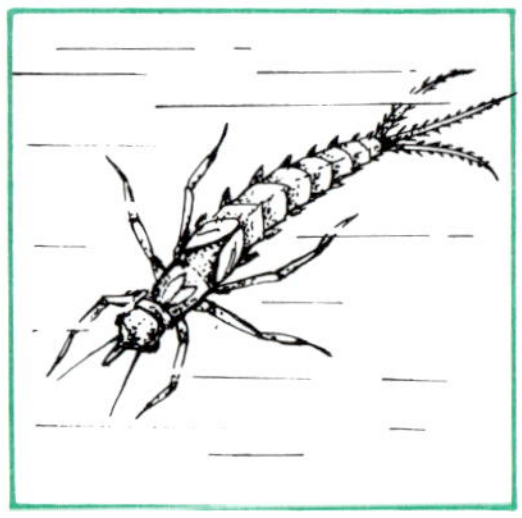

Eintagsfliegenlarve

Stein-/Uferfliegenlarve

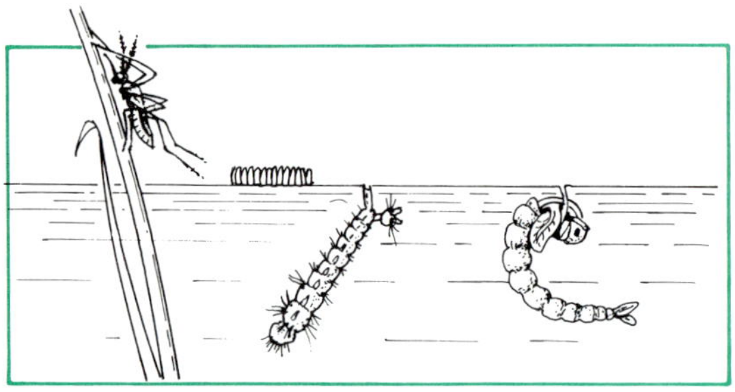

Stechmückenlarven, -eier und -puppe

Fliegen-, Mücken-, Schmeißfliegenlarve

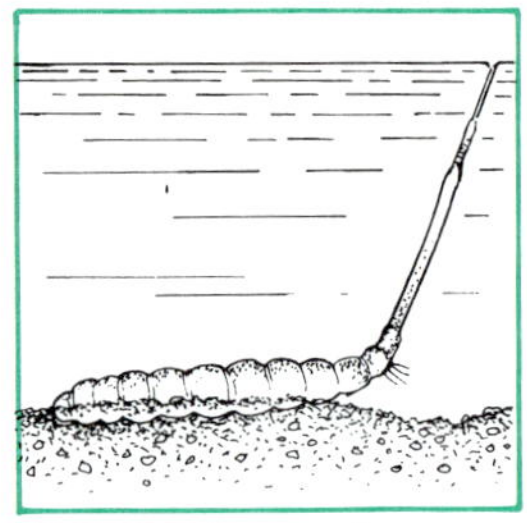

»Rattenschwanzlarve«

Es gibt vier Hauptgruppen von Wasserpflanzen: Pflanzen, deren Blätter und Blüten an oder über der Oberfläche wachsen; untergetauchte (submerse) Pflanzen; freischwimmende Pflanzen; Pflanzen des feuchten Uferbereichs. Wählen Sie für einen ökologisch sinnvollen Gartenteich einheimische Arten und Sorten. Dekorativ und nützlich zugleich ist die Seerose, die schönste und beliebteste der Teichpflanzen. Libellen, Käfer, Frösche und Bachstelzen benutzen ihre großen Schwimmblätter als Landeplatz und Ruhezone, und die Wasserschnecken heften ihre Eier an die Blattunterseiten. Seerosen werden in 60 bis 90 Zentimeter Wassertiefe gepflanzt. Zwergformen kommen schon mit 20 Zentimeter Wassertiefe aus. Man setzt sie am besten in Plastikpflanztöpfe, die mit sandigem Lehm gefüllt sind. Diese spezielle Pflanzerde darf einen kleinen Zuschlag von Hornspänen bekommen. Gut eignet sich auch Wiesenerde aus einem Maulwurfshaufen. Frischer oder verrotteter Mist oder Kompost sind für den Teich verboten. Die Verwendung von Pflanzcontainern macht es leichter, die Pflanzen später aus dem Teich zu holen, wenn sie eines Tages zu groß geworden sind und geteilt werden müssen. Seerosen sind im allgemeinen winterhart, solange das Eis ihre Wurzeln nicht erreicht. Hornblatt, Wasserpest, Tausendblatt und ihre Verwandten dürfen in keinem Teich fehlen. Sie leben unter der Wasseroberfläche, produzieren Sauerstoff und bieten Nahrung und Unterschlupf für viele Tierarten. Ohne solche Sauerstoffproduzenten kann

Libellen und Wasserläufer, Köcherfliegen und der gefräßige Gelbrandkäfer – ein Gartenteich wimmelt bald vor Leben, ohne daß der Gartenbesitzer einen Finger rühren müßte. Die Insekten und ihre Larven sind für das biologische Gleichgewicht wichtig.

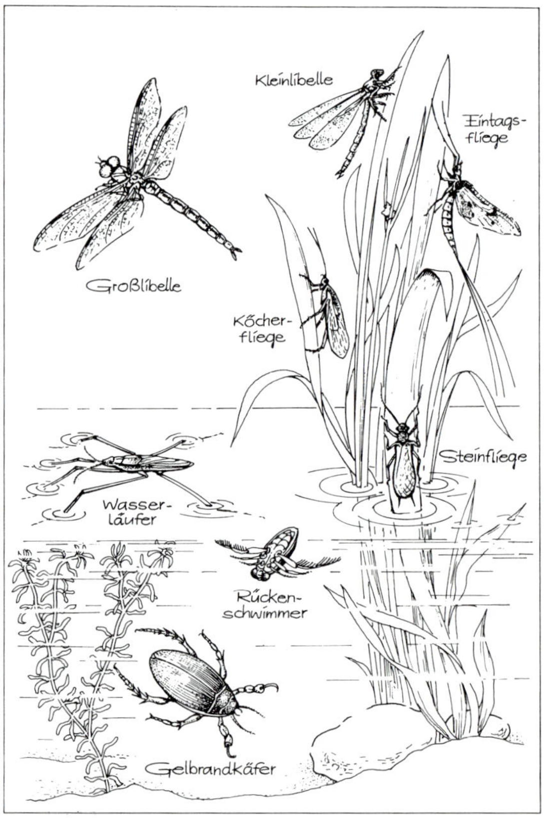

Laubkäferlarve

Haselnußbohrerlarven

Taumelkäferlarve

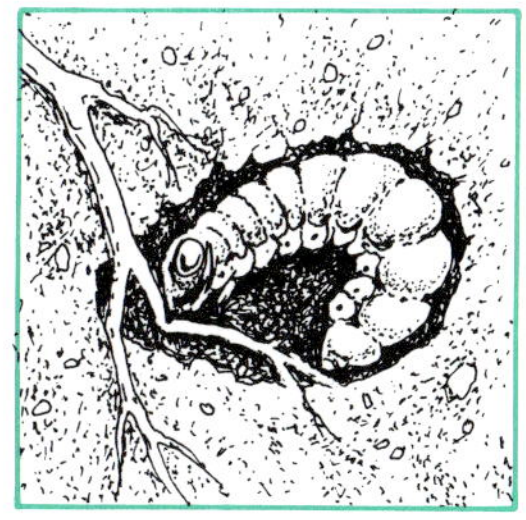

Maikäferlarve

Feldheuschrecke . . .

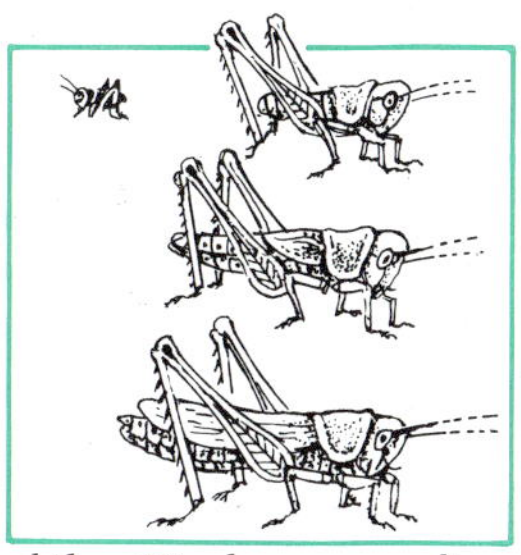

und ihre Wachstumsstadien

Larven des Zünslers Nymphula

ein stehendes Gewässer sehr schnell umkippen. Solche submersen Pflanzen entziehen dem Wasser auch regelmäßig Mineralsalze, die durch Leitungswasser oder Pflanzerde in den Teich geraten. Dadurch bewahren sie den Teich vor dem Veralgen.

Freischwimmende Wasserpflanzen wie der Froschbiß gehören ebenfalls in den Teich. Die kleinen grünen Wasserlinsen gehören auch zu dieser Spezies. Sie siedeln sich meist von selbst an. Wenn genügend Nährstoffe im Teich sind, vermehrt sich die Wasserlinse so rasch, daß sie innerhalb von ein paar Tagen die Oberfläche eines kleinen Teichs vollkommen begrünen kann. Im Herbst lagern die Linsen Stärke ein und sinken durch dieses Gewicht auf den Grund. Im nächsten Frühjahr tauchen die Wasserlinsen wieder auf.

Die Uferbepflanzung richtet sich nach dem Geschmack des Gartenbesitzers, nach der Feuchtigkeit im Boden und den Ansprüchen der Pflanzen an Sonne und Schatten.

Algen im Teich

Wenn sich das Teichwasser in eine »grüne Suppe« verwandelt, sind daran winzige Grünalgen schuld. Millionen von ihnen treiben frei im Wasser und vermehren sich bei einer für sie günstigen Nährstoffsituation in atemberaubendem Tempo. Schädlich sind solche Algen nicht. Für viele Teichbewohner sind sie willkommene Nahrung. Sie dürfen nicht mit chemischen Substanzen zerstört werden. Wer die Grünalgen vermindern möchte, muß dafür sorgen, daß keine Mineralstoffe in den Teich gelangen. Denn die Grünalgen vermehren sich nur dann so rasch, wenn zum Beispiel durch nachgefülltes Leitungswasser oder durch Erdauswaschungen Nährstoffe in den Teich gelangt sind. Überschüssige Nährstoffe werden dem Gewässer entzogen, wenn Sie ab und zu die Wasserpflanzen auslichten, also Pflanzenmasse entnehmen. Hornblatt, das man einfach ins Wasser werfen kann, oder andere sauerstoffproduzierende Pflanzen verwerten Mineralien und entziehen sie dem Wasser. Wasserflöhe und Insekten mit vegetarischer Ernährung fressen Grünalgen. Wasserschnecken ernähren sich von absterbenden Pflanzenteilen und helfen ebenfalls, einen Nährstoffüberschuß abzubauen. Rotbraune Posthornschnecken kann man im Versandhandel bekommen. Fadenalgen können ebenfalls überhandnehmen. Sie überziehen die Teichränder und sogar Pflanzen mit ihren Fäden. Entfernen Sie den Pelz von Zeit zu Zeit mit der Hand und sorgen Sie für nährstoffarmes Wasser wie bei der Abwehr von Grünalgen. Wenn Sie eine dichte Matte von Fadenalgen aus dem Teich gefischt haben, dann lassen Sie sie noch etwas neben dem Teich liegen. Sie wimmelt vor Leben, vor Larven der unterschiedlichsten Insekten und Wassertiere. Einige von ihnen werden sich wieder in den Teich retten können. Später darf die Algenmasse auf den Kompost.

Tiere am Gartenteich

Wer Geduld aufbringt, wird beobachten können, wie sich die unterschiedlichsten Tiere an seinem Teich von selbst ansiedeln. Mückenlarven können in den ersten Wochen nach der Anlage zum Problem werden. Wenn sich der Teich seinem biologischen Gleichgewicht nähert, verschwindet dieses Problem von selbst.
Amphibien sind in der freien Natur besonders gefährdet. Sie nehmen stehende Gewässer gerne als Lebensraum an. Das dauert allerdings einige Jahre. Die Einwanderung ist auch örtlich sehr unterschiedlich. Wenn Sie den Prozeß beschleunigen wollen, müssen Sie sich heimische Amphibien in einer Zoohandlung besorgen. Nachdem die Tiere allerdings immer versuchen werden, zu ihrem eigenen Laichgewässer zurückzukehren, sind solche Aktionen problematisch. Laiche, Frösche, Kröten, Molche oder Kaulquappen aus einem bestehenden Teich zu fangen und im Gartengewässer auszusetzen, ist verboten! Amphibien sind in der Bundesrepublik Deutschland vollkommen geschützt. Die Erlaubnis zu einer solchen Umsetzaktion kann in Einzelfällen die Untere Naturschutzbehörde erteilen. Auskunft bei den Landratsämtern, Stadtverwaltungen oder Naturschutzverbänden. Käfer, Wasserläufer, Spinnen, Libellen werden sich ganz von selbst einfinden. Holen Sie ein paar Eimer Wasser aus einem bestehenden Teich, das beschleunigt ihre Ansiedlung. Etwas Komfort brauchen die Vögel: Sie suchen nur flache Uferzonen auf, an denen sie auch ein paar Meter weit freie Sicht haben. Wenn Sie an solchen Uferbereichen eine immer feuchte Pfütze mit Lehm haben, können sogar Mehl- oder Rauchschwalben Gäste an Ihrem Teich werden. Sie haben mittlerweile sogar in ländlichen Gebieten Schwierigkeiten, genügend Nestbaumaterial zu finden.
Fische dezimieren im Gartenteich den Amphibiennachwuchs bis zum Nullpunkt. Frösche, Kröten, Unken und Molche haben keine Chance, in einem solchen Teich eine Heimat zu finden. Wenn der Gartenteich groß genug ist, können Sie die Bereiche für Fische und für Amphibien durch eine in der Teichmitte hochgezogene Folie abtrennen. Als Fischbesatz eignen sich für einen Gartenteich kleine heimische Tiere wie Stichling oder Moderlieschen. Von Goldfischen ist im naturgemäßen Teich abzuraten: Ein 15-Zentimeter-Fisch braucht bereits 700 Liter Wasser. Da der Kot der Tiere sehr nährstoffreich ist, wird das Wasser dauertrübe, wenn der Fischbesatz zu hoch ist. Goldfische sind auch wesentlich krankheitsanfälliger als der Stichling.
Bieten Sie den Tieren am und um den Teich ein zusätzliches Winterquartier in Form eines Stein- oder Reisighaufens. Solche »unordentlichen« Haufen sind ein idealer Unterschlupf für Molche, Kröten und die seltenen Salamander. Und decken Sie den Kellerfensterschacht rechtzeitig im Herbst ab. Solche Schächte werden für viele Tiere zur tödlichen Falle, die auf der Suche nach einem Platz zum Überwintern sind.

Üppig wuchert die Vegetation rund um den kleinen Seerosenteich. Das Wasser verbessert das Kleinklima im Garten (oben).
Eine Trockenmauer aus mächtigen Steinquadern ist Lebensraum für viele Tier- und Pflanzenarten. Die Steingartenstauden auf der Mauerkrone sind gepflanzt – die Vegetation an der Mauer hat sich von selbst angesiedelt (unten).

Die Hecke

Eine Hecke, so hat es Hubert Weinzierl einmal formuliert, ist »die kleine Schwester des Waldes«. Eine Hecke ist Wohn- und Nistplatz für Goldammer und Lehmwespe, für die Kröte in der feuchten Laubschicht ebenso wie für die sonnenhungrige Eidechse. Amsel, Rotkehlchen und Weidenlaubsänger nisten in Dornenzweigen und Astgabeln. Heckenbraunelle und Dorngrasmücke verbergen ihr Nest im dichten Gestrüpp. Eine Hecke bietet Schutz vor Feinden, dient als Sonnendach und Regenschirm. Sie ist Nahrungsraum für Bockkäfer und Schnecken. Igel und Mauswiesel starten von hier zu ihren Jagdzügen. Eine Hecke ist ein Sitzplatz für Greifvögel, die sich von einem Beutezug ausruhen, und Überwinterungsort für Haselmaus und Igel, für Insekten, Kröten und Eidechsen. In einer naturnahen Mischhecke wachsen Bäume und Sträucher, Kräuter und Wildstauden, Moose, Flechten und Pilze. Eine Hecke sollte in keinem Garten fehlen, und sei er noch so klein. Es muß ja nicht unbedingt eine ausladende Wildhecke sein. Eine schmale Hecke kann auch Zaunersatz sein: lebendiger Abschluß des Gartens, schöner und harmonischer als ein Drahtzaun. Ein Garten gewinnt an Tiefe, wird optisch größer durch eine geschickt komponierte Hecke. Wind- und Sichtschutz bietet eine Hecke, sie ist Filter für Staub und Reifenabrieb und dämmt Lärm. Der Schutz vor Wind reicht weit.

Weil die Hecke die Windgeschwindigkeit bremst, den Windstrom um- und ableitet, verhindert sie eine Bodenerosion durch den Abtransport feiner Bodenteilchen und schützt vor Kaltluft und Windfrost. Die Schutzwirkung einer Hecke reicht bis zum 15fachen ihrer Höhe – 30 Meter also bei einer nur 2 Meter hohen Hecke. Deshalb müssen Hecken winddurchlässig sein, sie sollen den Wind »auskämmen«. Eine starre Thujenhecke schafft das nicht. Die Bodentemperatur liegt auf der windabgewandten Seite einer Hecke durchschnittlich um 2 Grad Celsius höher. Hecken verbessern das Kleinklima im Garten durch hohe Wasserverdunstung. Eine dichte Hecke erreicht eine Lärmminderung von 0,25 bis 0,35 dB je Meter Pflanzstreifenbreite. Und mit ihrem lebendigen Spiel von Blütenfarben und Laubgrün, von Licht und Schatten, im Herbst anders als im Frühjahr, im Winter anders als im Sommer, ist sie ein Biotop von hohem ästhetischem Reiz.

Die Schnitthecke

Zwei verschiedene Heckentypen kann man unterscheiden: die Schnitthecke und die Wild- oder Mischhecke. Schnitthecken sind die dichtesten Hecken. Sie haben auch auf engem Raum Platz. 50 Zentimeter Standbreite genügen schon. Als Pflanzen für sehr niedere Hecken eignen sich beispielsweise die Berberitze, der Pfeifenstrauch oder Falsche Jasmin, der Fingerstrauch, die Alpenjohannisbeere und die Schneespiere. Eine immergrüne Hecke bietet der Buchsbaum (unter anderem), einst klassische Beeteinfassung in Schloß- und Bauerngärten. Feldahorn und Hainbuche, Weißdorn und Liguster geben bis zu 3 Meter hohe Hecken. All diese Pflanzen zeichnen sich dadurch aus, daß sie einen Schnitt nicht übelnehmen. Einen Schnitt, der bei beengten Platzverhältnissen vielleicht sein muß. Eine Schnitthecke darf nie zur Brutzeit der Vögel gestutzt werden, denn obwohl sie für die Tierwelt von allen Heckentypen die wenigsten Möglichkeiten bietet, finden doch in hoch wachsenden Exemplaren Vögel wie Hänfling, Amseln, Grünfinken,

Aus solchen Gehölzen kann eine blühende, leuchtende Mischhecke komponiert werden. Sie ist Lebensraum für Dutzende von Vogel-, Insekten- und Säugetierarten.

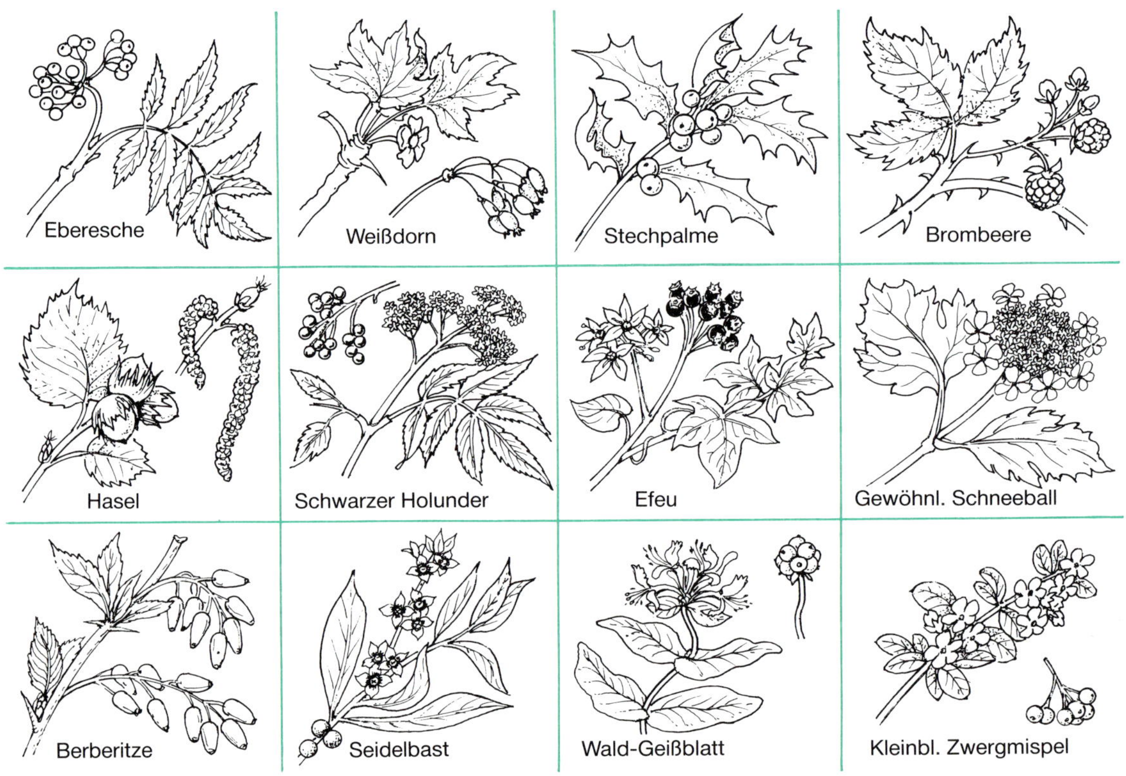

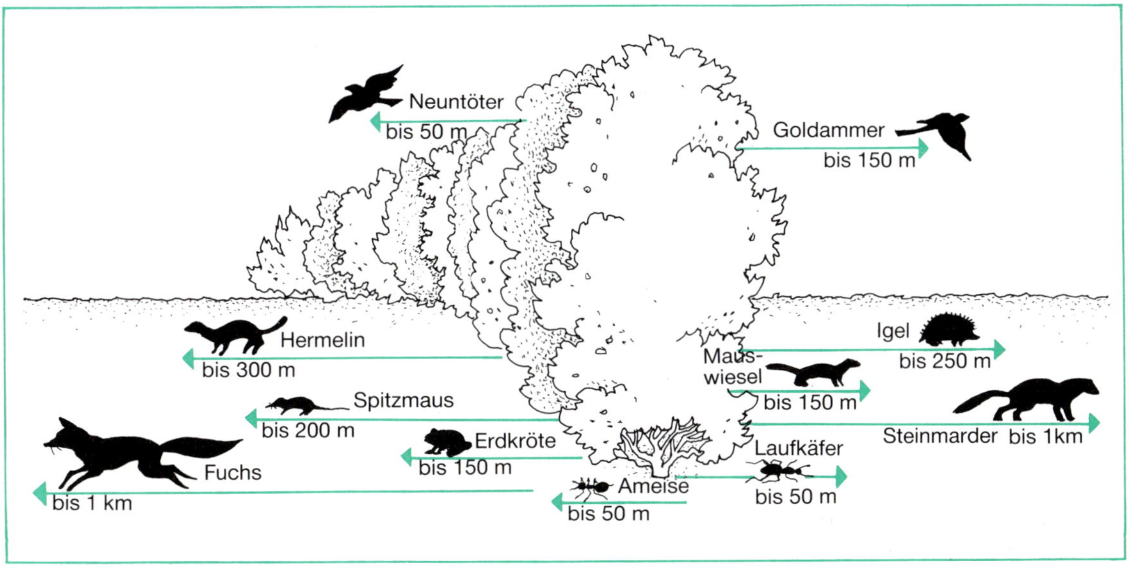

Für viele Tierarten bietet die Hecke Schutz, Nahrung und Nistplätze. In ihrem Einzugsbereich stabilisiert die Hecke das biologische Gleichgewicht. Nicht alle der gezeichneten Tiere werden sich in einer Gartenhecke ansiedeln. Ihr Aktionsradius ist sehr unterschiedlich.

Gelbspötter und Heckenbraunellen hier Raum zum Nisten. Ein biologisch arbeitender Gärtner wird sowieso weniger Wert legen auf eine streng geometrische Gestaltung seiner Schnitthecke, sondern sich beim Schnitt darauf beschränken, allzu weit Hinausragendes zu entfernen. Eine Schnitthecke muß immer an ihrer Krone etwas schmaler sein als an ihrem Fuß, sonst verkahlt sie leicht von unten.

Die Wildhecke

Apfelrose und Hartriegel, Spierstrauch und Sommerflieder, Blutjohannisbeere und Felsenbirne können zu einer lockeren Blütenhecke komponiert werden.
Eine naturgemäß aufgebaute Mischhecke sollte sich in ihrer Zusammensetzung an den Pflanzen orientieren, die in der Umgebung in Hecken wachsen. Dann kann so eine Hecke zu einem neuen Knoten in einem ökologischen Netz von Lebensräumen werden. Wo das nicht mehr möglich ist, im Stadtgebiet oder in einer ausgeräumten, flurbereinigten Landschaft, da werden heimische Gehölze, Bäume, Sträucher und Rankpflanzen ausgesucht, die miteinander harmonieren und möglichst vielen Tierarten Schutz und Nahrung bieten. Keinen Essigbaum also, dieses Modegehölz aus Wirtschaftswunderjahren, dessen Samen nur einer einzigen Vogelart Nahrung bietet. Sondern vielleicht eine Vogelkirsche, die Früchte für 48 Vogelarten bereithält. Hundsrose und Haselstrauch, Brombeere und Salweide, Schwarzerle und wolliger Schneeball, Hagrose und Faulbaum, Weißdorn und Roter Hartriegel sind Pflanzen für eine Wildhecke. Außerdem Ebereschen, Feldahorn, Hainbuche, Birke und Traubenkirsche.
3 bis 4 Meter breit sollte so eine Wildhecke schon sein. Davor liegt ein 50 Zentimeter breiter Wildkräutersaum, der nur alle 3 Jahre gemäht werden darf, um eine Verbuschung zu vermeiden.

Die Anlage einer Hecke

Die Pflanzung einer Hecke muß sorgfältig geplant werden. Am besten werden in den Pflanzstreifen Gründüngungspflanzen eingesät und kurz vor der Blüte abgemäht. Die Grünmasse bleibt als Mulchdecke bis zur Pflanzung liegen. Wer sich Pflanzen aus der Baumschule besorgt, nimmt am besten Forstware; Ballenware ist in der Regel zu teuer. Es gibt auch mancherorts die Möglichkeit, sich mit Erlaubnis eines Försters Heckenpflanzen aus dem Wald zu holen. Das erfordert einige Sachkenntnis, denn der Laubfall muß abgewartet werden. Wählen Sie kräftige Jungpflanzen von 50 bis 120 Zentimeter Höhe. Als Pflanzabstand reichen durchschnittlich 50 Zentimeter aus, denn die Hecke soll rasch zusammenwachsen.
Die beste Pflanzzeit ist der Herbst, nach dem Laubfall und vor den ersten strengen Frösten. Vor dem Pflanzen werden zu lange und beschädigte

Kaum Pflege braucht eine mehrere Jahre alte Hecke, die vielfältig zusammengesetzt ist. Die Schneidearbeit beschränkt sich auf Auslichten, falls das nötig ist. Geschickte Gärtner achten darauf, daß beim Auslichten hin und wieder ein Astquirl entsteht: Das sind besonders beliebte Nistplätze.

Wurzeln gekürzt. Die Pflanzen werden ebenso tief gesetzt, wie sie im Wald oder in der Baumschule standen. Nach dem Pflanzen werden bei Bäumen, Sträuchern und Büschen die Seitentriebe um ein Drittel zurückgeschnitten. Dann wird die Hecke kräftig angegossen. Wird sie in einer ländlichen Gegend gepflanzt, braucht die Hecke für die ersten 6 bis 8 Jahre Schutz vor Wildverbiß durch einen Zaun oder Drahthosen um einzelne Gehölze. Abgestorbene Gehölze müssen so rasch wie möglich nachgepflanzt werden, damit sich die Lücke in der Hecke schnell schließt.

Unter der Hecke bildet sich eine Gras- und Krautschicht, die ein- bis zweimal im Jahr gemäht werden muß, um die jungen Heckenpflanzen nicht im Aufwuchs zu behindern. Das Schnittgut kann zum Mulchen verwendet werden. Bevor es unter der Hecke ausgebreitet wird, muß es anwelken. Die Wildkrautsäume werden nur alle 3 bis 5 Jahre gemäht. Das Mähgut muß weggeschafft werden.

Die Benjes-Hecke

Heinrich Benjes, der Initiator der Benjes-Hecke ließ einfach die Natur für sich arbeiten, eine Wildhecke von selbst wachsen. Für eine Benjes-Hecke brauchen Sie einen 3 bis 4 Meter breiten und beliebig langen Streifen, der am besten mit Gras oder Wiese bewachsen ist. Darauf wird eine 1 Meter hohe Gestrüpp-Barriere aufgeschichtet, bestehend aus Gehölzschnitt, Ästen, Zweigen, wie sie im Garten oder bei herbstlichen Ausputzaktionen von Straßenmeistereien anfallen. Grobe Äste und dünne Zweige werden ein wenig ineinander verflochten, sinnvoll gemischt, damit ein dichter, geschützter Lebensraum entsteht. Schon im ersten Jahr wachsen Gräser und krautige Wildstauden durch das dürre Gestrüpp, finden sich Vögel, Insekten und allerlei Getier in der Benjes-Hecke ein. Die Vögel tragen mit ihrem Kot Samen in die Hecke, der Wind weht sie her, und im Laufe der Zeit wachsen Sträucher und Bäume. Im Gegensatz zu einer gepflanzten Hecke braucht die Benjes-Hecke keinen Schutzzaun. Nicht einmal

Rehe und Feldhasen können in das dichte Ästegewirr eindringen.
Es dauert einige Jahre, bis aus einem Gestrüpphaufen eine Hecke geworden ist. Es ist ein faszinierender Vorgang, der Geduld verlangt – aber dafür steht am Ende eine naturnahe Hecke.

Die Pflege der Hecke

Sie beschränkt sich in den ersten Jahren auf das Ausmähen von Gras und Brennesseln, wenn sie die jungen Heckenpflanzen zu ersticken drohen. Alte Hecken können verjüngt werden, indem man sie stückweise »auf den Stock setzt«. Dazu wird ein Teil der alten Heckenpflanzen in Bodennähe halb eingesägt und umgelegt. Sie treiben zum Teil neu aus, teilweise wachsen junge Pflanzen von unten durch.

Nisthilfen und Brutstätten schaffen

Durch ein paar einfache Maßnahmen wird aus der Hecke ein noch wertvolleres Biotop: wenn man Lesesteine oder alte Ziegel unter die Hecke wirft, zwischen denen sich viele Tiere verstecken können. Das Laub der Hecke muß darunter liegenbleiben. Es ist das warme Winterpolster für den Igel und das feuchte Versteck für die Kröte. Bei Hainbuchen und Weißdorn kann man durch geschickten Schnitt Astquirle erzielen, die von vielen Vögeln gerne als Nestunterlage angenommen werden. Vogelnisthilfen vom fertigen Meisenkasten bis zur selbstgemachten Nisttasche haben hier Platz. Eine Nisttasche entsteht aus Kiefernzweigen. Sie werden zu einem Handstrauß geformt und ab 2 Metern Höhe an einen Stamm angebunden. Sie werden dabei etwas nach außen gedrückt, so daß eine Nisttasche entsteht. Für einheimische Insekten sind Lochsteine, ein mit vielen Bohrlöchern von 2 bis 12 Millimetern versehener Holzklotz, hohle Stengel und Zweige ideale Nistplätze. Ein mit der Öffnung nach unten eingegrabener Blumentopf, der mit weichem Heu ausgepolstert ist, wird zum Anziehungspunkt für Erdhummeln. Die Nisthilfe wird mit einem hochgelegten Brettchen gegen Regen abgedeckt.

Die Trockenmauer

Betonformsteine und vorgefertigte Bauelemente herrschen heute in Gärten vor, wo eine Mauer gebraucht wird. Sie werden vermörtelt und verfugt, sie sind glatt und dicht und tot. Wie anders sieht eine Trockenmauer aus: Sie ist mit ihrem vielfältigen blühenden Bewuchs nicht nur schöner, sie bietet auch vielen spezialisierten Tier- und Pflanzenarten Lebensraum, den sie sonst nirgendwo mehr finden. Sie dringen durch die mörtellosen Fugen ins Innere der Mauer vor, sie nisten und wurzeln in Spalten, Ritzen und Hohlräumen.

Aufbau einer Trockenmauer

Eine Trockenmauer wird aus großen Natursteinen ohne Mörtel aufgebaut. Die Steine sollten möglichst aus der Umgebung stammen. Das verschlingt die wenigste Transport-Energie, und heimische Tier- und Pflanzenarten siedeln sich schneller an. Es sind Steine verschiedener Größe und Formen nötig. Unter die Mauer kommt ein 30 Zentimeter tiefes Fundament aus Beton oder eine 40 Zentimeter starke Schotterschicht. Sie verhindert das Hochfrieren der Mauer im Winter. Der Fuß der Mauer soll so breit sein wie ein Drittel der Mauerhöhe. Jetzt beginnt das Puzzlespiel des Mauerbaus: Die Steine werden mit Geduld und Augenmaß mit der Breitseite aufeinandergesetzt. Dabei müssen gegeneinander vesetzte Fugen entstehen. Nach oben hin soll die Mauer 20 Prozent schmaler sein als unten. So wird sie besonders standfest. Füllen Sie immer wieder etwas lehmige Erde oder Sand in die Fugen. Aber nicht zu viel – nicht nur Pflanzenwurzeln brauchen Halt, auch Tiere wollen noch Hohlräume behalten. Soll die Trockenmauer als Stützmauer an einem Hang angelegt werden, braucht sie ein breites, minde-

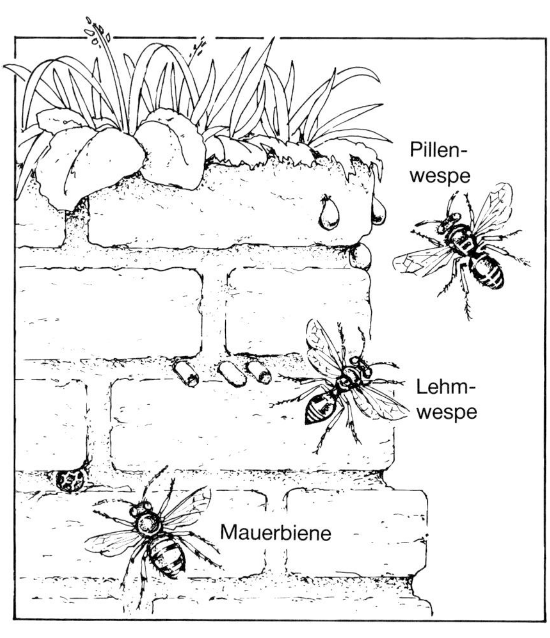

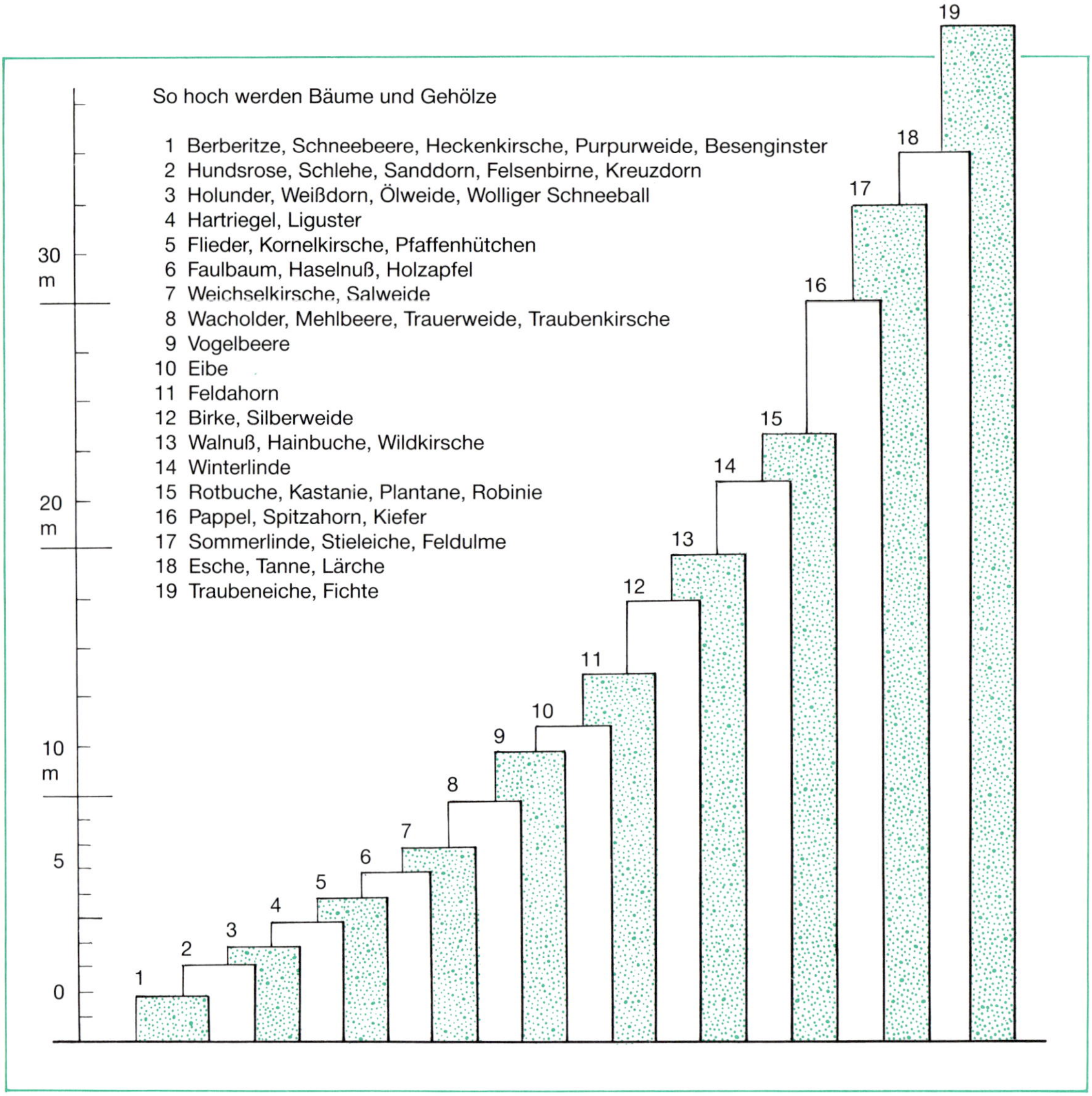

Pflanzen für die Trockenmauer

Echtes Johanniskraut	*tiefwurzelnd*
Finger-Steinbrech	*verträgt Trockenheit*
Goldlack	*lebt am Fuß der Mauer*
Hungerblümchen	*sandig, sonnig*
Mauerraute	*kalkliebend*
Schafgarbe	*etwas feucht, braucht Erde*
Scharfer Mauerpfeffer	*sonnig, trocken*
Silberfingerkraut	*trocken, sonnig*
Streifenfarn	*schattige Stellen*
Ruprechtskraut	*am Fuß der Mauer*
Thymian	*trocken, sandig*
Wegwarte	*trocken, lehm. Boden*
Weiße Fetthenne	*trocken, sonnig*
Wilde Malve	*etwas humos*
Zimbelkraut	*Hängepflanze*

stens 80 Zentimeter tiefes frostsicheres Fundament. Sie soll eine deutliche Neigung gegen den Hang hin aufweisen.
Mit dem Aufbau ist die Hauptarbeit getan: Den Rest, die Besiedelung der Trockenmauer mit Pflanzen und Tieren, besorgt die Natur ganz alleine. Wer nicht so lange warten möchte, kann sich heimische Gewächse in einer spezialisierten Gärtnerei (siehe Anhang) besorgen. Die Tabelle soll eine Hilfe bei der Auswahl sein.

Die Wildkräuter-Ecke

Ein solches Biotop kann in jedem noch so winzigen Garten entstehen: die Wildkräuter-Ecke. Sie benötigt nicht viel mehr Platz als ein oder zwei Quadratmeter und ist Tummelplatz für eine Unzahl von Lebewesen, die in einem »aufgeräumten«

Garten nie auftauchen würden. Die Wirtspflanzen, die hier gedeihen, haben allesamt wichtige ökologische Funktionen. Eines der beeindruckendsten Beispiele ist die Brennessel. Sie ist Heilpflanze, Nährstofflieferant, hat als Brühe schädlingsabwehrende Wirkung; sie ist Lebensraum, Nistplatz, Futterpflanze; Die Große Brennessel (Urtica dioica) wird bis zu 150 Zentimeter hoch und ist ausdauernd. Die Kleine Brennessel (Urtica urens) ist einjährig und wird 60 Zentimeter hoch. Was diese Pflanzen leisten, ist erstaunlich:

- Brennesselsaft und der Salat aus jungen Blättern haben blutreinigende Wirkung und werden bei Gicht und rheumatischen Erkrankungen eingesetzt.
- Für den biologischen Gärtner ist die Brennessel unentbehrlich als Lieferant für das Ausgangsmaterial zur Brennesseljauche. Sie enthält besonders viel Stickstoff.
- Als beißende Brühe angesetzt, wirkt die Brennessel gegen saugende Insekten wie Blattläuse.
- Über 100 Arten von wirbellosen Tieren sind von der Brennessel abhängig.
- 22 Arten, darunter 10 Schmetterlinge wie Tagpfauenauge, Kleiner Fuchs, Admiral, Landkärtchen, Nessel-Höckereule und andere sind Pflanzenfresser und total von der Brennessel abhängig.

Sie legen hier ihre Eigelege ab, ihre Larven fressen die Blätter und verpuppen sich auf den Nesseln. Ohne die Brennessel würden viele Schmetterlingsarten aussterben. Eine Ecke, in der Wildkräuter gedeihen dürfen und die vielerlei Getier Lebensraum bietet, entsteht aus Steinen, Reisig und Laub. Feldsteine eignen sich am besten, notfalls kann man aber auch ganz gewöhnliche Ziegelsteine von einer Bauschutthalde besorgen. Die Steine werden sicher und fest, mit möglichst vielen Hohlräumen dazwischen, zu einem Haufen aufgeschichtet. An die Nordseite wird Erde geschaufelt, die Südseite wird mit besonders schönen und flachen Steinen belegt. Halb in der Sonne, halb im Schatten gelegen, bietet die Wildkräuterecke jetzt einer Vielzahl von Tieren Lebensraum: Eidechse und Ringelnatter, Igel und Erdkröte, Wolfsspinne und vielen Insektenarten. Bauen Sie neben den Steinhaufen noch einen luftigen kleinen Berg aus Reisig und Gehölzschnitt. Diese beiden Gerüste sind bald kaum noch zu sehen, sondern werden mit Schichten von Moos, Gras und vielen Wildkräutern überwuchert.

Eidechse und Farn, Zaunwinde und vieles mehr siedelt sich ganz von selbst an der Trockenmauer an. Bestimmte Hummelarten können hier Waben bauen.

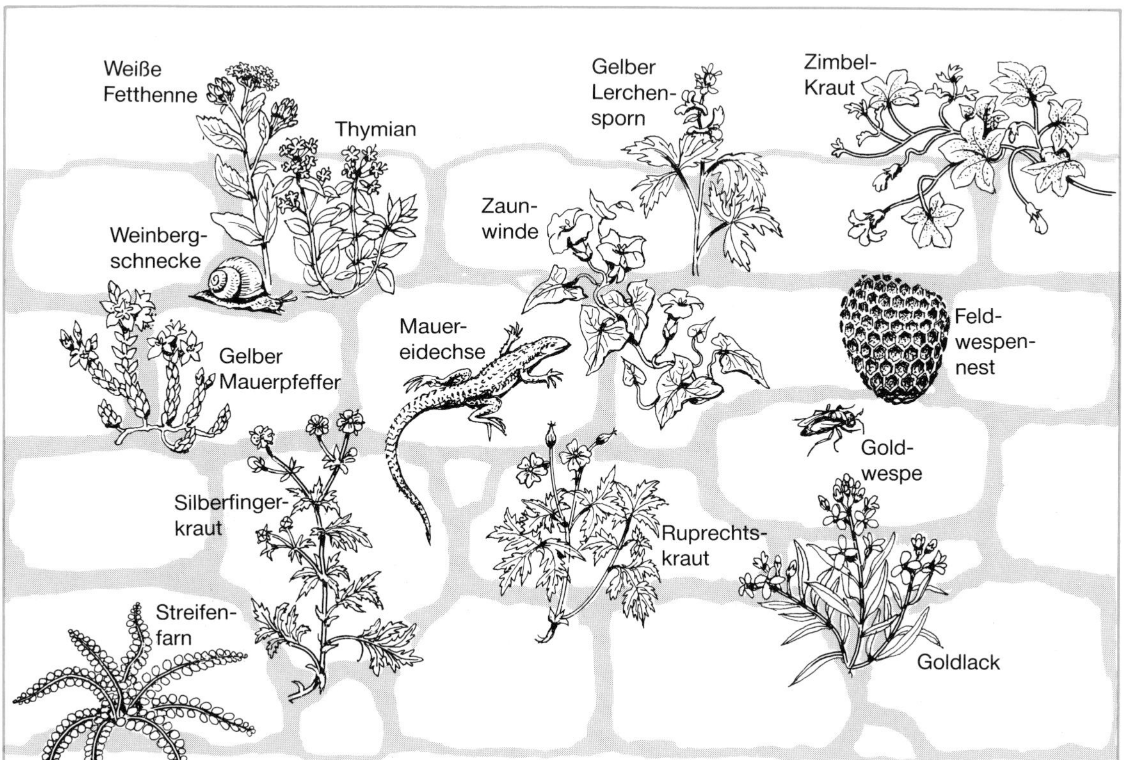

Die Umstellung auf biologischen Anbau – ein Programm in zehn Schritten

Wenn der Garten verrückt spielt

Einen Garten, der jahrelang mit Kunstdüngern traktiert und mit chemischen Giften behandelt wurde, kann man nicht von heute auf morgen auf die biologische Anbauweise umstellen. Heftige Reaktionen können dem Gärtner den Spaß am naturgemäßen Weg gründlich verderben: Schädlingsplagen, Wildkrautwuchs, Mindererernten. Die Artenarmut, das teilweise zerstörte Bodenleben eines solchen Gartens müssen behutsam geheilt und wieder aufgebaut werden. Das kann drei bis fünf Jahre dauern. Eine Zeit, in der aber weder auf Gemüseernten noch auf Blumenschmuck verzichtet werden muß. Wer seinen Garten geplant und gezielt umstellt, der muß auch als »Umsteiger« nicht mit deprimierenden Schädlingsinvasionen und Mickerwachstum rechnen. Wir haben einen Umstellungsplan in zehn Schritten entwikkelt:

- *Der erste Schritt:* Lesen: Es genügt nicht, einfach aufzuhören zu spritzen und zu düngen. Ausführliche Informationen über den biologischen Weg im Gartenbau sind die Grundlage für alles Handeln.
- *Der zweite Schritt:* Ertragsplanung. Wieviel Gemüse möchte ich trotz der Umstellung unbedingt ernten? Oder kann ich zumindest im ersten Umstellungsjahr ganz auf eine Ernte verzichten? Soll der Garten auf einmal umgestellt werden, oder in Etappen – erst eine Hälfte, dann die andere?

Ein »Zelt« aus Feuerbohnen versteckt die Regentonne, Tagetes sorgen für Schneckenabwehr: So blühend und gesund wünscht sich der Gärtner seinen biologischen Garten. Von heute auf morgen ist dieses Ziel nicht zu erreichen, wenn bisher mit chemisch-synthetischen Giften gearbeitet wurde. Sorgfältige Planung erleichtert die Umstellung (links).

- *Der dritte Schritt:* Planung der Umstellung. Saatgut für Gründüngungseinsaat beschaffen, eventuell Material für ein Hügelbeet bereitstellen oder solches für ein Hochbeet beschaffen.
- *Der vierte Schritt:* Die praktische Arbeit beginnt. Lassen Sie in einem guten Labor eine Bodenanalyse machen (vgl. »Der Boden«) und bitten Sie um Hinweise zur biologischen Düngung.
- *Der fünfte Schritt:* Eindeutige Nährstoffmängel, die durch die Bodenanalyse sichtbar geworden sind, werden beseitigt. Nehmen Sie dazu biologische Düngemittel (vgl. »Düngung und Bodenverbesserung«).
- *Der sechste Schritt:* Wenn der pH-Wert nicht stimmt, muß das Säure-Basen-Verhältnis im Boden neu eingestellt werden. Böden mit schwach saurer Reaktion können mit Thomasmehl oder Algenkalk behandelt werden. Bei stärker sauer reagierenden Böden wird kohlensaurer Kalk genommen, bei Magnesium-Mangel Dolomit-Kalk. Geben Sie die empfohlene Kalkmenge nicht auf einmal, sondern verteilt über drei Jahre.
- *Der siebte Schritt:* Bodenverbesserung. Bei Mineralstoffmangel wird Steinmehl ausgebracht. Im Herbst kann eine Flächenkompostierung mit Laub vorgenommen werden. Hier muß ein Flächenkompost-Starter zugegeben werden. Im Frühjahr wird auf der zur Umstellung vorgesehenen Gartenfläche eine Gründüngung eingesät. Nehmen Sie dazu am besten eine tief wurzelnde Leguminosenmischung, die den Boden mit Nährstoffen anreichert und lockert. Bei bekannten Bodenkrankheiten, zum Beispiel bei einer Verseuchung mit Nematoden, wird eine entsprechende Kur-Mischung ausgesät (vgl. »Düngung und Bodenverbesserung«).
- *Der achte Schritt:* Ein Hügel- oder ein Hochbeet wird angelegt, damit die Versorgung mit Gemüse auch während der Umstellungsphase gewährleistet ist. Sie können auch den Garten in Teilen umstellen und auf einer Hälfte wie ge-

wohnt weiterarbeiten. Das macht allerdings erheblich mehr Arbeit. Auch besteht die Gefahr, daß Spritzmittel in den Umstellungs-Teil herüberwehen.

- *Der neunte Schritt:* Der Kompostplatz wird angelegt. Er soll in Zukunft den biologischen Garten nähren.
- *Der zehnte Schritt:* Die Anbauplanung für das erste »biologische« Jahr. Noch sind die Bodenverhältnisse sicher nicht optimal. Aber Sie können es jetzt ohne weiteres riskieren, mit dem naturgemäßen Anbau zu beginnen. Wenn Schwierigkeiten auftauchen, reichen die biologischen Pflege- und Abwehrmaßnahmen aus, um Wildkräuter, Schädlinge und Krankheiten unter Kontrolle zu halten.

Der wichtigste Teil der Umstellung ist geschafft: Der Garten kann jetzt grünen und blühen ohne Gift. Er ist auf dem besten Weg, zur ökologischen Nische zu werden, zur Aufgabe und Freude des Gärtners.

Zur Geschichte des biologischen Land- und Gartenbaus

4000 Jahre biologischer Land- und Gartenbau

»Eine der bedeutendsten Leistungen der Kulturvölker sind die landbaulichen Verfahren der Völker Chinas, Koreas und Japans, mit denen sie jahrhundertelang, praktisch lückenlos, alle Abfälle gesammelt und in bewundernswerter Art zur Erhaltung der Bodenfruchtbarkeit und Erzeugung von Nahrungsmitteln verwertet haben.« Franklin Hiram King, Leiter der Abteilung für Bodenbehandlung im amerikanischen Landwirtschaftsministerium, würdigte mit diesen Worten die Leistungen des Land- und Gartenbaus in Asien, die seit mindestens 4000 Jahren auf biologischen Grundlagen erbracht wurden. King schrieb seine Erfahrungen nach einer Studienreise 1911 in seinem Buch »4000 Jahre Landbau in China, Korea und Japan« nieder und wurde damit zu einem der geistigen Väter des modernen biologischen Land- und Gartenbaus.

In Europa setzte die Entwicklung moderner biologischer Methoden erst zu Beginn unseres Jahrhunderts ein. Heute gibt es mehrere Richtungen. Allen liegt ein ökologisches Denkmodell zugrunde, scharfe Trennungslinien gibt es nicht. Einen der wichtigsten Denkanstöße gab Rudolf Steiner 1924 mit seinem »Landwirtschaftlichen Kurs«. Steiner hielt diese Vorträge vor Landwirten und Gärtnern und legte damit den Grundstein für die biologisch-dynamische Wirtschaftsweise. Alle Düngungsmaßnahmen sind auf den Aufbau der naturveranlagten Bodenfruchtbarkeit ausgerichtet. Die wichtigsten Bestandteile der biologisch-dynamischen Spezialpräparate sind Kräuter, Kuhmist, Eichenrinde und feingemahlener Quarz. Die Präparate werden in genau festgelegten Verfahren hergestellt und in kleinsten Dosen verwendet.

Nicht nur von den Anhängern dieser Methode wird der jährlich erscheinende Kalender »Aussaattage« von Maria Thun verwendet. Die Bauerntochter Maria Thun beschäftigt sich seit knapp 40 Jahren mit der Konstellationsforschung, die die Wirkung des Erdmondes und der Planeten auf das Pflanzenwachstum untersucht.

Die organisch-biologische Methode wurde von Hans Peter Rusch und Hans Müller entwickelt. Besonders aufmerksam untersucht wird bei dieser Methode der Zustand der Bodenorganismen. Zur Verbesserung von Böden mit zu geringem Bakterienleben entwickelte Rusch das Bakterienpräparat »Symbioflor«, das über Boden und Kompost gespritzt wird. Auf ständige Bodenbedeckung wird großer Wert gelegt, ebenso auf schonende Bodenbearbeitung und Kompostwirtschaft.

Die Methode Lemaire-Boucher ist vor allem in Frankreich verbreitet. Wissenschaftliche Arbeiten über die günstige Wirkung von Magnesium und Spurenelementen sind die Grundlagen dieser Anbaumethode, bei der unter anderem Meeralgen verwendet werden. Der Gartenbau-Lehrer Raoul Lemaire und der landwirtschaftliche Sachverständige Jean Boucher sind die »Väter« dieser Methode.

Alwin Seifert war einer der frühen Verfechter konsequenter Kompostwirtschaft. Sein Buch »Gärtnern, Ackern – ohne Gift« hat auch heute noch Gültigkeit. Der Engländer Sir Albert Howard entwickelte von 1924 bis 1931 in Indien ein spezielles Kompostierverfahren in Gruben und Haufen. Viele Frauen und Männer arbeiten seit Jahrzehnten an der Fort- und Weiterentwicklung biologischer Anbaumethoden. Sie arbeiten in Verbänden und Vereinen, an Volkshochschulen und Universitäten. Bei der Würdigung der Verdienste um den biologischen Garten wollen wir sie nicht vergessen, obwohl ihre Namen hier nicht alle aufgeführt werden können.

Anhang

Umweltlexikon

Abgas
Bei Verbrennungsprozessen entstehende Gase, die feste, flüssige oder gasförmige Schadstoffe wie Schwermetalle, Stickoxide, Ruß und Kohlenwasserstoffe enthalten können.

Akkumulation
Die Anreicherung von Schadstoffen in Menschen und Tieren.

Antibiotika
Von Mikroorganismen gebildete Stoffe, die das Wachstum von Bakterien und anderen Kleinlebewesen verhindern (zum Beispiel Penicillin).

Asbest
Faseriges Material, das säure- und feuerfest ist. Es wird zur Herstellung feuersicherer Materialien, bei der Wärmedämmung, bei Bremsbelägen von Autos und bei Baumaterialien verarbeitet. Feinste Materialfasern des Asbest können sich in der Lunge festsetzen und Krebs erzeugen.

Benzol
Farblose, brennbare Flüssigkeit. Aus Benzol werden Medikamente, Pflanzenschutzmittel und Farbstoffe hergestellt. Es ist bis zu 5% im Benzin enthalten und gelangt mit den Abgasen in die Umwelt. Bei höheren Konzentrationen kann Benzol beim Menschen Kopfschmerzen, Schwindel, Atemlähmung und Rauschzustände hervorrufen.

Benzpyren
Es gehört zu den polyzyklischen aromatischen Kohlenwasserstoffen. Es entsteht bei unvollständiger Verbrennung und gilt als krebserregend. Benzpyren ist in Autoabgasen, im Zigarettenrauch und in unsachgemäß gegrillten Lebensmitteln enthalten.

Bioenergie
Alle durch biologische Vorgänge gewonnene Energie aus erneuerbaren Ressourcen. Biogas gehört dazu, aber auch Energie aus der Verbrennung von Stroh, Holz und anderen organischen Abfällen.

Bioindikator
Lebewesen, das Art und Ausmaß von Umweltbelastungen anzeigt. Dazu werden entweder Art und Häufigkeit des Vorkommens untersucht – Flechten zum Beispiel zeigen den Grad der Luftverschmutzung an –, oder es werden die Schadstoffe analysiert, die der Bioindikator aufgenommen hat.

Biomasse
Gesamtgewicht einer bestimmten Menge von Organismen.

biotisch
belebt

Biotop
Lebensraum einer Lebensgemeinschaft ganz bestimmter Tier- und Pflanzenarten.

Biozide
Sie werden auch Pestizide genannt. Chemische Verbindungen, die zur Bekämpfung von Schädlingen eingesetzt werden. Zu den Bioziden gehören die Insektizide gegen Insekten, die Herbizide gegen Wildkräuter und die Fungizide gegen Kleinpilze.

Blei
Weiches Schwermetall. Es ist als Element wie in chemischen Verbindungen umweltgefährdend. Es wird dem Benzin als Antiklopfmittel zugesetzt und gelangt mit den Autoabgasen in die Umwelt. Blei im menschlichen Organismus führt zur Beeinträchtigung der Blutbildung und des Nervensystems. Vor allem Schwangere und Kinder sind durch Blei gefährdet.

Cadmium
Weiches Schwermetall. Es ist in allen chemischen Verbindungen umweltgefährdend. Cadmium wird bei der Einfärbung von gelben bis roten Kunststoffen (PVC) verwendet und ist in Kohle und Erdöl enthalten. In die Umwelt gelangt es vor allem durch Heizanlagen, Müllverbrennungsanlagen, Hüttenwerke. Auf dem Umweg über die Nahrungskette gelangt es in den menschlichen Körper und reichert sich dort an. Die Cadmiumbelastung macht sich schlagartig bemerkbar, wenn ein gewisser Sättigungsgrad erreicht ist und äußert sich meist in Nieren- und Lungenschäden. Cadmium ist für den Menschen deshalb besonders gefährlich, weil es vom Körper kaum abgebaut wird.

Chloride
Salze der Salzsäure. Das bekannteste ist das Natriumchlorid, das Kochsalz. Im Übermaß genossen, kann es beim Menschen zu Bluthochdruck führen. Chloride kön-

nen in bestimmten Konzentrationen gefährliche Schwermetalle wie Cadmium und Blei aus Wasserleitungen lösen.

Chlorierte Kohlenwasserstoffe
Sie stecken in chemischen Lösungsmitteln, in Pestiziden und Kunststoffen. Menschen nehmen Chlorkohlenwasserstoffe über die Luft, das Trinkwasser und die Nahrung auf. In die Luft gelangen diese Stoffe zum Beispiel durch die Abgase chemischer und metallverarbeitender Betriebe; in die Nahrung und ins Wasser gelangen sie als Rückstände von Pflanzenschutzmitteln und Lösemitteln. Chlorierte Kohlenwasserstoffe sind meist chemisch sehr stabil und bauen sich oft jahre- wenn nicht jahrzehntelang in der Umwelt nicht ab. Sie reichern sich im Fettgewebe von Menschen und Tieren an. Unter den chlorierten Kohlenwasserstoffen gibt es krebserzeugende und hochgiftige Stoffe und solche, die Erbschäden hervorrufen.

Dezibel
Maßeinheit für Lärm. Abkürzung: dB. Der Lärmwert steigert sich nicht linear – 20 dB sind nicht doppelt so viel wie 10 dB. Eine Erhöhung des Schallpegels um 10 dB bedeutet eine Verzehnfachung der Lautstärke, um 20 dB eine Verhundertfachung.

Emission
Emissionen sind die Gase, Stäube, Flüssigkeiten, Wärme, Geräusche und Abstrahlungen (zum Beispiel radioaktive), die von einem Produkt, einer Maschine, wie zum Beispiel dem Auto, einer Heizanlage oder einer Fabrik an die Umwelt abgegeben werden.

Eutrophierung
Überdüngung, zum Beispiel durch Phosphate. Durch diese Überdüngung kann es in Gewässern zu einer Überernährung der Algen kommen, die nach dem Absterben für den Zersetzungsprozeß enorme Mengen an Sauerstoff verbrauchen. Die Folge: das Gewässer leidet an akutem Sauerstoffmangel – es »kippt um«, alles Leben stirbt.

Fluorchlorkohlenwasserstoffe
Geruchlose Gase – Abkürzung FKW –, die unter anderem als Treibmittel in Spraydosen, als Lösemittel und als Kältemittel eingesetzt werden. Sie gehören zu den halogenierten Kohlenwasserstoffen. FKWs stehen im Verdacht, die Ozonschicht der Erde zu schädigen. Die Folge wäre eine gefährliche Bedrohung aller Lebewesen durch UV-Strahlen, die durch die durchlöcherte Ozonschicht ungebremst eindringen könnten.

Fluoride
Metallverbindungen mit Fluor. Das ätzende Gas Fluorwasserstoff wird aus Flußspat und Schwefelsäure dargestellt. Seine Lösung in Wasser ist die Flußsäure, die fast alle Stoffe – sogar Glas – angreift und deshalb als Lösemittel und zum Ätzen verwendet wird. Fluoride sind Salze der Flußsäure, die als Schadstoffe in der Aluminium- und Glasherstellung anfallen, ebenso beim Brennen von Ziegelsteinen. In geringen Konzentrationen werden Fluoride zur Kariesvorbeugung Mundwässern und Zahnpasten beigegeben. Höhere Konzentrationen rufen beim Menschen Nieren-, Haut- und Knochenveränderungen hervor. Fluoride in der Luft wirken pflanzenschädigend.

Formaldehyd
Stechend riechendes Gas, das als wäßrige Lösung unter den Namen Formalin oder Formol zur Keimtötung benutzt wird. Formaldehyd wird als Bindemittel in Spanplatten, Lacken, Klebern und Leimen sowie in Schaumkunststoffen benutzt. Während längerer Zeit – bei Spanplatten bis zu zehn Jahren – wird das Formaldehyd als zunächst stechend riechendes, später kaum mehr auffallendes Gas aus den Produkten ausgeschieden. Eingeatmet kann es zu Kopfschmerzen, Schleimhautreizungen, Übelkeit und Lungenschäden führen.

Fungizide
Chemikalien zur Bekämpfung von Kleinpilzen, die unter anderem in der Land- und Forstwirtschaft eingesetzt werden.

Herbizide
Chemikalien zur Bekämpfung von Wildkräutern, die vor allem in der Land- und Forstwirtschaft eingesetzt werden.

Hexachlorbenzol
Schädlingsbekämpfungsmittel – Abkürzung HCB –, das zwar verboten ist, als chemische Verbindung aber immer noch in bestimmten Industrieabwässern vorkommt. Es ist giftig und baut sich nur schwer ab. Es reichert sich in der Nahrungskette an.

Hexachlorcyclohexan
Chlorierter Kohlenwasserstoff – Abkürzung HCH –, der sehr giftig ist. Als Pflanzenschutzmittel ist dieser äußerst schwer abbaubare Stoff in der Bundesrepublik verboten. Lediglich eine Verbindung, das Lindan, ist noch zugelassen. HCH ist ein Gift, das sich in der Nahrungskette anreichert und beim Menschen zu Leber-, Nieren- und Nervenschäden führen kann.

Immission
Einwirkung von Luftverschmutzung, Lärm, Strahlen, Wärme und Erschütterungen auf die Umwelt. Für eine Anzahl von Schadstoffen sind Immissionsgrenzwerte festgelegt.

Insektizide
Chemikalien zur Bekämpfung von Insekten.

Katalysator
Stoff, der eine Stoffumwandlung beeinflußt, ohne selbst umgewandelt zu werden. Katalysatoren in PKWs sollen in Zukunft für saubere Luft ohne Abgas-Schadstoffe sorgen. Ihr Einbau ist aber nur in Autos möglich, die bereits mit bleifreiem Benzin fahren, da das Blei die metallhaltigen Katalysatoren angreift.

Klärschlamm
Er fällt bei der Reinigung von Abwässern an. Klärschlamm ist sehr nährstoffreich und wird deshalb gerne in der Landwirtschaft und im Gartenbau als billiger Dünger verwendet. Leider hat sich herausge-

stellt, daß Klärschlämme teilweise sehr hohe Schadstoffkonzentrationen – zum Beispiel an Blei und Cadmium – enthalten. Er kann deshalb nicht mehr überall und nicht in unbegrenzten Mengen verwendet werden.

Kohlenmonoxid
Farb- und geruchloses Gas, das bei der unvollständigen Verbrennung organischer Verbindungen entsteht. In die Luft gelangt es unter anderem durch die Abgase von Autos und Ölheizanlagen. Kohlenmonoxid, das eingeatmet wird, verhindert, daß das Blut Sauerstoff aufnimmt und kann daher im Extremfall zum Erstickungstod führen. In schwächeren Konzentrationen kann es zu Schwindel, Kopfschmerzen, Übelkeit und Bewußtlosigkeit führen.

Kohlenwasserstoffe
Chemische Verbindungen aus Kohlenwasserstoff und Wasserstoff. Einige Kohlenwasserstoffe wie Butan und Propan werden als Gase zum Heizen und Kochen verwendet. Aromatische und Chlorkohlenwasserstoffe sind zum Teil sehr giftig und nur schwer abbaubar.

Lindan
Chlorierter Kohlenwasserstoff, der als Insektizid verwendet wird. Lindan ist ein Gift, das sich in der Nahrungskette und im menschlichen Fettgewebe anreichert. Es kann zu Leber- und Nierenschäden führen.

Nahrungskette
Abfolge von Nutzungsschritten der produzierten organischen Substanz, also der Nahrung. Beispiel: Plankton – Fisch – Raubfisch – Seevogel.

Nitrat
Salz der Salpetersäure. Nitrat ist ein natürlicher Stoff. Er wird zur Düngung verwandt und ist in Stickstoffdüngern enthalten. Durch die übermäßige Stickstoffdüngung mit Kunstdüngern oder nicht aufbereiteter, unverdünnter Jauche gelangt viel zu viel Nitrat in den Boden und in das Grundwasser. Der Nitratgehalt der Nahrungspflanzen steigt. Der Mensch nimmt Nitrat über das Trinkwasser, über Wurzel- und Blattgemüse – vor allem aus dem Unterglasanbau – zu sich. Im Körper verwandelt sich das Nitrat in das aggressive Nitrit, das sich im Verdauungstrakt mit Eiweißen zusammen in krebserregende Nitrosamine verwandeln kann. Hoher Nitratgehalt von Gemüsen und Wasser belastet vor allem Säuglinge, da Nitrit den Sauerstofftransport des Blutes behindert. Die Folge ist die gefürchtete »Blausucht« bei Säuglingen.

Nitrit
Siehe Nitrat.

Nitrosamine
Siehe Nitrat.

Ökologie
Lehre von den Beziehungen und Wechselwirkungen zwischen den Lebewesen selbst und zwischen ihnen und ihrer Umwelt.

Ökologische Nische
Die spezifische ökologische Aufgabe einer Art in der Lebensgemeinschaft verschiedenartiger Organismen.

Ökosystem
Wirkungsgefüge unterschiedlicher Größenordnung, das biologischen und chemisch-physikalischen Gesetzmäßigkeiten unterliegt und ein inneres Geflecht von in sich geschlossenen Wirkungskreisen aufweist.

Ozon
Starkes Oxidationsmittel, das unter anderem keimtötend wirkt. Ozon bildet sich besonders bei der Einwirkung ultravioletter Strahlen in der oberen Atmosphäre. Das stark riechende Gas kann bei Menschen, Pflanzen und Materialien Schäden hervorrufen, wenn es ausreichend konzentriert ist.

Persistenz
Maß für die Lebensdauer einer chemischen Verbindung. Chemisch stabile Stoffe, die weder durch Sonneneinstrahlung noch durch Mikroorganismen oder andere Einflüsse abgebaut werden, bleiben oft jahrzehntelang in der Umwelt.

Polychlorierte Biphenyle
Diese chemischen Verbindungen – Abkürzung PCB – sind sehr schwer abbaubar. Sie reichern sich über die Nahrungskette im menschlichen Körper an. PCBs werden als Krebserzeuger verdächtigt. PCB wird unter anderem als Kühlmittel verwendet, das sich zum Beispiel in den Kühlschlangen auf der Rückseite des Kühlschranks befindet.

Phosphat
Salz der Phosphorsäure. Menschen, Tiere und Pflanzen brauchen Phosphate als Nährstoff. Phosphate sind z.B. in Düngemitteln, in Wasch- und Reinigungsmitteln, in Zahncremes, Würstchen und Speiseeis enthalten. Gelangen zu viele Phosphate über das Abwasser in Gewässer, kann dies zur Eutrophierung – der Überdüngung – führen (siehe auch Eutrophierung).

Photooxidantien
Stickoxide, Kohlenwasserstoff und Sauerstoff können sich bei intensiver Sonneneinstrahlung in der Luft zu Photooxidantien umsetzen. Zu diesen gehören Ozon, Peroxyactylnitrat, Salpetersäure und andere, die oxidierende Eigenschaften haben.

Photosynthese
Aufbau chemischer Verbindungen durch die Einwirkung von Licht. Pflanzen bilden bei diesem Prozeß aus Kohlendioxid und Wasser organische Stoffe – Pflanzenmasse. Das Wasser nimmt die Pflanze über die Wurzeln auf, das Kohlendioxid – der Stoff, den die Menschen ausatmen – aus der Luft. Während der Photosynthese wird das Wasser in Wasserstoff und Sauerstoff gespalten. Den Sauerstoff gibt die Pflanze an die Umgebungsluft ab; der Wasserstoff dient in komplizierten Reaktionen der Hydrierung und Reduktion des Kohlendioxids, wodurch Kohlenhydrate gebildet werden.

pH-Wert
Meßgröße für den Säuregehalt in Wasser und Boden.

Die neutrale Bodenreaktion wird mit dem pH-Wert 7 angezeigt (bei diesem Säurewert des Bodens wachsen zum Beispiel die meisten Pflanzen am besten).
pH = 0 ist die stärkste Säurekonzentration. Von alkalischen (kalkhaltigen) Böden spricht man, wenn der pH-Wert 7 erreicht ist.
Ein Absinken des pH-Wertes bedeutet ein Ansteigen der Bodensäure. Dann kann die Pflanze nicht mehr über ausreichende Mengen an Kalk und Magnesium verfügen, Stickstoff und Kali werden kaum noch aufgenommen. Bei einem pH-Wert über 7,5 enthält der Boden zuviel Kalk. Gleichzeitig werden Spurennährstoffe festgelegt, so daß die Wurzeln sie kaum aufnehmen können.
pH = 14 ist die stärkste basische oder alkalische Konzentration.

pH-Werte

3,5–4,5	sehr stark sauer bis stark sauer
4,5–5,5	stark sauer bis sauer
5,5–6,5	sauer bis schwach sauer
6,5–7,2	schwach sauer bis neutral und schwach alkalisch
7,2–7,7	schwach alkalisch bis gut alkalisch
7,7–8,4	gut alkalisch bis stark alkalisch

Puffer
Stoffe, die die Eigenschaft haben, Säuren abzufangen, »abzupuffern«.

Pyrolyse
Zersetzung von kohlenstoffhaltigen Materialien unter Ausschluß von Sauerstoff. Müllpyrolyse wird noch erprobt. Dabei wird der Müll unter Luftabschluß erhitzt und verschwelt. Das entstehende Gas kann als Heizgas verwendet werden. Auch die Herstellung von Pyrolysekoks ist möglich.

Quecksilber
Flüssiges, leichtflüchtiges Schwermetall. Quecksilber ist in Batterien, vor allem in den sogenannten Knopfzellen, enthalten. Es wird bei der Herstellung von Leuchtröhren und in der chemischen Industrie verwendet. Durch Industrieabwässer oder die Zerstörung der quecksilberhaltigen Produkte gelangt Quecksilber in die Umwelt und reichert sich in der Nahrungskette an. Quecksilber ist sehr giftig und kann Nerven- und Nierenschäden hervorrufen.

Recycling
Wiederverwendung von Abfällen und ihre Umwandlung in Rohstoffe oder neue Produkte.

Ressourcen
Natürliche Rohstoffe und Hilfsmittel. Es gibt erneuerbare Ressourcen und nichterneuerbare Ressourcen. Zu den erneuerbaren im Zusammenhang mit der Energieerzeugung gehört zum Beispiel das Holz, zu den nichterneuerbaren Ressourcen das Erdöl, das auf der Erde nur in einer begrenzten Menge vorhanden ist.

Rote Listen
Offizielle Listen über den Artenschwund in der Bundesrepublik. In diesen Listen, die laufend ergänzt und überarbeitet werden, sind alle heimischen Tier- und Pflanzenarten aufgeführt, die gefährdet, stark gefährdet oder vom Aussterben bedroht sind.

Schwefeldioxid
Stechend riechendes Gas, das bei der Verbrennung von Kohle, und Öl entsteht. In Verbindung mit Wasser (Tau, Regen) wird es in Schwefelsäure umgewandelt und ist somit der Hauptverursacher des sauren Regens. Als Gas schädigt es besonders in Verbindung mit Staub die oberen Atemwege des Menschen, aber auch Tiere und Pflanzen.

Smog
Das Wort entstand aus dem englischen »smoke« für Rauch und »fog« für Nebel. Smog sind hohe Konzentrationen von Schadstoffen, die vorwiegend über Ballungsgebieten auftreten. Dies geschieht vor allem dann, wenn eine sogenannte Inversionswetterlage verhindert, daß die Schadstoffe in höhere Luftschichten abziehen können. Smog führt zu Kreislaufstörungen, Reizungen der Schleimhäute und oberen Atemwege. Bei Smoggefahr unbedingt das Auto stehenlassen, das Radio einschalten und sich an die gegebenen Anweisungen halten.

Sperrhorizont
Undurchlässige Bodenschicht, verursacht durch Druck und Verdichtung oder durch natürliche geologische Gegebenheiten.

Stickoxide
Stickstoffmonoxide und Stickstoffdioxide. Diese Umweltgifte gelangen vorwiegend aus Autoabgasen in die Umwelt. Das bei der Kraftstoffverbrennung entstandene Stickstoffmonoxid verwandelt sich in der Atmosphäre zu dem wesentlich gefährlicheren Stickstoffdioxid, das Erkrankungen der Atemwege hervorrufen kann.

Toxizität
Grad der Wirkung eines giftigen Stoffes. Akut toxische Stoffe können innerhalb von Sekunden wirken, chronisch toxische womöglich erst nach Jahrzehnten.

Zink
Schwermetall, das über die Nahrungskette in den menschlichen Körper gelangen kann. Dort gilt es ab einer gewissen Konzentration als gefährlich.

Fachwortverzeichnis zur Radioaktivität

Alpha-Strahlen
Sie bestehen aus den zweifach positiv geladenen Atomkernen des Edelgases Helium. Die Geschwindigkeit der Alphastrahlen ist hoch – $\frac{1}{20}$ der Lichtgeschwindigkeit –, aber sie können nicht tief in Gewebe eindringen. Menschliche Haut beispielsweise hält sie leicht ab. Dennoch können sie Schaden anrichten: Wenn derartige Atome beispielsweise eingeatmet werden, so entfal-

ten sie ihre Energie im Körper. Und um Zellen anzugreifen, reicht die geringe Reichweite von Millimeter-Bruchteilen aus.

Atom
Kleinstes Teilchen mit den Eigenschaften eines chemischen Elements. Ein Atom besteht aus einem positiv geladenen Kern und einer Hülle, die sich aus negativ geladenen Elektronen zusammensetzt. Manche Atomkerne sind nicht stabil, sie sind energetisch unausgewogen. Ihre Stabilität erreichen sie, indem sie sozusagen Bruchstücke ausstoßen. Dabei wird Strahlung freigesetzt. Sehr energiereiche Strahlung: Ein Gramm Radium erzeugt beim Zerfall drei Millionen Kalorien, ein Gramm Kohle liefert beim Verbrennen nur ganze acht Kalorien.

Becquerel
Nach dem französischen Physiker Antoine Henri Becquerel (der 1903 zusammen mit dem Ehepaar Curie den Nobelpreis für Physik bekam) benannte Maßeinheit. 1 Becquerel = 1 Zerfall eines radioaktiven Atomkerns pro Sekunde innerhalb eines gewissen Raummaßes (Liter, Kubikmeter etc.). Welchen Schaden radioaktive Materie beim Zerfall anrichtet, darüber sagt Becquerel (Bq) nichts aus.

Betastrahlen
Negativ geladene Elektronen, die aus einem Atomkern fortgeschleudert werden. In organisches Gewebe können sie etwa einen Zentimeter tief eindringen. Gesundheitsgefährdend sind Betastrahlen, wenn sie durch Essen, Trinken, Einatmen in den Körper gelangen und dort die Funktion der Körperzellen zerstören.

Cäsium 137
Radioaktives Isotop, das sich wie Kalium verhält und deshalb im Körper in allen Zellen eingebaut werden kann. Physikalische Halbwertzeit: 30 Jahre; biologische Halbwertzeit: 70 Tage.

Gammastrahlen
Elektromagnetische Wellen, die sich mit Lichtgeschwindigkeit fortbewegen. Gammastrahlen dringen mühelos durch Glas und dünne Wände. Eine Wasserdecke von 10 Zentimetern Dicke wird immer noch mühelos von 60 Prozent der Gammastrahlen passiert.

GAU

Größter anzunehmender Unfall in einem Kernkraftwerk.

Grenzwerte
Paragraph 45 der Strahlenschutzverordnung legt Grenzwerte für die Strahlenbelastung der »Normalbevölkerung« fest. Für den ›Ganzkörper‹: 30 Millirem (mrem) pro Jahr; für Keimdrüsen: 30 Millirem pro Jahr; für Knochen: 180 Millirem pro Jahr; für Haut: 180 Millirem pro Jahr; für alle übrigen Organe: 90 Millirem pro Jahr.
Diese Grenzwerte sollen auch bei der Arbeit in kerntechnischen Anlagen nicht überschritten werden. Grenzwerte sollen Maximalwerte sein, die nicht einheitlich für die gesamte Bevölkerung zutreffen müssen, sondern selbst im ungünstigsten Fall gerade eben erreicht werden dürfen! Dadurch soll die Belastung der übrigen Bevölkerung deutlich unter diesem Wert begrenzt werden.

Halbwertzeit
Nach der Halbwertzeit ist die Hälfte des vorhandenen radioaktiven Materials zerfallen. Wenn ein Kilo da war, so sind nach der Halbwertzeit noch 500 Gramm übrig. Nach einer weiteren Halbwertzeit ist davon wiederum die Hälfte zerfallen – 250 Gramm. Nach einer weiteren Halbwertzeit wieder die Hälfte – 125 Gramm und so fort. Dies ist die physikalische Halbwertzeit. Daneben gibt es noch die biologische: die Zeit, in der die Hälfte der Materie durch Schweiß, Urin, Kot wieder ausgeschieden wird. Aus physikalischer und biologischer wird die effektive Halbwertzeit errechnet.

Ingestion
Aufnahme mit der Nahrung.

Inkorporation

Aufnahme in den Körper, durch Einatmen oder Essen oder Trinken.

Isotope
Atome eines chemischen Elements können einen unterschiedlichen Aufbau des Atomkerns haben. Sie unterscheiden sich in der Masse. Es gibt stabile und radioaktive (Radio-) Isotope. Fast alle Elemente sind Gemische von Isotopen.

Jod 131
Radioaktives Isotop, das sich über die Nahrung in der Schilddrüse anreichert. Besonders gefährdet sind Kleinkinder wegen ihrer geringen Schilddrüsenmasse und Personen, die unter Jodmangel leiden. Der Organismus unterscheidet nicht zwischen radioaktivem Jod 131 und natürlichem Jod, das für die Produktion von Schilddrüsenhormonen lebensnotwendig ist.

Kontamination
Verunreinigung, Verschmutzung, Verseuchung. Gegenstände, Menschen, Luft und Wasser können durch Umweltgifte, Abgase, Chemikalien oder radioaktive Materie kontaminiert werden, ebenso durch krankheitserregende Mikroorganismen.

Neutron
Eine der beiden Baustein-Arten des Atomkerns. Die anderen sind die Protonen. Neutronen tragen keine elektrische Ladung. Durch Anlagerung von Neutronen lassen sich fast von allen Elementen radioaktive Isotope herstellen.

Nuklid
Ein Atomkern. Ein Radionuklid ist ein instabiler, also radioaktiver Atomkern.

Plutonium 239
Einer der gefährlichsten radioaktiven Stoffe (Alpha-Strahler). Er wird hauptsächlich über die Atmung aufgenommen und kann schon bei Mengen von einem millionstel Gramm zu Lungenkrebs führen.
Stoffe, die mit Plutonium verseucht wurden, müssen wie Atommüll behandelt und endgelagert werden. Physikalische Halbwertzeit: zirka 24 000 Jahre; biologische Halbwertzeit: 120 Jahre

Radioaktivität
Zwischen den Protonen im Kern eines Atoms bestehen abstoßende Kräfte, die durch Neutronen ausgeglichen werden. Ändert sich das Verhältnis zwischen Protonen und Neutronen, werden die Atome instabil und zerfallen. Dabei wird Strahlung frei.

Strontium 90
Radioaktives Isotop, das hauptsächlich über die Nahrung in den menschlichen Organismus gelangt. Seine chemische Struktur gleicht der von Kalzium. Es wird deshalb vom Körper in die Knochensubstanz eingebaut. Das ist besonders tragisch bei Kindern, weil sie während des Wachstums einen erhöhten Kalzium-Bedarf haben. Die Anreicherung von Strontium kann zu Leukämie führen. Physikalische Halbwertzeit: 28,5 Jahre; biologische Halbwertzeit: elf Jahre.

Transferfaktoren
Diese Faktoren geben den Übergang eines radioaktiven Stoffes von einem Glied der Nahrungskette in das nächste an (Boden – Pflanze – Tier). Ein Transferfaktor von 0,2 bedeutet, daß die Pflanze 20 Prozent der im Boden vorhandenen Aktivität aufnimmt. Ist der Transferfaktor größer als 1, kommt es zu einer Anreicherung in der Pflanze. Die Aktivität in der Pflanze ist dann höher als im Boden. Transferfaktoren variieren nach Bodenart, Nährstoffgehalt, Düngung und Pflanzenart.

Uran
Ein dem Eisen ähnliches Schwermetall. Radioaktives Uran, das vor allem in Uranpecherz zu finden ist, wird als Kernbrennstoff zur Erzeugung von Atomenergie und als Ausgangsstoff zur Erzeugung anderer radioaktiver Kerne verwendet.

Literaturhinweise

Abtei Fulda (Hrsg.): Obstbau Kalender auf biologischer Grundlage. Fulda o. J.

Abtei Fulda (Hrsg.): Comfrey was ist das? Fulda 1984.

Abtei Fulda (Hrsg.): Beerenobst im naturgemäßen Anbau. Fulda 1981.

Abtei Fulda (Hrsg.): Wildbeeren auch im Garten. Fulda 1978.

Abtei Fulda (Hrsg.): Für den Garten dies und das. Fulda 1982.

Abtei Fulda (Hrsg.): Gemüsebau auf naturgemäßer Grundlage. Fulda 1982.

Beba – Andrä: Hügelkultur – die Gartenbaumethode der Zukunft. Mannheim o. J.

Benjes, H.: Die Vernetzung von Lebensräumen mit Feldhecken. München 1986.

M. Blötz, R. Köller: Arbeitsbericht Nr. 411 des Instituts für Gartenbauökonomie der Universität Hannover. Hannover 1982.

M. Bocksch, I. Bott, H. Zucchi: Das Öko-Kräuterbuch. Frankfurt 1983.

M. E. Bruce, Gartenglück durch Schnellkompost. Mannheim o. J.

A. u. H. Bruns, G. Schmidt: Freude am Leben – Biogarten. München 1985.

Bund Naturschutz in Bayern (Hrsg.): Ökologischer Garten. Frankfurt 1981.

J. Bölsche (Hrsg.): Was die Erde befällt. Hamburg 1984.

R. Carson: Der stumme Frühling. München 1987.

P. Chan's chinesischer Gemüsegarten. Bessere Ernte durch erhöhte Beete. Schaafheim 1985.

M. Chinery: Naturschutz beginnt im Garten. Ravensburg 1986.

J. Dahl: Nachrichten aus dem Garten. Stuttgart 1985.

J. Dahl: Neue Nachrichten aus dem Garten. Stuttgart 1987.

J. Dahl: Wildpflanzen im Garten. München 1985.

Eichenberger/Henggeler/Schmid/Vogtmann: Das Jahr im biologischen Gartenbau. Ein Aussaat- und Arbeitskalender. Stuttgart 1983.

C. Fischer: Gartenschlauch & Regenwurm. München 1983.

C. Fischer: Grüne Oase Schrebergarten. Frankfurt 1984.

C. & R. Fischer: Tu was. Frankfurt 1985.

R. H. Francé: Die Welt der Pflanzen. München 1962.

A. Francé-Harrar: Die letzte Chance. München 1950.

G. Franck: Gesunder Garten durch Mischkultur. München 1980.

Franz, Jost M./Krieg, Aloysius: Biologische Schädlingsbekämpfung. Berlin 1976.

H. Fritzsche: Heilpflanzen biologisch ziehen. München o. J.

M. Fukuoka: Der Große Weg hat kein Tor. Schaafheim 1975.

B. Geier: Biologisches Saatgut aus dem eigenen Garten. Essen 1982.

P. G. de Haas: Naturgemäßer Obstbaumschnitt. München 1978.

J. Helbach: Schädlingsbekämpfung ohne Gift in Gärten. Mönchengladbach 1982.

Fr. Herr: Bodenfruchtbarkeit und neuzeitliche Bodenbearbeitung. Affoldern (Waldeck) 1927.

A. Howard: Mein landwirtschaftliches Testament. München 1979.

F. Jantzen: Unser Hausgarten – biologisch richtig gepflegt. Stuttgart 1981.

N. Jorek: Leben im Naturgarten. Niedernhausen 1982.

H. Kalaus-Zimmermann: Gärtnern am Hochbeet. München 1986.

R. Kickuth (Hrsg.): Die ökologische Landwirtschaft. Karlsruhe 1982.

F. H. King. 4000 Jahre Landbau in China, Korea und Japan. Neu-Ulm o. J.

E. R. Koch/F. Vahrenholt: Die Lage der Nation. Hamburg 1985.

M-L. Kreuter: Der Bio-Garten. München 1986.

U. Lahl/B. Zeschmar: Kein Wasser zum Trinken. Hamburg 1984.

L. G. Le Roy: Natur ausschalten – Natur einschalten. Stuttgart 1983.

M. Lohmann: Öko-Gärten als Lebensraum. München 1983.

T. Löbsack: Diese Handvoll Erde. München 1986.

B. Mollison/D. Holmgren: Permakultur – Landwirtschaft in Harmonie mit der Natur. Schaafheim 1978.

B. Mollison: Permakultur II. Praktische Anwendung. Schaafheim 1979.

E. Niller: Unser Gemüsegarten. München 1980.
W. Nowak-Nordheim: Freude am Bauerngarten. München 1982.
E. Pfeiffer/E. Riese: Der erfreuliche Pflanzgarten. Frankfurt 1982.
G. Preuschen: Die Kontrolle der Bodenfruchtbarkeit. Kaiserslautern 1987.
G. Preuschen: Ökologisch sinnvolle Agrarpolitik. Kaiserslautern 1984.
W. R. von Rhamm. Das große Buch für Selbstversorger. Stuttg. 1981.
H. W. Riess: Obstbaumschnitt in Bildern. München 1982.
B. Rosenkranz: Mein Garten ohne Gift. Hamburg 1986.
Scheffer/Schachtschabel: Lehrbuch der Bodenkunde. Stuttgart 1982.
O. Schmid/S. Henggeler: Biologischer Pflanzenschutz im Garten. Aarau 1979.
E. Schramm: Pflanzenschutz im Öko-Garten. Frankfurt 1985.
W. Schuphan: Mensch und Nahrungspflanze. o. O. 1976.
U. Schwarz: Der Naturgarten. Frankfurt 1980.
A. Seifert: Gärtnern, Ackern – ohne Gift. München 1982.
G. E. Siebeneicher: Mein Garten in der Stadt. München 1981.
G. E. Siebeneicher (Hrsg.): Neues großes Gartenlexikon. München 1980.
G. Steinbach: Der biologische Nährgarten. München 1983.
Steiner, Rudolf: Geisteswissenschaftliche Grundlagen zum Gedeihen der Landwirtschaft (Landwirtschaftlicher Kursus). Dornach 1979.
Stiftung Warentest: Ratgeber Garten. Berlin 1987.
M. Thun/M. K. Thun: Aussaattage 1987. Biedenkopf 1987.
Umweltbundesamt: Daten zur Umwelt 1986/87. Berlin 1986.
Voitl/Guggenberger/Willi: Das große Buch vom Biologischen Land- und Gartenbau. Wien 1980.
H. Voitl/E. Guggenberger: Der Chroma-Boden-Test. Wien 1986.
F. Welten: Biologischer Gartenbau Ratgeber. Oberwil 1985.
H. Wendt/H. Hildebrandt: Biologischer Gartenbau unter Glas und Folie. München 1982.
D. Wieland/P. M. Bode/R. Disko: Grün kaputt. München 1984.
H. Wilke: Der Naturteich im Garten. München o. J.
M. Würmli: Natur-Experimente in Haus und Garten. München 1986.

Bildnachweis

Hermann Eisenbeiss, München: S. 2; 14 oben; 127; 241 Mitte links/unten rechts; 249 Mitte links.
Bildagentur Erich Geduldig, Vaihingen/Enz: S. 8; 23 oben rechts, 33 oben, unten links/rechts; 76 Mitte links, unten links/rechts; 130 Mitte links; 138 unten lins; 169 unten; 184/185; 192; 200 oben links; 201 oben rechts, unten rechts; 209; 213 Mitte rechts; 216 unten links; 217 oben links, Mitte links; 224 oben, Mitte; 225 Mitte rechts; 229 oben; 240 oben links, unten links/rechts; 241 oben rechts; 244 Mitte rechts/links, unten rechts; 245 Mitte links/rechts, oben rechts; 249 oben rechts.
IFA-Bilderteam, München: S. 22 oben links/rechts; 23 oben links; 51 oben; 134; 138 oben links/rechts; 139 unten; 228 oben; 232 oben links, Mitte links/rechts, unten rechts; 233 oben links/rechts, Mitte links, unten.
Bildagentur Mauritius GmbH, Mittenwald: S. 232 oben rechts; 233 Mitte rechts.
Naturbild Agentur, Hannover: S. 15 oben; 23 unten links/rechts; 40; 45 oben; 99 oben; 107 oben, unten; 144/115; 122; 133 unten; 138 Mitte links/rechts; 142 rechts (zweites von oben); 168 oben; 169 oben; 172; 197 oben links, unten links; 200 oben rechts; 201 links (3); 205 Mitte links, unten rechts; 216 Mitte rechts; 221 oben links; 225 unten links; 228 unten; 240 Mitte links, oben rechts; 245 unten rechts; 249 oben links, Mitte rechts, unten rechts.
Bildarchiv Sammer, Neuenkirchen: S. 14 unten; 15 unten; 22 unten links/rechts; 27; 30; 36 unten; 38 Mitte, unten; 51 unten; 63 oben rechts; 68 unten; 69; 72; 73 links, rechts; 76 oben links/rechts; 80 oben; 81; 85; 88 oben, unten; 89 oben, unten; 92; 96 oben, unten; 102; 110; 126 (3); 236; 130 oben, Mitte rechts; 131 unten; 139 oben; 142 (7); 143 (6); 146 (3); 147 (3); 155 links, rechts; 164 (4); 165 oben; 168 unten; 180; 181 oben, unten; 197 Mitte links/rechts, oben rechts, unten; 200 unten rechts; 201 Mitte rechts; 205 oben links, unten links; 213 oben links/rechts, unten links/rechts; 216 Mitte links, oben rechts; 217 unten links, oben rechts; 221 unten links/rechts, oben rechts; 225 oben links/rechts, Mitte links; 236; 240 Mitte rechts; 244 oben links/rechts, unten links; 262 oben, unten, 266, 270.
Roger Seitz, München: S. 176, 177.
Silvestris Fotoservice, Kastl/Obb.: S. 31; 161; 200 Mitte links, 224 unten, 229 unten.
Martin Thomas, München: S. 10.
Max Wetterwald, Offenburg: S. 36 oben; 37 oben; 45 unten; 63 oben links, unten; 68 oben; 77; 80 unten; 84; 99 unten; 106 oben links/rechts, unten; 131 oben; 200 Mitte rechts; 205 Mitte rechts; 213 Mitte links; 216 oben links, unten rechts; 217 Mitte rechts, unten rechts; 245 oben links; 252.
Wissenschaftliches Illustrationsbüro Albrecht Rissler/Jörg Kühn, Heidelberg: S. 55 oben, unten.
Ernst Wrba, Sulzbach/Ts.: 188.

Wichtige Adressen

Bewässerungssysteme; Regenwassersammler

Ing. G. Beckmann KG
Simoniusstraße 10
7988 Wangen im Allgäu

Gardena
Postfach 2747
7900 Ulm

Otto Graf GmbH
Carl-Zeiss-Str. 2–6
7835 Teningen

Weninger GmbH (Blumat)
A-6410 Telfs

Bodenuntersuchungen

Acepsa-Labor
CH-1041 Oulens VD

Dr. Balzer
Oberer Ellenberg 5
3551 Amönau

Bund Naturschutz, Bodenlabor,
Postfach 40
8441 Wiesenfelden

Dr. Grün-Wollny
Burggarten 9
3554 Kirchvers

Institut für Agrarökologie
Stichwort »Bodentest«
Technikerstr. 13
A-6020 Innsbruck

Siegfried Lübke (Chroma-Boden-Test)
Unterleinsbach
A-4772 Peuerbach

Dr. Rusch
Am Hintersand
6348 Herborn

Dr. W. Wenzel
Maygasse 8
A-8010 Graz

Staatliche Untersuchungsstellen:

Baden-Württemberg

Staatliche Landwirtschaftliche Untersuchungs- und Forschungsanstalt Augustenberg
Neßlerstr. 23
7500 Karlsruhe 41

Landesanstalt für Landwirtschaftliche Chemie
Postfach 106
7000 Stuttgart 70

Bayern

Bayerische Hauptversuchsanstalt für Landwirtschaft der Technischen Universität München
8050 Freising-Weihenstephan

Bayerische Landesanstalt für Bodenkultur und Pflanzenbau
Menzingerstr. 54
8000 München

Landwirtschaftliches Untersuchungsamt
Luxburgstr. 4
8700 Würzburg

Hessen

Landwirtschaftliches Untersuchungsamt und Versuchsanstalt
Rheinstr. 91
6100 Darmstadt

Hessische Lehr- und Forschungsanstalt für Wein-, Obst- und Gartenbau
Beinstr. 15
6222 Geisenhausen

Landwirtschaftliches Untersuchungsamt und Versuchsanstalt
Am Versuchsfeld 11
3500 Kassel-Harleshausen

Niedersachsen

Landwirtschaftliche Untersuchungs- und Forschungsanstalt
Hochstr. 18
3300 Braunschweig

Landwirtschaftliche Untersuchungs- und Forschungsanstalt
Finkenbornerweg 1A
3250 Oldenburg

Nordrhein-Westfalen

Landwirtschaftliche Untersuchungs- und Forschungsanstalt
Weber-Str. 61
5300 Bonn

Landwirtschaftliche Untersuchungs- und Forschungsanstalt
Von-Esmarch-Str. 12
4400 Münster

Rheinland-Pfalz

Landwirtschaftliche Untersuchungs- und Forschungsanstalt
Obere Langgasse 40
6720 Speyer

Landes-Lehr- und Versuchsanstalt für Weinbau, Gartenbau und Landwirtschaft, Institut für Bodenkunde
Egbert-Str. 18–19
5500 Trier

Schleswig-Holstein

Landwirtschaftliche Untersuchungs- und Forschungsanstalt
Gutenbergstr. 75–77
2300 Kiel

Düngemittel, Bodenverbesserungsmittel

Cohrs GmbH
Postfach 1165
2720 Rotenburg/Wümme

Compo GmbH (Guano)
Postfach 2107
4400 Münster

Cornufera GmbH (Hornoska Humusdünger)
8520 Erlangen 2

Harzer Dolomitwerke GmbH (Steinmehl)
Postfach 1420
3420 Herzberg 4

Heddergott KG (California Rinderdung)
Langelohe 65
2200 Elmshorn

Manna-Düngerwerk (Organische Dünger)
7403 Ammerbruch 2 – Pfäffingen

Neudorff GmbH KG
Postfach 1209
3254 Emmerthal 1

Oscorna-Dünger GmbH & Co.
Erbacher Straße 41–45
7900 Ulm

Snoek GmbH
Hochgratstraße 6
8996 Opfenbach

Gartengeräte, Gartenzubehör

Adlus
Postfach 2054
7918 Illertissen

Alko
Postfach 240
8871 Kötz/Günzburg

Berger
Spitalwaldstraße 5
8540 Schwabach

Gardena (Adresse siehe oben)

Gschwind & CIE. Werkzeugfabrik AG. (Erdtopfpressen)
Stefan-Gschwind-Straße 17
CH-4104 Oberwil/BL

Möschle (Hammermühle – Komposthäcksler)
Kinzigtalstraße 1a
7601 Ortenberg

Pfau (Schneckenzaun)
Juchstraße 27
CH-8116 Würenlos

Schwegler (Nisthilfen für Vögel und Insekten)
Heinkelstr. 35
7060 Schorndorf

Wolf-Geräte GmbH
Gregor-Wolf-Straße
5240 Betzdorf/Sieg

Gartenteich, Pflanzen und Zubehör

Norddeutsche Seekabelwerke (Bio-Teichfilter)
Postfach 80
2890 Nordenham 1

Oldehoff (Seerosen und Wasserpflanzen)
Sieglmühle 2
8395 Hauzenberg

Plastoplan GmbH
2355 Ruhwinkel-Wankendorf

Ubbink
Sachsenstraße 32–36
4236 Hamminkeln 2

Gewächshäuser und Frühbeete

Bartscher
Postfach 45
4787 Geseke

Beta-Plastic
Breitenbach 62
7091 Ellenberg

Krieger GmbH
Gahlenfeldstraße 5
5804 Herdecke/Ruhr

Terlinden GmbH & Co KG
4232 Xanten 1

Voss
Postfach 4130
6500 Mainz

Kompost

Abtei Fulda (Humofix-Schnellkompostpulver)
Nonnengasse 16
6400 Fulda

Kompost-Service
Aichelberger Str. 16
7302 Ostfildern 4

Neudorff (Adresse siehe oben)

Normstahl-Werk E. Döring GmbH
Normstahlstr. 1–3
8052 Moosburg

remaplan GmbH (Kompostlegen aus Recycling-Kunststoff)
Unterhachinger Str. 75
8000 München 83

Schacht GmbH & Co. KG
Blütenweg 48
3300 Braunschweig

Mulchmaterial

EUFLOR GmbH
Nymphenburger Str. 37
8000 München 2

Kriete (Cartalit)
Postfach 77 01 16
2820 Bremen 77

Rager Bihutherm
Thanheimerstr. 50
7457 Bisingen

Pflanzenschutz und -pflegemittel

Aeroxon (Gelbtafeln)
Postfach 1480
7050 Waiblingen

Cohrs (Adresse siehe Düngemittel)

Institut für Gemüsebau, FH Weihenstephan (Versand v. Nützl.)
Lange Point
8050 Freising

Neudorff (Adresse siehe oben)

Niessner (Versand v. Nützlingen)
Hugo-Wolf-Str. 13
4010 Hilden

Propfe GmbH
Düsseldorfer Str. 9–11
6800 Mannheim

Raiffeisen-Lagerhaus EG (Versand von Nützlingen)
Postfach 29
7752 Insel Reichenau/Bodensee

Sautter und Stepper (Versand von Nützlingen)
Rosenstraße 19
7403 Ammerbuch 5

Schacht (Gelbtafeln) (Adresse siehe oben)

Gebr. Schaette KG
Postfach 13 08
7967 Bad Waldsee

Pflanzenschutzämter, staatliche

s. Liste Seite 282

Pilzzucht

Karrasch
Obstgartenweg 12
7000 Stuttgart 1

Neudorff (Adresse siehe oben)

Radhacke

Keller
Konradstraße 17
7800 Freiburg

Kress, Walter
Brenzstraße 13
7170 Schwäbisch Hall

Kriete (Adresse siehe oben)

Rosen, alte Sorten

Dehner
Postfach 1160
8852 Rain/Lech

Jensen, Ingwer J.
Hermann-Löns-Weg 39
2390 Flensburg

Saatgut

Beckmann, G. Ing. (Adresse siehe Gewächshäuser)

Blauetikett Bornträger GmbH (Heil- und Gewürzpflanzen)
6521 Offstein

FIBL (Sortenliste für biologisches Saatgut)
Postfach
Bernhardsberg
CH-4104 Oberwil/BL

Forschungsstelle für biol.-dyn. Samenerzeugung
Kloster Langenstr. 11
2970 Emden 1 – Wybelsum

Hild, Walter und Karl
Kirchenweinbergstraße 115
7142 Marbach a. N.

Horstmann
Postfach 540
2200 Elmshorn

Lambert & Söhne
Postfach 25 65
5500 Trier

Lau, Wolfhart (Berg-Garten-Wildkräuter)
Lindenweg 17
7881 Großherrischwand

Mauser
Zürich-Straße 98
CH-8600 Dübendorf/Zürich

Pötschke
Postfach 22 20
4044 Kaarrst

Sperling & Co.
Postfach 26 40
2120 Lüneburg

Vatter AG
CH-3098 Köniz

Wagner GmbH
Postfach 10 58 80
6900 Heidelberg

Schadstofftester

im Fachhandel erhältlich:
dupla-Aquaristik
Kosmos Öko-Test 2000
Mangold, Umwelt Lab Ökologie
Merck Bodenlabor »Agroquant«
VdSF-Kompaktlabor
Greenpeace-Schadstofftester zu beziehen bei:
Greenpeace
Hohe Brücke 1
2000 Hamburg 11

Solargeräte

Api-Solar
Gibitzenhofstr. 153
8500 Nürnberg 70

Beckmann (Solar-Wärmespeicher)
(Adresse siehe Gewächshäuser)

Bundesverband Solarenergie e. V.
Kruppstr. 5
4300 Essen 1

Deutscher Fachverband Solarenergie e. V.
Hindenburgallee 1
8017 Ebersberg

Michel solar electronics
Waldstr. 1
6607 Quierschied 4

Novatech GmbH
Am Schlegelsberg 27
7175 Vellberg

Solaris (Teichpumpe)
Gärtnerstr. 88
2000 Hamburg 20

Versandhändler mit Bioprogramm

Arjobas
Salzburgerstr. 13
A-4840 Vöcklabruck

Bio-elch
Bayerhammerstr. 57/III
A-5021 Salzburg

Dehner
Postfach 11 60
8852 Rain/Lech

Cohrs (Adresse siehe Düngemittel)

Hardt
Waldhof-Krüdersheide
5650 Solingen 11 (Ohligs)

Keller (Alles für den Biogarten, Spezialprospekte)
Konradstraße 17
7800 Freiburg

Kriete (Adresse siehe Mulchmaterial)

Pötschke (Adresse siehe Saatgut)

Stoeckler
Gewerbestr. 18
CH-8132 Egg/ZH

Wildsträucher

Florahof
Obere Grabenstraße 46
7315 Weilheim/Teck

Geigle
Herrenberger Str. 54
7270 Nagold
und
8949 Kammlach/Schwaben

Naturwuchs
Aug.-Bebel-Str. 16–18
4800 Bielefeld

Kneussle
7968 Saulgau-Krumbach
und
5427 Penzerheide/Bad Ems

Renz
7270 Nagold
8671 Oberkotzau
6364 Florstadt 5
8061 Unterweilbach

Wurmzucht

Angst, Oskar
Gryphiusweg 15
6800 Mannheim 31 – Schönau

Starck, Hans-Gerhard
Rosenheimer Str. 27
1000 Berlin 30

Adressen der Pflanzenschutzämter

Baden-Württemberg

Landesamt für Pflanzenschutz
Reinsburgstraße 107
7000 Stuttgart 1

Regierungspräsidium Karlsruhe
– Pflanzenschutzdienst –
Amalienstraße 25
7500 Karlsruhe

Regierungspräsidium Freiburg
– Pflanzenschutzdienst –
Erbprinzenstraße 2
7800 Freiburg i. Br.

Bayern

Bayerische Landesanstalt für Bodenkultur und Pflanzenbau,
Abteilung Pflanzenschutz, München
Menzinger Straße 54
8000 München 19
Postanschrift:
Postfach 38 02 69
8000 München 38

Abteilungen »Pflanzenschutz« bei den Ämtern für Landwirtschaft und Bodenkultur in:

Oberbayern:
Prinzregentenstraße 39
8200 Rosenheim
Schrannenstraße 3
8070 Ingolstadt

Niederbayern:
Graflinger Straße 81
8360 Deggendorf

Oberpfalz:
Weinweg 2–6
8400 Regensburg

Oberfranken:
Adolf-Wächter-Straße 10
8580 Bayreuth-Altstadt

Mittelfranken:
Brauhausstraße 9a
8800 Ansbach

Unterfranken:
Friedrichstraße 10a
8700 Würzburg

Schwaben:
Bismarckstraße 62
8901 Stadtbergen

Berlin (West)

Pflanzenschutzamt Berlin
Altkircher Straße 1–3
(Post: 1000 Berlin 33)
1000 Berlin-Dahlem

Bremen

Pflanzenschutzamt Bremen
Slevogtstraße 48
2800 Bremen 1

Hamburg

Institut für Angewandte Botanik
Pflanzenschutzamt Hamburg
Marseiller Straße 7
2000 Hamburg 36

Institut für Angewandte Botanik
Amtliche Pflanzenbeschau Hamburg
Versmannstraße 4
2000 Hamburg 11 (Freihafen)

Hessen

Pflanzenschutzdienst des Hessischen Landesamtes für Ernährung, Landwirtschaft und Landentwicklung
Friedrich-Wilhelm-v.-Steuben-Str. 2
6000 Frankfurt (Main)

Niedersachsen

Pflanzenschutzamt Hannover
Wunstorfer Landstraße 9
3000 Hannover 91

Landwirtschaftskammer Weser-Ems
Pflanzenschutzamt
Jahnstraße 13
4500 Osnabrück

Nordrhein-Westfalen

Pflanzenschutzamt der Landwirtschaftskammer Rheinland mit Referat für forstlichen Pflanzenschutz
Mittelstraße 99
5300 Bonn-Bad Godesberg

Rheinland-Pfalz

Landespflanzenschutzamt Rheinland-Pfalz
Essenheimer Straße 144
6500 Mainz-Bretzenheim

Saarland

Pflanzenschutzamt Saarbrücken
Lessingstraße 12
6600 Saarbrücken 3
Postanschrift:
Postfach 469
6600 Saarbrücken 3

Die fünf größten Erzeuger-Organisationen für Biologische Lebensmittel

ANOG
Arbeitsgemeinschaft für naturnahen Obst-, Gemüse- und Feldfruchtanbau e. V.
Anton-Reuter-Straße 18
5400 Koblenz-Metternich
Geschütztes Warenzeichen:
ANOG – biologisch wertvolle Nahrung
Für Produkte aus Umstellungsbetrieben gilt der Zusatz: »ANOG-Erzeugnisse aus Umstellungsbetrieben« (schräg überdruckt).

Biokreis Ostbayern
Biokreis Ostbayern e. V.
Rosensteig 13
8390 Passau
Geschütztes Warenzeichen: »Qualitätserzeugnis nach den Richtlinien des BIO KREIS Ostbayern – aus überwachtem biologischem Anbau« (in einem Kreis mit Ähren gedruckt).

Bioland
Förderungsgemeinschaft organisch-biologischer Land- und Gartenbau e. V.
Barbarossastraße 14
7336 Uhingen
Geschütztes Warenzeichen: Bioland®-Produkte (mit dem Zusatz »organisch-biologischer Landbau – Dr. Hans Müller«, stempelförmig).
Für Umstellungsware gilt der Zusatz: »Bioland®-Produkte – aus dem Umstellungsbetrieb« (schräg gedruckt).

Demeter
Forschungsring für Biologisch-Dynamische Wirtschaftsweise e. V.
Baumschulenweg 11
6100 Darmstadt
Geschütztes Warenzeichen:
DEMETER – Das Warenzeichen für Nahrungsmittel aus biologisch-dynamischem Anbau.
Produkte aus Umstellungsbetrieben: »biodyn.«

Naturland
Naturland – Verband für naturgemäßen Landbau e. V.
Kleinhaderner Weg 1
8032 Gräfelfing
Geschütztes Warenzeichen: Naturland (im Viereck mit Blättern)
Für Umstellungsware gilt der Zusatz: »aus Umstellungsbetrieben ...«

Register

Kursive Ziffern verweisen auf Bildlegenden, (T) = Tabelle